모든 교재 정보와 다양한 이벤트가 가득!
EBS 교재사이트 book.ebs.co.kr

본 교재는 EBS 교재사이트에서
eBook으로도 구입하실 수 있습니다.

2026학년도 수능 연계교재

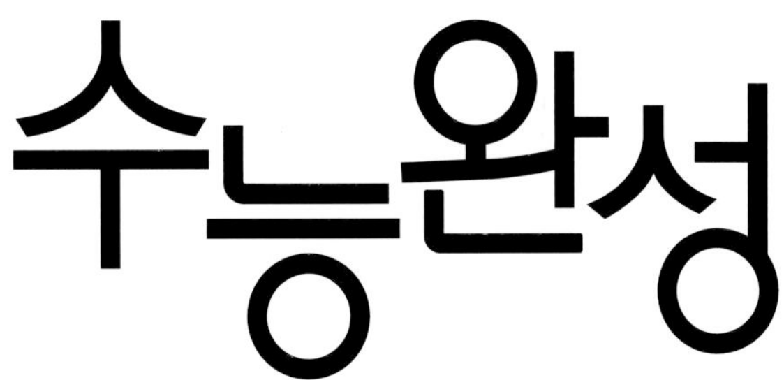

수능완성

사회탐구영역 | **경제**

기획 및 개발
김은미
이규미(개발총괄위원)
박 민
박빛나리
이영진

감수
한국교육과정평가원

책임 편집
원숙희

본 교재의 강의는 TV와 모바일 APP, EBS*i* 사이트(www.ebs*i*.co.kr)에서 무료로 제공됩니다.

발행일 2025. 5. 26. **1쇄 인쇄일** 2025. 5. 19. **신고번호** 제2017-000193호 **펴낸곳** 한국교육방송공사 경기도 고양시 일산동구 한류월드로 281
표지디자인 디자인싹 **내지디자인** 다우 **내지조판** 신흥이앤비 **인쇄** 팩컴코리아㈜
인쇄 과정 중 잘못된 교재는 구입하신 곳에서 교환하여 드립니다. 신규 사업 및 교재 광고 문의 pub@ebs.co.kr

정답과 해설 PDF 파일은 EBS*i* 사이트(www.ebs*i*.co.kr)에서 내려받으실 수 있습니다.

교재 내용 문의 교재 및 강의 내용 문의는 EBS*i* 사이트 (www.ebs*i*.co.kr)의 학습 Q&A 서비스를 활용하시기 바랍니다.	**교재 정오표 공지** 발행 이후 발견된 정오 사항을 EBS*i* 사이트 정오표 코너에서 알려 드립니다. 교재 → 교재 자료실 → 교재 정오표	**교재 정정 신청** 공지된 정오 내용 외에 발견된 정오 사항이 있다면 EBS*i* 사이트를 통해 알려 주세요. 교재 → 교재 정정 신청

고2~N수, 수능 집중

구분	수능 입문	기출/연습	연계 + 연계 보완	고난도	모의고사
국어	윤혜정의 개념/패턴의 나비효과 기본서 수능 빌드업	윤혜정의 개념의 나비효과	수능특강 문학 연계 기출 수능특강 사용설명서 수능완성 사용설명서	하루 3개 1등급 국어독서	FINAL 실전모의고사
영어	수능특강 Light	수능 기출의 미래	수능연계교재의 VOCA 1800 수능연계 기출 Vaccine VOCA 2200 수능 영어 간접연계 서치라이트	하루 6개 1등급 영어독해	만점마무리 봉투모의고사 시즌1 만점마무리 봉투모의고사 시즌2
수학	수능 감(感)잡기	수능 기출의 미래 미니모의고사	수능 연계교재: 수능특강 | 수능완성	수능연계완성 3주 특강	만점마무리 봉투모의고사 고난도 Hyper
한국사 사회	수능 스타트	수능특강Q 미니모의고사	eBook 전용: 수능완성R 모의고사 | 수능 등급을 올리는 변별 문항 공략	박봄의 사회·문화 표 분석의 패턴	수능 직전보강 클리어 봉투모의고사
과학	수능 스타트				
(국어·영어·수학·한국사 사회·과학 공통)	강의노트 수능 개념				

구분	시리즈명	특징	난이도	영역
수능 입문	윤혜정의 개념/ 패턴의 나비효과	윤혜정 선생님과 함께하는 수능 국어 개념/패턴 학습		국어
	수능 빌드업	개념부터 문항까지 한 권으로 시작하는 수능 특화 기본서		국/수/영
	수능 스타트	2028학년도 수능 예시 문항 분석과 문항 연습		사/과
	수능 감(感) 잡기	동일 소재·유형의 내신과 수능 문항 비교로 수능 입문		국/수/영
	수능특강 Light	수능 연계교재 학습 전 가볍게 시작하는 수능 도전		영어
	수능개념	EBS*i* 대표 강사들과 함께하는 수능 개념 다지기		전 영역
기출/연습	윤혜정의 개념의 나비효과	윤혜정 선생님과 함께하는 까다로운 국어 기출 완전 정복		국어
	수능 기출의 미래	올해 수능에 딱 필요한 문제만 선별한 기출문제집		전 영역
	수능 기출의 미래 미니모의고사	부담 없는 실전 훈련을 위한 기출 미니모의고사		국/수/영
	수능특강Q 미니모의고사	매일 15분 연계교재 우수문항 풀이 미니모의고사		국/수/영/사/과
	수능완성R 모의고사	과년도 수능 연계교재 수능완성 실전편 수록		수학
연계 + 연계 보완	수능특강	최신 수능 경향과 기출 유형을 반영한 종합 개념 학습		전 영역
	수능특강 사용설명서	수능 연계교재 수능특강의 국어·영어 지문 분석		국/영
	수능특강 문학 연계 기출	수능특강 수록 작품과 연관된 기출문제 학습		국어
	수능완성	유형·테마 학습 후 실전 모의고사로 문항 연습		전 영역
	수능완성 사용설명서	수능 연계교재 수능완성의 국어·영어 지문 분석		국/영
	수능 영어 간접연계 서치라이트	출제 가능성이 높은 핵심 간접연계 대비		영어
	수능연계교재의 VOCA 1800	수능특강과 수능완성의 필수 중요 어휘 1800개 수록		영어
	수능연계 기출 Vaccine VOCA 2200	수능-EBS 연계와 평가원 최다 빈출 어휘 선별 수록		영어
고난도	하루 N개 1등급 국어독서/영어독해	매일 꾸준한 기출문제 학습으로 완성하는 1등급 실력		국/영
	수능연계완성 3주 특강	단기간에 끝내는 수능 1등급 변별 문항 대비		국/수/영
	박봄의 사회·문화 표 분석의 패턴	박봄 선생님과 사회·문화 표 분석 문항의 패턴 연습		사회탐구
	수능 등급을 올리는 변별 문항 공략	EBS*i* 선생님이 직접 선별한 고변별 문항 연습		수/영
모의고사	FINAL 실전모의고사	EBS 모의고사 중 최다 분량 최다 과목 모의고사		전 영역
	만점마무리 봉투모의고사 시즌1/시즌2	실제 시험지 형태와 OMR 카드로 실전 연습 모의고사		전 영역
	만점마무리 봉투모의고사 고난도 Hyper	고난도 문항까지 국·수·영 논스톱 훈련 모의고사		국·수·영
	수능 직전보강 클리어 봉투모의고사	수능 직전 성적을 끌어올리는 마지막 모의고사		국/수/영/사/과

2026학년도 수능 연계교재

수능완성

사회탐구영역 | **경제**

이 책의 **차례** CONTENTS

이 책의 **구성과 특징** STRUCTURE

테마별 교과 내용 정리

주제별 핵심 개념을 쉽게 이해할 수 있도록 표, 그림 등을 활용하여 체계적이고 일목요연하게 정리하였습니다.

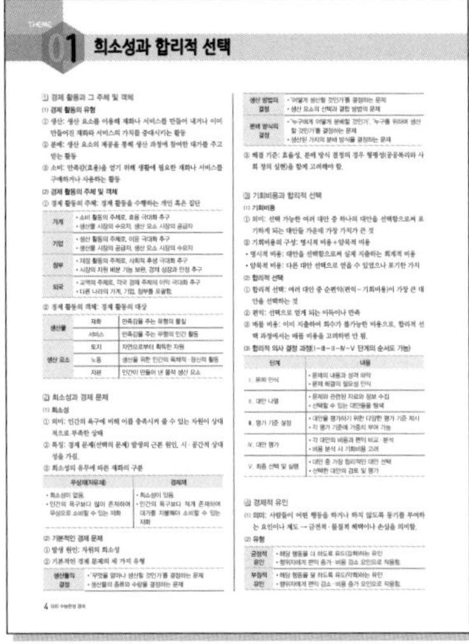

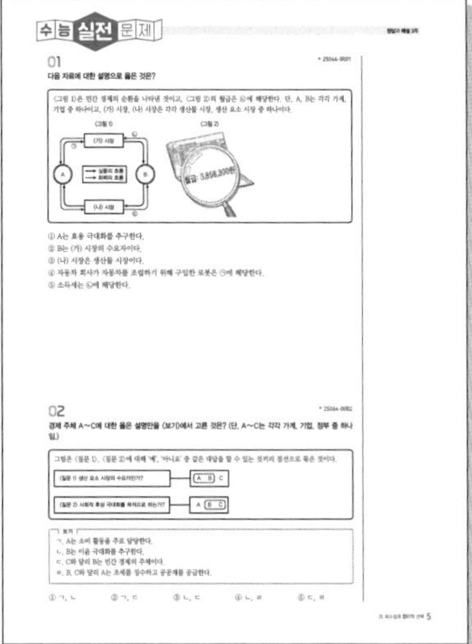

수능 실전 문제

수능에 대비할 수 있는 다양한 유형의 문항들로 구성하여 응용력과 탐구력 및 문제 해결 능력을 향상시킬 수 있도록 하였습니다.

실전 모의고사

학습 내용을 최종 점검하여 실력을 테스트하고, 수능에 대한 실전 감각을 기를 수 있도록 수능 시험 형태로 구성하였습니다.

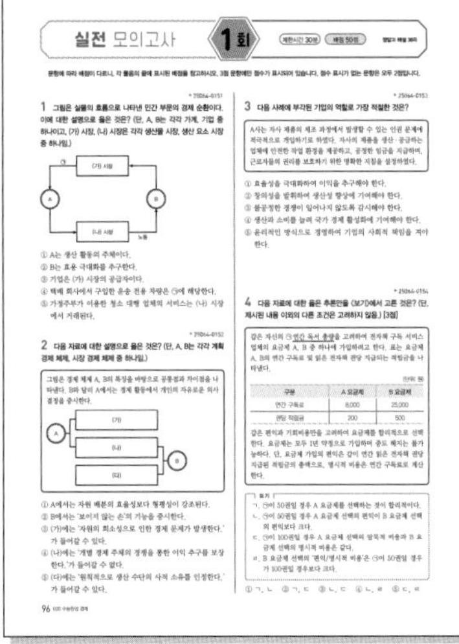

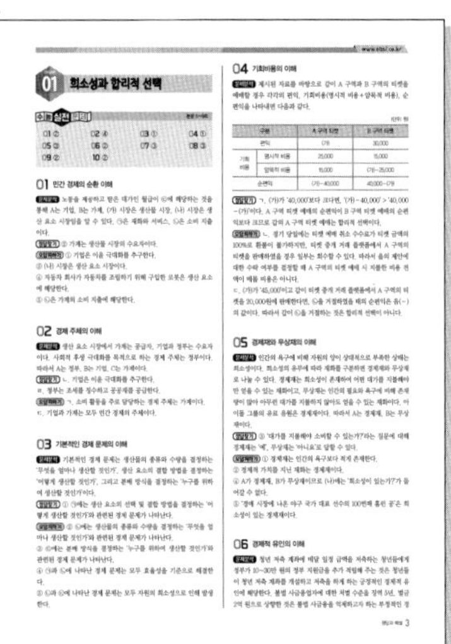

정답과 해설

정답의 도출 과정과 교과의 내용을 연결하여 설명하고, 오답을 찾아 분석함으로써 유사 문제 및 응용 문제에 대한 대비가 가능하도록 하였습니다.

학생

인공지능 DANCHOQ
푸리봇 문|제|검|색

EBS*i* 사이트와 **EBS*i* 고교강의 APP** 하단의 **AI 학습도우미 푸리봇**을 통해 문항코드를 검색하면 푸리봇이 해당 문제의 해설과 해설 강의를 찾아 줍니다. **사진 촬영으로도 검색**할 수 있습니다.

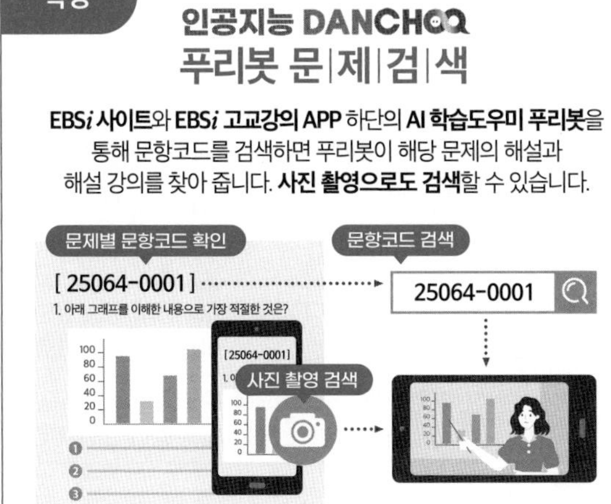

선생님

EBS 교사지원센터
교재 관련 자|료|제|공

교재의 문항 한글(HWP) 파일과 교재이미지, 강의자료를 무료로 제공합니다.

한글다운로드 교재이미지 강의자료

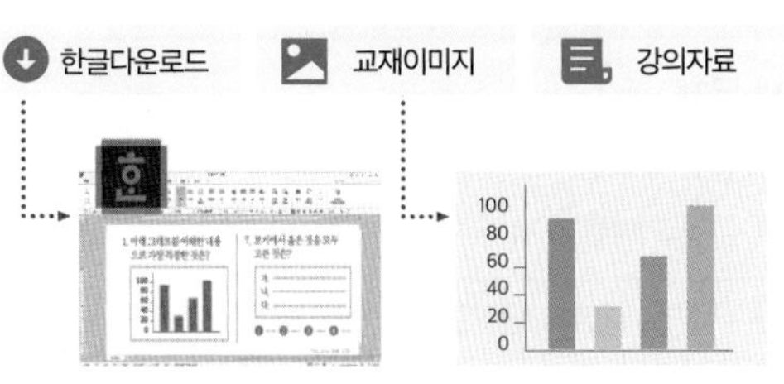

- 교사지원센터(teacher.ebsi.co.kr)에서 '교사인증' 이후 이용하실 수 있습니다.
- 교사지원센터에서 제공하는 자료는 교재별로 다를 수 있습니다.

THEME 01

희소성과 합리적 선택

1 경제 활동과 그 주체 및 객체

(1) 경제 활동의 유형

① 생산: 생산 요소를 이용해 재화나 서비스를 만들어 내거나 이미 만들어진 재화와 서비스의 가치를 증대시키는 활동

② 분배: 생산 요소의 제공을 통해 생산 과정에 참여한 대가를 주고 받는 활동

③ 소비: 만족감(효용)을 얻기 위해 생활에 필요한 재화나 서비스를 구매하거나 사용하는 활동

(2) 경제 활동의 주체 및 객체

① 경제 활동의 주체: 경제 활동을 수행하는 개인 혹은 집단

가계	• 소비 활동의 주체로, 효용 극대화 추구 • 생산물 시장의 수요자, 생산 요소 시장의 공급자
기업	• 생산 활동의 주체로, 이윤 극대화 추구 • 생산물 시장의 공급자, 생산 요소 시장의 수요자
정부	• 재정 활동의 주체로, 사회적 후생 극대화 추구 • 시장의 자원 배분 기능 보완, 경제 성장과 안정 추구
외국	• 교역의 주체로, 각국 경제 주체의 이익 극대화 추구 • 다른 나라의 가계, 기업, 정부를 포괄함.

② 경제 활동의 객체: 경제 활동의 대상

생산물	재화	만족감을 주는 유형의 물질
	서비스	만족감을 주는 무형의 인간 활동
생산 요소	토지	자연으로부터 획득한 자원
	노동	생산을 위한 인간의 육체적 · 정신적 활동
	자본	인간이 만들어 낸 물적 생산 요소

2 희소성과 경제 문제

(1) 희소성

① 의미: 인간의 욕구에 비해 이를 충족시켜 줄 수 있는 자원이 상대적으로 부족한 상태

② 특징: 경제 문제(선택의 문제) 발생의 근본 원인, 시 · 공간적 상대성을 가짐.

③ 희소성의 유무에 따른 재화의 구분

무상재(자유재)	경제재
• 희소성이 없음. • 인간의 욕구보다 많이 존재하여 무상으로 소비할 수 있는 재화	• 희소성이 있음. • 인간의 욕구보다 적게 존재하여 대가를 지불해야 소비할 수 있는 재화

(2) 기본적인 경제 문제

① 발생 원인: 자원의 희소성

② 기본적인 경제 문제의 세 가지 유형

생산물의 결정	• '무엇을 얼마나 생산할 것인가'를 결정하는 문제 • 생산물의 종류와 수량을 결정하는 문제
생산 방법의 결정	• '어떻게 생산할 것인가'를 결정하는 문제 • 생산 요소의 선택과 결합 방법의 문제
분배 방식의 결정	• '누구에게 어떻게 분배할 것인가', '누구를 위하여 생산할 것인가'를 결정하는 문제 • 생산된 가치의 분배 방식을 결정하는 문제

③ 해결 기준: 효율성, 분배 방식 결정의 경우 형평성(공공복리와 사회 정의의 실현)을 함께 고려해야 함.

3 기회비용과 합리적 선택

(1) 기회비용

① 의미: 선택 가능한 여러 대안 중 하나의 대안을 선택함으로써 포기하게 되는 대안들 가운데 가장 가치가 큰 것

② 기회비용의 구성: 명시적 비용+암묵적 비용

• 명시적 비용: 대안을 선택함으로써 실제 지출하는 회계적 비용

• 암묵적 비용: 다른 대안 선택으로 얻을 수 있었으나 포기한 가치

(2) 합리적 선택

① 합리적 선택: 여러 대안 중 순편익(편익－기회비용)이 가장 큰 대안을 선택하는 것

② 편익: 선택으로 얻게 되는 이득이나 만족

③ 매몰 비용: 이미 지출하여 회수가 불가능한 비용으로, 합리적 선택 과정에서는 매몰 비용을 고려하면 안 됨.

(3) 합리적 의사 결정 과정(Ⅰ－Ⅲ－Ⅱ－Ⅳ－Ⅴ 단계의 순서도 가능)

단계	내용
Ⅰ. 문제 인식	• 문제의 내용과 성격 파악 • 문제 해결의 필요성 인식
Ⅱ. 대안 나열	• 문제와 관련된 자료와 정보 수집 • 선택할 수 있는 대안들을 탐색
Ⅲ. 평가 기준 설정	• 대안을 평가하기 위한 다양한 평가 기준 제시 • 각 평가 기준에 가중치 부여 가능
Ⅳ. 대안 평가	• 각 대안의 비용과 편익 비교 · 분석 • 비용 분석 시 기회비용 고려
Ⅴ. 최종 선택 및 실행	• 대안 중 가장 합리적인 대안 선택 • 선택한 대안의 검토 및 평가

4 경제적 유인

(1) 의미: 사람들이 어떤 행동을 하거나 하지 않도록 동기를 부여하는 요인이나 제도 → 금전적 · 물질적 혜택이나 손실을 의미함.

(2) 유형

긍정적 유인	• 해당 행동을 더 하도록 유도(강화)하는 유인 • 행위자에게 편익 증가 · 비용 감소 요인으로 작용함.
부정적 유인	• 해당 행동을 덜 하도록 유도(약화)하는 유인 • 행위자에게 편익 감소 · 비용 증가 요인으로 작용함.

01

▸ 25064-0001

다음 자료에 대한 설명으로 옳은 것은?

〈그림 1〉은 민간 경제의 순환을 나타낸 것이고, 〈그림 2〉의 월급은 ㉢에 해당한다. 단, A, B는 각각 가계, 기업 중 하나이고, (가) 시장, (나) 시장은 각각 생산물 시장, 생산 요소 시장 중 하나이다.

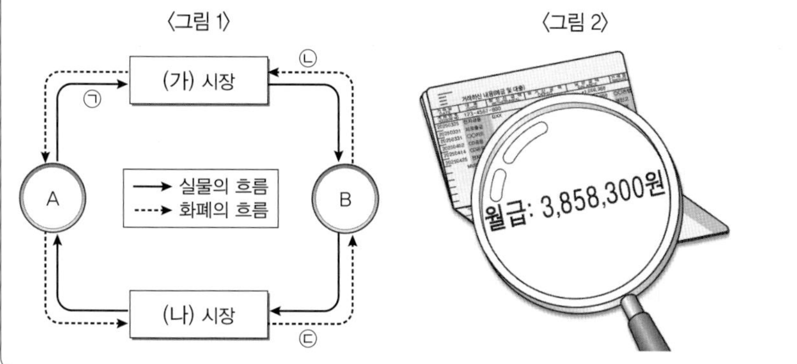

① A는 효용 극대화를 추구한다.
② B는 (가) 시장의 수요자이다.
③ (나) 시장은 생산물 시장이다.
④ 자동차 회사가 자동차를 조립하기 위해 구입한 로봇은 ㉠에 해당한다.
⑤ 소득세는 ㉡에 해당한다.

02

▸ 25064-0002

경제 주체 A~C에 대한 옳은 설명만을 〈보기〉에서 고른 것은? (단, A~C는 각각 가계, 기업, 정부 중 하나임.)

그림은 〈질문 1〉, 〈질문 2〉에 대해 '예', '아니요' 중 같은 대답을 할 수 있는 것끼리 점선으로 묶은 것이다.

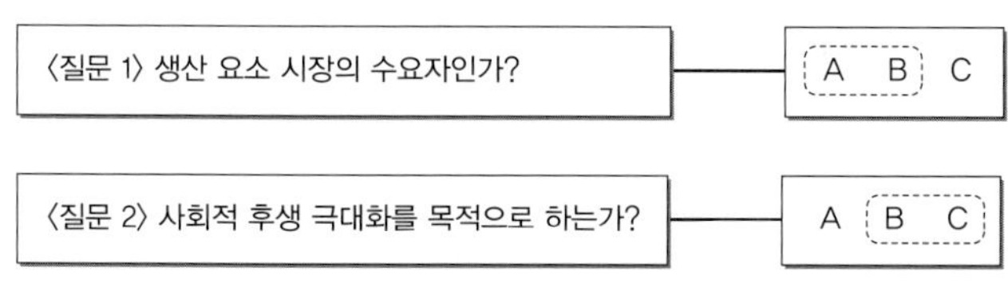

보기

ㄱ. A는 소비 활동을 주로 담당한다.
ㄴ. B는 이윤 극대화를 추구한다.
ㄷ. C와 달리 B는 민간 경제의 주체이다.
ㄹ. B, C와 달리 A는 조세를 징수하고 공공재를 공급한다.

① ㄱ, ㄴ　② ㄱ, ㄷ　③ ㄴ, ㄷ　④ ㄴ, ㄹ　⑤ ㄷ, ㄹ

03

▸ 25064-0003

밑줄 친 ㉠~㉢에 대한 설명으로 옳은 것은?

> □□ 경제
>
> [특별 기획] 쑥쑥 자라는 K-기업, 글로벌 시장에서의 성장 전략 톺아보기*
>
> 급변하는 글로벌 시장에서 국내 기업들이 생존과 성장을 위해 핵심 사업 개편, 신사업 발굴, 지배 구조 개선 등의 움직임을 보이고 있다. □□ 경제는 주요 K-기업들의 글로벌 시장에서의 성장 전략을 심층 분석해 본다.
>
> ○○ 기업-해외 시장 점유율 확대를 위한 ㉠현지 생산 기지 구축 및 현지 유통망 활용
>
> ◇◇ 기업-기존 화학 사업 정리, 글로벌 신사업으로 ㉡의약품 생산 등의 바이오 사업 영역 확대 검토
>
> △△ 기업-우수 인재 확보를 위해 ㉢연차 대신 성과에 따라 급여를 지급하는 구조로 임금 체제 개편
>
> * 톺아보다: 샅샅이 훑어가며 살핌.

① ㉠에는 생산 요소의 선택 및 결합 방법을 결정하는 경제 문제가 나타난다.
② ㉡에는 분배 방식을 결정하는 경제 문제가 나타난다.
③ ㉢에는 생산물의 종류와 수량 선택에 대한 경제 문제가 나타난다.
④ ㉡과 달리 ㉠에 나타난 경제 문제는 효율성을 기준으로 해결한다.
⑤ ㉢과 달리 ㉡에 나타난 경제 문제는 자원의 희소성으로 인해 발생한다.

04

▸ 25064-0004

다음 자료에 대한 옳은 설명만을 〈보기〉에서 있는 대로 고른 것은? (단, 제시된 자료 이외의 다른 조건은 고려하지 않음.)

갑은 ○○팀 스포츠 경기를 관람하기 위해 응원단과 함께 응원을 하면서 볼 수 있는 A 구역의 티켓과 응원단과 떨어져 있는 B 구역의 티켓 중 하나를 예매하고자 한다. 〈자료 1〉은 A 구역과 B 구역의 티켓 가격과 갑의 편익을 나타낸다. 갑은 편익과 기회비용을 고려하여 A 구역의 티켓을 ㉠예매하였다. 그런데 경기 당일 을이 B 구역의 무료 티켓이 여러 장 있다며 함께 경기를 보자고 ㉡제안하였다. 갑은 A 구역의 티켓 환불 규정과 티켓 중개 거래 플랫폼에서의 티켓 판매 가격을 확인한 후 경기 시작 한 시간 전까지 을에게 답변을 주기로 하였다. 〈자료 2〉는 ○○팀 스포츠 경기 티켓 환불 규정 및 티켓 중개 거래 플랫폼에서 거래되는 A 구역의 티켓 가격을 나타낸다. 단, A 구역의 티켓 중개 거래에 따른 비용은 없다.

〈자료 1〉

(단위: 원)

구분	A 구역	B 구역
가격	25,000	15,000
편익	(가)	30,000

〈자료 2〉

○○팀 스포츠 경기 티켓 환불 규정	국내 티켓 중개 거래 플랫폼
※ 티켓 예매 취소 수수료 안내 • 경기 1일 전: 티켓 금액의 40% • 경기 당일: 티켓 금액의 100% • 취소 시점에 따른 취소 수수료를 제외한 나머지 금액 환불	▶ ○○팀 - □□ 경기장(주말) • 경기 일시: 2025. ××. ××. 18 : 30 • VS △△팀/ A 구역/ 가열 응원석 • 1매 가격: ㉢20,000원

보기

ㄱ. (가)가 '40,000'보다 크다면, ㉠은 합리적 선택이다.
ㄴ. A 구역의 티켓 예매 시 지불한 비용 전액은 매몰 비용이므로 ㉡의 수락 여부 결정에서 고려하지 않는다.
ㄷ. (가)가 '45,000'이고 갑이 A 구역의 티켓을 ㉢의 가격으로 판매한다면, 갑이 ㉡을 거절하는 것은 합리적 선택이다.

① ㄱ ② ㄴ ③ ㄱ, ㄷ ④ ㄴ, ㄷ ⑤ ㄱ, ㄴ, ㄷ

05

▸ 25064-0005

다음 자료에 대한 설명으로 옳은 것은?

〈자료 1〉은 질문 (가), (나)에 따라 재화의 유형 A, B를 구분한 것이고, 〈자료 2〉는 재화의 유형 A, B에 해당하는 예를 제시한 것이다. 단, A, B는 각각 경제재, 무상재 중 하나이다.

〈자료 1〉

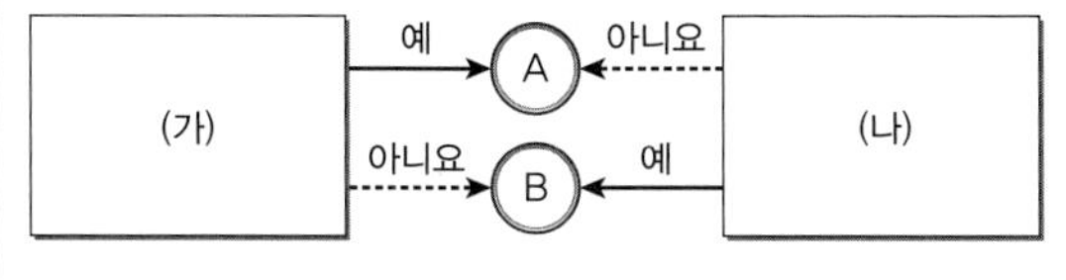

〈자료 2〉

구분	예
A	아이돌 그룹의 유료 음원
B	㉠

① A는 인간의 욕구보다 많이 존재한다.
② A와 달리 B는 경제적 가치를 지닌다.
③ (가)에는 '대가를 지불해야 소비할 수 있는가?'가 들어갈 수 있다.
④ (나)에는 '희소성이 있는가?'가 들어갈 수 있다.
⑤ ㉠에는 '경매 시장에 나온 야구 국가 대표 선수의 100번째 홈런 공'이 들어갈 수 있다.

06

▸ 25064-0006

밑줄 친 ㉠, ㉡에 대한 옳은 설명만을 〈보기〉에서 있는 대로 고른 것은?

정부는 청년들의 자산 형성을 위해 근로 또는 사업 소득이 있는 청년이 청년 저축 계좌에 3년 동안 매달 일정 금액을 저축하면 본인 적립금에 ㉠10~30만 원의 정부 지원금을 추가 적립해 주는 사업을 시행합니다.
새로운 금융 시장 소식 전해 주시죠.
금융 당국은 불법 사금융의 피해자가 증가함에 따라 최고 금리를 위반한 불법 사금융업자의 처벌 수준을 ㉡징역 5년, 벌금 2억 원으로 상향하기로 했습니다.

보기

ㄱ. ㉠은 청년 저축 계좌에 매달 일정 금액을 저축하는 청년들의 편익 증가 요인이다.
ㄴ. ㉡은 불법 사금융업자의 비용 감소 요인이다.
ㄷ. ㉠과 달리 ㉡은 개별 경제 주체의 합리성을 전제한다.
ㄹ. ㉡과 달리 ㉠은 긍정적인 경제적 유인에 해당한다.

① ㄱ, ㄴ　② ㄱ, ㄹ　③ ㄷ, ㄹ　④ ㄱ, ㄴ, ㄷ　⑤ ㄴ, ㄷ, ㄹ

07

▶ 25064-0007

표는 질문을 통해 경제 활동의 객체 A~D를 구분한 것이다. 이에 대한 옳은 설명만을 〈보기〉에서 있는 대로 고른 것은? (단, A~D는 각각 노동, 자본, 재화, 서비스 중 하나임.)

질문	예	아니요
생산 요소 시장에서 거래되는가?	B, C	A, D
인간의 활동에 해당하는가?	C, D	A, B

보기

ㄱ. A는 가계가 만족감을 얻기 위해 구입하는 경제 객체에 해당한다.
ㄴ. 이자는 C를 생산에 투입하고 받은 대가이다.
ㄷ. 개업 의사의 진료 행위는 B가 아닌 D의 사례이다.

① ㄱ ② ㄴ ③ ㄱ, ㄷ ④ ㄴ, ㄷ ⑤ ㄱ, ㄴ, ㄷ

08

▶ 25064-0008

다음 자료에 대한 분석으로 옳은 것은?

갑은 자신의 용돈을 모두 사용하여 자전거 A~C 중 하나를 선택하려고 한다. 표는 A~C의 가격과 갑의 선택으로 얻는 편익을 나타낸다. 갑은 편익과 기회비용을 고려하여 순편익이 가장 큰 C를 합리적으로 선택하였다. 단, 제시된 자료 이외의 다른 조건은 고려하지 않는다.

(단위: 만 원)

구분	가격	편익
A	30	50
B	50	80
C	㉠	100

① ㉠에는 '70'이 들어갈 수 있다.
② C 선택의 암묵적 비용은 20만 원이다.
③ A 선택의 기회비용은 B 선택의 기회비용보다 작다.
④ B 선택의 순편익은 A 선택의 순편익보다 작다.
⑤ A 선택과 달리 B 선택의 순편익은 음(−)의 값을 가진다.

09

▶ 25064-0009

다음 자료에 대한 옳은 설명만을 〈보기〉에서 있는 대로 고른 것은? (단, A~C는 각각 생산, 소비, 분배 중 하나임.)

〈형성 평가 문제〉

※ 다음 각 진술에 해당하는 경제 활동의 유형을 쓰시오.

경제 활동의 유형에 대한 진술	답란	채점 결과
1. 부가 가치 창출을 목적으로 하는 경제 활동이다.	A	1점
2. 생산 활동에 참여한 대가를 주거나 받는 경제 활동이다.	B	0점
3. 효용 극대화를 추구하는 경제 활동이다.	C	㉠
4. (가)	A	1점

* 응답 내용 1개당 옳으면 1점, 틀리면 0점을 부여함.

보기

ㄱ. A를 주로 담당하는 경제 주체는 이윤 극대화를 추구한다.
ㄴ. C와 달리 B는 생산 요소 시장에서 이루어지는 경제 활동이다.
ㄷ. ㉠은 '1점'이다.
ㄹ. (가)에는 '상품의 저장이나 운송 활동이 해당되는 경제 활동이다.'가 들어갈 수 있다.

① ㄱ, ㄴ　② ㄱ, ㄹ　③ ㄷ, ㄹ　④ ㄱ, ㄴ, ㄷ　⑤ ㄴ, ㄷ, ㄹ

10

▶ 25064-0010

다음 자료에 대한 분석으로 옳은 것은?

〈자료 1〉은 갑이 X재와 Y재를 각각 1개씩 추가로 소비할 때마다 얻는 편익의 증가분을 나타내고, 〈자료 2〉는 갑이 8,000원을 모두 사용하여 현재 소비할 수 있는 X재와 Y재의 조합인 A~E점을 나타낸다. 단, 갑은 구입한 재화를 모두 소비한다.

〈자료 1〉

(단위: 원)

구분	X재	Y재
1개째	5,000	4,000
2개째	4,000	3,500
3개째	3,000	3,000
4개째	2,500	2,500

〈자료 2〉

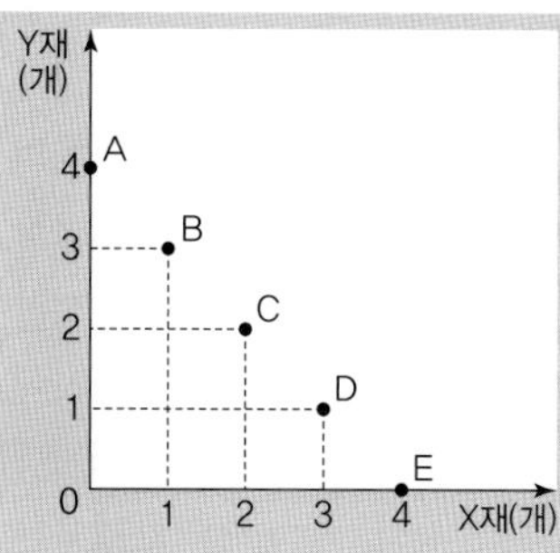

① X재 가격은 Y재 가격보다 낮다.
② 갑은 C점을 선택하는 것이 합리적이다.
③ 순편익은 A점을 선택할 경우가 E점을 선택할 경우보다 크다.
④ 기회비용은 B점을 선택할 경우가 D점을 선택할 경우보다 작다.
⑤ 암묵적 비용은 C점을 선택할 경우가 D점을 선택할 경우보다 크다.

THEME

02 경제 체제 및 시장 경제의 원리

1 경제 체제의 유형

(1) 기준에 따른 경제 체제의 유형

① 경제 문제의 해결 방식에 따른 분류: 전통 경제 체제, 계획 경제 체제, 시장 경제 체제, 혼합 경제 체제

② 생산 수단의 소유 형태에 따른 분류: 사회주의 경제 체제, 자본주의 경제 체제

(2) 전통 경제 체제

① 특징: 전통, 관습, 종교 등에 의한 경제 문제 해결

② 장점: 경제생활의 안정, 사회의 안정성 및 지속성 보장 등

③ 한계: 전통과 관습에 의한 경제 활동의 제한, 사회 변화 및 발전의 제약, 외부 변화에 신속한 대처 능력 부족 등

(3) 계획 경제 체제

① 특징: 정부의 결정과 통제에 의한 경제 문제 해결, 사회주의와 결합하여 사유 재산권이 원칙적으로 부정되어 생산 수단의 국유화, 개별 경제 주체의 경제 활동 자유 제한

② 장점: 부와 소득의 불평등 완화 추구, 정부의 계획과 명령에 따른 자원 배분으로 경제 문제에 대한 신속한 집행 가능 등

③ 한계: 사유 재산권 제한 및 경제 활동의 자유 제한으로 인한 경제적 유인 부족 → 경제 활동의 창의성과 역량 발휘 저해, 비효율적 자원 배분, 경제 발전의 저해 가능 등

(4) 시장 경제 체제

① 특징: 시장 원리에 의한 경제 문제 해결, 자본주의와 결합하여 사유 재산권 보장, 시장 가격에 기초한 개별 경제 주체의 자유로운 의사 결정 보장(사적 이윤 추구 활동 보장)

② 장점: '보이지 않는 손'의 작동으로 효율적인 자원 배분, 사유 재산권 보장으로 개인의 능력과 창의성 발휘 등

③ 한계: 빈부 격차 발생으로 인한 형평성 저해, 급격한 경기 변동 가능성으로 인해 시장의 안정성 저해 등

(5) 혼합 경제 체제

① 등장 배경: 1930년대의 대공황 → 시장의 자동 조절 기능에 한계를 체감한 정부가 시장에 적극적으로 개입하여 경제 문제 해결 시도

② 특징: 시장 경제적 요소와 계획 경제적 요소를 함께 혼용, 오늘날 대부분의 국가는 혼합 경제 체제를 채택함, 국가가 추구하는 목표에 따라 혼합의 정도가 다름.

2 시장 경제의 기본 원리

(1) 시장 가격에 의한 자원 배분

① 경제 활동의 신호등 역할: 시장 가격이 생산자와 소비자의 경제 활동 방향을 제시하여 합리적 의사 결정에 도움을 줌.

② 자원의 효율적 배분 기능: 개별적으로는 효용이나 이윤 극대화, 사회적으로는 자원의 효율적 배분 유도

(2) 이익 추구 보장

① 경제 활동의 자유를 통해 개인의 이익 추구 보장(사유 재산권 보장)

② 자신의 의사에 따라 이익을 극대화하려는 과정에서 사회 전체의 이익 향상에 기여함.

③ 사유 재산권 보장과 개인의 이익 추구 보장을 통해 경제적 유인 동기 강화

(3) 분업, 특화, 교환

① 분업: 생산 과정을 여러 부문으로 나누어 각자가 맡은 업무를 수행하는 방식

② 특화: 자신이 가지고 있는 생산 요소를 특정 재화나 서비스 생산에 집중하는 것

③ 교환: 경제 주체 간에 생산물이나 생산 요소를 다른 생산물이나 생산 요소 또는 화폐로 바꾸어 거래하는 것

(4) 경쟁의 원리

① 기업 간 경쟁: 더 적은 비용으로 좋은 상품을 생산하여 더 많은 이윤을 얻기 위해 경쟁 → 창의력 발휘 및 사회 전체의 후생 증대와 효율성 향상에 기여함.

② 소비자 간 경쟁: 더 적은 비용으로 좋은 상품을 소비하여 더 큰 효용을 얻기 위해 경쟁 → 기업이 더 저렴하고 좋은 상품을 개발하도록 유인 제공

3 시장 경제를 뒷받침하는 제도

(1) 사유 재산권 보장

① 개인과 민간 기업에 경제 활동 동기를 부여함.

② 가계의 효용 극대화와 기업의 이윤 극대화를 위한 경제적 유인을 제공함.

(2) 공정한 경쟁 보장

① 시장에서 자원이 효율적으로 배분되고 시장 경제가 유지·발전되기 위해서는 각 경제 주체 간의 공정한 경쟁이 보장되어야 함.

② 정부는 불공정 거래 행위나 부당 공동 행위를 규제함.

(3) 경제 활동의 자유 보장

① 시장 경제 체제는 경제 주체가 자유롭게 경제적 의사 결정을 할 수 있도록 보장함.

② 정부는 영업의 자유, 계약의 자유, 직업 선택의 자유, 기업의 경제상 자유와 창의 존중 등 경제 주체의 자유로운 경제 활동을 보장하기 위해 규범을 정비함.

01

▸ 25064-0011

다음 자료에 대한 설명으로 옳은 것은? (단, A, B는 각각 계획 경제 체제, 시장 경제 체제 중 하나임.)

> 교사: A와 구분되는 B의 특징을 제시해 보세요.
> 갑: 시장의 자기 조정 능력을 중시합니다.
> 을: 정부의 계획과 명령에 따라 자원 배분이 이루어집니다.
> 병: 개별 경제 주체의 경제적 자유를 제약하여 자발적인 경제 활동이 위축됩니다.
> 교사: 세 학생 중 ㉠한 학생은 잘못된 특징을 제시했어요.

① ㉠은 '을'이다.
② A와 달리 B에서는 기본적인 경제 문제가 발생하지 않는다.
③ A에서는 B보다 개인들의 이익 추구를 위한 경쟁을 강조한다.
④ B에서는 A보다 경제 활동에서 경제적 유인을 중시한다.
⑤ B와 달리 A에서는 원칙적으로 생산 수단의 사적 소유를 인정하지 않는다.

02

▸ 25064-0012

경제 체제 A, B를 구분하기 위해 (가), (나)에 들어갈 수 있는 질문으로 옳은 것은? (단, A, B는 각각 계획 경제 체제, 시장 경제 체제 중 하나임.)

> 모든 사회에는 기본적인 경제 문제를 해결하기 위한 합의된 제도나 방식이 있는데, 이를 '경제 체제'라고 한다. 각 사회마다 자원 및 생산물의 분배를 해결하는 원칙은 다르며, 이에 따라 정부의 계획이나 명령에 의해 자원 및 생산물의 분배 문제를 해결하는 A와 시장 가격에 따라 자원 및 생산물의 분배 문제를 해결하는 B로 구분할 수 있다.

질문 \ 경제 체제	A	B
(가)	예	아니요
(나)	아니요	예

① (가) – 개인 간의 소득 불평등 문제가 나타나는가?
② (가) – 경제 활동에 대한 정부의 통제를 중시하는가?
③ (가) – 개인들의 자유로운 경쟁을 통한 이윤 추구를 보장하는가?
④ (나) – 경제 활동 과정에서 경제적 유인 체계를 경시하는가?
⑤ (나) – 자원의 희소성으로 인한 기본적인 경제 문제가 발생하는가?

03

▸ 25064-0013

그림은 질문에 따라 경제 체제 A, B를 구분한 것이다. 이에 대한 옳은 설명만을 〈보기〉에서 고른 것은? (단, A, B는 각각 계획 경제 체제, 시장 경제 체제 중 하나임.)

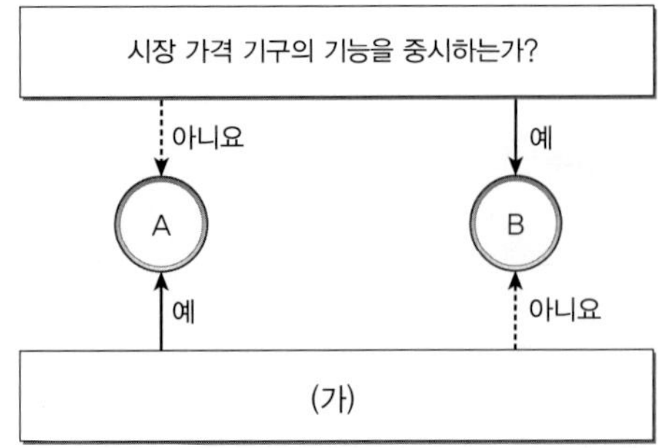

보기

ㄱ. A와 달리 B에서는 개인의 성과와 상관없이 이익을 균등하게 배분한다.
ㄴ. B와 달리 A에서는 경제적 유인을 강조한다.
ㄷ. A, B 모두에서 기본적인 경제 문제가 발생한다.
ㄹ. (가)에는 '개별 경제 주체의 사적 이익 추구와 경쟁을 중시하는가?'가 들어갈 수 없다.

① ㄱ, ㄴ ② ㄱ, ㄷ ③ ㄴ, ㄷ ④ ㄴ, ㄹ ⑤ ㄷ, ㄹ

04

▸ 25064-0014

갑, 을의 입장에 대한 추론으로 옳은 것만을 〈보기〉에서 고른 것은? (단, 갑, 을은 각각 큰 정부론, 작은 정부론 중 하나를 지지함.)

○○ 신문

갑 vs 을, 주요 경제 공약

갑 후보	주요 경제 공약	을 후보
재정 지출 확대	재정	정부의 예산 감축
대기업 증세 확대, 탄소세 도입 등 세수 증대	세금	대기업 감세 확대, 근로소득세 감면 확대
정부 주도, 사회적 일자리 확대	일자리	민간 주도, 국가 개입 최소화

보기

ㄱ. 갑은 민간 경제 주체만으로는 경제 운용의 한계가 있음을 주장할 것이다.
ㄴ. 을은 개인 간의 자유로운 경쟁을 저해하는 규제의 폐지에 찬성할 것이다.
ㄷ. 갑과 달리 을은 '보이지 않는 손'의 역할을 인정할 것이다.
ㄹ. 을과 달리 갑은 공기업을 민영화하자는 의견을 지지할 것이다.

① ㄱ, ㄴ ② ㄱ, ㄷ ③ ㄴ, ㄷ ④ ㄴ, ㄹ ⑤ ㄷ, ㄹ

05

▸ 25064-0015

다음 자료에 대한 설명으로 옳은 것은? (단, A~C는 각각 전통 경제 체제, 계획 경제 체제, 시장 경제 체제 중 하나임.)

〈경제 체제의 유형과 특징 서술하기〉

이름: ○○○

1. B와 구분되는 A의 특징을 서술하시오.

답란	채점 결과
전통과 관습에 의해 기본적인 경제 문제를 해결한다.	1점
(가)	㉠

2. C와 구분되는 B의 특징을 서술하시오.

답란	채점 결과
자원 배분 과정에서 '보이지 않는 손'의 기능을 중시한다.	0점
정부의 명령에 따라 생산물의 종류와 생산 방법이 결정된다.	1점

* 응답 내용 1개당 옳으면 1점, 틀리면 0점을 부여함.

① A에서는 자원의 희소성에 의한 경제 문제가 발생하지 않는다.
② B에서는 생산 수단의 사적 소유를 원칙적으로 인정한다.
③ C에서는 경제 활동에서 경제적 유인을 강조한다.
④ A, B와 달리 C에서는 빈부 격차의 문제가 발생하지 않는다.
⑤ (가)에 '시장 원리에 의한 경제 문제 해결을 강조한다.'가 들어간다면, ㉠은 '1점'이다.

06

▸ 25064-0016

그림은 경제 수업의 일부이다. (가)에 들어갈 수 있는 내용으로 가장 적절한 것은?

수업 주제: 시장 경제 원리를 뒷받침하는 제도

○○ 신문 ○○○○년 ○월 ○일

대규모 자본과 컴퓨팅 인프라를 소유하고 있는 소수 빅테크 기업이 경쟁 우위를 확보하여 시장 진입 장벽을 구축하고 있으며, 편향된 방식으로 설계된 AI 알고리즘이 소비자의 합리적 선택을 제한하는 경우가 발생하고 있다. 이에 당국은 독과점 플랫폼의 시장 질서 교란 행위를 차단하고 소비자를 보호하기 위해 독점력을 가진 핵심 플랫폼 사업자의 부당 행위를 금지하는 법안을 추진할 것이라고 밝혔다.

제시된 자료는 정부가 시장 경제의 규칙과 제도를 마련하여 (가) 이/가 보장될 때 시장에서 자원이 효율적으로 배분되고 시장 경제가 유지·발전할 수 있다는 것을 보여 줍니다.

① 공정한 경쟁
② 사유 재산권
③ 빈부 격차의 해소
④ 기업의 창의적 활동
⑤ 기업의 이윤 극대화

07

▶ 25064-0017

다음 자료에 대한 옳은 설명만을 〈보기〉에서 있는 대로 고른 것은?

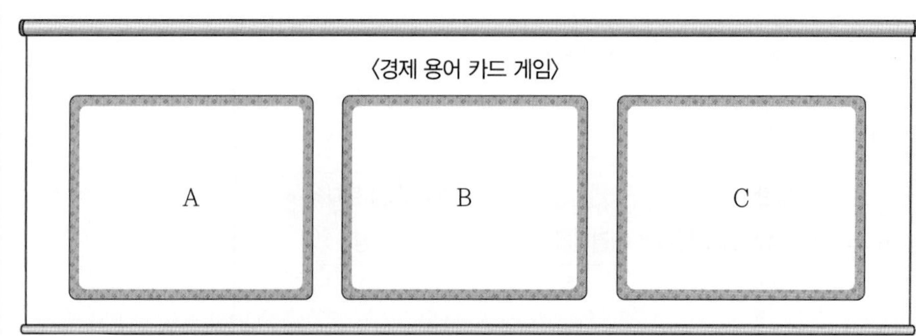

교사: 카드 A~C의 뒷면에는 경제 개념 '분업', '교환', '특화'가 적혀 있습니다. 학생들은 각각 자신이 선택한 카드에 적힌 경제 개념의 효과를 설명해 보세요.

갑: 저는 A를 선택했습니다. A는 기능 숙달로 인한 생산성 향상이라는 효과도 있지만, 단순 노동의 반복으로 노동자의 피로가 증가한다는 부정적 효과도 있습니다.

을: 저는 B를 선택했습니다. B가 모든 거래 당사자들의 자유로운 의사에 따라 합리적으로 이루어지면 (가) 라는 효과가 있습니다.

병: 저는 C를 선택했습니다. C의 효과는 특정 재화의 전문적 생산으로 인해 자원을 효율적으로 활용할 수 있다는 것입니다.

교사: 갑~병 모두 옳게 설명하였습니다.

보기

ㄱ. A는 대량 생산을 가능하게 한다.
ㄴ. 시장 경제 체제에서는 B와 달리 C의 자유를 보장하여 경제 문제를 해결한다.
ㄷ. (가)에는 '거래 당사자 모두에게 이익을 가져다 줄 수 있다.'가 들어갈 수 있다.

① ㄱ ② ㄴ ③ ㄱ, ㄷ ④ ㄴ, ㄷ ⑤ ㄱ, ㄴ, ㄷ

08

▶ 25064-0018

다음 자료에 대한 옳은 분석 및 추론만을 〈보기〉에서 고른 것은?

갑과 을은 ○○섬에서 감자와 옥수수만을 생산하여 자급자족하며 살아가고 있다. 갑의 시간당 최대 생산 가능량은 감자 2개 또는 옥수수 3개이며, 을의 시간당 최대 생산 가능량은 감자 4개 또는 옥수수 2개이다. 갑과 을은 하루 동안 비교 우위가 있는 재화만을 각각 직선인 생산 가능 곡선상에서 생산하여 둘 모두에게 이익이 발생하는 교환 비율에 따라 거래 비용 없이 교환하기로 하였다. 단, 생산 요소는 노동뿐이며, 갑과 을의 하루 노동 시간은 각각 5시간으로 동일하다.

보기

ㄱ. 갑은 하루 동안 감자 6개와 옥수수 6개를 생산할 수 없다.
ㄴ. 을은 감자에 특화하여 교환하는 것이 합리적이다.
ㄷ. 옥수수 1개 생산의 기회비용은 갑이 을보다 크다.
ㄹ. 감자와 옥수수의 교환 비율이 3 : 1이라면, 을은 교환하려 하지 않을 것이다.

① ㄱ, ㄴ ② ㄱ, ㄷ ③ ㄴ, ㄷ ④ ㄴ, ㄹ ⑤ ㄷ, ㄹ

THEME 03

가계, 기업, 정부의 경제 활동

1 가계의 경제 활동

(1) 가계의 의미와 역할

① 의미: 생산 요소를 제공하고 그 대가인 소득을 통해 소비하는 경제 주체

② 역할

생산물 시장의 수요자	• 기업이 생산한 재화와 서비스를 소비함. • 소비를 통해 효용 극대화를 추구함.
생산 요소 시장의 공급자	• 생산 활동에 필요한 노동, 토지, 자본 등의 생산 요소를 제공함. • 생산 요소를 제공한 대가로 임금, 지대, 이자 등의 소득을 얻음.
납세자	조세를 납부하여 정부의 재원 마련에 기여함.

(2) 가계의 경제적 의사 결정(합리적 소비)

① 선택에 따른 편익이 기회비용보다 크도록 함.

② 동일한 비용으로 최대의 편익을 얻는 소비를 선택함.

③ 한정된 소득 안에서 현재뿐만 아니라 미래의 소비도 고려함.

(3) 노동의 의미와 가치

① 의미: 생산을 위한 인간의 육체적 · 정신적 활동

② 가치

- 개인적 차원: 근로 소득의 원천이며, 자아실현의 계기가 됨.
- 사회적 차원: 생산 활동의 기초로서 경제 성장의 중요한 요소가 됨.

2 기업의 경제 활동

(1) 기업의 의미와 역할

① 의미: 가계로부터 제공받은 생산 요소를 이용하여 재화와 서비스를 생산하는 경제 주체

② 역할

생산물 시장의 공급자	재화와 서비스를 생산물 시장에 공급하고, 이를 통해 이윤 극대화를 추구함.
생산 요소 시장의 수요자	생산 활동에 필요한 노동, 토지, 자본 등의 생산 요소를 구입하고, 이에 대한 대가를 지불함.
납세자	조세를 납부하여 정부의 재원 마련에 기여함.

(2) 기업의 경제적 의사 결정(합리적 생산)

① 기업의 경제적 의사 결정 목적: 이윤 극대화

② 이윤=총수입(판매 수입) − 총비용(생산 비용)

③ 기업은 판매 수입을 늘리고 생산 비용을 줄여 이윤 극대화를 추구함.

(3) 기업가 정신과 사회적 책임

① 기업가 정신과 혁신

- 기업가 정신: 기업가가 미래의 불확실성을 감수하면서 과감히 생산하는 자세
- 혁신: 생산 및 경영 과정에서 새로운 방식을 추구하는 '창조적 파괴'의 과정

② 기업의 사회적 책임

- 의미: 기업이 이윤 추구와 더불어 소비자, 지역 사회 등과의 관계 속에서 사회에 대한 책임을 져야 한다는 것
- 의의: 건전한 기업 활동(기업의 윤리 경영, 투명 경영 등)을 유도함.

3 정부의 경제 활동

(1) 정부의 의미와 역할

① 의미: 재정 활동 등을 통해 사회적 후생 극대화를 추구하는 경제 주체

② 역할

- 생산물 시장과 생산 요소 시장의 수요자: 정부 활동에 필요한 생산물이나 생산 요소를 구입하고, 이에 대한 대가를 지불함.
- 재정 활동의 주체: 정부의 경제 활동에 필요한 재원을 조달하고 지출함.
- 시장 기능의 보완: 공정 경쟁 질서의 확립, 시장을 통해 충분히 공급되지 않는 공공재나 사회 간접 자본의 공급 등
- 소득 재분배: 정부는 경제적 불평등을 완화시키기 위해 누진세제, 저소득층 세금 부담 경감, 사회 보장 제도 등을 실시함.
- 경제 안정 추구: 경기 상황에 따라 세입과 정부 지출 규모를 조정해 고용과 물가를 적정 수준으로 유지함.

(2) 조세의 분류

① 납세자와 담세자의 일치 여부에 따른 분류

직접세	• 주로 소득이나 재산에 부과(예 소득세, 재산세, 법인세 등) • 납세자와 담세자가 일치함. • 일반적으로 누진세율이 적용됨.
간접세	• 주로 소비 지출에 부과(예 부가 가치세, 개별 소비세 등) • 납세자와 담세자가 일치하지 않음. • 일반적으로 비례세율이 적용됨.

② 세율 적용 방식에 따른 분류

누진세	• 과세 대상 금액이 커질수록 높은 세율을 적용함. • 주로 직접세에 적용되며, 소득 재분배 효과가 큼.
비례세	• 과세 대상 금액에 상관없이 동일한 세율을 적용함. • 주로 간접세에 적용되며, 간접세에 적용 시 조세 부담의 역진성이 나타남.
역진세	과세 대상 금액이 커질수록 낮은 세율을 적용함.

정답과 해설 6쪽

01

▸ 25064-0019

다음 자료에 대한 설명으로 옳은 것은?

그림은 (가) 시장에서 경제 주체 A~C의 실물 거래 흐름을 나타낸다. 소비 활동의 주체인 A는 (가) 시장에서 아들의 고등학교 입학 선물을 구입하였다. 단, A~C는 각각 가계, 기업, 정부 중 하나이다.

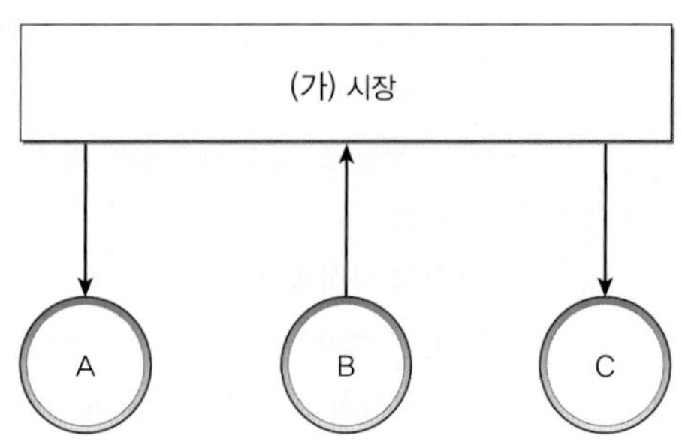

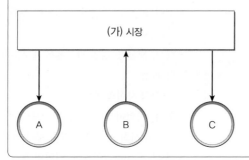

① 노동은 (가) 시장에서 거래된다.
② A는 이윤 극대화를 추구한다.
③ B는 사회적 후생 극대화를 추구한다.
④ C는 생산물 시장의 공급자이다.
⑤ B, C와 달리 A는 생산 요소 시장의 공급자이다.

02

▸ 25064-0020

다음 경제 수업 장면에 대한 설명으로 옳은 것은? (단, A~C는 각각 가계, 기업, 정부 중 하나임.)

① B는 소비 활동의 주체이다.
② C는 조세를 징수하는 주체이다.
③ C와 달리 A는 생산물 시장의 수요자이다.
④ (가)에는 '생산 요소 시장의 공급자이다.'가 들어갈 수 있다.
⑤ (나)에는 '민간 경제의 주체이다.'가 들어갈 수 있다.

03

▸ 25064-0021

다음 자료에 대한 설명으로 옳은 것은?

표는 갑과 을이 X재 1개를 추가로 구입할 때 얻게 되는 편익의 증가분을 나타낸다. 단, X재 가격은 (가) 달러이고, 갑과 을은 편익과 지출을 고려하여 합리적으로 소비한다. 또한 갑과 을은 X재를 최대 4개까지 구입할 수 있고, 가격과 X재 1개를 추가로 구입할 때 얻게 되는 편익의 증가분이 같은 경우에도 X재를 구입한다.

(단위: 달러)

구분	1개째	2개째	3개째	4개째
갑	12	10	8	6
을	18	12	7	3

① 소비량이 증가할수록 갑의 '총편익/소비량'은 지속적으로 증가한다.
② 소비량이 증가할수록 을의 총편익은 지속적으로 감소한다.
③ X재 3개 소비에 따른 총편익은 갑이 을보다 크다.
④ (가)가 '8'인 경우 X재 소비에 따른 총편익은 갑과 을이 같다.
⑤ 갑과 을의 X재 소비량의 합은 (가)가 '5'일 때가 '6'일 때보다 많다.

04

▸ 25064-0022

다음 자료에 대한 옳은 분석 및 추론만을 〈보기〉에서 고른 것은?

표는 t년과 t+1년에 〈조건〉과 같은 상황에서 갑이 용돈을 모두 사용하여 최대로 소비할 수 있는 X재와 Y재의 소비 조합 및 각 소비 조합에서의 총편익을 나타낸다.

〈조건〉
- Y재 가격과 갑의 용돈은 변하지 않았음.
- 갑이 X재와 Y재의 추가 소비로 인해 얻게 되는 X재와 Y재 각각의 편익 증가분은 t년과 t+1년이 같음.
- 갑이 X재와 Y재 1개 추가 소비로 인해 얻게 되는 각 재화별 추가 편익은 일정한 폭으로 감소함.

(단위: 개, 달러)

t년		t+1년	
소비 조합 (X재 소비량, Y재 소비량)	총편익	소비 조합 (X재 소비량, Y재 소비량)	총편익
(2, 0)	27	(4, 0)	㉠
(1, 2)	37	(3, 1)	㉡
(0, 4)	36	(2, 2)	49
		(1, 3)	45
		(0, 4)	36

보기

ㄱ. ㉠은 36보다 작다.
ㄴ. ㉠은 ㉡보다 크다.
ㄷ. X재 가격은 t년이 t+1년의 2배이다.
ㄹ. t년과 t+1년 모두 Y재 소비량이 2개인 소비 조합을 선택하는 것이 합리적이다.

① ㄱ, ㄴ ② ㄱ, ㄷ ③ ㄴ, ㄷ ④ ㄴ, ㄹ ⑤ ㄷ, ㄹ

05

▸ 25064-0023

표는 갑 기업의 X재 생산량에 따른 총수입과 평균 비용을 나타낸다. 이에 대한 분석으로 옳은 것은? (단, 갑 기업은 X재만을 최대 4개까지 생산할 수 있고, 생산된 X재는 전량 판매됨.)

생산량(개)	1	2	3	4
총수입(달러)	8	16	24	32
평균 비용(달러)	5	4.5	5	5.5

* 평균 비용 = 총비용/생산량

① 이윤은 생산량이 4개일 때가 가장 작다.
② '총수입/총비용'은 생산량이 1개일 때가 2개일 때보다 크다.
③ '이윤/생산량'은 생산량이 2개일 때가 3개일 때보다 크다.
④ '이윤/총수입'은 생산량이 2개일 때가 4개일 때보다 작다.
⑤ 생산량이 1개에서 2개로 증가할 때가 생산량이 3개에서 4개로 증가할 때보다 추가되는 비용이 크다.

06

▸ 25064-0024

다음 자료에 대한 분석으로 옳은 것은? (단, 갑 기업은 X재와 Y재만을 각각 최대 5개까지 생산할 수 있고, 생산된 재화는 전량 판매됨.)

〈자료 1〉은 t기 갑 기업의 생산량에 따른 각 재화별 총비용을, 〈자료 2〉는 t기 대비 t+1기 X재와 Y재 각각의 생산 비용 및 가격 변동 사항을 나타낸다. 단, t기에 X재와 Y재의 가격은 각각 100달러이며, X재와 Y재만을 생산하는 갑 기업은 모든 시기 각 재화별 이윤이 극대화되는 생산량만큼만 생산한다.

〈자료 1〉

생산량(개)	1	2	3	4	5
X재 총비용(달러)	50	90	170	260	400
Y재 총비용(달러)	60	100	170	280	450

〈자료 2〉

구분	X재 시장	Y재 시장
생산 비용	인건비 상승으로 개당 10% 상승	원료 가격 하락으로 개당 20% 하락
가격 변동	20% 상승	10% 하락

① t기에 X재 생산량이 증가할수록 X재의 '총비용/생산량'은 증가한다.
② t기에 Y재 생산량은 X재 생산량보다 많다.
③ t기 대비 t+1기에 갑 기업의 이윤은 증가하였다.
④ t기 대비 t+1기에 갑 기업의 총비용은 감소하였다.
⑤ t기 대비 t+1기에 Y재와 달리 X재의 생산량은 증가하였다.

07

▸ 25064-0025

다음 자료에 대한 옳은 분석만을 〈보기〉에서 고른 것은?

그림은 갑 기업의 X재 생산량에 따른 '이윤/총수입'을 나타낸다. 단, 갑 기업은 X재만을 최대 4개까지 생산할 수 있고, X재 가격은 50달러로 일정하며, 생산된 X재는 전량 판매된다.

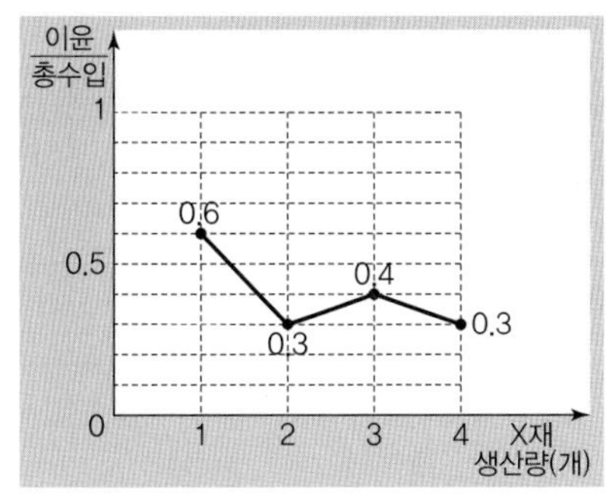

보기

ㄱ. 이윤은 생산량이 1개일 때와 2개일 때가 같다.
ㄴ. 총수입은 생산량이 3개일 때가 4개일 때보다 크다.
ㄷ. '총비용/총수입'은 생산량이 1개일 때가 가장 작다.
ㄹ. 생산량이 증가할수록 '총비용/생산량'은 지속적으로 증가한다.

① ㄱ, ㄴ ② ㄱ, ㄷ ③ ㄴ, ㄷ ④ ㄴ, ㄹ ⑤ ㄷ, ㄹ

08

▸ 25064-0026

다음은 수업 시간에 한 학생이 발표한 내용 중 일부이다. 밑줄 친 ㉠, ㉡의 옳은 사례만을 〈보기〉에서 고른 것은?

발표 주제: 지속 가능한 발전의 필수 요소인 기업의 사회적 책임과 혁신

3학년 ○○반 □□□

㉠기업의 사회적 책임은 소비자나 지역 사회 등과의 관계 속에서 이윤을 추구하는 기업이 사회에 대한 책임을 함께 져야 한다는 것을 의미합니다. 이는 윤리적 경영, 환경 보호 등을 포함합니다. ㉡혁신은 창조적 파괴의 과정을 통해 새로운 아이디어, 제품, 서비스 또는 프로세스를 창출하여 가치와 효율성을 높이는 활동을 말합니다. 기업의 사회적 책임과 혁신이 중요해지고 있는 이유는 지속 가능한 발전에 대한 요구가 증가하고 있기 때문입니다. 기업의 지속 가능한 경영을 중시하는 소비 패턴, 기후 변화와 같은 글로벌 이슈는 기업들에게 지속 가능한 비즈니스 모델의 필요성을 강조합니다. … (후략) …

보기

ㄱ. ㉠ – A사: 팀 조직 재편성을 통한 업무 효율성 제고
ㄴ. ㉠ – B사: 교육 격차 해소를 위한 농어촌 학교 스마트 교실 프로젝트 사업 지원
ㄷ. ㉡ – C사: 판매 실적이 높은 상품의 생산량 증대를 위해 공장 추가 설립
ㄹ. ㉡ – D사: 제조 기술의 융합을 통해 효율성을 극대화한 새로운 고성능 전기차 배터리 개발

① ㄱ, ㄴ ② ㄱ, ㄷ ③ ㄴ, ㄷ ④ ㄴ, ㄹ ⑤ ㄷ, ㄹ

09

▶ 25064-0027

(가), (나)의 일반적인 특징에 대한 설명으로 옳은 것은? (단, (가), (나)는 각각 직접세, 간접세 중 하나임.)

표는 연도별 갑국의 전체 조세 수입에서 (가) 와 (나) 가 각각 차지하는 비율을 나타낸다. t년~t+2년의 비율 변화 추이는 지속적인 소득세 및 법인세 수입 증가만으로 나타났다.

(단위: %)

구분	t년	t+1년	t+2년
(가)	55	58	63
(나)	45	42	37
합계	100	100	100

① (가)는 주로 소비 지출에 부과된다.
② (가)의 세율 인상은 물가 상승의 요인이다.
③ 소득 재분배 효과는 (가)가 (나)보다 크다.
④ 조세 저항은 (나)가 (가)보다 크다.
⑤ (가)와 달리 (나)는 납세자와 담세자가 일치한다.

10

▶ 25064-0028

교사의 질문에 대한 학생의 답변으로 옳은 것은?

(가) 갑국의 공정 거래 위원회는 인터넷 포털 검색에서 시장 지배력이 상당한 기업 A가 검색 결과에 자사의 서비스를 유리하게 배치한 혐의로 시정 명령과 과징금 약 2억 달러를 부과하였다.
(나) 갑국 정부는 화석 연료 기반 산업에서의 생산량 증가에 따른 대기질 악화 문제를 개선하기 위해 허용량 이상의 대기 오염 물질을 배출하는 기업에 대한 징벌적 세금 부과 정책을 시행하였다.
(다) 갑국 정부는 부동산 가격 상승으로 인한 경기 과열을 억제하기 위해 부동산 시장 관련 대출 규제 강화 및 부동산 관련 세율 인상, 부동산 시장에 대한 정부 지출 감축 등의 정책을 시행하였다.

(가)~(다)는 최근 갑국 정부가 시행한 정책 및 시장 개입 행위 사례입니다. 지난 시간에 배운 정부의 경제적 역할 측면에서 (가)~(다)에 대해 설명해 볼까요?

① (가)는 정부의 소득 재분배 수행의 사례에 해당합니다.
② (나)는 부정적 외부 효과를 개선하기 위한 사례에 해당합니다.
③ (다)는 확대 재정 정책을 시행한 사례에 해당합니다.
④ (다)와 달리 (나)는 정부의 재정 주체로서의 역할을 보여 줍니다.
⑤ (가), (나)와 달리 (다)는 시장 실패를 개선하기 위한 정책을 시행한 사례에 해당합니다.

11

▸ 25064-0029

다음 경제 수업 장면에 대한 설명으로 옳은 것은? (단, A～C는 각각 누진세제, 비례세제, 역진세제 중 하나임.)

교사: 세율 적용 방식에 따른 조세 A~C의 특징을 한 가지씩 발표해 볼까요?
갑: A에서는 과세 대상 금액의 증가율과 세액의 증가율이 같습니다.
을: (가)
병: C와 달리 B는 과세 대상 금액이 증가할수록 세율이 상승합니다.
교사: 세 사람 모두 옳게 답변하였습니다.

① A는 누진세제이다.
② C는 과세 대상 금액이 증가할수록 세액이 감소한다.
③ 일반적으로 소득 재분배 효과는 A가 B보다 크다.
④ (가)에는 'A와 달리 B는 일반적으로 직접세에 적용됩니다.'가 들어갈 수 있다.
⑤ (가)에는 'A를 간접세에 적용 시 조세 부담의 역진성이 나타납니다.'가 들어갈 수 없다.

12

▸ 25064-0030

다음 자료에 대한 설명으로 옳은 것은?

〈자료 1〉은 A국의 ㉠현행 소득세제와 ㉡개편 소득세제안을, 〈자료 2〉는 A국 국민인 갑~병의 과세 대상 소득을 나타낸다. 단, 갑~병의 과세 대상 소득은 변함이 없다.

〈자료 1〉

(단위: %)

과세 대상 소득 구간	현행 소득세제	개편 소득세제안
2만 달러 이하	10	5
2만 달러 초과～5만 달러 이하		10
5만 달러 초과～10만 달러 이하		20
10만 달러 초과		35

* 개편 소득세제안에서는 각 소득 구간별로 각각의 세율을 적용한다. 예를 들어, 소득이 3만 달러인 경우 2만 달러에 대해서는 5%, 1만 달러에 대해서는 10%의 세율을 각각 적용하여 세액을 산출한다.

〈자료 2〉

(단위: 만 달러)

구분	갑	을	병
과세 대상 소득	4	6	15

① 소득 재분배 효과는 ㉠이 ㉡보다 크다.
② ㉡에서는 과세 대상 금액의 증가율이 세액의 증가율보다 크다.
③ 갑의 경우 ㉠과 ㉡에서의 소득세액이 같다.
④ 을의 경우 소득세액은 ㉠에서보다 ㉡에서 크다.
⑤ 병의 경우 ㉡에서의 소득세액은 ㉠에서의 소득세액의 2배보다 크다.

04 시장 가격의 결정과 변동

1 시장의 의미와 기능

(1) **시장의 의미**: 수요자와 공급자가 만나 거래가 이루어지는 장소 또는 관계

(2) **시장의 유형**

① 생산물 시장: 재화와 서비스가 거래되는 시장

② 생산 요소 시장: 노동, 자본, 토지 등이 거래되는 시장

(3) **시장의 기능**: 거래 비용 감소, 분업을 통한 특화의 촉진 등

2 시장의 수요

(1) **수요와 수요량**

① 수요: 일정 기간 동안에 상품을 구입하고자 하는 욕구

② 수요량: 특정 가격 수준에서 소비자가 구입하고자 하는 상품의 양

(2) **수요 법칙과 수요 곡선**

① 수요 법칙: 가격과 수요량 간 부(−)의 관계

② 수요 곡선: 가격과 수요량 간의 관계를 그래프로 나타낸 것
→ 일반적으로 우하향하는 형태를 가짐.

(3) **수요량의 변동과 수요의 변동**

구분	수요량의 변동	수요의 변동
원인	해당 상품의 가격 변동	• 소득 수준의 변동 • 수요자 수의 변동 • 기호(선호)의 변동 • 연관 관계인 재화의 가격 변동 • 수요자의 가격 변동 예측 등
양상	수요 곡선상 점의 이동	수요 곡선 자체의 이동

3 시장의 공급

(1) **공급과 공급량**

① 공급: 일정 기간 동안에 상품을 판매하고자 하는 욕구

② 공급량: 특정 가격 수준에서 생산자가 판매하고자 하는 상품의 양

(2) **공급 법칙과 공급 곡선**

① 공급 법칙: 가격과 공급량 간 정(+)의 관계

② 공급 곡선: 가격과 공급량 간의 관계를 그래프로 나타낸 것
→ 일반적으로 우상향하는 형태를 가짐.

(3) **공급량의 변동과 공급의 변동**

구분	공급량의 변동	공급의 변동
원인	해당 상품의 가격 변동	• 기술 수준의 변동 • 공급자 수의 변동 • 생산 요소 가격의 변동 • 공급자의 가격 변동 예측 등
양상	공급 곡선상 점의 이동	공급 곡선 자체의 이동

4 소득 및 연관재와 수요 변동

(1) **소득과 수요 변동**

① 정상재: 소득이 증가할 때 수요가 증가하는 재화

② 열등재: 소득이 증가할 때 수요가 감소하는 재화

(2) **연관 관계와 수요 변동**

① 보완 관계: 한 재화의 가격 변동과 다른 재화의 수요 변동 간에 부(−)의 관계가 나타남.

② 대체 관계: 한 재화의 가격 변동과 다른 재화의 수요 변동 간에 정(+)의 관계가 나타남.

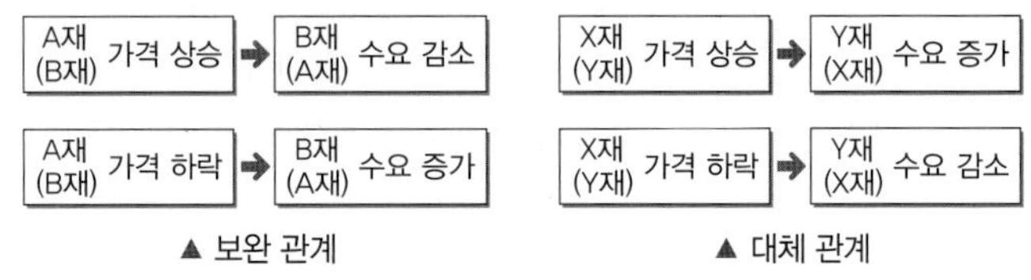

▲ 보완 관계 ▲ 대체 관계

5 시장 가격의 결정과 변동

(1) **시장의 불균형**

① 초과 수요: 수요량이 공급량을 초과하는 상태

② 초과 공급: 공급량이 수요량을 초과하는 상태

(2) **시장 가격의 결정**

① 시장의 균형 상태: 재화에 대한 수요량과 공급량이 일치하여 초과 수요나 초과 공급이 없는 상태로, 수요 곡선과 공급 곡선이 만나는 점에서 형성

② 균형 가격: 시장 균형 상태에서 형성된 가격

• 초과 수요 발생(수요량>공급량) → 가격 상승 → 수요량 감소, 공급량 증가 → 시장 균형 가격 결정

• 초과 공급 발생(수요량<공급량) → 가격 하락 → 수요량 증가, 공급량 감소 → 시장 균형 가격 결정

(3) **시장 균형의 변동**

① 수요 또는 공급 중 하나만 변동하는 경우

변동 내용	균형 가격	균형 거래량
수요 증가, 공급 불변	상승	증가
수요 감소, 공급 불변	하락	감소
수요 불변, 공급 증가	하락	증가
수요 불변, 공급 감소	상승	감소

② 수요와 공급이 모두 변동하는 경우

변동 내용	균형 가격	균형 거래량
수요 증가, 공급 증가	불분명	증가
수요 증가, 공급 감소	상승	불분명
수요 감소, 공급 증가	하락	불분명
수요 감소, 공급 감소	불분명	감소

정답과 해설 9쪽

01

▸ 25064-0031

그림의 (가)~(라)는 X재의 공급량 또는 공급의 변동을 나타낸다. 이에 대한 설명으로 옳은 것은? (단, 제시된 모든 재화는 수요와 공급 법칙을 따름.)

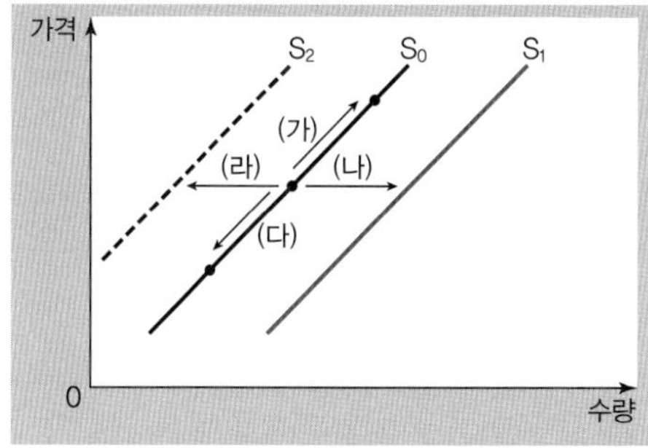

① X재 공급자에게 세금을 부과하는 것은 (가)의 요인이다.
② (나)는 X재의 가격 상승 요인이다.
③ X재와 대체 관계에 있는 재화의 가격 하락은 (다)의 요인이다.
④ (라)는 X재와 보완 관계에 있는 재화의 수요 증가 요인이다.
⑤ X재의 생산 기술 혁신은 (나)의 요인, 공급자 수 증가는 (라)의 요인이다.

02

▸ 25064-0032

표는 X재의 가격별 수요량과 공급량을 나타낸다. 이에 대한 분석으로 옳은 것은? (단, X재의 수요와 공급 곡선은 모두 직선임.)

가격(달러)	10	20	30	40	50
수요량(개)	100	90	80	70	60
공급량(개)	50	60	70	80	90

① 시장 균형 가격은 30달러보다 낮다.
② 가격이 40달러일 때에는 가격 상승 압력이 발생한다.
③ 가격이 50달러일 때에는 초과 수요가 발생한다.
④ 모든 가격 수준에서 수요량이 10개씩 증가하는 경우 시장 균형 가격은 5달러 상승한다.
⑤ 모든 가격 수준에서 공급량이 10개씩 감소하는 경우 시장 균형 거래량은 10개 감소한다.

03

▸ 25064-0033

표는 시장 균형에서 거래되는 X재의 연도별 균형 가격과 판매 수입을 나타낸다. 이에 대한 분석으로 옳은 것은? (단, X재는 수요와 공급 법칙을 따르며, 수요와 공급 곡선은 모두 직선임.)

(단위: 달러)

구분	t년	t+1년	t+2년	t+3년
균형 가격	10	8	8	10
판매 수입	200	320	400	500

① 전년 대비 t+1년에 공급은 감소하였다.
② 전년 대비 t+2년에 수요와 공급은 모두 증가하였다.
③ 균형 거래량은 t+2년이 t+3년보다 적다.
④ X재와 대체 관계에 있는 재화의 가격 하락은 전년 대비 t+2년의 변화를 초래하는 요인이다.
⑤ X재의 생산 기술 혁신은 전년 대비 t+3년의 변화를 초래하는 요인이다.

04

▸ 25064-0034

밑줄 친 ㉠, ㉡으로 인한 태양광 패널 시장의 변화로 옳은 것은? (단, 태양광 패널은 수요와 공급 법칙을 따름.)

〈태양광 패널 시장의 변화〉

○○ 경제 연구소

■ 시장 개요
태양광 패널 시장, 성장세 뚜렷
– 최근 3년간 연평균 15% 성장(매출액 기준)
■ 시장 성장의 주요 요인
• 정책적 측면: ㉠ 태양광 패널 구매자에게 구매 보조금 지급
• 기술적 측면: ㉡ 기술 혁신을 통한 생산 비용 절감
■ 전망
……

	균형 가격	균형 거래량
①	상승	증가
②	상승	불분명
③	하락	감소
④	하락	불분명
⑤	불분명	증가

05

▸ 25064-0035

다음 자료에 대한 설명으로 옳은 것은?

〈자료 1〉은 시장 변동 전 X재의 가격별 수요량과 초과 공급량을 나타내고, 〈자료 2〉는 X재 시장의 변동 요인을 나타낸다. 단, X재는 수요와 공급 법칙을 따르며, 수요와 공급 곡선은 모두 직선이다.

〈자료 1〉

가격(달러)	2	3	4	5	6
수요량(개)	6		4		
초과 공급량(개)		−2		2	4

* 초과 공급량 = 공급량 − 수요량
** 음영 처리(▒▒)는 해당 내용을 표기하지 않은 것을 나타냄.

〈자료 2〉

(가) [㉠]으로 인해 모든 가격 수준에서 2개씩 수요량 감소
(나) 정부가 소비자에게 개당 2달러씩 구매 보조금 지급
(다) 정부가 생산자에게 개당 2달러씩 생산 보조금 지급

① 시장 변동 전 가격이 5달러일 때 가격 상승 압력이 발생한다.
② ㉠에는 'X재와 보완 관계에 있는 재화의 가격 하락'이 들어갈 수 있다.
③ (가)만 발생하는 경우 균형 거래량은 2개 감소한다.
④ (나)만 발생하는 경우 균형 가격은 1달러 상승한다.
⑤ 정부가 지급하는 보조금 총액은 (나)와 (다)가 동시에 발생하는 경우가 (나)만 발생하는 경우의 2배이다.

06

▸ 25064-0036

다음 자료에 대한 분석으로 옳은 것은?

최근 정부는 ㉠X재 생산자에게 개당 10달러씩 세금을 부과하는 정책을 시행하였다. 표는 정책 시행 전 시장 균형에서 거래되던 X재의 가격별 초과 공급량과 수요량 및 정책 시행 후 초과 수요량을 나타낸다. 단, X재의 수요와 공급 곡선은 모두 직선이다.

가격(달러)	정책 시행 전		정책 시행 후
	초과 공급량(개)	수요량(개)	초과 수요량(개)
P+10		㉡	0
P	0	30	
P−10	−10		㉢

* 초과 공급량 = 공급량 − 수요량
** 초과 수요량 = 수요량 − 공급량
*** 음영 처리(▒▒)는 해당 내용을 표기하지 않은 것을 나타냄.

① ㉠은 X재의 공급 증가 요인이다.
② ㉡은 '20'이다.
③ ㉢은 '−20'이다.
④ 균형 거래량은 정책 시행 전이 정책 시행 후보다 적다.
⑤ ㉠으로 인한 균형 가격 상승률과 판매 수입 증가율은 같다.

07

▸ 25064-0037

다음 자료에 대한 옳은 분석만을 〈보기〉에서 있는 대로 고른 것은?

그림의 〈상황 1〉은 A재의 공급 증가가, 〈상황 2〉는 C재의 공급 증가가 각각 다른 재화 시장에 미치는 영향을 나타낸 것이다. 단, A재~C재는 모두 수요와 공급 법칙을 따르고, A재와 C재 중 한 재화는 B재와 연관 관계에 있으며, 다른 한 재화는 B재의 원료에 해당한다.

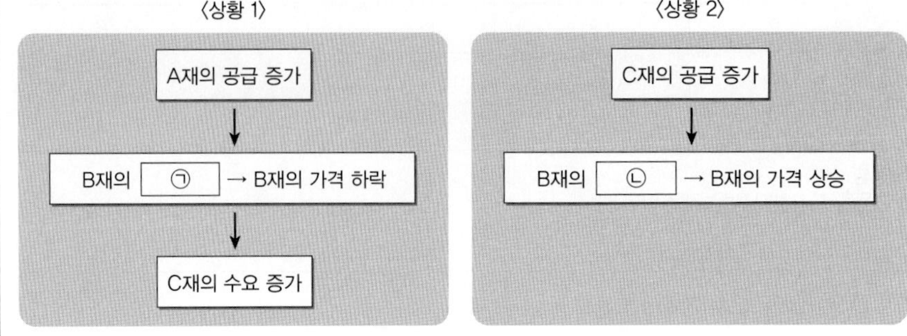

보기

ㄱ. ㉠은 '수요 감소'이다.
ㄴ. ㉡은 '공급 감소'이다.
ㄷ. A재는 B재의 원료이고, C재는 B재와 보완 관계에 있는 재화이다.

① ㄱ ② ㄷ ③ ㄱ, ㄴ ④ ㄴ, ㄷ ⑤ ㄱ, ㄴ, ㄷ

08

▸ 25064-0038

다음 자료에 대한 옳은 분석만을 〈보기〉에서 고른 것은?

A재는 B재와 C재 중 한 재화와 대체 관계에 있고, 다른 한 재화와는 보완 관계에 있으며, B재와 C재는 서로 관계가 없다. 〈자료 1〉의 (가)는 A재 시장의 변동을 나타내고, 〈자료 2〉는 그로 인한 B재와 C재 시장의 변동을 나타낸다. 단, A재~C재는 모두 수요와 공급 법칙을 따른다.

〈자료 1〉

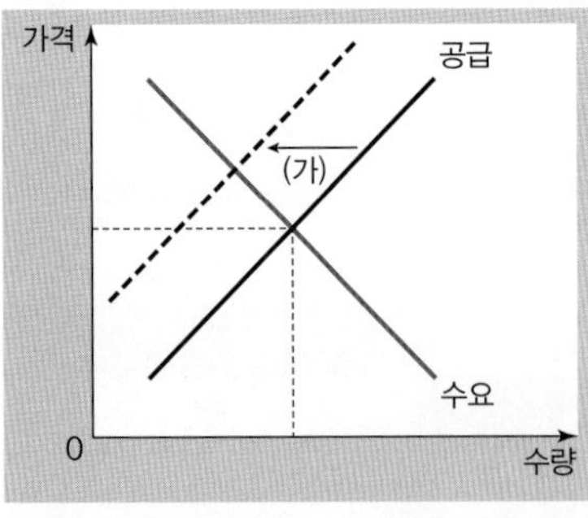

〈자료 2〉

B재의 균형 거래량 변화	C재의 판매 수입 변화
㉠	증가

보기

ㄱ. A재의 생산 요소 가격 상승은 (가)의 요인이다.
ㄴ. (가)로 인해 B재 시장에서 균형 가격은 상승하였다.
ㄷ. (가)로 인해 C재 시장에서 판매 수입 변동률은 가격 변동률보다 크다.
ㄹ. ㉠은 '증가'이다.

① ㄱ, ㄴ ② ㄱ, ㄷ ③ ㄴ, ㄷ ④ ㄴ, ㄹ ⑤ ㄷ, ㄹ

09

▸ 25064-0039

다음 자료에 대한 설명으로 옳은 것은? (단, ㉠, ㉡은 각각 수요, 공급 중 하나임.)

그림은 X재 시장의 [㉠] 변동과 Y재 시장의 [㉡] 변동으로 인해 기존의 균형이 새로운 균형으로 변화하는 과정을 수요량과 공급량 조합으로 나타낸 것이다. 그림의 A와 D는 X재 시장과 Y재 시장의 시장 변동 전 기존 균형 가격에서의 수요량과 공급량 조합을, B와 E는 시장 변동 후 기존 균형 가격에서의 수요량과 공급량 조합을, C와 F는 새로운 균형 가격에서의 수요량과 공급량 조합을 나타낸다. 단, X재는 수요와 공급 법칙을 모두 따르며, Y재는 수요 법칙 또는 공급 법칙 중 하나만 따른다.

〈X재 시장〉

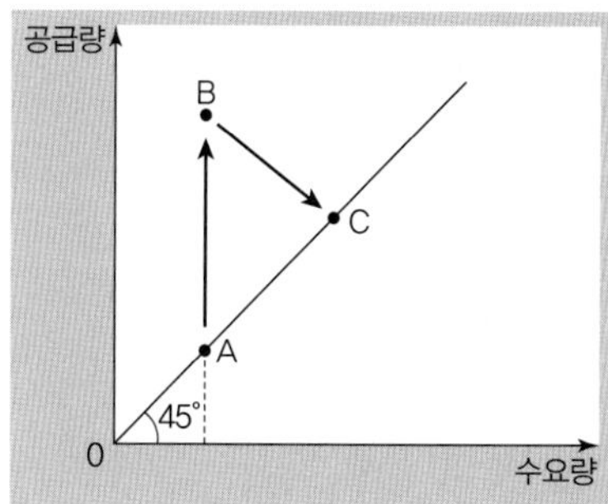

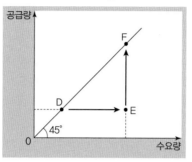

〈Y재 시장〉

① ㉠은 '수요', ㉡은 '공급'이다.
② ㉠과 달리 ㉡은 증가하였다.
③ X재 시장의 균형 가격은 상승하였다.
④ Y재는 공급 법칙만 따른다.
⑤ Y재 시장의 판매 수입 증가율은 가격 상승률과 같다.

10

▸ 25064-0040

다음은 수업 중 교사가 제시한 학습 자료이다. ㉠~㉢에 들어갈 내용으로 적절한 것은? (단, 제시된 모든 생산물과 생산 요소는 수요와 공급 법칙을 따름.)

생산물 시장과 생산 요소 시장의 상호 작용 사례

- 〈사례 1〉: X재와 대체 관계에 있는 Y재의 공급 감소가 X재의 [㉠] 요인으로 작용함. X재 시장의 변동은 연쇄적으로 X재 산업 관련 노동 시장의 수요를 변동시켜 X재 관련 노동 시장의 임금 [㉡] 요인이 됨.
- 〈사례 2〉: 갑국의 취업 비자 발급 조건 완화 정책 시행으로 갑국으로의 외국인 노동자 유입이 대규모로 증가하여 갑국 노동 시장의 [㉢] 요인으로 작용함. 갑국으로의 외국인 노동자 대규모 유입은 연쇄적으로 갑국 생필품 시장의 소비자 수에 영향을 미쳐 갑국 생필품 시장에서 수요 증가 요인으로 작용함.

	㉠	㉡	㉢
①	수요 증가	상승	공급 증가
②	수요 감소	하락	공급 증가
③	공급 증가	하락	수요 감소
④	가격 상승	상승	공급 감소
⑤	판매 수입 증가	하락	수요 증가

11

▸ 25064-0041

그림의 A~C는 X재 시장의 균형점 변동 방향을 나타낸다. 이에 대한 설명으로 옳은 것은? (단, E는 X재 시장의 현재 균형점이며, X재는 수요와 공급 법칙을 따름.)

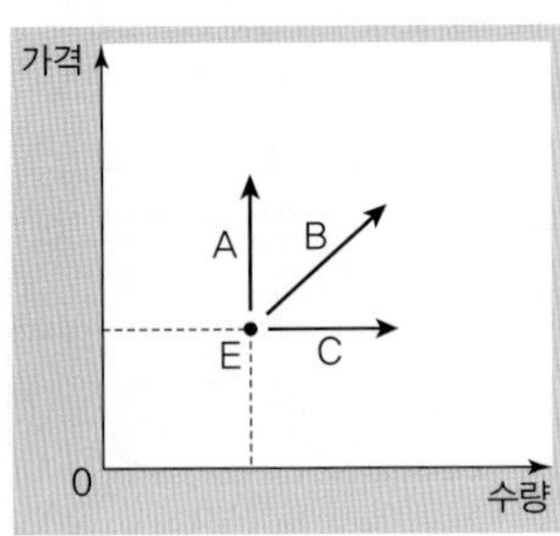

① X재의 공급이 증가하는 경우 E는 A 방향으로 이동할 수 없다.
② X재의 수요와 공급이 모두 감소하는 경우 E는 B 방향으로 이동할 수 있다.
③ X재의 수요가 증가하고 공급이 감소하는 경우 E는 C 방향으로 이동할 수 있다.
④ X재의 생산 비용 증가는 E가 C 방향으로 이동하는 요인에 해당한다.
⑤ E가 A 방향으로 이동하는 경우와 달리 B 방향으로 이동하는 경우 X재의 판매 수입은 증가한다.

12

▸ 25064-0042

다음 자료에 대한 분석으로 옳은 것은?

〈자료 1〉은 시장 균형에서 거래되는 X재와 Y재 시장에서 발생한 변화를 나타내고, 〈자료 2〉는 X재와 Y재의 공통점과 차이점 중 일부를 나타낸다.

〈자료 1〉

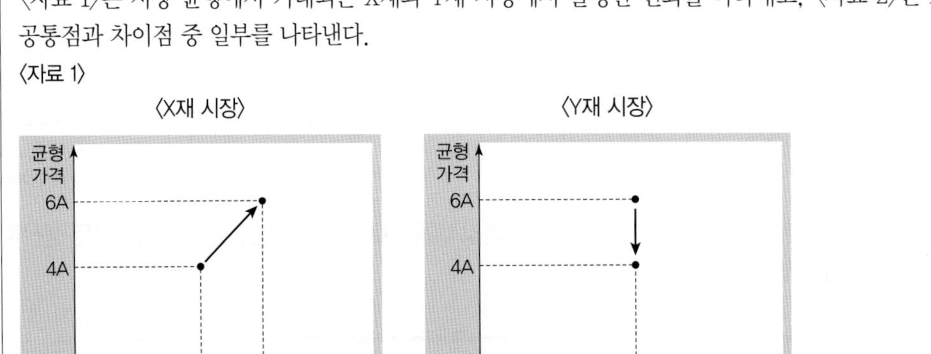

〈자료 2〉

구분	X재	Y재
공통점	수요와 공급 곡선이 모두 직선임.	
차이점	• 수요만 변동함. • ㉠ 법칙은 따르지만, ㉡ 곡선은 수량에 대해 수직선 형태를 띰.	• 수요와 공급 모두 변동함. • 수요와 공급 법칙을 모두 따름.

① X재 시장의 균형 거래량은 변함이 없다.
② X재 소비자의 미래 가격 하락 예상은 X재 시장의 변동 요인이다.
③ Y재 시장의 공급은 감소하였다.
④ X재와 Y재의 수요 곡선은 같은 방향으로 이동하였다.
⑤ ㉠은 '공급', ㉡은 '수요'이다.

05 잉여와 자원 배분의 효율성

1 시장의 효율성과 잉여

(1) 시장의 효율성

① 경쟁 시장

- 수요자와 공급자가 무수히 많아 누구도 시장 가격에 영향을 줄 수 없는 시장
- 거래를 통해 재화·서비스, 생산 요소 등을 필요한 곳으로 필요한 만큼 전해 주는 효율적인 배분 기구

② 경쟁 시장 가격

- 경쟁 시장에서 가격은 수요와 공급에 의해 결정됨.
- 결정된 가격은 자원이 효율적으로 배분되게 하는 신호 역할을 함.

(2) 소비자 잉여와 생산자 잉여

① 소비자 잉여

- 소비자가 어떤 상품을 구입하기 위해 최대로 지불할 의사가 있는 금액에서 실제로 지불한 금액을 뺀 것
- 시장 가격이 낮아질수록 커짐.

② 생산자 잉여

- 생산자가 어떤 상품을 공급하면서 실제로 받은 금액에서 그 상품을 제공하며 최소한 받고자 하는 금액을 뺀 것
- 시장 가격이 높아질수록 커짐.

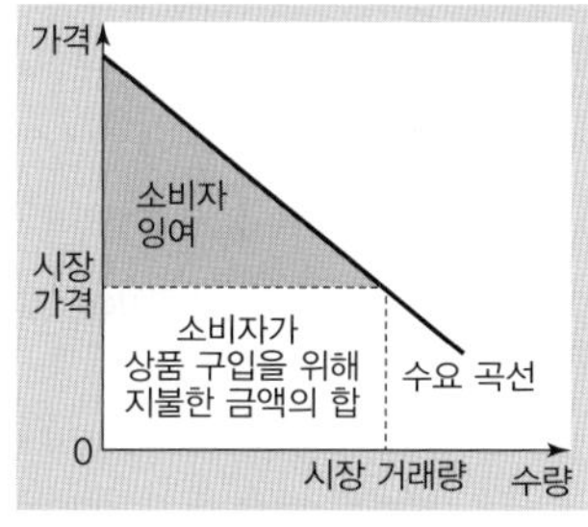

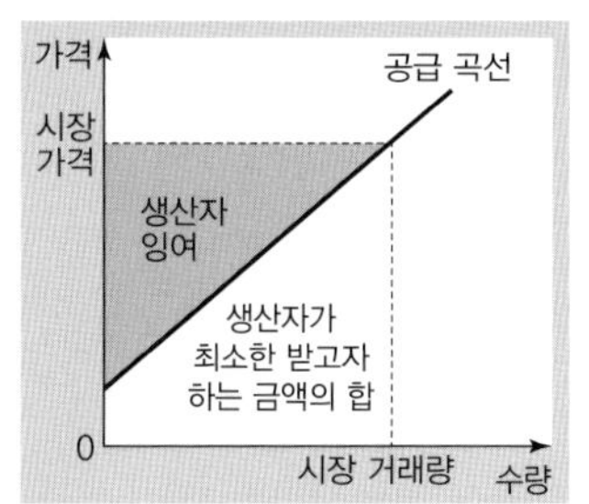

(3) 총잉여(사회적 잉여)

① 의미: 소비자 잉여와 생산자 잉여의 합

② 시장의 효율성과 총잉여의 관계

- 시장의 균형 수준에서 총잉여는 최대가 됨.
- 시장 균형에서 자원이 가장 효율적으로 배분됨.

2 정부의 가격 규제 정책

(1) 가격 규제 정책

① 의미: 시장에서 거래되는 상품의 가격을 시장 균형에 맡기지 않고 정부가 일정한 수준에서 인위적으로 규제하는 정책

② 목적: 수요자(소비자) 또는 공급자(생산자)의 이익 보호

③ 종류: 최고 가격제(가격 상한제), 최저 가격제(가격 하한제)

(2) 최고 가격제(가격 상한제)

① 의미: 균형 가격(P_0)이 너무 높다고 판단될 때, 정부가 균형 가격보다 낮은 수준(P_1)에서 가격 상한선을 정해 놓고, 이를 초과하는 가격 수준에서 거래하지 못하도록 규제하는 정책

② 목적: 수요자(소비자) 이익 보호

③ 문제점: 시장에서 초과 수요(Q_1Q_2) 발생, 암시장 발생 가능성

(3) 최저 가격제(가격 하한제)

① 의미: 균형 가격(P_0)이 너무 낮다고 판단될 때, 정부가 균형 가격보다 높은 수준(P_1)에서 가격 하한선을 정해 놓고, 이보다 낮은 가격 수준에서 거래하지 못하도록 규제하는 정책

② 목적: 공급자(생산자) 이익 보호

③ 문제점: 시장에서 초과 공급(Q_1Q_2) 발생, 암시장 발생 가능성

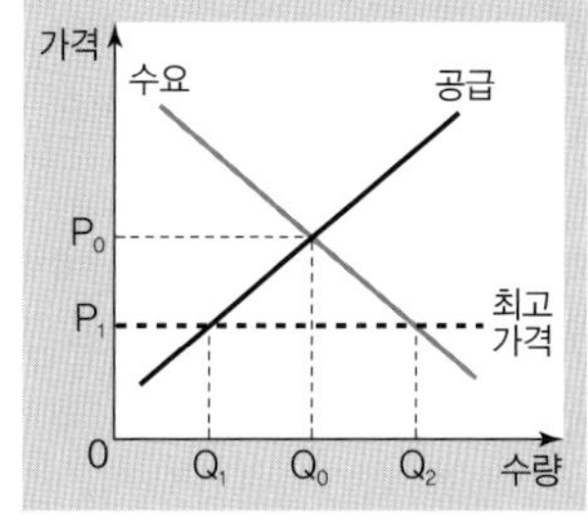

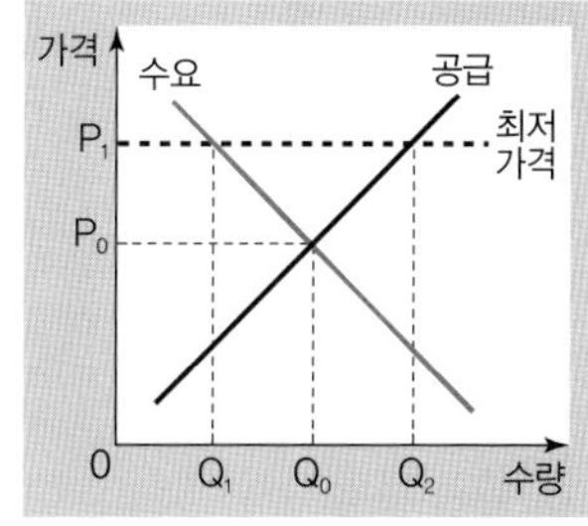

자료와 친해지기  최고 가격제와 최저 가격제를 시행했을 때 거래량과 판매 수입

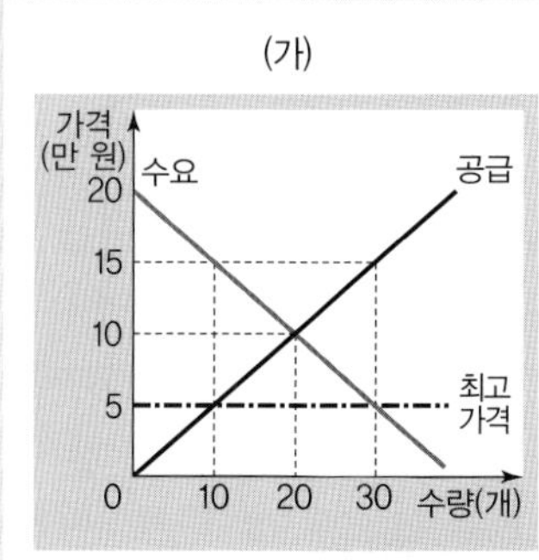

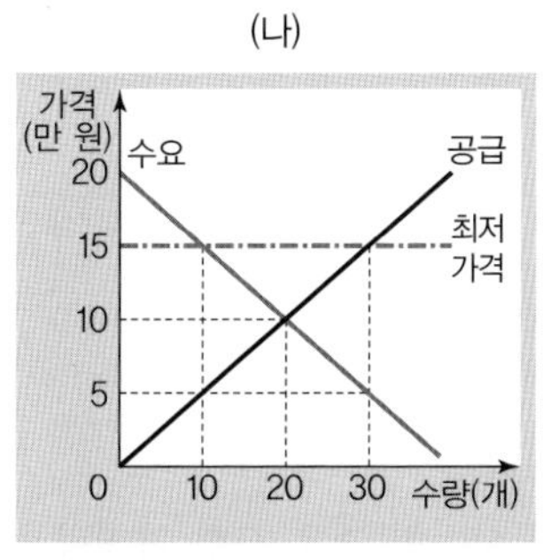

(가)는 최고 가격제를 시행한 경우, (나)는 최저 가격제를 시행한 경우이다. (가)에서 최고 가격은 균형 가격보다 낮으므로 최고 가격이 시장 가격이 되고, 이때 시장 거래량은 10개, 판매 수입은 50만 원이다. (나)에서 최저 가격은 균형 가격보다 높으므로 최저 가격이 시장 가격이 되고, 이때 시장 거래량은 10개, 판매 수입은 150만 원이다.

01

▸ 25064-0043

다음 자료에 대한 설명으로 옳은 것은?

• X재 시장의 소비자는 갑~병뿐이고, 공급 법칙을 따르는 X재는 시장 균형에서 거래되며, 현재 균형 거래량은 8개이다.
• 표는 X재 시장의 소비자 갑~병의 X재 1개 추가 소비에 따른 최대 지불 용의 금액이다.

(단위: 달러)

구분	최대 지불 용의 금액		
	갑	을	병
첫 번째 X재	10	9	8
두 번째 X재	8	7	7
세 번째 X재	6	5	6
네 번째 X재	4	3	5

• 향후 X재 시장의 변동 요인

(가) [㉠]으로 인해 모든 소비자의 최대 지불 용의 금액이 각각 2달러씩 하락
(나) 공급 감소로 인해 균형 가격이 2달러 상승

① X재 시장의 균형 가격은 7달러이다.
② 소비자 잉여는 갑이 을보다 작다.
③ ㉠에는 'X재와 보완 관계에 있는 재화의 가격 하락'이 들어갈 수 있다.
④ (가)만 발생할 경우 생산자 잉여는 변함이 없다.
⑤ (나)만 발생할 경우 소비량 감소분은 병이 을보다 크다.

02

▸ 25064-0044

다음 자료에 대한 분석으로 옳은 것은?

〈자료 1〉은 X재 시장의 생산자 갑~병의 X재 1개 추가 생산에 따른 최소 요구 금액을 나타내고, 〈자료 2〉는 X재 시장의 수요 곡선을 나타낸다. 단, X재 생산자는 갑~병뿐이고, X재는 균형 가격에서 거래된다.

〈자료 1〉

(단위: 달러)

구분	최소 요구 금액		
	갑	을	병
첫 번째 X재	1	2	3
두 번째 X재	2	3	4
세 번째 X재	3	4	5
네 번째 X재	4	5	6

〈자료 2〉

① 가격이 4달러일 때 초과 수요가 발생한다.
② 갑의 잉여는 을의 잉여의 2배이다.
③ 을의 잉여는 병의 잉여보다 3달러 크다.
④ 병의 최소 요구 금액만 각각 1달러씩 상승할 경우 균형 거래량은 3개 감소한다.
⑤ 모든 가격 수준에서 수요량이 5개씩 증가하는 경우 생산자 잉여는 6달러 증가한다.

03

▸ 25064-0045

밑줄 친 ㉠이 A재~C재 시장에 미친 영향에 대한 분석으로 옳은 것은? (단, A재~C재는 모두 수요와 공급 법칙을 따름.)

최근 ㉠갑국에서 발생한 대규모 자연재해로 인해 A재 원료의 가격이 큰 폭으로 상승하였습니다. 그 결과 A재와 대체 관계에 있는 B재 시장, A재와 보완 관계에 있는 C재 시장도 크게 변동하였습니다.

① A재 시장의 소비자 잉여는 증가하였다.
② B재 시장의 생산자 잉여는 증가하였다.
③ C재 시장의 총잉여는 증가하였다.
④ B재와 달리 A재는 가격이 상승하였다.
⑤ C재와 달리 B재는 판매 수입이 감소하였다.

04

▸ 25064-0046

다음 자료의 ㉠~㉣에 들어갈 수 있는 내용으로 옳은 것은?

[형성 평가 문제]

표는 수요와 공급 곡선이 직선인 X재의 가격별 수요량과 공급량 중 일부를 나타낸다. X재 시장의 변동 요인이 적힌 카드를 1장 뽑고, 해당 요인으로 인한 X재 시장의 변동 결과를 쓰시오.

가격(원)	500	600	700	800	900
수요량(개)	9	8	7	6	5
공급량(개)	5	6	7	8	9

[학생이 뽑은 카드]

〈갑이 뽑은 카드〉

모든 가격 수준에서 공급량이 2개씩 감소

〈을이 뽑은 카드〉

소비자에게 개당 200원씩 구매 보조금 지급

[학생 답안 및 채점 결과]

항목	갑의 답안	을의 답안
균형 가격 변동분	200원 상승	㉢
판매 수입 변동분	㉠	1,500원 증가
소비자 잉여 변동분	㉡	1,500원 증가
생산자 잉여 변동분	100원 감소	㉣
채점 결과	1점	3점

* 각 항목당 학생의 답안이 옳으면 1점, 틀리면 0점을 부여함.

	㉠	㉡	㉢	㉣
①	100원 증가	650원 증가	100원 하락	750원 증가
②	100원 감소	650원 증가	100원 상승	750원 증가
③	100원 감소	650원 감소	100원 상승	1,500원 감소
④	500원 증가	1,300원 증가	200원 상승	750원 증가
⑤	500원 감소	1,300원 감소	100원 하락	750원 감소

05

▸ 25064-0047

다음 자료에 대한 분석으로 옳은 것은?

〈자료 1〉은 X재 시장의 모든 소비자 갑~무의 최대 지불 용의 금액과 모든 생산자 A~E의 최소 요구 금액을 나타내고, 〈자료 2〉는 X재의 가격별 거래량 및 소비자 잉여와 생산자 잉여를 나타낸다. 단, 갑~무와 A~E는 주어진 가격 수준에서 잉여가 가장 많이 발생하는 사람부터 먼저 거래하고, 모든 소비자와 생산자는 X재를 각각 1개씩만 거래한다.

〈자료 1〉

소비자	갑	을	병	정	무
최대 지불 용의 금액(달러)	10	8	㉠	5	1

생산자	A	B	C	D	E
최소 요구 금액(달러)	1	㉡	4	㉢	8

* 단, ㉡은 ㉢보다 작음.

〈자료 2〉

가격(달러)	거래량(개)	소비자 잉여(달러)	생산자 잉여(달러)
6	3	7	11
5	3	㉣	8

① ㉠은 '6'이다.
② ㉣은 '4'이다.
③ ㉢은 ㉡의 2배보다 크다.
④ 가격이 5달러일 때 공급량이 수요량보다 1개 많다.
⑤ 총잉여는 가격이 5달러일 때가 6달러일 때보다 크다.

06

▸ 25064-0048

다음 자료에 대한 분석으로 옳은 것은?

표는 정부가 X재 시장에서 실효성 있는 가격 규제 정책 A, B를 시행할 경우의 잉여 변동을 나타낸다. 단, A, B는 각각 최저 가격제, 최고 가격제 중 하나이며, X재는 수요와 공급 법칙을 따른다.

구분	A	B
소비자 잉여	증가	㉡
생산자 잉여	㉠	

① ㉠과 ㉡은 모두 '감소'이다.
② A는 최저 가격제, B는 최고 가격제이다.
③ A를 시행할 경우 X재 시장의 판매 수입은 증가한다.
④ B를 시행할 경우 X재 시장의 거래량은 증가한다.
⑤ B의 시행과 달리 A의 시행은 X재 시장의 총잉여 증가 요인이다.

07

▸ 25064-0049

다음 자료에 대한 분석으로 옳은 것은?

그림은 X재 시장의 수요와 공급 곡선을 나타낸다. 정부는 X재의 거래량을 감소시키기 위해 (가)~(다) 중 하나를 시행하려고 한다.

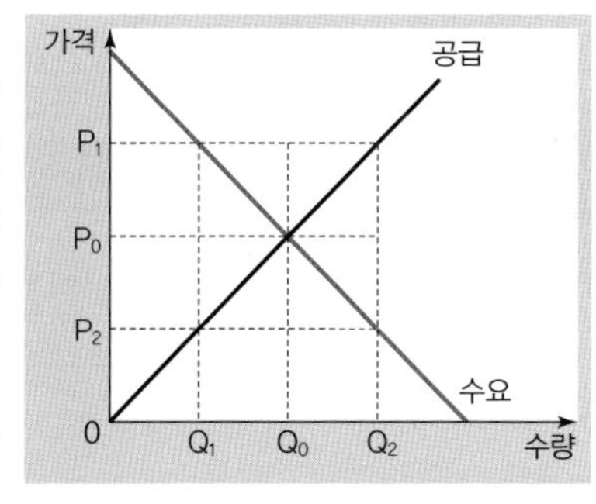

(가) X재의 생산량을 Q_1로 제한
(나) X재 생산자에게 개당 P_1P_2만큼 세금 부과
(다) P_2 수준에서 실효성 있는 가격 규제

① (가)를 시행할 경우 소비자 잉여는 증가한다.
② (나)를 시행할 경우 균형 가격은 P_1보다 높다.
③ (다)는 생산자 보호를 목적으로 한다.
④ 총잉여는 (가)를 시행할 경우와 (다)를 시행할 경우가 같다.
⑤ 소비자 잉여는 (나)를 시행할 경우가 (다)를 시행할 경우보다 크다.

08

▸ 25064-0050

다음 자료에 대한 분석으로 옳은 것은?

그림은 균형 가격에서 거래되고 있던 X재 시장과 Y재 시장에 정부가 서로 다른 가격 규제 정책을 시행한 결과 발생한 시장 변화를 나타낸다. 단, X재는 수요와 공급 법칙을 따르고, Y재는 수요와 공급 법칙 중 한 가지만 따르며, X재 시장과 Y재 시장은 서로의 시장에 영향을 주지 않는다.

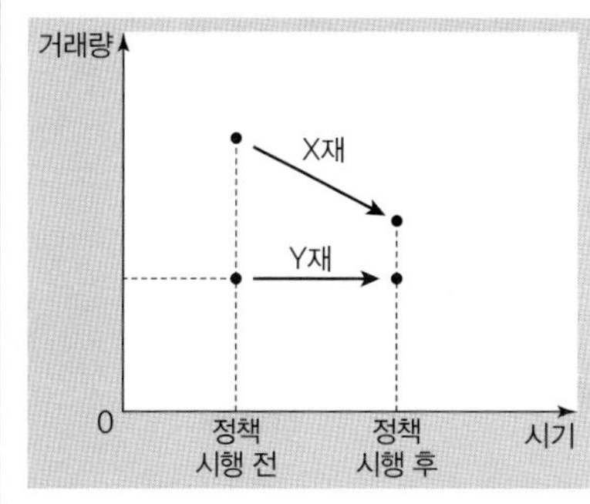

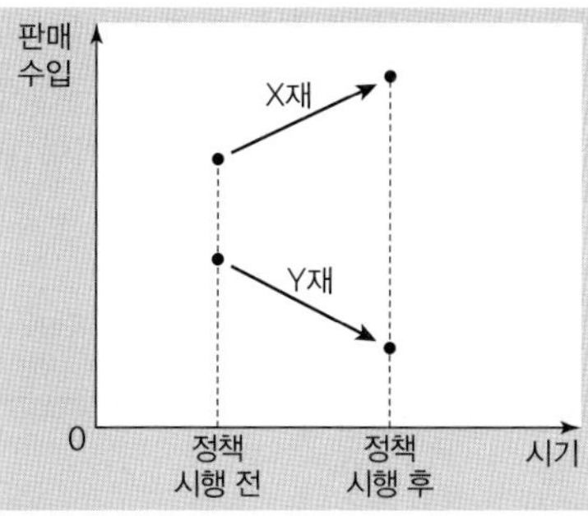

① X재 시장에서 시행된 정책은 소비자 보호를 목적으로 한다.
② Y재는 공급 법칙을 따른다.
③ 정책 시행으로 인해 X재 시장의 가격은 하락하였다.
④ 정책 시행으로 인해 Y재 시장의 소비자 잉여는 감소하였다.
⑤ 정책 시행으로 인해 Y재 시장과 달리 X재 시장은 총잉여가 감소하였다.

09

▸ 25064-0051

다음 자료에 대한 설명으로 옳은 것은?

표는 t기 시장 균형에서 거래되었던 X재의 가격별 수요량과 공급량 중 일부를 나타낸다. t+1기부터 정부는 60달러 수준에서 X재에 대한 실효성 있는 ㉠가격 규제 정책을 시행하였고, t+2기에는 X재의 시장 변화로 ㉡X재 공급자의 최소 요구 금액이 개당 40달러씩 하락하였다. 단, X재의 수요와 공급 곡선은 직선이다.

가격(달러)	40	50	60	70	80
수요량(개)	60			30	
공급량(개)		10			40

* 음영 처리(▬)는 해당 내용을 표기하지 않은 것을 나타냄.

① ㉠은 생산자 보호를 목적으로 한다.
② ㉠으로 인해 t기 대비 t+1기에 판매 수입은 300달러 증가하였다.
③ ㉠으로 인해 t기 대비 t+1기에 생산자 잉여는 250달러 감소하였다.
④ ㉡의 요인으로 X재의 원료 가격 상승을 들 수 있다.
⑤ ㉡으로 인해 t+1기 대비 t+2기에 시장 거래량은 20개 증가하였다.

10

▸ 25064-0052

교사의 질문에 대한 옳은 답변만을 <보기>에서 고른 것은?

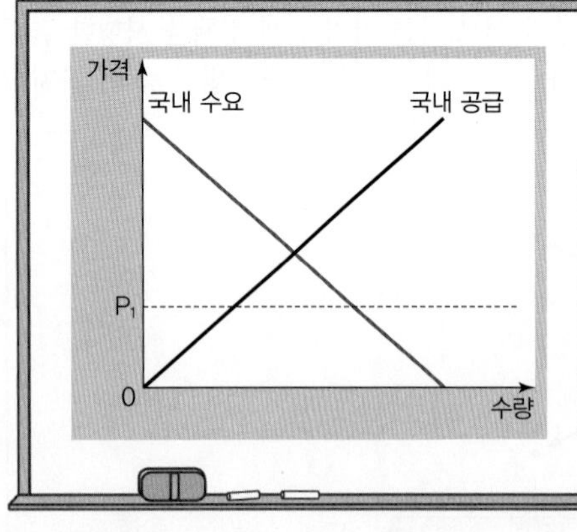

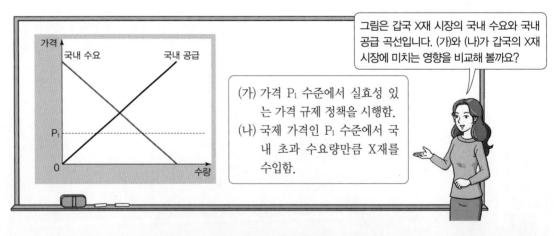

그림은 갑국 X재 시장의 국내 수요와 국내 공급 곡선입니다. (가)와 (나)가 갑국의 X재 시장에 미치는 영향을 비교해 볼까요?

(가) 가격 P_1 수준에서 실효성 있는 가격 규제 정책을 시행함.
(나) 국제 가격인 P_1 수준에서 국내 초과 수요량만큼 X재를 수입함.

보기

ㄱ. (가)와 달리 (나)를 시행할 경우 갑국 소비자의 소비 지출액은 감소합니다.
ㄴ. (나)와 달리 (가)를 시행할 경우 갑국 X재 시장의 총잉여는 감소합니다.
ㄷ. 갑국의 X재 생산자 잉여는 (가)를 시행할 경우가 (나)를 시행할 경우보다 큽니다.
ㄹ. 갑국의 X재 소비자 잉여는 (나)를 시행할 경우가 (가)를 시행할 경우보다 큽니다.

① ㄱ, ㄴ ② ㄱ, ㄷ ③ ㄴ, ㄷ ④ ㄴ, ㄹ ⑤ ㄷ, ㄹ

수요와 공급의 가격 탄력성

① 수요의 가격 탄력성(Ed)

(1) 의미: 상품의 가격이 변동할 때 그에 따라 수요량이 변동하는 정도 → 수요량이 가격 변동에 대해 얼마나 민감하게 반응하는지를 나타냄.

(2) 계산식:

$$수요의\ 가격\ 탄력성 = \left| \frac{수요량\ 변동률(\%)}{가격\ 변동률(\%)} \right|$$

(3) 유형

수요의 가격 탄력성	가격 변동과 수요량 변동의 관계
Ed = ∞(완전 탄력적)	가격이 미세하게 변동해도 수요량이 무한히 변동함.
Ed>1(탄력적)	|가격 변동률| < |수요량 변동률|
Ed = 1(단위 탄력적)	|가격 변동률| = |수요량 변동률|
Ed<1(비탄력적)	|가격 변동률| > |수요량 변동률|
Ed = 0(완전 비탄력적)	가격이 변동해도 수요량은 변동하지 않음.

(4) 수요의 가격 탄력성에 영향을 미치는 요인

① 상품의 특성: 일반적으로 생활필수품보다 사치품의 수요의 가격 탄력성이 큼.

② 대체재의 존재: 일반적으로 대체재가 없는 상품보다 대체재가 있는 상품의 수요의 가격 탄력성이 큼.

③ 가격 변동에 대한 소비자의 대응 기간: 일반적으로 가격 변동에 대한 소비자의 대응 기간이 길수록 수요의 가격 탄력성이 커짐.

(5) 수요의 가격 탄력성과 판매 수입

구분	가격 상승	가격 하락
Ed>1(탄력적)	판매 수입 감소	판매 수입 증가
Ed = 1(단위 탄력적)	판매 수입 변동 없음.	판매 수입 변동 없음.
Ed<1(비탄력적)	판매 수입 증가	판매 수입 감소

② 공급의 가격 탄력성(Es)

(1) 의미: 상품의 가격이 변동할 때 그에 따라 공급량이 변동하는 정도 → 공급량이 가격 변동에 대해 얼마나 민감하게 반응하는지를 나타냄.

(2) 계산식:

$$공급의\ 가격\ 탄력성 = \frac{공급량\ 변동률(\%)}{가격\ 변동률(\%)}$$

(3) 유형

공급의 가격 탄력성	가격 변동과 공급량 변동의 관계
Es = ∞(완전 탄력적)	가격이 미세하게 변동해도 공급량이 무한히 변동함.
Es>1(탄력적)	|가격 변동률|<|공급량 변동률|
Es = 1(단위 탄력적)	|가격 변동률| = |공급량 변동률|
Es<1(비탄력적)	|가격 변동률|>|공급량 변동률|
Es = 0(완전 비탄력적)	가격이 변동해도 공급량은 변동하지 않음.

(4) 공급의 가격 탄력성에 영향을 미치는 요인

① 생산 기간: 일반적으로 상품의 생산 기간이 짧을수록 공급의 가격 탄력성이 커짐.

② 저장의 용이성: 일반적으로 상품의 저장이 용이할수록 공급의 가격 탄력성이 커짐.

③ 원재료 확보의 용이성: 일반적으로 상품의 원재료 확보가 용이할수록 공급의 가격 탄력성이 커짐.

④ 가격 변동에 대한 생산자의 대응 기간: 일반적으로 가격 변동에 대한 생산자의 대응 기간이 길수록 공급의 가격 탄력성이 커짐.

자료와 친해지기  구매 패턴과 가격 탄력성

○○국의 자동차 사용자들은 연료 사용 패턴에 따라 A 그룹과 B 그룹으로 나뉜다.

- A 그룹: 휘발유 가격과 무관하게 매월 일정량의 휘발유를 사용한다.
- B 그룹: 휘발유 가격과 무관하게 매월 일정액의 휘발유를 사용한다.

A 그룹은 휘발유의 정량 구매 집단으로, 휘발유 가격의 변화에 따라 매월 휘발유 소비 지출액이 달라진다. 반면, B 그룹은 휘발유의 정액 구매 집단으로, 휘발유 가격의 변화에 따라 매월 휘발유 구입량이 달라진다.

- A 그룹의 휘발유 수요는 휘발유 가격과 무관하게 수요량의 변화가 없으므로 휘발유 수요는 가격에 대해 완전 비탄력적(Ed=0)이다.
- B 그룹의 휘발유 수요는 모든 가격 수준에서 가격 변동률과 수요량 변동률이 동일하므로 휘발유 수요는 가격에 대해 단위 탄력적(Ed=1)이다.

01

▶ 25064-0053

다음 자료에 대한 분석으로 옳은 것은?

그림은 X재~Z재 시장에서 각 재화의 공급 변동으로 인한 재화별 가격 변동률과 소비 지출 변동률을 나타낸다. 단, X재~Z재는 모두 공급 법칙을 따르며, 수요와 공급 곡선은 모두 직선이다. 또한 X재~Z재는 서로 연관 관계가 아니다.

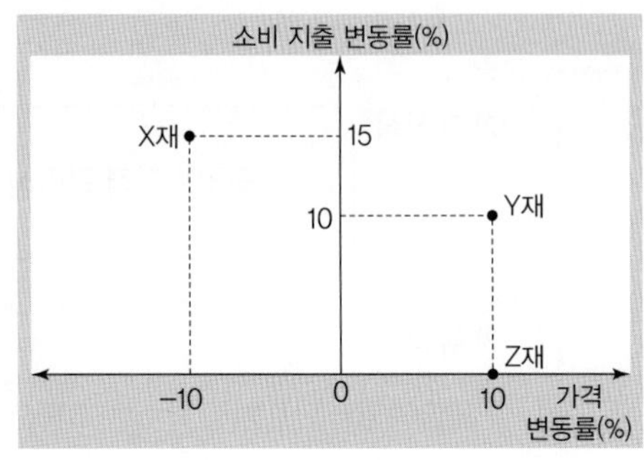

① X재의 공급은 감소하였다.
② Y재 수요의 가격 탄력성은 1보다 크다.
③ Z재의 수요는 가격에 대해 비탄력적이다.
④ Y재와 달리 X재, Z재는 모두 수요 법칙을 따른다.
⑤ Z재와 달리 X재는 거래량 변동률이 음(−)의 값을 가진다.

02

▶ 25064-0054

다음 자료에 대한 설명으로 옳은 것은?

표는 X재 시장의 균형점 변동으로 인한 X재, Y재의 '가격 변동률의 절댓값 − 거래량 변동률의 절댓값'을 나타낸다. X재는 Y재의 원료이다. X재와 대체 관계에 있는 재화의 가격 상승으로 인해 ㉠X재의 균형 가격과 균형 거래량이 변동하였다. 이러한 X재의 균형 가격 변동으로 인해 X재를 원료로 사용하는 ㉡Y재의 균형 가격과 균형 거래량이 변동하였다. 단, X재, Y재는 모두 수요와 공급 법칙을 따르며, 수요와 공급 곡선은 모두 직선이다.

(단위: %)

구분	X재	Y재
|가격 변동률| − |거래량 변동률|	5	−2

① X재의 균형 가격은 하락하였다.
② X재 공급의 가격 탄력성은 1보다 크다.
③ Y재의 공급은 증가하였다.
④ Y재의 수요는 가격에 대해 탄력적이다.
⑤ ㉠은 X재 판매 수입의 감소 요인이고, ㉡은 Y재 판매 수입의 증가 요인이다.

03

▸ 25064-0055

다음 자료에 대한 설명으로 옳은 것은?

표는 X재~Z재만을 생산하는 갑 기업의 t년 대비 t+1년 총매출액에서 각 재화가 차지하는 매출액의 비율 차이를 나타낸다. t년 대비 t+1년에 X재~Z재의 공급 변동으로 각 재화의 가격은 모두 10%씩 인하되었지만 갑 기업의 총매출액은 변동이 없었다. 단, X재~Z재는 모두 수요와 공급 법칙을 따르며, 수요와 공급 곡선은 모두 직선이다. 또한 X재~Z재는 서로 연관 관계가 아니다.

(단위: %p)

구분	X재	Y재	Z재
t년 대비 t+1년 매출액 비율 차이	−5	0	5

* 매출액 비율 차이(%p) = t + 1년의 매출액 비율(%) − t년의 매출액 비율(%)

① Y재와 달리 X재는 균형 거래량이 감소하였다.
② Y재 수요의 가격 탄력성은 Z재 수요의 가격 탄력성보다 작다.
③ t년 대비 t+1년의 X재 매출액 변화분은 Z재 매출액 변화분보다 크다.
④ t년 대비 t+1년의 Y재 매출액 변동률은 Z재 매출액 변동률과 같다.
⑤ t년 대비 t+1년의 Z재 균형 거래량 변동률의 절댓값은 10%보다 작다.

04

▸ 25064-0056

다음 자료에 대한 옳은 설명만을 〈보기〉에서 고른 것은?

그림은 X재~Z재 시장에서의 수요 변동으로 인한 가격 변동률과 거래량 변동률을 나타낸다. 단, X재~Z재는 모두 수요와 공급 법칙을 따르며, 수요와 공급 곡선은 모두 직선이다. 또한 X재~Z재는 서로 연관 관계가 아니다.

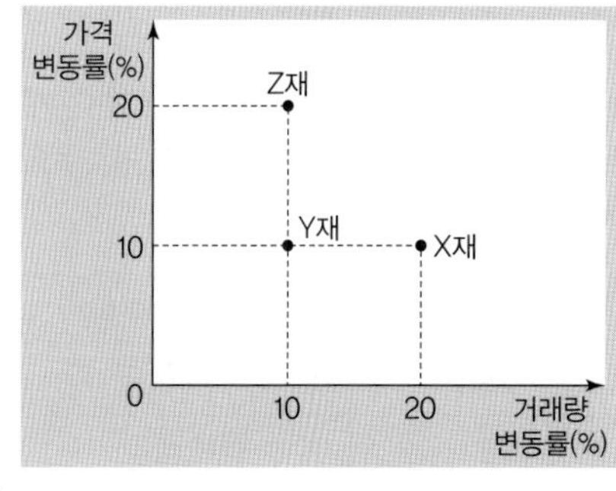

보기

ㄱ. Y재 공급의 가격 탄력성은 1이다.
ㄴ. 공급의 가격 탄력성은 Z재가 X재보다 작다.
ㄷ. Y재, Z재와 달리 X재는 수요가 증가하였다.
ㄹ. 균형 가격 상승에 따라 판매 수입이 감소하는 재화는 X재이다.

① ㄱ, ㄴ　② ㄱ, ㄷ　③ ㄴ, ㄷ　④ ㄴ, ㄹ　⑤ ㄷ, ㄹ

05

▸ 25064-0057

다음 자료에 대한 옳은 분석만을 〈보기〉에서 고른 것은? (단, X재, Y재는 모두 수요 법칙을 따르고, X재와 Y재는 서로 연관 관계가 아니며, 소비 집단 내에서의 개별 수요의 가격 탄력성은 모두 같음.)

- 갑 기업은 X재를 생산하여 소비 집단 A, B에게 동일한 가격으로 판매하였는데, 판매 수입을 늘리기 위해 소비 집단 A에게는 X재 가격을 10% 인하하였고, 소비 집단 B에게는 X재 가격을 10% 인상하였다. 그 결과, 갑 기업의 X재 판매 수입은 소비 집단 A와 소비 집단 B 모두에서 증가하였다.
- 을 기업은 Y재를 생산하여 소비 집단 A, B에게 동일한 가격으로 판매하였는데, 판매 수입을 늘리기 위해 소비 집단 A에게는 Y재 가격을 10% 인하하였고, 소비 집단 B에게는 Y재 가격을 10% 인상하였다. 그 결과, 을 기업의 Y재 판매 수입은 소비 집단 A에서는 변화가 없었지만 소비 집단 B에서는 (가).

보기

ㄱ. 소비 집단 A의 수요의 가격 탄력성은 X재가 Y재보다 작다.
ㄴ. 소비 집단 B와 달리 소비 집단 A는 X재 수요의 가격 탄력성이 1보다 크다.
ㄷ. (가)가 '감소하였다'라면, 소비 집단 B의 수요의 가격 탄력성은 X재가 Y재보다 크다.
ㄹ. (가)가 '증가하였다'라면, Y재 수요의 가격 탄력성은 소비 집단 A가 소비 집단 B보다 크다.

① ㄱ, ㄴ　② ㄱ, ㄷ　③ ㄴ, ㄷ　④ ㄴ, ㄹ　⑤ ㄷ, ㄹ

06

▸ 25064-0058

다음 자료에 대한 설명으로 옳은 것은?

표는 X재~Z재 시장에서의 시장 변동 요인으로 인한 균형 가격 변동률, 소비 지출 변화를 나타낸다. X재~Z재 시장에서는 수요와 공급 중 하나의 변동만 나타났다. 단, X재~Z재는 모두 수요와 공급 법칙을 따르며, 수요와 공급 곡선은 모두 직선이다. 또한 X재~Z재는 서로 연관 관계가 아니다.

구분	시장 변동 요인	균형 가격 변동률	소비 지출 변화
X재 시장	㉠X재 생산에 필요한 원자재 가격 하락	−10%	증가
Y재 시장	㉡Y재 생산자에게 개당 일정액의 조세 부과	5%	변화 없음
Z재 시장	㉢Z재의 공급자 수 증가	−5%	감소

① ㉠은 X재 시장에서 소비자 잉여 감소 요인이다.
② ㉡은 Y재의 공급 증가 요인, ㉢은 Z재의 공급 감소 요인이다.
③ 수요의 가격 탄력성은 X재가 Y재보다 크다.
④ Z재와 달리 Y재의 균형 거래량 변동률은 양(+)의 값이다.
⑤ Z재는 균형 거래량 변동률의 절댓값이 균형 가격 변동률의 절댓값보다 크다.

07

▶ 25064-0059

다음 자료에 대한 옳은 설명만을 〈보기〉에서 있는 대로 고른 것은?

표는 수요의 가격 탄력성을 확인하는 질문에 따라 X재~Z재를 구분한 것이다. 단, X재~Z재는 모두 수요와 공급 법칙을 따르고, 수요와 공급 곡선은 모두 직선이며, 각 재화의 수요의 가격 탄력성은 서로 다르다. 또한 X재~Z재는 서로 연관 관계가 아니다.

질문	X재	Y재	Z재
공급 감소에 따른 가격 상승으로 인해 판매 수입은 어떻게 변동하는가?	증가	㉠	감소
수요가 가격에 대해 단위 탄력적인가?	㉡	예	아니요

보기

ㄱ. ㉠에는 '증가', ㉡에는 '예'가 들어갈 수 있다.
ㄴ. 수요의 가격 탄력성은 X재가 Y재보다 작다.
ㄷ. Z재의 경우 가격 변동률의 절댓값이 거래량 변동률의 절댓값보다 크다.

① ㄱ ② ㄴ ③ ㄱ, ㄷ ④ ㄴ, ㄷ ⑤ ㄱ, ㄴ, ㄷ

08

▶ 25064-0060

다음 자료에 대한 분석으로 옳은 것은?

표는 갑국 정부의 조세 부과 이전의 지역별 X재 시장의 균형 가격과 균형 거래량, 조세 부과로 인한 지역별 소비 지출의 변화를 나타낸다. 갑국 정부에서는 X재 거래량을 줄이기 위해 X재 생산자에게 개당 일정액의 조세를 부과하였다. 갑국의 X재 시장은 A 지역과 B 지역으로 양분되어 있고, X재 시장의 공급 곡선은 지역에 상관없이 같으며, X재 시장의 수요 곡선은 지역에 따라 다르다. 단, X재는 수요와 공급 법칙을 따르며, 수요와 공급 곡선은 모두 직선이다. 또한 A, B 지역 모두 조세 부과로 인한 수요 변동은 없다.

구분		A 지역	B 지역
조세 부과 이전	균형 가격(달러)	10	10
	균형 거래량(만 개)	1	1
조세 부과로 인한 소비 지출 변화		증가	감소

① X재 수요의 가격 탄력성은 A 지역이 B 지역보다 크다.
② 조세 부과 이전 소비자 잉여는 B 지역이 A 지역보다 크다.
③ 조세 부과로 인해 소비량은 A 지역이 B 지역보다 크게 감소한다.
④ 조세 부과로 인한 균형 가격 변동률은 A 지역이 B 지역보다 크다.
⑤ 조세 부과로 인한 정부의 조세 수입은 B 지역이 A 지역보다 크다.

시장 실패와 정부 실패

1 시장의 역할과 시장 실패

(1) **시장의 역할**: 수요자와 공급자의 자유로운 경쟁을 통해 자원의 효율적 배분을 유도함.

(2) **시장 실패**

① 의미: 시장이 자원을 효율적으로 배분하지 못하는 상태

② 특징: 재화나 서비스가 사회적 최적 수준보다 과다 생산·소비 또는 과소 생산·소비됨.

③ 요인: 불완전 경쟁, 외부 효과, 공공재, 공유 자원, 정보의 비대칭성 등

2 시장 실패의 요인

(1) **불완전 경쟁**

① 의미: 시장 지배력의 남용, 부당한 공동 행위, 불공정 거래 행위 등으로 경쟁이 제한된 상태

② 발생 원인: 특정 기업의 원재료 독점, 특허 제도, 정부의 진입 규제, 규모의 경제 등

③ 문제점: 독과점 시장에서 공급자의 공급량 감축이나 가격 인상, 과점 시장의 공급자 간 부당한 공동 행위, 불공정 거래 행위 등은 시장의 경쟁을 제한함. → 자원의 비효율적 배분 초래, 소비자 잉여 감소 등

(2) **외부 효과**: 한 경제 주체의 생산·소비가 다른 경제 주체에게 의도하지 않은 이익이나 손해를 주지만 이에 대한 대가를 받거나 지불하지 않는 상태

구분	외부 경제	외부 불경제
의미	다른 경제 주체에게 의도하지 않은 이익을 주고도 대가를 받지 않는 상태	다른 경제 주체에게 의도하지 않은 손해를 주고도 대가를 지불하지 않는 상태
영향	• 생산 측면: 사회적 비용<사적 비용 • 소비 측면: 사회적 편익>사적 편익	• 생산 측면: 사회적 비용>사적 비용 • 소비 측면: 사회적 편익<사적 편익
문제점	사회적 최적 수준보다 과소 생산·소비됨.	사회적 최적 수준보다 과다 생산·소비됨.
사례	기술 개발, 예방 접종, 교육 등	환경 오염, 흡연, 음주 등

(3) **공공재**

① 의미: 대가를 지불하지 않은 소비자들을 포함하여 많은 사람들이 경합하지 않고 소비할 수 있는 재화나 서비스

② 특징: 비배제성과 비경합성을 가짐.

- 비배제성: 소비의 대가를 지불하지 않은 사람도 소비할 수 있음.
- 비경합성: 한 사람의 소비가 다른 사람의 소비 기회를 감소시키지 않음.

③ 문제점: 무임승차자 문제, 생산량 부족 등

(4) **공유 자원**: 경합성과 비배제성을 가지는 재화 → 남용으로 인한 자원 고갈

(5) **정보의 비대칭성**

① 의미: 거래 당사자들이 가진 거래에 필요한 정보의 양이 서로 다른 상태

② 유형: 역선택, 도덕적 해이

③ 문제점: 거래 당사자들의 합리적 선택을 방해하거나 시장의 자원 배분 기능을 왜곡시켜 자원 배분의 효율성이 낮아짐.

3 시장 실패 해결을 위한 정부의 역할

(1) **불완전 경쟁 시장에 대한 규제**

① 목적: 시장의 자유롭고 공정한 경쟁 구조 확립

② 내용: 우리나라의 경우 「독점 규제 및 공정 거래에 관한 법률」에 따른 공정 거래 위원회 설치 및 운영

(2) **외부 효과 개선**

① 목적: 경제적 유인이나 규제를 통해 사회적 최적 수준의 생산·소비 유도

② 내용

구분	외부 경제	외부 불경제
내용	정부의 보조금 지급 등을 통해 생산·소비를 증대시켜 사회적 최적 수준의 거래를 유도함.	정부의 과세 등을 통해 생산·소비를 감소시켜 사회적 최적 수준의 거래를 유도함.
사례	기업의 연구 개발비 지원, 정화 시설의 설치비 보조 등	환경 개선 부담금 제도, 탄소 배출권 거래제, 과징금 등

(3) **공공재 생산**

① 목적: 공공재 공급 확대를 통한 사회적 최적 거래 수준 달성

② 내용: 정부나 공기업이 공공재의 생산과 공급을 담당함.

(4) **정보의 비대칭성 개선 유도**

① 목적: 정보의 비대칭성 개선을 통한 시장 거래 활성화 유도

② 내용: 과장 광고 규제, 리콜 제도 등의 시행, 정부가 소비자에게 직접 정보 제공 등

4 정부 실패와 보완 방안

(1) **정부 실패**

① 의미: 시장의 문제점 개선을 위한 정부의 개입이 문제를 충분히 해결하지 못하거나 오히려 악화시키는 현상

② 요인: 정부의 불완전한 정보와 미래에 대한 불확실성, 이익 집단의 압력과 정치적 타협에 의한 정책 결정 등

(2) **정부 실패의 보완**

① 규제 개혁 정책: 부적절한 규제 개선, 행정 절차의 간소화 등

② 관료 조직에의 유인 제공과 경쟁 도입: 공기업의 민영화, 성과급제 등

③ 민간 부문의 노력: 시민들의 직접 참여와 견제 등

정답과 해설 17쪽

01

▸ 25064-0061

다음 자료에 대한 설명으로 옳은 것은?

표는 외부 효과가 발생한 X재 시장과 Y재 시장에서 갑국 정부 개입 전 대비 정부 개입 후 각 재화의 시장 가격과 시장 거래량의 변동을 나타낸다. 정부는 각 재화별 개당 일정액의 보조금 지급 또는 개당 일정액의 세금을 부과하는 방식으로 개입하였다. 정부 개입으로 X재 시장과 Y재 시장의 시장 가격은 사회적 최적 수준에서의 가격이 되었고, 시장 거래량은 사회적 최적 거래량과 같아지면서 각 시장의 외부 효과는 해소되었다. 단, X재, Y재는 모두 수요와 공급 법칙을 따르며, 수요와 공급 곡선은 모두 직선이다. 또한 X재 시장과 Y재 시장에서는 각각 생산 측면에서의 외부 효과, 소비 측면에서의 외부 효과 중 하나가 발생하였다.

구분	정부 개입 전 대비 정부 개입 후	
	X재	Y재
시장 가격	하락	상승
시장 거래량	증가	증가

① 정부 개입 전 X재 시장에서는 사회적 비용이 사적 비용보다 크다.
② 정부 개입 전 Y재 시장에서는 외부 불경제가 발생하였다.
③ 정부는 X재 생산에 대해 개당 일정액의 보조금을 지급하였다.
④ 정부는 Y재 소비에 대해 개당 일정액의 세금을 부과하였다.
⑤ 정부 개입 전 대비 정부 개입 후 X재 시장과 Y재 시장에서는 모두 소비자 잉여가 감소하였다.

02

▸ 25064-0062

표는 A재~C재를 구분하는 질문에 대한 학생의 응답과 교사의 채점 결과를 나타낸다. 이에 대한 설명으로 옳은 것은? (단, A재~C재는 각각 공공재, 공유 자원, 사적 재화 중 하나임.)

질문	응답	
	갑	을
〈질문 1〉 A재의 사례로 '교통 정체가 발생하는 유료 도로'를 들 수 있나요?	예	예
〈질문 2〉 C재와 달리 B재는 대가를 지불하지 않아도 소비할 수 있나요?	예	아니요
〈질문 3〉 B재와 달리 C재는 한 사람이 소비할 경우 다른 사람이 소비할 수 있는 몫이 줄어드나요?	예	아니요
채점 결과	2점	2점

* 교사는 질문별로 채점하고 응답 내용 1개당 옳으면 1점, 틀리면 0점을 부여함.

① 을과 달리 갑은 〈질문 2〉에 대해 옳게 응답하였다.
② A재와 달리 C재는 경합성과 배제성이 모두 없는 재화이다.
③ B재와 달리 A재는 배제성이 없는 재화이다.
④ B재와 달리 C재는 남용으로 인한 고갈의 위험이 있다.
⑤ B재와 달리 A재, C재는 사회적 최적 수준보다 과소 생산되는 재화이다.

03

▸ 25064-0063

(가), (나)에 대한 옳은 설명만을 〈보기〉에서 있는 대로 고른 것은?

(가) 중고차 시장에서 소비자는 중고차의 상태를 정확히 알기 어려워 낮은 품질의 중고차를 높은 가격에 구입하는 경우가 많다. 이로 인해 중고차 시장에서는 낮은 품질의 상품만 남게 되어 시장의 효율성이 낮아지게 된다.

(나) 보험 회사가 질병 위험성에 대한 개인차를 모르는 상태에서 보험료가 다소 비싼 보험 상품을 판매한다면 질병 위험성이 낮은 사람들은 비싼 보험료 때문에 가입하지 않고, 질병 위험성이 높은 사람들이 가입하는 경우가 많다. 또한 보험 회사는 가입한 사람들의 건강 상태를 정확히 알기 어렵고, 보험에 가입한 사람들이 자신의 건강 관리를 소홀히 하게 되면서 결국 보험 시장의 혜택이 줄어들게 되고 시장의 효율성이 낮아지게 된다.

보기

ㄱ. (가)는 외부 경제의 사례이다.
ㄴ. (나)는 불완전 경쟁으로 인한 시장 실패 사례에 해당한다.
ㄷ. (가), (나)는 모두 정보의 비대칭성으로 인한 시장 실패 사례이다.

① ㄱ　② ㄷ　③ ㄱ, ㄴ　④ ㄴ, ㄷ　⑤ ㄱ, ㄴ, ㄷ

04

▸ 25064-0064

다음 자료에 대한 설명으로 옳은 것은?

그림의 점 A, B는 X재 시장에서 서로 다른 시기에 생산 또는 소비 측면에서의 외부 효과 중 하나가 발생한 상황을 나타내고, 점 E는 점 A 또는 점 B 각각의 상황에서 갑국 정부가 생산 또는 소비에 대해 개당 일정액의 보조금을 지급하거나 개당 일정액의 세금을 부과하여 X재 시장에서 외부 효과가 해소된 상황을 나타낸다. 단, X재는 수요와 공급 법칙을 따르며, 수요와 공급 곡선은 모두 직선이다.

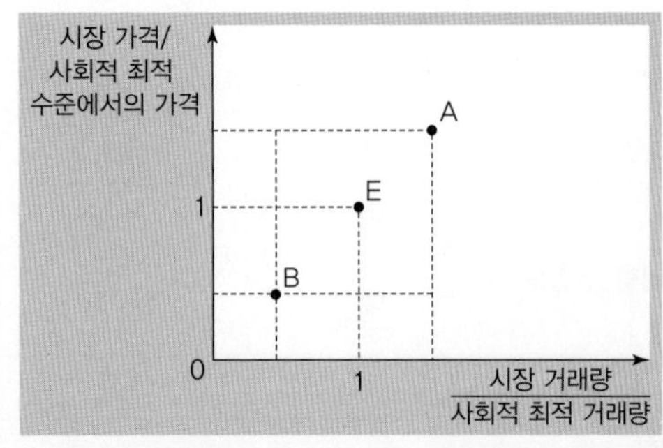

① A와 달리 B에서는 소비의 사회적 편익이 사적 편익보다 작다.
② A와 달리 B에서는 사회적 최적 수준보다 적게 소비되는 문제가 나타난다.
③ B와 달리 A에서는 외부 경제가 나타난다.
④ B와 달리 A에서는 소비 측면에서의 외부 효과가 발생한다.
⑤ 갑국 정부가 X재 소비에 대해 개당 일정액의 세금을 부과하는 것은 B에서 E로의 이동 요인이다.

05

▸ 25064-0065

표는 A, B와 관련된 질문에 대한 학생의 응답과 교사의 채점 결과를 나타낸다. 이에 대한 설명으로 옳은 것은? (단, A, B는 각각 도덕적 해이, 담합 중 하나임.)

질문	응답	
	갑	을
A의 사례로 생명 보험 가입자가 건강 관리를 게을리하는 것을 들 수 있는가?	예	아니요
공정 거래 위원회를 통한 부당한 공동 행위에 대한 규제로 B의 개선에 기여하는가?	예	예
(가)	㉠	아니요
A와 달리 B는 비효율적인 자원 배분을 초래하는가?	예	아니요
채점 결과	3점	2점

* 질문별로 채점하고 응답 내용 1개당 옳으면 1점, 틀리면 0점을 부여함.

① ㉠은 '아니요'이다.
② A는 담합, B는 도덕적 해이이다.
③ A와 달리 B는 소비자 잉여의 증가 요인이다.
④ B와 달리 A는 거래 당사자들의 합리적 선택을 방해하는 요인이다.
⑤ (가)에는 'A는 정보의 비대칭성으로 인해 나타나는 현상인가?'가 들어갈 수 있다.

06

▸ 25064-0066

다음 자료에 대한 옳은 설명만을 〈보기〉에서 고른 것은?

표는 X재 시장의 가격별 수요량과 공급량의 일부를 나타낸다. X재 시장에서는 사회적 최적 수준에서의 가격보다 시장 가격이 높게 나타나는 외부 효과가 발생하였다. 이에 갑국 정부에서는 ㉠X재 소비자에게 개당 2달러의 세금을 부과하는 정책을 시행하였고, X재 시장에서는 시장 가격이 사회적 최적 수준에서의 가격과 같게 되었고, 시장 거래량은 사회적 최적 거래량과 같게 되면서 외부 효과가 해소되었다. 단, X재는 수요와 공급 법칙을 따르며, 수요와 공급 곡선은 모두 직선이다.

가격(달러)	3	4	5	6	7	8
수요량(개)	90	80	70	60	50	40
공급량(개)	30	40	50	60	70	80

보기

ㄱ. 정부 개입 이전 X재 소비의 사적 편익은 사회적 편익보다 크다.
ㄴ. 정부 개입 이전 X재 시장에서는 생산 측면에서의 부정적 외부 효과가 나타났다.
ㄷ. ㉠으로 인해 X재 시장 가격은 5달러가 되었다.
ㄹ. 시장 거래량은 정부 개입 이전에 비해 정부 개입 이후 20개 감소하였다.

① ㄱ, ㄴ ② ㄱ, ㄷ ③ ㄴ, ㄷ ④ ㄴ, ㄹ ⑤ ㄷ, ㄹ

07

▶ 25064-0067

다음은 시장 실패 현상이 발생한 사례이다. 이에 대한 설명으로 옳은 것은?

- X재는 대가를 지불하지 않아도 누구나 소비할 수 있으나 사람들의 남용으로 인해 고갈되었다.
- Y재는 대가를 지불하지 않은 소비자들을 포함하여 많은 사람들이 경합하지 않고 소비할 수 있으나 Y재 시장에서는 사회적 최적 수준보다 과소 생산되고 있다.
- Z재는 경합성을 가지면서 대가를 지불하지 않으면 소비할 수 없는 재화인데, 기업 간 담합으로 인해 Z재 시장에서는 부당하게 공급량이 줄어들고 사회적 최적 수준에서의 가격보다 높은 가격이 형성되었다.

① X재 시장에서는 비경합성으로 인한 시장 실패가 발생하였다.
② Y재 시장에서는 불완전 경쟁으로 인한 시장 실패가 발생하였다.
③ Z재 시장에서는 외부 경제로 인한 시장 실패가 발생하였다.
④ X재, Y재는 모두 비배제성과 비경합성을 가진다.
⑤ Z재와 달리 Y재는 무임승차자 문제가 발생한다.

08

▶ 25064-0068

다음 자료에 대한 설명으로 옳은 것은? (단, (가), (나)는 각각 외부 경제, 외부 불경제 중 하나임.)

교사: 표는 A재~D재 시장에서 발생한 외부 효과의 유형 (가), (나)를 소비와 생산 측면에서 구분한 것입니다. 이에 대해 설명해 볼까요? 단, A재~D재는 모두 수요와 공급 법칙을 따르며, 수요와 공급 곡선은 모두 직선입니다.

구분	소비 측면	생산 측면
(가)	A재	B재
(나)	C재	D재

갑: A재 시장, B재 시장에서는 모두 시장 거래량이 사회적 최적 거래량보다 적습니다.
을: C재 시장과 달리 A재 시장에서는 사적 편익이 사회적 편익보다 작습니다.
병: D재 시장과 달리 B재 시장에서는 사회적 비용이 사적 비용보다 큽니다.
교사: ㉠한 사람을 제외하고 모두 옳게 설명하였습니다.

① ㉠은 '을'이다.
② (가)는 외부 불경제, (나)는 외부 경제이다.
③ C재 시장에서는 사회적 최적 거래량이 시장 거래량보다 많다.
④ D재 시장에 대한 정부의 외부 효과 개선 정책으로 생산자에 대한 개당 일정액의 세금 부과를 들 수 있다.
⑤ A재 시장, D재 시장과 달리 B재 시장, C재 시장에서는 모두 사회적 최적 수준에서의 가격이 시장 가격보다 높다.

09

▸ 25064-0069

다음 자료에 대한 설명으로 옳은 것은?

표는 생산 또는 소비 측면 중 하나에서만 외부 효과가 발생한 X재~Z재의 시장 상황을 나타낸다. X재~Z재의 시장 가격은 각각 10달러, 시장 거래량은 각각 1,000개이다. 단, X재~Z재는 모두 수요와 공급 법칙을 따르며, 수요와 공급 곡선은 모두 직선이다.

구분	X재	Y재	Z재
시장 가격-사회적 최적 수준에서의 가격	2달러	-2달러	2달러
시장 거래량-사회적 최적 거래량	-100개	100개	100개

① X재 시장과 달리 Z재 시장에서는 사회적 최적 수준보다 과소 거래되었다.
② Y재 시장과 달리 X재 시장에서는 생산 측면에서의 외부 효과가 발생하였다.
③ Z재 시장과 달리 Y재 시장에서는 부정적 외부 효과가 발생하였다.
④ 정부의 생산자에 대한 개당 일정액의 보조금 지급은 Y재 시장이 아닌 X재 시장의 외부 효과 개선 요인이다.
⑤ 정부의 생산자에 대한 개당 일정액의 세금 부과는 Y재 시장이 아닌 Z재 시장에서의 외부 효과 개선 요인이다.

10

▸ 25064-0070

(가)~(라)는 시장 실패와 이를 개선하려는 각국 정부의 노력이다. 이에 대한 설명으로 옳은 것은?

(가) 갑국 정부는 중고차 시장에서 중고차 상태에 대해 잘 알지 못하는 소비자들이 물에 침수된 이력이 있는 차를 구입하여 피해를 본 사례가 늘어나자 중고차 판매 시 사고 이력과 품질 보증서를 의무적으로 첨부하고, 이를 소비자에게 명확하게 설명하도록 하는 제도를 시행하였다.
(나) 을국 정부는 공해상에서 을국의 수출에 기여하는 어류가 남획되어 멸종 위기에 처하자 조업 금지 기간(또는 금어기)을 지정하고, 조업을 위한 면허권을 도입하였으며, 어류 치어를 방생하는 등의 대책으로 어류 자원 감소와 어민의 소득 보장 문제를 해결하고자 하였다.
(다) 병국 정부는 아파트나 빌라 등의 공동 주택에서 실내 흡연과 층간 소음으로 인한 주민 간 분쟁이 증가하는 사회 문제가 심각해짐에 따라 공동 주택에서의 실내 흡연에 대한 범칙금 부과와 층간 소음에 따른 분쟁 조정 위원회를 만들어 이를 개선하고자 하였다.
(라) 정국 정부는 X재 시장에 상품을 공급하는 소수의 기업들이 공동으로 공급량을 줄이고, 가격을 올림으로써 이윤을 극대화하여 소비자들의 피해가 발생하자 시장 질서를 교란하는 소수 기업들에 대한 과징금 부과와 영업 정지 등의 규제 정책을 통해 부당한 공동 행위를 개선하고자 하였다.

① (다)와 달리 (가)에는 외부 불경제로 인한 시장 실패 사례가 나타나 있다.
② (라)와 달리 (나)에는 불완전 경쟁으로 인한 시장 실패 사례가 나타나 있다.
③ (다), (라)에는 모두 재화의 비경합성으로 인해 발생한 시장 실패가 나타나 있다.
④ 을국 정부의 대책과 달리 갑국 정부의 대책은 거래 당사자 간 정보 비대칭성으로 인한 문제를 해결하고자 한다.
⑤ 정국 정부의 대책과 달리 병국 정부의 대책은 시장 거래량이 사회적 최적 수준보다 적은 문제를 해결하고자 한다.

THEME 08 경제 순환과 경제 성장

1 세계 속의 한국 경제

(1) 한국 경제의 변화

1960년대	• 수출 주도형 성장 우선 정책 시행 • 노동 집약적 경공업이 성장을 주도함.
1970년대	• 자본 집약적인 중화학 공업 중심의 산업 구조로 전환됨. • 대외 지향적 공업화의 추진 → 수출 규모 증가 • 석유 파동으로 경제적 타격을 받음. • 경제적 불균형 문제 발생(중소기업의 위축 등)
1980년대	• 선진국의 기술 보호주의에 대응하여 기업들이 본격적으로 연구 및 개발 시작 • 삼저 호황으로 대규모의 무역 흑자 발생, 첨단 산업의 발전, 물가 안정 속의 고도 성장 지속
1990년대 이후	• 외환 위기(1997년): 마이너스 성장과 높은 실업률, IMF 구제 금융 • 세계 금융 위기(2007년~2008년): 경기 침체 초래

(2) 세계 속의 한국 경제

① 경제적 위상 상승: 지속적인 성장으로 경제 규모와 1인당 국민 소득 증가, 원조 받던 국가에서 원조하는 국가로 전환

② 세계의 주요 교역국으로 부상

2 국민 경제의 순환과 국민 소득

(1) 국민 경제의 순환

① 의미: 가계, 기업, 정부, 외국으로 구성된 국민 경제에서 실물과 화폐의 흐름이 순환하는 것

② 국민 경제의 순환도

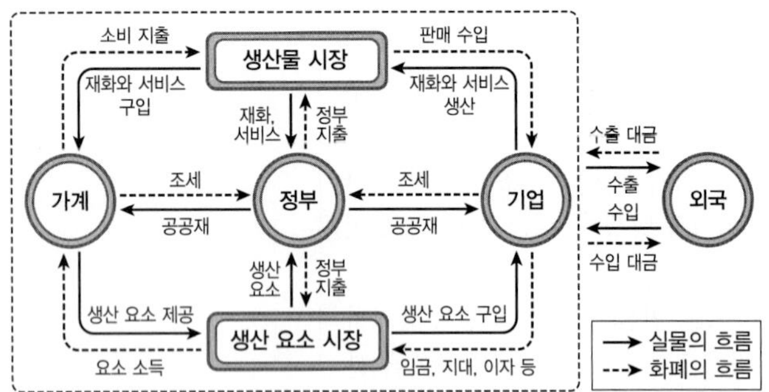

(2) 국민 소득 3면 등가의 법칙

① 의미: 국민 소득은 생산, 분배, 지출 중 어느 측면에서 측정하더라도 동일함.

② 국민 소득의 세 측면

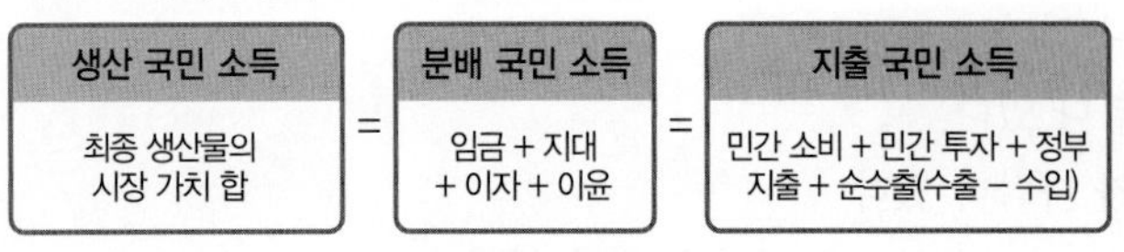

3 국내 총생산(GDP, Gross Domestic Product)

(1) **의미**: 일정 기간 동안 한 나라 안에서 생산된 모든 최종 생산물의 시장 가치 합(생산 국민 소득을 나타내는 지표의 일종임.)

(2) GDP를 계산하는 세 가지 방법

① 최종 생산물의 시장 가치 합

② 총생산물의 시장 가치 합 − 중간 생산물의 시장 가치 합

③ 각 생산 단계에서 창출된 부가 가치의 합

(3) **유용성**: 한 나라 경제의 전반적인 생산 수준을 측정하는 지표

(4) **한계**: 경제적 후생 지표로서의 한계

① 시장에서 거래되는 재화와 서비스의 시장 가치만 포함

② 생산 활동으로 창출된 재화와 서비스의 시장 가치만 포함

③ 재화와 서비스의 품질 변화를 완벽하게 측정하지는 못함.

④ 삶의 질을 정확하게 반영하지 못함.

(5) **1인당 국내 총생산과 1인당 국민 총소득**

① 1인당 국내 총생산(1인당 GDP): 국내 총생산을 인구로 나눈 값

② 1인당 국민 총소득(1인당 GNI): 국민 총소득을 인구로 나눈 값, 국민 총소득(GNI)은 일정 기간 동안 한 나라의 국민이 생산 활동에 참여한 대가로 받은 소득의 합계로, 국내 총생산에 자국민이 국외에서 받은 소득을 더하고 국내 외국인에게 지급한 소득을 뺀 값임.

(6) **명목 GDP와 실질 GDP**

① 명목 GDP: 해당 연도의 가격으로 계산한 GDP

② 실질 GDP: 기준 연도의 가격으로 계산한 GDP

③ GDP 디플레이터: 국내에서 생산된 모든 재화와 서비스의 종합적인 가격 수준을 지수화한 것

$$\text{GDP 디플레이터} = \frac{\text{명목 GDP}}{\text{실질 GDP}} \times 100$$

4 경제 성장

(1) **의미**: 국민 경제의 총체적인 생산 수준이 지속적으로 높아지는 것, 국민 경제에서 새로이 창출된 부가 가치가 증가하는 것, 경제 규모의 양적 확대

(2) **필요성**: 일자리 제공, 생활 수준 향상

(3) **경제 성장률**

① 의미: 국민 경제의 실질적인 성장 속도

② 측정 방법: 실질 GDP의 증가율

$$\text{경제 성장률(\%)} = \frac{\text{금년도의 실질 GDP} - \text{전년도의 실질 GDP}}{\text{전년도의 실질 GDP}} \times 100$$

(4) **경제 성장의 요인**

① 경제적 요인

• 생산 요소의 양적 증가: 생산에 투입되는 노동, 자본, 자연 자원의 양을 늘리면 생산량이 증가함.

• 생산 요소의 질적 향상: 인적 자본에 대한 투자로 기술이 발전하면 노동의 생산성이 높아짐.

② 경제 외적 요인: 기업가 정신, 사회 제도, 노사 관계, 경제 의지 등

01

▸ 25064-0071

그림은 국민 경제 순환 중 실물의 흐름을 나타낸다. 이에 대한 설명으로 옳은 것은? (단, A, B는 각각 가계, 기업 중 하나임.)

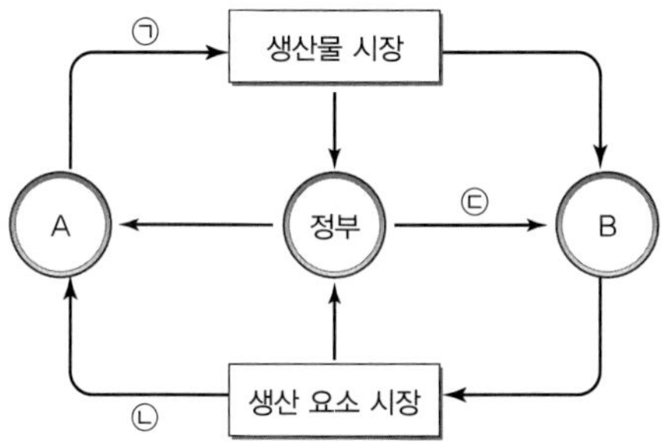

① A와 달리 B는 부가 가치를 창출하는 경제 주체이다.
② 신규 채용한 직원은 ㉠에 해당한다.
③ 자본과 노동은 ㉡에 해당하지 않는다.
④ 공공재는 ㉢에 해당한다.
⑤ ㉡이 증가하면 ㉠은 감소한다.

02

▸ 25064-0072

다음은 갑국, 을국에서 2024년 한 해 동안 이루어진 모든 경제 활동을 나타낸다. 이에 대한 분석으로 옳은 것은? (단, 갑국, 을국의 경제 활동은 각각 국내 거래로만 이루어짐.)

- 갑국의 A 기업은 자동차를 판매하여 300억 달러의 이윤을 얻었다. 이에 대한 총비용은 ㉠인건비 400억 달러, 토지 임차료 200억 달러, 원재료 구입비 600억 달러이다.
- 을국의 B 기업은 컴퓨터를 판매하여 200억 달러의 이윤을 얻었다. 이에 대한 총비용은 인건비 300억 달러, ㉡은행 대출 이자 150억 달러, ㉢토지 임차료 450억 달러, 원재료 구입비 500억 달러이다.

① ㉠은 생산 측면에서 파악한 국민 소득에 반영된다.
② ㉡은 분배 측면에서 파악한 국민 소득에 반영되지 않는다.
③ ㉢은 생산물 시장의 거래에서 나타난다.
④ 매출액은 A 기업이 B 기업보다 크다.
⑤ A 기업이 창출한 부가 가치는 B 기업이 창출한 부가 가치보다 작다.

03

▸ 25064-0073

그림은 갑국의 연도별 명목 GDP와 GDP 디플레이터를 나타낸다. 이에 대한 분석으로 옳은 것은? (단, 기준 연도는 2021년이고, 기준 연도의 명목 GDP는 100억 달러이며, 물가 수준은 GDP 디플레이터로 측정함.)

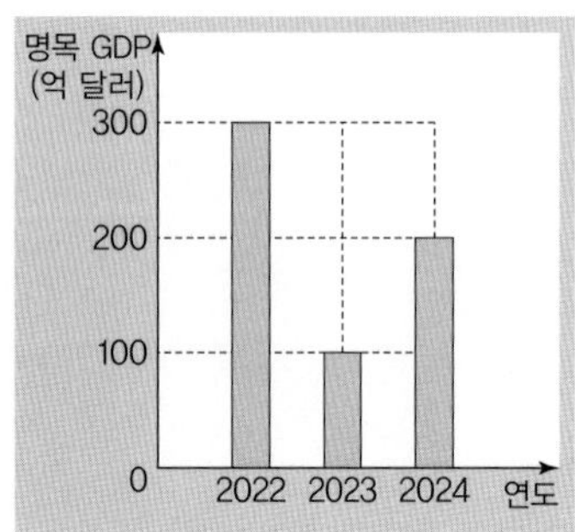

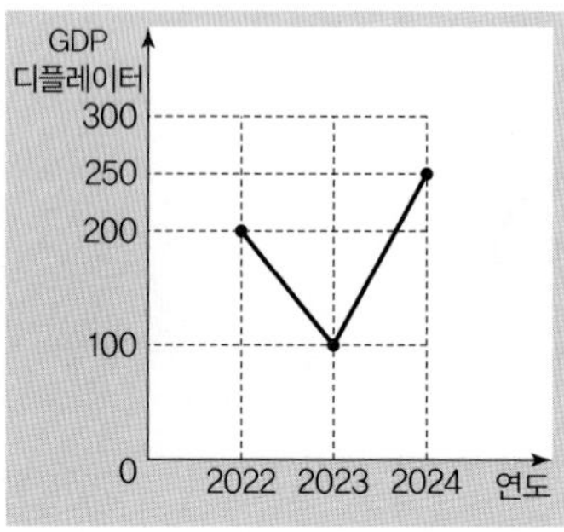

① 실질 GDP는 2024년이 가장 크다.
② 2022년의 경제 성장률은 영(0)이다.
③ 실질 GDP는 2021년이 2024년보다 작다.
④ '실질 GDP/명목 GDP'는 2022년이 2023년보다 작다.
⑤ 전년 대비 2024년에 명목 GDP 변동률과 달리 실질 GDP 변동률은 양(+)의 값이다.

04

▸ 25064-0074

다음 자료에 대한 옳은 분석만을 〈보기〉에서 고른 것은? (단, 기준 연도는 2022년이고, 물가 수준은 GDP 디플레이터로 측정함.)

교사: 2023년과 2024년에 전년 대비 명목 GDP는 모두 증가하였는데 2023년의 경제 성장률은 영(0)이고, 2024년의 경제 성장률은 음(−)의 값입니다. 2022년~2024년의 경제 상황 변화에 대해 발표해 볼까요?
학생: (가)
교사: 옳게 발표하였습니다.

보기

ㄱ. 2022년과 2024년의 물가 수준은 같다.
ㄴ. 전년 대비 2023년에 실질 GDP는 증가하였다.
ㄷ. (가)에는 '전년 대비 2023년에 GDP 디플레이터는 하락하였습니다.'가 들어갈 수 없다.
ㄹ. (가)에는 '전년 대비 2024년에 화폐 구매력은 하락하였습니다.'가 들어갈 수 있다.

① ㄱ, ㄴ　② ㄱ, ㄷ　③ ㄴ, ㄷ　④ ㄴ, ㄹ　⑤ ㄷ, ㄹ

05

▸ 25064-0075

다음 자료에 대한 설명으로 옳은 것은?

표의 A, B는 각각 갑국의 연도별 전년 대비 명목 GDP 변화율과 경제 성장률 중 하나이고, 전년 대비 2022년에 갑국의 물가 수준은 상승하였다. 단, 기준 연도는 2021년이고, 물가 수준은 GDP 디플레이터로 측정한다.

(단위: %)

구분	2022년	2023년	2024년
A	2	0	1
B	1	2	0

① A는 기준 연도의 가격으로 계산한 GDP의 변화율이다.
② 전년 대비 2022년에 실질 GDP는 감소하였다.
③ 명목 GDP는 2022년이 2023년보다 크다.
④ GDP 디플레이터는 2021년과 2024년이 같다.
⑤ 전년 대비 2024년에 물가 수준은 하락하였다.

06

▸ 25064-0076

그림은 갑국의 연도별 GDP 디플레이터와 실질 GDP를 나타낸다. 이에 대한 설명으로 옳은 것은? (단, 물가 수준은 GDP 디플레이터로 측정함.)

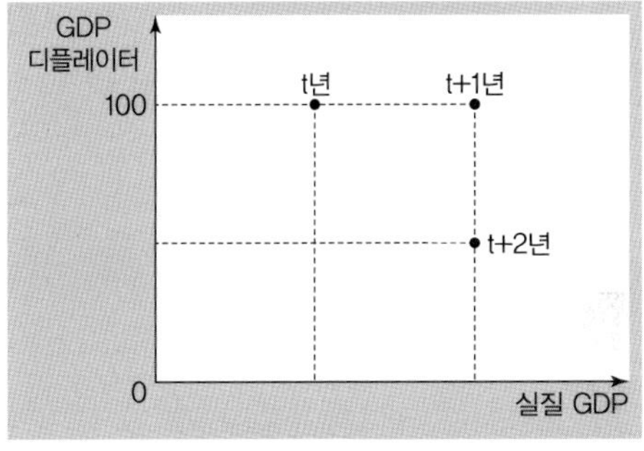

① 명목 GDP는 t년이 가장 크다.
② t+2년의 경제 성장률은 음(−)의 값이다.
③ t+1년 대비 t+2년에 명목 GDP는 증가하였다.
④ t+1년과 달리 t+2년에는 명목 GDP와 실질 GDP가 같다.
⑤ t년 대비 t+1년의 물가 상승률은 t+1년의 경제 성장률보다 낮다.

07

▸25064-0077

다음은 갑국~병국에서 2024년 한 해 동안 이루어진 모든 경제 활동을 나타낸다. 이에 대한 설명으로 옳은 것은?

> 갑국은 X재만을 생산하여 전량 자국민에게 판매하여 200억 달러의 이윤을 얻었다. 갑국은 X재 생산에 대한 원료인 Y재를 을국으로부터 300억 달러에, Z재를 병국으로부터 200억 달러에 구입하였는데 X재의 원료인 Y재, Z재의 구입비를 제외하고 X재 생산에 따른 인건비를 비롯한 모든 생산비는 300억 달러이다. 을국은 중간재 없이 Y재만 생산하여 일부를 자국 소비자에게 70억 달러어치 판매하고, 나머지 전량을 갑국에 수출하였다. 병국은 중간재 없이 Z재만 생산하여 일부를 자국 소비자에게 180억 달러어치 판매하고, 나머지 전량을 갑국에 수출하였다. 단, X재의 원료는 Y재와 Z재만 사용하고, 국제 거래는 달러화만 사용하여 교역 비용 없이 갑국~병국 간 이루어진다.

① 갑국이 창출한 부가 가치는 총매출액의 2배이다.
② 갑국에서 판매되는 Z재는 최종 생산물에 해당한다.
③ 을국에서 판매되는 Y재는 중간재에 해당한다.
④ 창출된 부가 가치는 을국이 병국의 2배이다.
⑤ 을국과 병국의 부가 가치 합에서 갑국의 부가 가치를 뺀 금액은 250억 달러이다.

08

▸25064-0078

다음 대화에 대한 옳은 설명만을 〈보기〉에서 고른 것은? (단, 기준 연도는 2022년이고, 2022년의 명목 GDP와 실질 GDP는 각각 100억 달러이며, 물가 수준은 GDP 디플레이터로 측정함.)

갑국에서는 전년 대비 2023년과 전년 대비 2024년의 명목 GDP 증가율이 모두 2%로 나타났는데요. 당시 물가 상승률은 어떻게 나타났는지 말씀해 주시겠습니까?

전년 대비 2023년과 전년 대비 2024년의 물가 상승률 모두 2%로 나타났습니다.

> 보기
> ㄱ. 전년 대비 2023년에 실질 GDP는 감소하였다.
> ㄴ. 전년 대비 2023년에 실질 GDP 변화율은 명목 GDP 변화율보다 크다.
> ㄷ. 2024년의 경제 성장률은 영(0)이다.
> ㄹ. 2024년의 명목 GDP는 실질 GDP보다 크다.

① ㄱ, ㄴ ② ㄱ, ㄷ ③ ㄴ, ㄷ ④ ㄴ, ㄹ ⑤ ㄷ, ㄹ

09

▸ 25064-0079

표는 t년의 갑국과 을국 각각의 지출 국민 소득의 항목별 지출액을 나타낸다. 이에 대한 옳은 설명만을 〈보기〉에서 있는 대로 고른 것은? (단, 국제 거래는 달러화만 사용하여 이루어지며, 제시된 내용 이외의 다른 조건은 고려하지 않음.)

(단위: 억 달러)

구분	소비 지출	투자 지출	정부 지출	순수출
갑국	30	20	30	50
을국	20	10	10	40

보기

ㄱ. 갑국 지출 국민 소득은 을국 지출 국민 소득의 2배보다 크다.
ㄴ. '정부 지출/지출 국민 소득'은 갑국이 을국보다 크다.
ㄷ. 지출 국민 소득에서 소비 지출이 차지하는 비중은 갑국이 을국보다 작다.
ㄹ. 갑국과 을국 모두 달러화의 수취액이 지급액보다 크다.

① ㄱ, ㄴ ② ㄱ, ㄷ ③ ㄴ, ㄹ ④ ㄱ, ㄷ, ㄹ ⑤ ㄴ, ㄷ, ㄹ

10

▸ 25064-0080

다음 자료에 대한 설명으로 옳은 것은?

교사: 그림은 갑국과 을국의 연도별 명목 GDP와 실질 GDP의 변화를 나타냅니다. 을국의 전년 대비 2022년의 물가 수준은 상승하였습니다. A, B는 각각 명목 GDP, 실질 GDP 중 하나이며, 기준 연도는 갑국과 을국 모두 2021년이고, 물가 수준은 GDP 디플레이터로 측정합니다. 갑국과 을국의 경제 상황에 대해 발표해 볼까요?

〈갑국〉

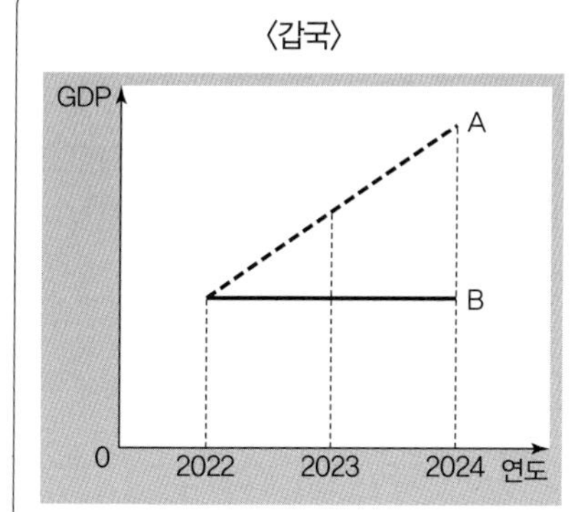

〈을국〉

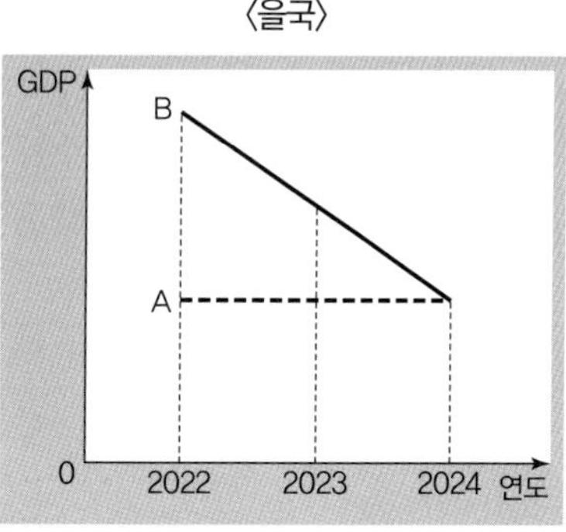

학생 1: A는 실질 GDP입니다.
학생 2: (가)
교사: 학생 1과 학생 2 중 한 명만 옳게 발표하였습니다.

① 전년 대비 2022년에 갑국의 물가 수준은 하락하였다.
② 2022년 이후 을국과 달리 갑국의 명목 GDP는 지속적으로 증가하였다.
③ 2023년에 갑국과 달리 을국의 경제 성장률은 양(+)의 값이다.
④ (가)에는 '갑국과 달리 을국은 2024년 GDP 디플레이터가 100보다 작습니다.'가 들어갈 수 없다.
⑤ (가)에는 '갑국과 을국 모두 전년 대비 2023년에 물가 수준은 상승하였습니다.'가 들어갈 수 있다.

THEME 09

실업과 인플레이션

1 실업

(1) 의미

① 일할 능력과 의사가 있음에도 불구하고 일자리를 가지지 못한 상태

② 노동 시장에서 노동의 초과 공급 상태

(2) 유형

① 자발적 실업과 비자발적 실업

구분	의미	유형
자발적 실업	근로 조건 등의 이유로 스스로 일을 하지 않음으로써 발생하는 실업	마찰적 실업
비자발적 실업	일할 의사가 있으나 일자리를 구하지 못해 발생하는 실업	경기적 실업, 계절적 실업, 구조적 실업

② 발생 원인별 실업의 분류

구분	발생 원인	대책
경기적 실업	불황으로 인한 노동 수요의 부족	경기 부양책, 공공 사업 등
계절적 실업	계절적 요인으로 발생(레저 산업, 건설업, 농업 등)	농공 단지 조성 등
구조적 실업	산업 구조의 고도화, 기술 혁신에 의해 대체되는 낡은 기술을 보유한 기능 인력에 대한 수요 감소	인력 개발, 기술 교육 등
마찰적 실업	직업 탐색 과정에서 일시적으로 발생	취업 정보 제공 등

(3) 영향

① 개인적 측면: 소득 감소로 인한 생계 유지 곤란, 자아실현의 기회 상실, 사회적 관계 단절 등

② 사회적 측면: 노동력의 낭비, 소득 분배 상황의 악화, 사회적 불안과 빈곤 문제 야기 등

2 고용 지표

(1) 인구의 구성

<table>
<tr><td colspan="3">전체 인구</td></tr>
<tr><td colspan="2">15세 이상 인구</td><td>15세 미만 인구</td></tr>
<tr><td>경제 활동 인구</td><td>비경제 활동 인구</td><td></td></tr>
<tr><td>취업자 / 실업자</td><td></td><td></td></tr>
</table>

① 15세 이상 인구: 노동이 가능한 인구로, 경제 활동 인구와 비경제 활동 인구로 구성

② 경제 활동 인구: 15세 이상 인구 중 일할 능력과 의사가 있는 사람

③ 비경제 활동 인구: 15세 이상 인구 중 경제 활동 인구가 아닌 사람

④ 취업자: 경제 활동 인구 중 수입이 있는 일에 종사하는 사람

⑤ 실업자: 경제 활동 인구 중 취업을 하기 위해 구직 활동 중에 있는 사람

(2) 경제 활동 인구의 조사

① 의의: 고용 정책 입안 및 평가, 경제 분석 등에 활용되는 경제 활동 인구, 취업자 수, 실업자 수 등 고용 관련 통계를 제공함.

② 경제 활동 인구의 조사 방법

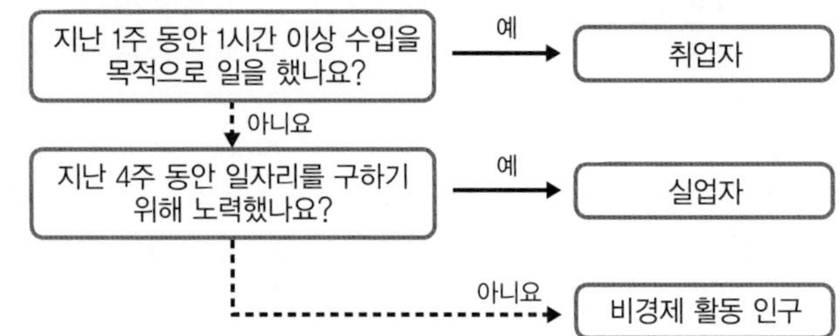

③ 각종 고용 지표

구분	계산
경제 활동 참가율(%)	(경제 활동 인구/15세 이상 인구)×100
실업률(%)	(실업자 수/경제 활동 인구)×100
고용률(%)	(취업자 수/15세 이상 인구)×100

3 물가와 물가 지수

(1) 가격과 물가

① 가격: 개별 재화와 서비스의 가치를 화폐 단위로 표시한 것

② 물가: 재화와 서비스의 가격을 일정한 기준에 따라 평균한 종합적인 가격 수준

(2) 물가 지수와 물가 상승률

① 물가 지수의 의미: 물가의 움직임을 알기 쉽게 지수화한 경제 지표

② 물가 지수의 표시 방법: 기준 시점의 물가를 100으로 설정한 다음, 비교 시점의 물가가 변동한 정도를 표시함.

$$\text{물가 지수} = \frac{\text{비교 시점의 물가 수준}}{\text{기준 시점의 물가 수준}} \times 100$$

③ 물가 상승률

전년(월) 대비 물가 상승률(%)

$$= \frac{\text{금년(월) 물가 지수} - \text{전년(월) 물가 지수}}{\text{전년(월) 물가 지수}} \times 100$$

(3) 물가 지수의 종류

① 소비자 물가 지수: 가계가 일상생활을 영위하기 위해 구입하는 재화와 서비스의 종합적인 가격 수준을 측정하여 지수화한 것

② 생산자 물가 지수: 국내 생산자가 국내(내수) 시장에 공급하는 재화와 서비스의 종합적인 가격 수준을 측정하여 지수화한 것

③ GDP 디플레이터

- 의미: GDP에 포함되는 모든 재화와 서비스의 종합적인 가격 수준을 지수화한 것
- 계산 방법: (명목 GDP/실질 GDP)×100

(4) 물가 지수의 활용

① 화폐의 구매력을 측정할 수 있는 수단: 물가가 상승하면 화폐의 구매력은 하락하고, 물가가 하락하면 화폐의 구매력은 상승함.

② 경기 동향의 판단 지표 역할: 일반적으로 경기가 좋아지면 물가가 상승하고, 경기가 나빠지면 물가가 하락함.

③ 전반적인 재화와 서비스의 수급 동향을 판단할 수 있는 정보 제공: 물가가 상승하는 것은 수요 과잉·공급 부족을, 물가가 하락하는 것은 수요 부족·공급 과잉을 나타냄.

4 인플레이션

(1) 의미: 물가가 지속적으로 상승하는 현상

(2) 유형

① 수요 견인 인플레이션

- 의미: 총수요의 증가로 인해 발생하는 인플레이션
- 원인: 민간 소비의 증가, 민간 투자의 증가, 정부 지출의 증가, 순수출의 증가 등 총수요 증가
- 특징: 주로 경기 호황기에 나타나며, 총수요 곡선의 우측 이동으로 물가 수준이 상승하고 실질 GDP가 증가함.

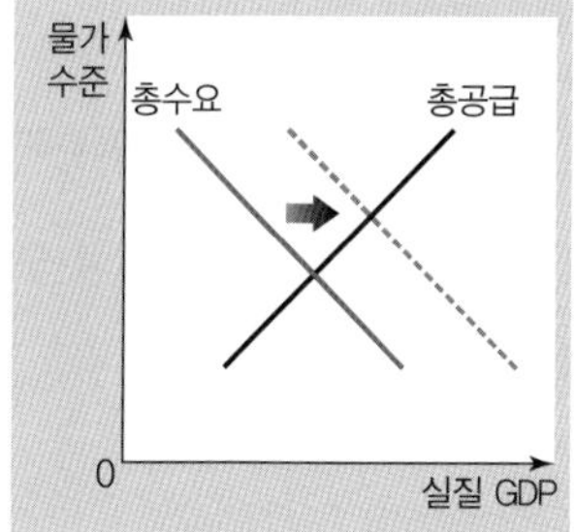

- 대책: 총수요를 감소시키는 재정 정책이나 통화 정책 등

② 비용 인상 인플레이션

- 의미: 생산비의 상승으로 인해 총공급이 감소하여 발생하는 인플레이션
- 원인: 원유와 같은 원자재 가격 상승 등 생산비 증가
- 특징: 총공급 곡선의 좌측 이동으로 물가 수준이 상승하고 실질 GDP가 감소함. → 경기 침체 속의 물가 상승이 나타나는 스태그플레이션이 발생할 수 있음.(예 1970년대 석유 파동을 계기로 스태그플레이션이 발생하였음.)

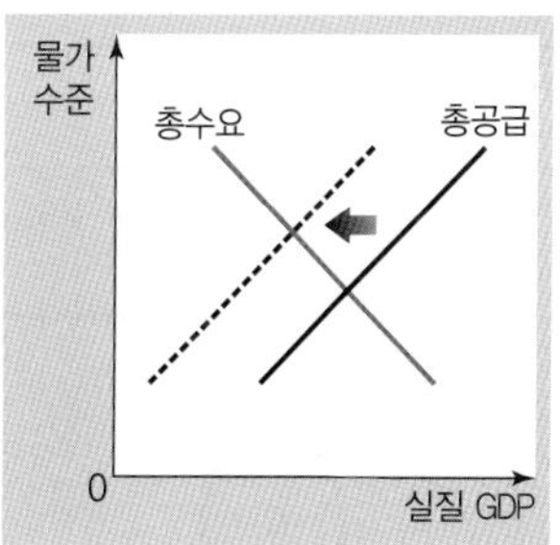

- 대책: 총공급을 증가시키기 위한 생산비 감소나 기술 진보 등

(3) 인플레이션의 부정적인 영향

① 소득과 부의 의도하지 않은 재분배

불리한 경제 주체	화폐 자산 소유자, 채권자, 연금 생활자 등
유리한 경제 주체	실물 자산 소유자, 채무자, 자영업자 등

② 인플레이션 예측의 어려움으로 인한 문제

- 투자 및 생산 활동이 위축되기 쉬움.
- 장기적인 투자 감소와 단기적 수익을 노리는 투기 성행 우려
- 실질 소득의 감소로 인해 저축이 감소하여 국민 경제의 자본 축적을 저해할 수 있음.
- 실질 임금을 하락시켜 근로자의 근로 의욕이 저하될 수 있음.

③ 경상 수지 악화

- 국내 상품 가격의 상승으로 수출 감소
- 외국 상품 가격의 상대적 하락으로 수입 증가

(4) 인플레이션 유형에 따른 대책

① 수요 견인 인플레이션

- 긴축 재정 정책: 조세 징수 증대, 정부 지출 축소
- 긴축 통화 정책: 통화량 감축, 이자율 인상
- 경제 주체의 절약: 가계의 과소비 억제, 불필요한 중복 투자와 투기 억제

② 비용 인상 인플레이션

- 기술 혁신이나 경영 혁신을 통한 기업의 비용 절감
- 임금의 과도한 상승 억제
- 에너지 가격과 부동산 임대료 등의 상승 억제

자료와 친해지기 장바구니 물가 지수

정부는 실생활에서 접하는 체감 물가를 알아보기 위해 장바구니 물가 지수를 발표한다. 장바구니 물가 지수의 공식 명칭은 생활 물가 지수이다. 통계청은 1998년부터 소비자 물가 지수에 포함해 생활 물가 지수를 발표한다. 생활 물가 지수는 소비자들이 장바구니에 주로 담는 품목들의 가격 움직임을 나타낸다. 소비자들이 일상생활에서 자주 구입하는 생활필수품의 일부 품목을 대상으로 매달 가격 변화를 조사하여 발표한다. 조사 대상 품목은 각 가계에서 소득 변화에 상관없이 사는 식료품과 생활필수품, 지출 비중이 높아 가격 변동을 바로 알 수 있는 의류비와 교육비 등이 포함되지만, 텔레비전, 냉장고, 가구처럼 한번 사면 오래 쓰는 내구 소비재 등은 품목에서 제외한다.

01

▸ 25064-0081

그림은 질문에 따라 실업의 유형 A~C를 구분한 것이다. 이에 대한 설명으로 옳은 것은? (단, A~C는 각각 구조적 실업, 경기적 실업, 마찰적 실업 중 하나임.)

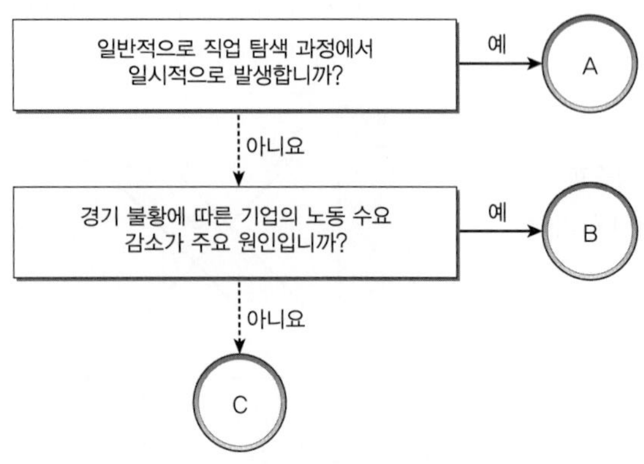

① A는 호황기가 아닌 불황기에 나타난다.
② 소득세율 인하 정책은 B의 대책에 해당하지 않는다.
③ 신기술 교육 및 훈련은 C의 대책에 해당하지 않는다.
④ 정부 지출 축소는 C가 아닌 B의 대책으로 적절하다.
⑤ B, C와 달리 A는 자발적 실업에 해당한다.

02

▸ 25064-0082

그림은 인플레이션의 유형 (가), (나)를 나타낸다. 이에 대한 설명으로 옳은 것은? (단, (가), (나)는 각각 수요 견인 인플레이션, 비용 인상 인플레이션 중 하나임.)

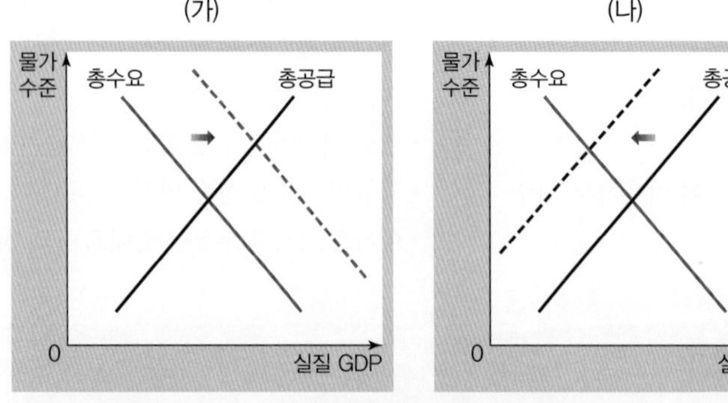

① 기업의 투자 감소는 (가)의 발생 요인이다.
② (가)가 발생하는 경우에 경제 성장률은 음(−)의 값을 가진다.
③ 수입 원자재 가격 하락은 (나)의 발생 요인이다.
④ (나)와 달리 (가)는 스태그플레이션의 발생 요인이다.
⑤ (가), (나)는 모두 화폐의 구매력 하락 요인이다.

03

▸ 25064-0083

다음 자료에 대한 설명으로 옳은 것은?

그림의 A, B는 각각 갑국과 을국의 t년 대비 t+1년의 물가 상승률과 경제 성장률을 나타낸다. 단, 물가 수준은 GDP 디플레이터로 측정하며, 총수요 곡선은 우하향하고 총공급 곡선은 우상향한다.

〈갑국〉

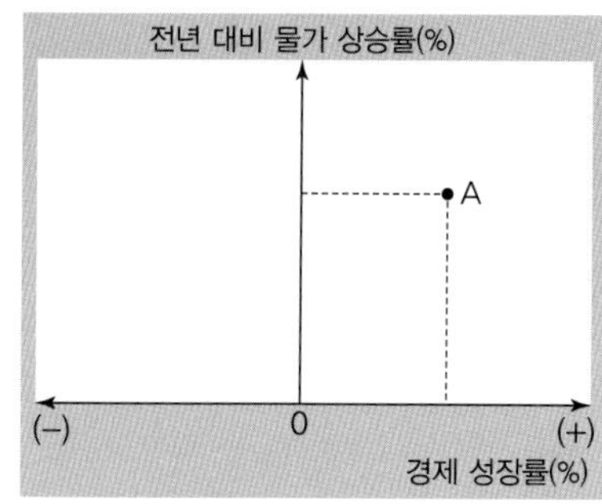

〈을국〉

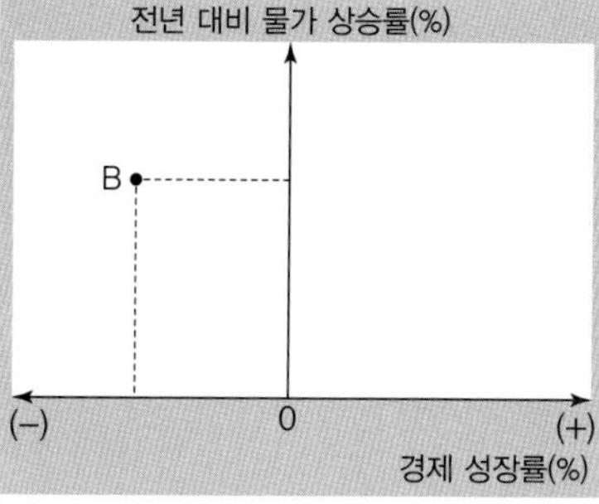

① 소비 지출 감소만으로 A가 나타날 수 있다.
② A는 갑국의 비용 인상 인플레이션의 발생 요인이다.
③ 수입 원자재 가격 상승만으로 B가 나타날 수 있다.
④ t+1년의 실질 GDP는 갑국이 을국보다 크다.
⑤ 을국과 달리 갑국에서는 화폐의 구매력이 상승하였다.

04

▸ 25064-0084

표는 갑국의 연도별 명목 이자율과 물가 상승률을 나타낸다. 이에 대한 옳은 설명만을 〈보기〉에서 고른 것은?

(단위: %)

구분	2022년	2023년	2024년
명목 이자율	3	2	1
물가 상승률	2	2	−2

* 명목 이자율 = 실질 이자율 + 물가 상승률

보기

ㄱ. 실질 이자율은 2022년이 가장 낮다.
ㄴ. 2023년에는 현금 보유보다 은행에 예금하는 것이 유리하다.
ㄷ. 2023년과 달리 2024년의 실질 이자율은 음(−)의 값이다.
ㄹ. 2023년과 달리 2024년의 명목 이자율은 실질 이자율보다 낮다.

① ㄱ, ㄴ ② ㄱ, ㄷ ③ ㄴ, ㄷ ④ ㄴ, ㄹ ⑤ ㄷ, ㄹ

05

▶ 25064-0085

표는 갑국의 연도별 고용 지표를 나타낸다. t년 대비 t+1년의 변화에 대한 설명으로 옳은 것은? (단, 15세 이상 인구는 t년에 100만 명, t+1년에 200만 명임.)

(단위: %)

구분	t년	t+1년
고용률	40	20
경제 활동 참가율	50	40

① 실업률은 하락하였다.
② 취업자 수는 0.5배가 되었다.
③ 실업자 수는 1.5배가 되었다.
④ 경제 활동 인구는 20만 명 증가하였다.
⑤ 비경제 활동 인구는 70만 명 증가하였다.

06

▶ 25064-0086

그림은 갑국의 연도별 전년 대비 실질 GDP 증가율과 명목 GDP 증가율을 나타낸다. 이에 대한 설명으로 옳은 것은? (단, 기준 연도는 2021년이고, 물가 수준은 GDP 디플레이터로 측정하며, 총수요 곡선은 우하향하고 총공급 곡선은 우상향함.)

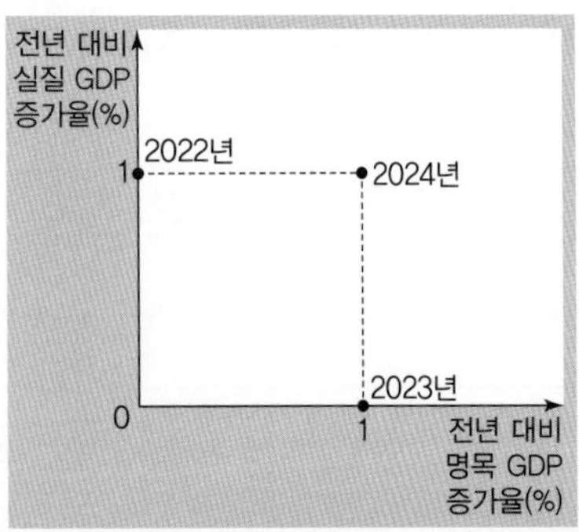

① 명목 GDP는 2023년이 가장 크다.
② 2024년의 경제 성장률은 음(−)의 값이다.
③ 전년 대비 2022년에 물가 수준은 상승하였다.
④ 총공급의 증가만으로 전년 대비 2022년의 변화가 나타날 수 있다.
⑤ 총수요의 감소만으로 전년 대비 2024년의 변화가 나타날 수 있다.

07

▸ 25064-0087

그림은 갑국의 연도별 고용 지표를 나타낸다. 2023년 대비 2024년의 변화에 대한 옳은 설명만을 〈보기〉에서 고른 것은? (단, 15세 이상 인구는 1,000만 명으로 변함이 없음.)

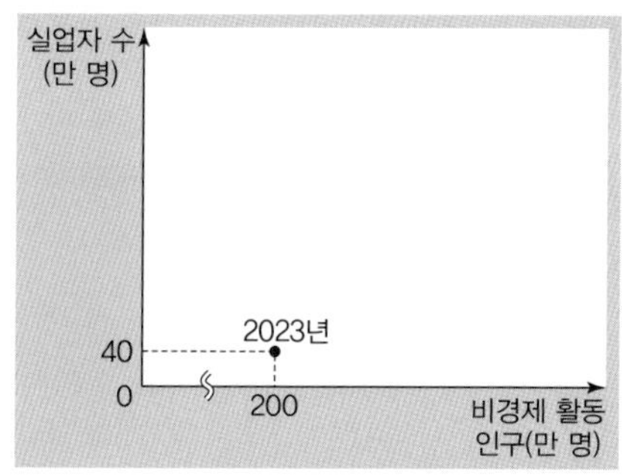

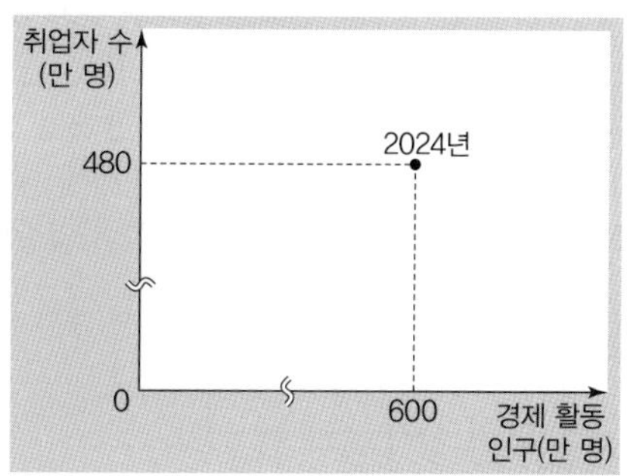

보기

ㄱ. 실업률은 상승하였다.
ㄴ. 고용률은 28%p 하락하였다.
ㄷ. 경제 활동 참가율은 0.5배가 되었다.
ㄹ. 비경제 활동 인구는 3배가 되었다.

* %p(퍼센트 포인트)는 %의 산술적 차이를 나타내는 단위임. 예를 들어, 고용률이 10%에서 5%로 하락하면 고용률의 변동은 −5%p임.

① ㄱ, ㄴ ② ㄱ, ㄷ ③ ㄴ, ㄷ ④ ㄴ, ㄹ ⑤ ㄷ, ㄹ

08

▸ 25064-0088

그림은 갑국의 연도별 소비자 물가 지수와 생산자 물가 지수로 측정한 전년 대비 물가 상승률을 나타낸다. 이에 대한 설명으로 옳은 것은? (단, 각 물가 지수의 기준 연도는 2021년이고, 기준 연도의 물가 지수는 100임.)

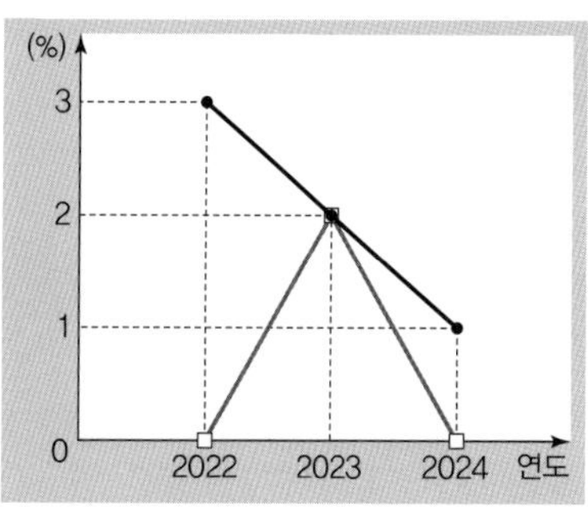

① 2022년의 소비자 물가 지수는 105이다.
② 소비자 물가 지수는 2023년이 가장 높다.
③ 전년 대비 2022년에 생산자 물가 지수는 하락하였다.
④ 2023년에 소비자 물가 지수는 생산자 물가 지수보다 낮다.
⑤ 전년 대비 2024년에 생산자 물가 지수와 달리 소비자 물가 지수는 상승하였다.

09

▸ 25064-0089

다음 자료에 대한 설명으로 옳은 것은?

교사: 갑국의 연도별 고용 지표 관련 인구의 변화를 살펴보면 다음과 같습니다. 전년 대비 2023년에 A는 변함이 없지만 B는 증가하였습니다. 이로 인해 'B/(A+B)'는 증가하였으나 'A/15세 이상 인구'는 변함이 없습니다. 또한 전년 대비 2024년에 A는 증가하였지만 B는 변함이 없습니다. 이로 인해 '(A+B)/15세 이상 인구'는 증가하였습니다. 연도별 고용 지표의 변화에 대해 발표해 볼까요? 단, A, B는 각각 취업자 수와 실업자 수 중 하나이며, 15세 이상 인구는 변함이 없습니다.
갑: 전년 대비 2023년에 고용률은 변함이 없습니다.
교사: 옳게 발표하였습니다.
을: (가)
교사: 틀리게 발표하였습니다.

① 전년 대비 2023년에 실업률은 하락하였다.
② 전년 대비 2023년에 비경제 활동 인구는 증가하였다.
③ 전년 대비 2024년에 고용률은 하락하였다.
④ (가)에는 '전년 대비 2023년에 실업자 수의 증가분과 경제 활동 인구의 증가분은 같습니다.'가 들어갈 수 없다.
⑤ (가)에는 '경제 활동 참가율은 2023년과 2024년 모두 전년 대비 상승하였습니다.'가 들어갈 수 있다.

10

▸ 25064-0090

다음 자료에 대한 옳은 설명만을 〈보기〉에서 고른 것은?

그림은 갑국과 을국의 연도별 실질 GDP와 GDP 디플레이터를 나타낸다. 갑국의 전년 대비 2024년의 변화와 을국의 전년 대비 2023년과 전년 대비 2024년의 변화는 총수요와 총공급 중 하나만의 변동으로 발생한다. 단, 기준 연도인 2022년에 갑국과 을국의 명목 GDP와 실질 GDP는 각각 100억 달러이고, 물가 수준은 GDP 디플레이터로 측정한다. 또한 총수요 곡선은 우하향하고 총공급 곡선은 우상향한다.

〈갑국〉

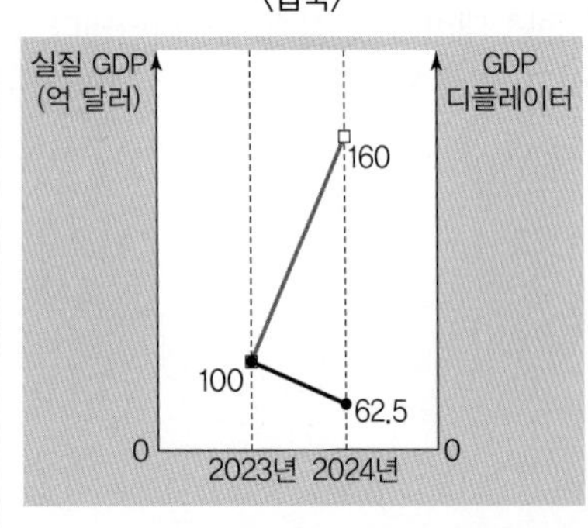

〈을국〉

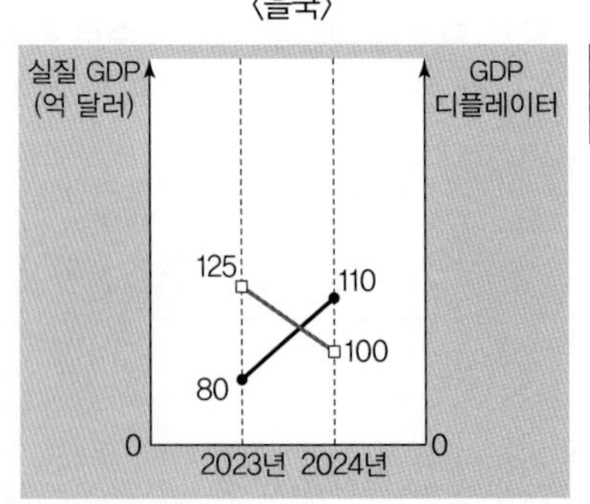

●—● 실질 GDP
□—□ GDP 디플레이터

보기

ㄱ. 소비 지출의 증가는 갑국의 전년 대비 2023년의 변화 요인이다.
ㄴ. 기술 진보에 따른 생산량의 증가는 을국의 전년 대비 2023년의 변화 요인이다.
ㄷ. 수입 원자재 가격 상승은 을국과 달리 갑국의 전년 대비 2024년의 변화 요인이다.
ㄹ. 을국과 달리 갑국의 전년 대비 2024년의 변화는 스태그플레이션의 발생 요인이다.

① ㄱ, ㄴ ② ㄱ, ㄷ ③ ㄴ, ㄷ ④ ㄴ, ㄹ ⑤ ㄷ, ㄹ

THEME

10 경기 변동과 안정화 정책

1 총수요와 총공급

(1) 총수요

① 의미: 일정 기간 동안 국내에서 생산된 모든 재화와 서비스에 대한 수요

② 구성: 소비 지출+투자 지출+정부 지출+순수출(=수출−수입)

(2) 총공급: 국내의 생산자들이 일정 기간 동안 판매하고자 하는 재화와 서비스의 총합

(3) 총수요 곡선과 총공급 곡선

① 총수요 곡선: 국내 총생산물에 대한 수요량과 물가 수준 간의 관계를 나타낸 곡선 → 부(−)의 관계

② 총공급 곡선: 국내 총생산물의 공급량과 물가 수준 간의 관계를 나타낸 곡선 → 정(+)의 관계

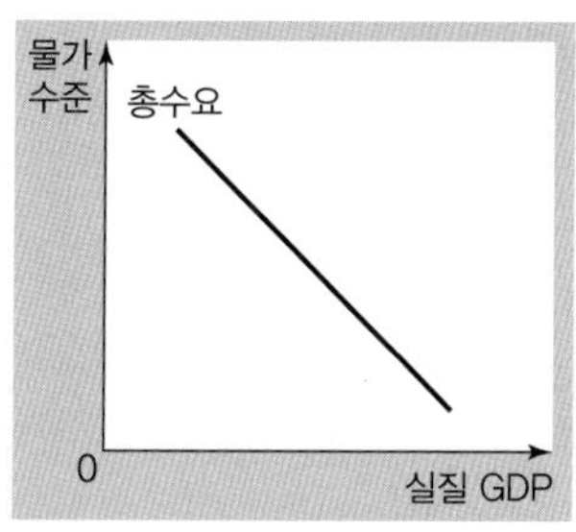

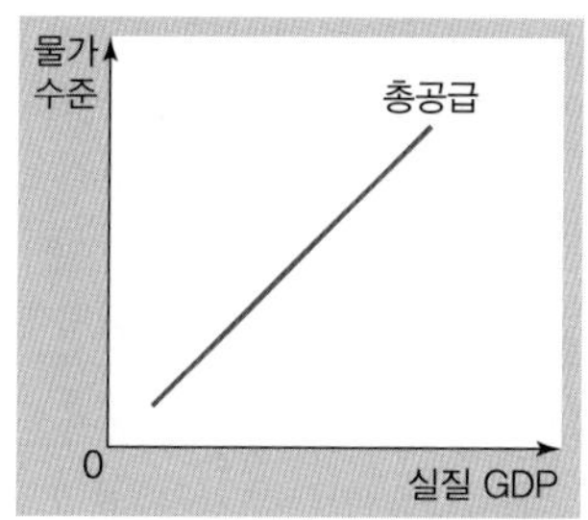

(4) 총수요와 총공급의 변동

① 총수요의 변동

구분	변동 원인	변동 방향
총수요 증가	소비 지출 증가, 투자 지출 증가, 정부 지출 증가, 순수출 증가	총수요 곡선의 우측 이동
총수요 감소	소비 지출 감소, 투자 지출 감소, 정부 지출 감소, 순수출 감소	총수요 곡선의 좌측 이동

② 총공급의 변동

구분	변동 원인	변동 방향
총공급 증가	생산 기술 향상, 원자재 가격의 하락, 생산 요소의 양 증가, 임금 하락 등	총공급 곡선의 우측 이동
총공급 감소	원자재 가격 상승, 생산 요소의 양 감소, 임금 상승 등	총공급 곡선의 좌측 이동

2 국민 경제의 균형과 변동

(1) 국민 경제의 균형

① 의미: 총수요와 총공급이 일치하는 상태

② 총수요와 총공급이 일치하는 지점에서 균형 물가 수준과 균형 국내 총생산이 도출됨.

(2) 국민 경제 균형의 변동

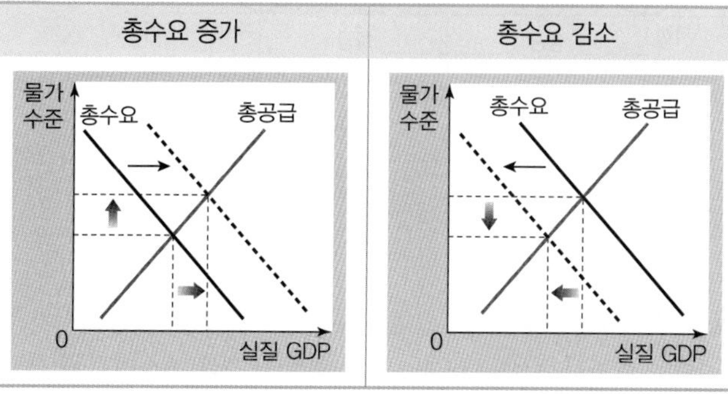

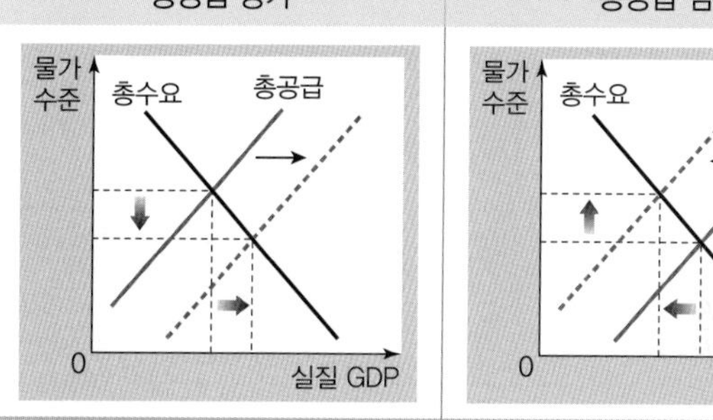

3 경기 변동

(1) 경기 변동

① 의미: 국민 경제의 총체적인 활동 수준이 장기 추세를 중심으로 상승과 하강을 반복하는 현상

② 원인: 총수요와 총공급의 변동

원인		경기 변동 결과
총수요	증가	생산 증가, 고용 증가, 국민 소득 증가, 물가 상승
	감소	생산 감소, 고용 감소, 국민 소득 감소, 물가 하락
총공급	증가	생산 증가, 고용 증가, 국민 소득 증가, 물가 하락
	감소	생산 감소, 고용 감소, 국민 소득 감소, 물가 상승

(2) 경기 순환

① 의미: 국민 경제의 총체적인 활동 수준이 확장기, 후퇴기, 수축기, 회복기의 네 국면으로 반복해서 나타나는 현상

② 경기 순환의 국면과 특징

국면	특징
확장기	소비, 생산, 고용, 국민 소득이 증가하고, 물가가 상승하는 등 경제 활동이 가장 활발함.
후퇴기	소비, 투자가 감소하고 재고가 증가하며, 물가 상승률이 하락함.
수축기	소비, 생산, 고용, 국민 소득이 감소하고, 물가가 하락하는 등 경제 활동이 가장 침체됨.
회복기	소비, 생산, 고용이 증가하고, 물가도 서서히 상승함.

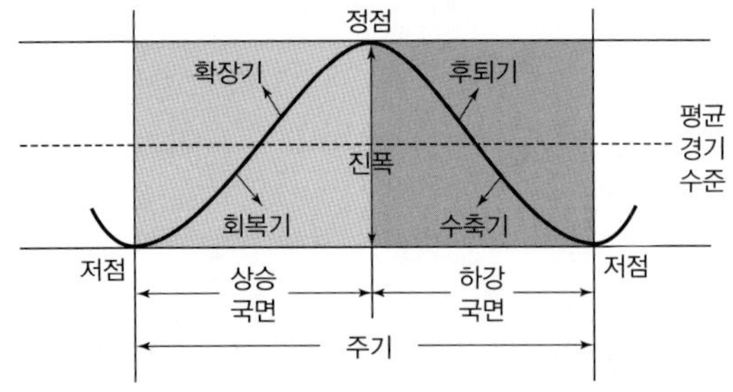

4 경제 안정화 정책

(1) 의미: 정부나 중앙은행이 물가와 실업 문제를 해결하기 위해 정책 수단을 사용하는 것

(2) 종류

구분	재정 정책	통화 정책
주체	정부	중앙은행
내용	조세, 정부 지출의 변화	통화량, 이자율의 조정
유형	• 확대 재정 정책 • 긴축 재정 정책	• 확대 통화 정책 • 긴축 통화 정책

5 재정 정책

(1) 의미: 정부가 조세나 정부 지출을 변화시켜 경기를 안정화하는 정책

(2) 정책 수단

① 조세

구분	효과
세율 인상	총수요 감소 → 경기 진정
세율 인하	총수요 증가 → 경기 부양

② 정부 지출

구분	효과
정부 지출 증가	총수요 증가 → 경기 부양
정부 지출 감소	총수요 감소 → 경기 진정

(3) 정책 유형

구분	긴축 재정 정책	확대 재정 정책
추진 시기	경기 과열 시	경기 침체 시
정책 목표	인플레이션 억제	실업률 하락
정책 수단	• 세율 인상 • 정부 지출 감소	• 세율 인하 • 정부 지출 증가
영향	경기 진정(물가 안정)	경기 부양(고용 증가, 물가 상승)

6 통화 정책

(1) 의미: 중앙은행이 통화량이나 이자율 조정을 통해 경기를 안정화하는 정책

(2) 정책 수단

① 공개 시장 운영: 중앙은행이 국공채 등의 매각·매입을 통해 통화량이나 이자율을 조정하는 정책

구분	효과
국공채 매각	시중 자금의 흡수 → (통화량 감소, 이자율 상승) → 물가 안정
국공채 매입	시중에 자금 방출 → (통화량 증가, 이자율 하락) → 경기 부양

② 지급 준비 제도: 지급 준비금(은행이 예금자의 인출 요구에 대비하여 남겨 둬야 할 예금액의 일정 부분)의 비율인 지급 준비율의 조정을 통해 통화량이나 이자율을 조정하는 정책

구분	효과
지급 준비율 인상	시중 은행의 대출 가능 자금 감소 → (통화량 감소, 이자율 상승) → 물가 안정
지급 준비율 인하	시중 은행의 대출 가능 자금 증가 → (통화량 증가, 이자율 하락) → 경기 부양

③ 여·수신 제도: 중앙은행이 금융 기관을 상대로 대출을 해 주거나 예금을 받는 것을 통해 통화량이나 이자율을 조정함.

구분	효과
중앙은행의 대출 축소	시중 은행의 대출 가능 자금 감소 → (통화량 감소, 이자율 상승) → 물가 안정
중앙은행의 대출 확대	시중 은행의 대출 가능 자금 증가 → (통화량 증가, 이자율 하락) → 경기 부양

(3) 정책 유형

구분	긴축 통화 정책	확대 통화 정책
추진 시기	경기 과열 시	경기 침체 시
정책 목표	인플레이션 억제	실업률 하락
정책 수단	• 국공채 매각 • 지급 준비율 인상 • 중앙은행의 대출 축소	• 국공채 매입 • 지급 준비율 인하 • 중앙은행의 대출 확대
영향	경기 진정(물가 안정)	경기 부양(고용 증가, 물가 상승)

(4) 통화량의 변동이 경기에 미치는 영향

통화량 증가	생산 및 고용	이자율 하락 → 기업의 투자 지출 증가 → 경기 활성화에 따른 생산 및 고용 증대
	물가	물가 상승
통화량 감소	생산 및 고용	이자율 상승 → 기업의 투자 지출 감소 → 경기 위축에 따른 생산 및 고용 감소
	물가	물가 하락

01

▶ 25064-0091

그림에 대한 설명으로 옳은 것은? (단, A국의 총수요 곡선은 우하향하고 총공급 곡선은 우상향함.)

① ㉠은 총공급 감소 요인이다.
② ㉡은 총수요 증가 요인이다.
③ ㉠과 달리 ㉡은 실질 GDP의 감소 요인이다.
④ '지급 준비율 인하'는 (가)에 들어갈 수 있다.
⑤ '소득세율 인하'는 (나)에 들어갈 수 있다.

02

▶ 25064-0092

다음 자료에 대한 설명으로 옳은 것은?

그림은 갑국의 연도별 전년 대비 물가 상승률과 전년 대비 실질 GDP 변화율을 나타낸다. 각 연도별 전년 대비 경제 지표의 변화는 총수요와 총공급 중 하나만의 변동으로 나타난 것이다. 특히 2023년에는 높은 물가 수준이, 2024년에는 경기 침체가 심각한 경제 문제로 대두되었다. 단, 기준 연도는 2021년이고, 물가 수준은 GDP 디플레이터로 측정하며, 총수요 곡선은 우하향하고 총공급 곡선은 우상향한다.

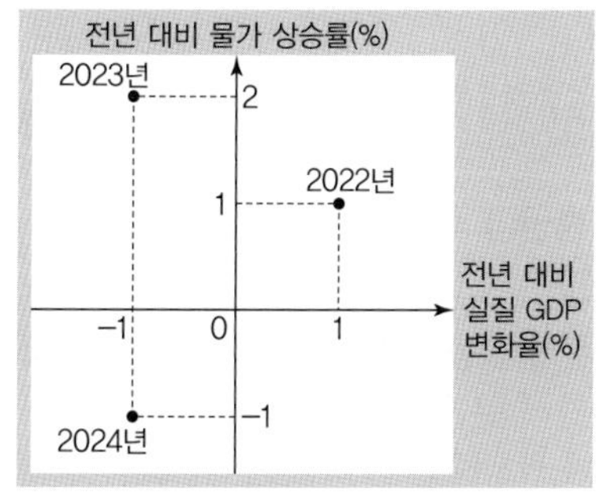

① 총수요 감소는 전년 대비 2022년의 변화 요인이다.
② 총공급 증가는 전년 대비 2023년의 변화 요인이다.
③ 소비 지출의 증가는 전년 대비 2024년의 변화 요인이다.
④ 지급 준비율 인하는 2023년의 경제 문제 해결에 적절하다.
⑤ 국공채 매입은 2023년보다 2024년의 경제 문제 해결에 적절하다.

03

▸ 25064-0093

다음 ㉠, ㉡에 들어갈 정책으로 옳은 것은?

그림은 갑국 국민 경제의 경기 순환을 나타낸다. 일반적으로 (가) 시기에 나타날 수 있는 경제 문제를 해결하기 위한 재정 정책 수단으로 [㉠]을/를 들 수 있고, (나) 시기에 나타날 수 있는 경제 문제를 해결하기 위한 통화 정책 수단으로 [㉡]을/를 들 수 있다.

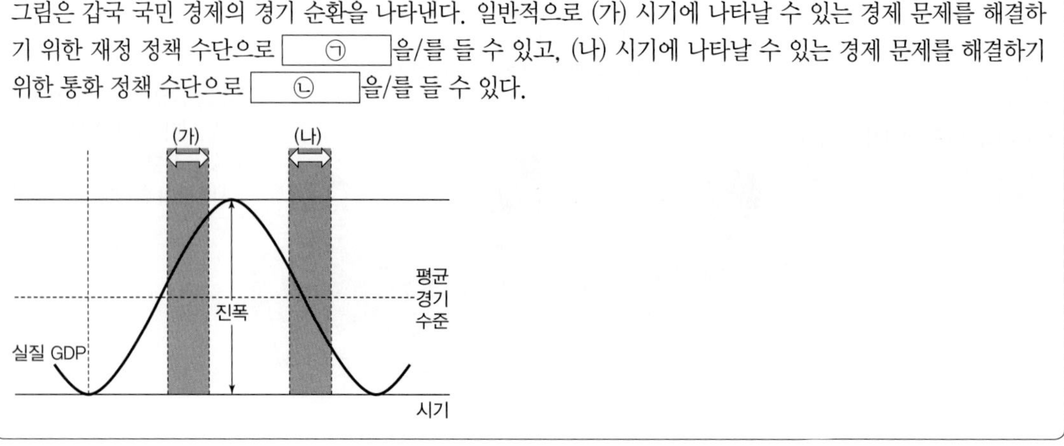

	㉠	㉡
①	소득세율 인하	기준 금리 인하
②	소득세율 인상	지급 준비율 인하
③	정부 지출 확대	국공채 매입
④	기준 금리 인상	지급 준비율 인상
⑤	지급 준비율 인하	국공채 매각

04

▸ 25064-0094

다음 자료에 대한 설명으로 옳은 것은? (단, 총수요 곡선은 우하향하고 총공급 곡선은 우상향함.)

A국은 ㉠수입 원유 가격의 급등과 ㉡소비 지출의 급증에 따른 경제 문제가 동시에 발생하였다. 반면, B국은 ㉢수입 원자재 가격의 급등과 ㉣국내 기업의 투자 위축에 따른 경제 문제가 동시에 발생하였다. 단, A국, B국에서는 각각 과도한 물가 상승 문제와 경기 침체 문제 중 하나가 발생하였다.

① ㉢과 달리 ㉠은 물가 수준의 하락 요인이다.
② ㉣과 달리 ㉡은 실질 GDP의 감소 요인이다.
③ 소득세율 인하는 A국에서 발생한 경제 문제를 해결하기 위한 정책에 해당한다.
④ 국공채 매입은 B국에서 발생한 경제 문제를 해결하기 위한 정책에 해당하지 않는다.
⑤ 총수요 곡선의 이동 방향은 A국과 B국이 서로 다르다.

05

▸ 25064-0095

그림은 갑국의 연도별 국민 경제 균형점을 나타낸다. 각 연도별 균형점의 변화 요인을 옳게 고른 것은? (단, 2022년과 2023년의 균형점은 동일한 총공급 곡선상에, 2023년과 2024년의 균형점은 동일한 총수요 곡선상에 위치함.)

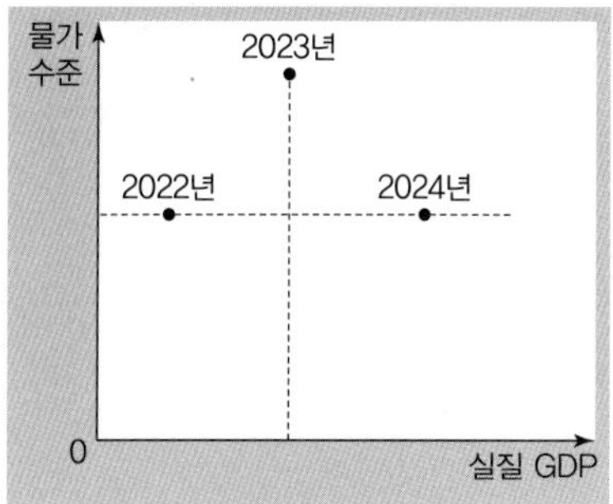

	2022년 → 2023년	2023년 → 2024년
①	소비 지출 감소	수입 원유 가격 하락
②	소비 지출 증가	수입 원유 가격 상승
③	투자 지출 확대	수입 원자재 가격 하락
④	투자 지출 축소	수입 원자재 가격 상승
⑤	정부 지출 확대	수입 원자재 가격 상승

06

▸ 25064-0096

다음 자료에 대한 설명으로 옳은 것은? (단, 총수요 곡선은 우하향하고 총공급 곡선은 우상향함.)

교사: 표의 A~D는 각각 총수요와 총공급 중 하나만의 변동으로 발생할 수 있는 균형점의 이동 결과를 나타냅니다. 이에 대해 발표해 볼까요?

구분		실질 GDP	
		증가	감소
물가 수준	상승	A	B
	하락	C	D

갑: 총공급 감소는 B의 요인입니다.
을: (가)
교사: 갑, 을 중에서 한 명만 옳게 발표하였습니다.

① 기술 혁신에 따른 생산량 증가는 B의 요인이다.
② 수입 원자재 가격 상승은 C의 요인이다.
③ 순수출 증가는 D의 요인이다.
④ (가)에는 'A는 일반적으로 경기 변동의 확장기에 나타납니다.'가 들어갈 수 없다.
⑤ (가)에는 'D는 일반적으로 경기 변동의 수축기에 나타납니다.'가 들어갈 수 있다.

07

▸ 25064-0097

그림은 질문에 따라 경제 안정화 정책 수단 A~C를 구분한 것이다. 이에 대한 옳은 설명만을 〈보기〉에서 고른 것은?

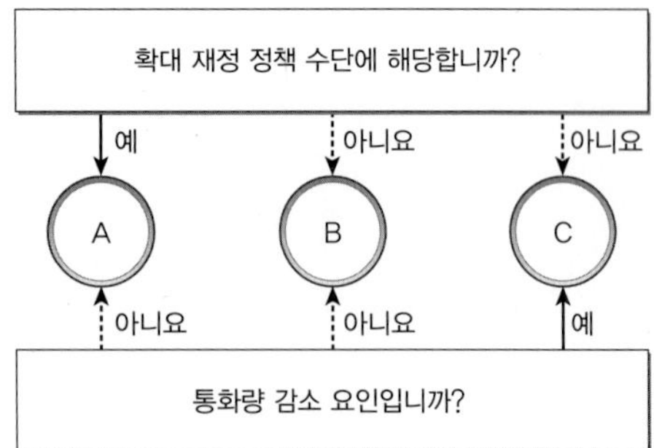

보기

ㄱ. 소득세율 인상은 A에 해당한다.
ㄴ. 중앙은행의 시중 은행에 대한 대출 증가는 B에 해당한다.
ㄷ. 지급 준비율 인하는 C에 해당한다.
ㄹ. C와 달리 A는 경기 침체가 발생할 경우 수행할 수 있는 정책으로 적절하다.

① ㄱ, ㄴ ② ㄱ, ㄷ ③ ㄴ, ㄷ ④ ㄴ, ㄹ ⑤ ㄷ, ㄹ

08

▸ 25064-0098

2022년~2024년 갑국의 국민 경제 균형점으로 옳은 것은?

교사: 그림에서 E는 2021년 갑국의 국민 경제 균형점입니다. a~h는 향후 총수요와 총공급의 변동으로 발생할 수 있는 새로운 균형점을 나타냅니다. 전년 대비 2022년에는 소비 지출만의 증가로 물가 수준이 상승하였습니다. 전년 대비 2023년에는 수입 원자재 가격 상승과 정부의 소득세율 인상으로 물가 수준은 변함이 없지만 실질 GDP가 2021년보다 감소하였습니다. 전년 대비 2024년에는 수입 원유 가격의 하락과 순수출의 감소로 물가 수준은 2021년보다 낮아졌지만 실질 GDP는 2021년과 같아졌습니다.

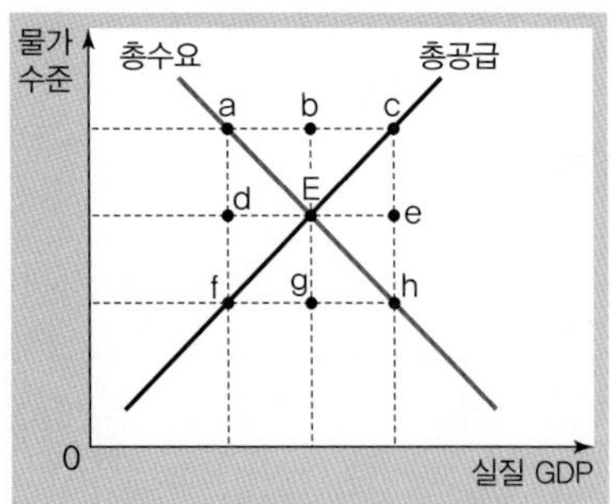

	2022년	2023년	2024년
①	a	d	e
②	a	f	h
③	b	c	g
④	c	a	g
⑤	c	b	h

09

▸ 25064-0099

교사의 질문에 대한 답변으로 옳은 것은?

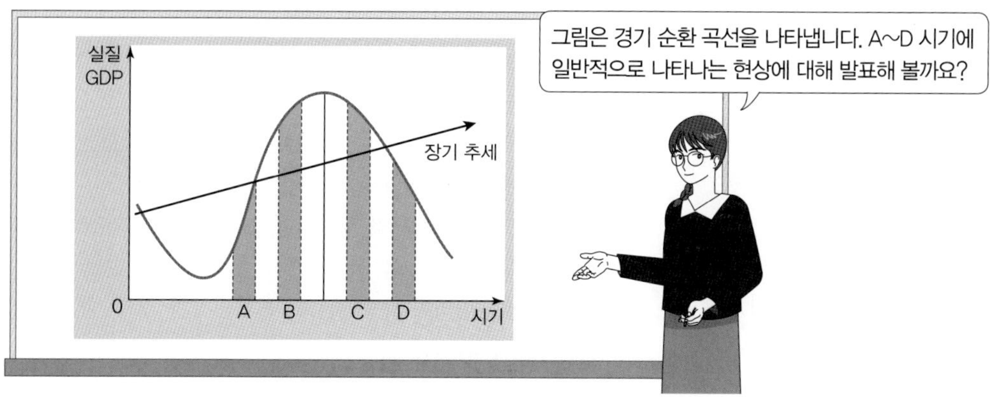

① A 시기와 달리 D 시기에는 소비가 감소합니다.
② B 시기와 달리 C 시기에는 실업률이 하락합니다.
③ C 시기와 달리 A 시기에는 실질 GDP가 감소합니다.
④ D 시기와 달리 B 시기에는 물가가 하락합니다.
⑤ C, D 시기와 달리 A, B 시기에는 생산 및 고용이 감소합니다.

10

▸ 25064-0100

다음 자료에 대한 옳은 설명만을 〈보기〉에서 있는 대로 고른 것은?

교사: 그림은 A국과 B국 각국 중앙은행의 기준 금리 추이를 나타낸 것입니다. A국과 B국 중앙은행 모두 현재 경기 상황을 해결하기 위해 기준 금리를 조정합니다. 이에 대해 발표해 볼까요? 단, 총수요 곡선은 우하향하고 총공급 곡선은 우상향합니다.

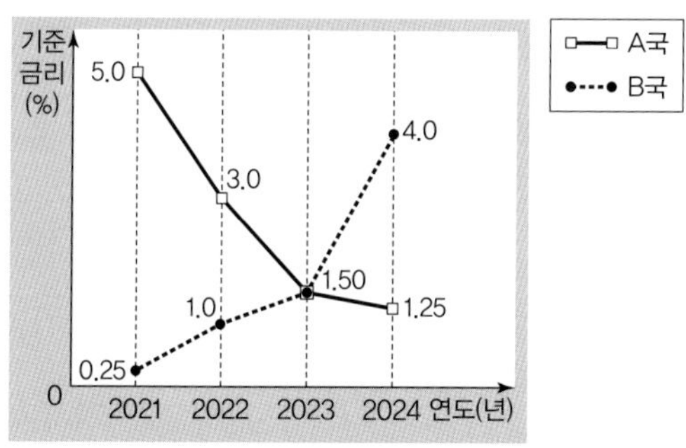

갑: B국과 달리 A국은 경기 침체를 해결하려고 합니다.
을: (가)
교사: 갑, 을 중에서 한 명만 옳게 발표하였습니다.

보기

ㄱ. A국과 달리 B국의 기준 금리 추이는 총수요를 증가시키는 요인이다.
ㄴ. 일반적으로 경기가 과열되는 경우에는 A국이 아닌 B국의 기준 금리 조정이 해결책으로 적절하다.
ㄷ. (가)에는 '2023년 이전의 기준 금리 추이는 B국과 달리 A국에서 기업 투자를 확대시키는 요인입니다.'가 들어갈 수 없다.
ㄹ. (가)에는 '2023년 이후의 기준 금리 추이는 외국인 투자자의 A국 예금에 대한 수요 증가 요인입니다.'가 들어갈 수 있다.

① ㄱ, ㄴ ② ㄱ, ㄹ ③ ㄷ, ㄹ ④ ㄱ, ㄴ, ㄷ ⑤ ㄴ, ㄷ, ㄹ

THEME

11 무역 원리와 무역 정책

1 무역

(1) **의미**: 국가 간에 이루어지는 상거래(수출과 수입)

(2) **필요성**: 자국에서 생산되지 않는 재화의 획득, 다양한 상품의 선택 기회 제공, 국내 시장에서의 수요와 공급의 불균형 해소, 규모의 경제 실현 등

(3) **특징(국내 거래와의 차이점)**: 서로 다른 화폐를 사용하는 데 따른 거래의 복잡성, 국제 수지·환율·관세를 비롯한 다양한 고려 요인 발생 등

2 무역 발생에 관한 이론

(1) **절대 우위론**

① 내용: 각국이 생산비가 절대적으로 적게 드는 상품의 생산에 특화하여 교환하면 거래 당사국 모두 이익을 얻을 수 있음.

② 한계: 한 국가가 다른 국가에 비해 모든 상품에 대해 절대 우위에 있을 경우의 무역 발생 현상을 설명하지 못함.

(2) **비교 우위론**

① 내용: 각국이 다른 국가에 비해 생산비가 상대적으로 적게 드는 상품(기회비용이 작은 상품)의 생산에 특화하여 교환하면 거래 당사국 모두 이익을 얻을 수 있음.

② 의의: 국제 분업 및 무역에 관한 기초 이론으로 자유 무역의 이론적 근거가 됨.

3 비교 우위론의 이해

(1) **비교 우위와 특화**

① 비교 우위: 다른 나라에 비해 더 작은 기회비용으로 생산할 수 있는 능력

② 비교 우위에 따른 특화: 한 국가가 다른 국가에 대해 비교 우위를 가진 상품만을 전문적으로 생산하는 것

(2) **비교 우위론에 따른 무역 발생의 원리**

※ 갑국과 을국이 한 재화만 생산할 경우 최대 생산 가능량(두 국가의 생산 가능 곡선은 직선이며, 생산 요소는 노동뿐이고, 노동자 수는 1,800명으로 동일함.)

구분	갑국	을국
X재	200개	300개
Y재	200개	600개

① 절대적 생산비(각 재화 1단위 생산에 필요한 노동자 수): 을국이 X재와 Y재 생산 모두에서 절대 우위를 가짐.

구분	갑국	을국
X재 1개	9명	6명
Y재 1개	9명	3명

② 기회비용과 비교 우위: X재 1개 생산의 기회비용은 갑국이 작고, Y재 1개 생산의 기회비용은 을국이 작음. → 갑국은 X재 생산에, 을국은 Y재 생산에 비교 우위를 가짐.

구분	갑국	을국
X재 1개 생산의 기회비용	Y재 1개	Y재 2개
Y재 1개 생산의 기회비용	X재 1개	X재 1/2개

③ 비교 우위에 따른 특화와 교역 조건

- 양국이 비교 우위 재화만을 생산하여 교환하면 두 국가 모두에 교역 이익이 발생할 수 있음.
- X재 기준 상호 이익이 발생하는 교역 조건: 1개<X재 1개와 교환되는 Y재의 수량<2개

④ 비교 우위에 따른 특화와 교역 이익(X재와 Y재를 1 : 1.5로 교환하는 경우): 교역 전보다 갑국은 Y재 50개를, 을국은 X재 25개를 더 소비할 수 있게 됨.

구분		갑국	을국
교역 전 생산량	X재	100개	75개
	Y재	100개	450개
특화에 따른 생산량	X재	200개	0개
	Y재	0개	600개
교역 후 최대 소비 가능량	X재	100개	100개
	Y재	150개	450개

4 무역 정책

(1) **자유 무역**

① 주장: 국가 간의 무역을 시장 경제 원리에 따라 자유롭게 이루어지도록 하는 것이 모든 국가에 이익이 됨.

② 자유 무역의 이익

소비 가능 영역의 확대	비교 우위에 따라 무역을 할 경우 소비자들은 국내 생산품뿐만 아니라 해외의 다양한 상품 구매가 가능함.
소비자 후생의 증가	소비자들은 국내 시장보다 저렴한 가격으로 소비할 수 있는 재화의 양이 증가함.
국내 산업의 생산성 증대	외국 기업과의 경쟁을 통해 기술 개발과 품질 관리 강화로 생산성이 증대됨.
규모의 경제 실현	국내 시장뿐만 아니라 국제 시장에서 거래되는 상품을 생산하게 되면서 생산량 증가에 따른 제품의 평균 생산비가 낮아짐.
선진 기술의 습득	무역을 통해 새로운 아이디어와 기술이 전파됨.
물가 안정	외국에서 값싼 원자재, 부품 등이 수입되면 국내 물가 안정에 기여할 수 있음.

(2) **보호 무역**

① 주장: 자국 산업 보호를 통한 경쟁력 확보, 유치산업 보호, 자국민의 일자리 보호, 외국의 불공정 거래에 대한 대응 등을 위해 무역을 규제할 필요가 있음.

② 대표적인 보호 무역 정책

관세	상품이 국경을 넘어 통과할 때 부과되는 세금
비관세 정책	수입 할당제, 수출 보조금 지급 등

정답과 해설 25쪽

01

▸ 25064-0101

다음 자료에 대한 설명으로 옳은 것은?

표는 직선인 생산 가능 곡선상에서 X재와 Y재만을 생산하는 갑국과 을국의 Y재 1개 생산의 기회비용과 교역 후 각 재화의 소비량을 나타낸다. Y재 최대 생산 가능량은 갑국이 을국의 1.5배인 60개이다. 갑국과 을국은 비교 우위가 있는 재화만을 생산하여 양국 모두 이익이 발생하는 교환 비율에 따라 거래 비용 없이 양국 간에만 교역하고, 생산된 재화는 전량 소비된다.

(단위: 개)

구분	갑국	을국
Y재 1개 생산의 기회비용	X재 1/2	X재 5/4
교역 후 X재 소비량	20	㉡
교역 후 Y재 소비량	㉠	20

① ㉠은 '40', ㉡은 '30'이다.
② X재 1개 생산의 기회비용은 을국이 갑국보다 크다.
③ 갑국과 을국 간 X재와 Y재의 교환 비율은 1 : 2이다.
④ 교역 시 갑국은 X재 수출국, 을국은 Y재 수출국이다.
⑤ 교역 후 을국의 X재 1개 소비의 기회비용은 교역 전보다 감소한다.

02

▸ 25064-0102

갑국 X재 시장에 대한 설명으로 옳은 것은?

그림은 t−1기 갑국 X재 시장의 국내 수요와 국내 공급을 나타낸다. 갑국은 t−1기에 X재 시장을 개방하지 않았다가 t기에 X재 시장을 개방하였고, 갑국은 국제 가격인 10달러에 X재를 무제한 수입할 수 있다. 갑국 정부는 t+1기에 국내 산업 보호를 위해 ㉠수입 X재에 대해 개당 일정액의 관세를 부과하거나 ㉡갑국 내 X재 생산에 대해 개당 일정액의 보조금을 지급하는 정책 중 하나를 시행하여 X재의 수입량을 t기의 절반으로 줄였다. 단, X재의 국제 가격은 변함이 없고, 갑국에서 생산된 X재는 전량 국내에서 판매된다.

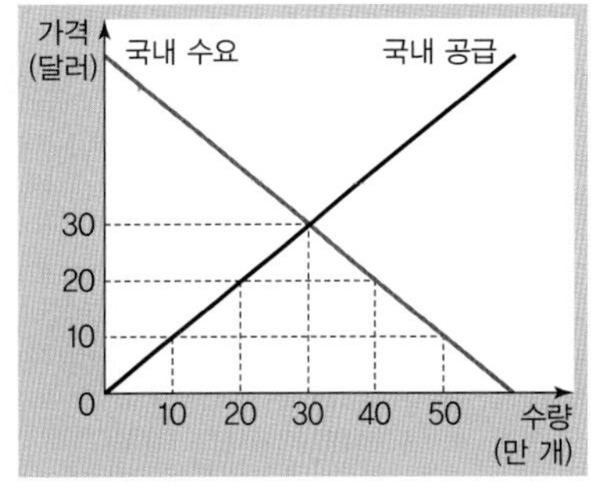

① t기에 갑국 내 생산자의 판매 수입은 500만 달러이다.
② t−1기 대비 t기에 갑국 내 거래량은 40만 개 증가하였다.
③ ㉠을 시행하였다면, t기 대비 t+1기에 갑국 내 생산량은 10만 개 증가하였을 것이다.
④ ㉡을 시행하였다면, t기 대비 t+1기에 갑국 소비자 잉여는 증가하였을 것이다.
⑤ t+1기의 갑국 내 거래 가격은 ㉠을 시행하는 경우와 ㉡을 시행하는 경우가 같다.

03

▸ 25064-0103

다음 자료에 대한 옳은 설명만을 〈보기〉에서 있는 대로 고른 것은?

> 직선인 생산 가능 곡선상에서 X재와 Y재만을 생산하는 갑국과 을국이 각각 비교 우위가 있는 재화만을 생산하여 양국 모두 이익이 발생하는 교환 비율에 따라 X재 2개당 Y재 1개로 교환하였다. 이로 인해 갑국의 경우 교역 전 대비 교역 후 X재 1개 소비의 기회비용이 증가하였다. 단, 교역은 거래 비용 없이 갑국과 을국 간에만 이루어지고, 생산된 재화는 전량 소비된다.

보기

ㄱ. 갑국의 X재 1개 생산의 기회비용은 Y재 1/2개보다 크다.
ㄴ. 갑국은 X재 생산에, 을국은 Y재 생산에 비교 우위가 있다.
ㄷ. 을국의 경우 교역 전 대비 교역 후 Y재 1개 소비의 기회비용이 증가한다.

① ㄱ ② ㄷ ③ ㄱ, ㄴ ④ ㄴ, ㄷ ⑤ ㄱ, ㄴ, ㄷ

04

▸ 25064-0104

다음 자료에 대한 설명으로 옳은 것은?

> 표는 t기 갑국의 가격별 X재 국내 수요량과 국내 공급량을 나타낸다. t기에 갑국에서는 X재 시장을 개방하여 국제 가격에 X재를 600만 개 수입하고 있었다. 그런데 t+1기에 갑국 정부에서는 X재 수입량을 t기의 절반으로 줄이고자 X재에 대한 관세를 개당 [㉠]달러 부과하는 정책을 시행하였다. 단, 갑국은 국제 가격에 X재를 무제한 수입할 수 있고, X재의 국제 가격은 변함이 없다. 또한 갑국의 X재는 수요와 공급 법칙을 따르고, 수요와 공급 곡선은 모두 직선이며, 갑국의 X재 국내 수요와 국내 공급은 변함이 없다.

가격(달러)	5	6	7	8	9	10
수요량(만 개)	1,400	1,200	1,000	800	600	400
공급량(만 개)	500	600	700	800	900	1,000

① ㉠은 '2'이다.
② X재의 국제 가격은 5달러이다.
③ t기에 갑국 X재 시장의 소비 지출은 7,000만 달러이다.
④ t+1기에 갑국 정부의 관세 수입은 300만 달러이다.
⑤ t기 대비 t+1기에 갑국 내 X재 생산자의 판매 수입은 2,800만 달러 증가한다.

05

▸ 25064-0105

다음 자료에 대한 옳은 설명만을 〈보기〉에서 고른 것은? (단, X재, Y재는 모두 수요와 공급 법칙을 따름.)

갑국과 을국은 모두 직선인 생산 가능 곡선상에서 X재와 Y재만을 생산하고 소비하였다. 갑국은 을국보다 X재 1개 생산의 기회비용이 작고, 을국은 갑국보다 Y재 1개 생산의 기회비용이 작다. t기에 갑국과 을국은 각각 비교 우위가 있는 재화만을 생산하여 양국 모두 이익이 발생하는 교환 비율에 따라 거래 비용 없이 양국 간에만 X재와 Y재를 자유 무역하였다. 그런데 t+1기에 갑국의 모든 산업을 보호하기 위해 ㉠갑국 정부는 을국 수출품에 대해 고율의 관세를 부과하였다. 이에 갑국 정부 정책에 대한 대응으로 ㉡을국 정부도 갑국 수출품에 대해 고율의 관세를 부과하였다.

보기

ㄱ. t기에 갑국은 Y재 수입국, 을국은 X재 수입국이다.
ㄴ. t기에 교역 전 대비 교역 후 을국의 Y재 1개 소비의 기회비용은 감소한다.
ㄷ. ㉠은 t기 대비 t+1기에 갑국 Y재 시장에서 소비자 잉여를 감소시키는 요인이다.
ㄹ. ㉡은 t+1기에 을국의 X재 시장에서의 거래량 증가 요인이다.

① ㄱ, ㄴ ② ㄱ, ㄷ ③ ㄴ, ㄷ ④ ㄴ, ㄹ ⑤ ㄷ, ㄹ

06

▸ 25064-0106

다음 자료에 대한 분석으로 옳은 것은?

그림은 교역 전후의 갑국과 을국의 X재와 Y재의 소비 조합을 나타낸다. X재와 Y재만을 직선인 생산 가능 곡선상에서 생산하는 갑국과 을국은 비교 우위가 있는 재화만을 생산하여 양국 모두 이익이 발생하는 교환 비율에 따라 거래 비용 없이 양국 간에만 교역하고, 생산된 재화는 전량 소비되었다. 또한 갑국의 X재 최대 생산 가능량은 20만 개이고, 을국의 Y재 최대 생산 가능량은 40만 개이다.

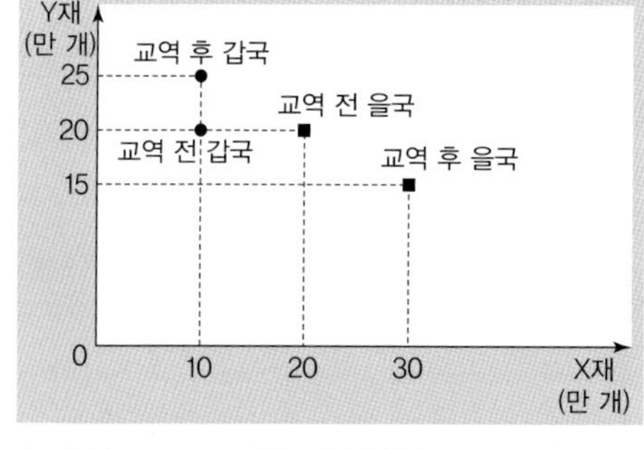

① 양국 간 X재와 Y재의 교환 비율은 3 : 2이다.
② 을국의 Y재 1개 생산의 기회비용은 X재 1/2개이다.
③ X재 1개 생산의 기회비용은 갑국이 을국보다 크다.
④ 교역 시 갑국은 X재 수출국, 을국은 Y재 수출국이다.
⑤ 교역 전 갑국은 X재 15만 개와 Y재 10만 개를 동시에 소비할 수 없다.

07

▸ 25064-0107

다음 자료의 갑국과 을국 간 교역 후 상황에 대한 설명으로 옳은 것은?

표는 갑국과 을국의 교역 전 X재 시장의 균형 가격과 균형 거래량을 나타낸다. 갑국과 을국은 정부 간 협상을 통해 X재 시장을 완전 개방하는 자유 무역을 양국 간에만 실시하였다. 단, X재의 수입 및 수출 가격은 시장 원리에 의해 결정되고, 갑국과 을국 모두에서 X재 시장의 국내 수요와 국내 공급은 변함이 없다. 또한 X재는 수요와 공급 법칙을 따르며, 수요와 공급 곡선은 모두 직선이다.

구분	갑국	을국
균형 가격(달러)	10	20
균형 거래량(만 개)	50	30

① 갑국은 X재를 수입한다.
② X재의 수출 가격은 20달러보다 높다.
③ 갑국의 X재 생산자 잉여는 교역 전보다 증가한다.
④ 을국의 X재 소비자 잉여는 교역 전보다 감소한다.
⑤ 을국의 X재 국내 생산량은 교역 전보다 증가한다.

08

▸ 25064-0108

다음 자료에 대한 옳은 설명만을 〈보기〉에서 있는 대로 고른 것은?

표는 직선인 생산 가능 곡선상에서 X재와 Y재만을 생산하는 A국과 B국의 각 재화 1개 생산에 필요한 노동자 수를 나타낸다. A국의 Y재 1개 생산의 기회비용은 X재 2개이며, A국과 B국의 X재 1개 생산의 기회비용은 다르다. A국과 B국은 비교 우위가 있는 재화만을 생산하여 양국 모두 이익이 발생하는 교환 비율에 따라 거래 비용 없이 양국 간에만 교역하고, 생산된 재화는 전량 소비된다. 단, 양국의 생산 요소는 같은 양의 노동뿐이다.

(단위: 명)

구분	A국	B국
X재	10	10
Y재	㉠	㉡

교사: 제시된 자료를 통해 A국과 B국 간 교역에 관련된 내용을 설명해 보세요.
갑: X재 1개 생산의 기회비용은 A국이 B국보다 큽니다.
을: 교역 후 B국의 Y재 1개 소비의 기회비용은 교역 전보다 감소합니다.
병: Y재 최대 생산 가능량은 B국이 A국보다 많습니다.
교사: 세 명의 학생 중 한 명만 옳게 설명하였습니다.

보기

ㄱ. ㉠은 ㉡보다 크다.
ㄴ. A국은 Y재 생산에 절대 우위와 비교 우위를 모두 가진다.
ㄷ. B국의 X재 1개 생산의 기회비용은 Y재 1/2개보다 작다.
ㄹ. 교역을 할 경우 A국은 Y재를 수입하고, B국은 X재를 수입한다.

① ㄱ, ㄴ ② ㄱ, ㄹ ③ ㄴ, ㄷ ④ ㄱ, ㄷ, ㄹ ⑤ ㄴ, ㄷ, ㄹ

09

▸ 25064-0109

밑줄 친 ㉠으로 인해 갑국 X재 시장에서 나타날 변화로 옳은 것은?

표는 t기 갑국 X재 시장에서의 가격별 국내 수요량과 국내 공급량을 나타낸다. t+1기에 ㉠갑국은 X재 시장을 개방하여 자유 무역에 참여하였다. X재의 국제 가격은 20달러로 일정하고, 갑국 X재 시장의 국내 수요와 국내 공급은 변함이 없다. 또한 갑국은 국제 가격 20달러에 X재를 무제한 수입할 수 있다. 단, X재는 수요와 공급 법칙을 따르며, 수요와 공급 곡선은 모두 직선이다.

가격(달러)	10	20	30	40	50
수요량(만 개)	100	80	60	40	20
공급량(만 개)	20	40	60	80	100

① X재를 20만 개 수입하게 된다.
② X재의 시장 가격은 20달러 하락한다.
③ X재의 소비 지출은 200만 달러 감소한다.
④ X재의 소비자 잉여는 400만 달러 증가한다.
⑤ X재의 국내 생산자 잉여는 600만 달러 감소한다.

10

▸ 25064-0110

다음 자료에 대한 분석으로 옳은 것은?

표는 직선인 생산 가능 곡선상에서 X재와 Y재만을 생산하는 갑국과 을국의 재화별 최대 생산 가능량과 양국 간 교역 후 재화별 소비량을 나타낸다. 단, 갑국과 을국은 비교 우위가 있는 재화에만 특화하여 양국 모두 이익이 발생하는 교환 비율에 따라 거래 비용 없이 양국 간에만 교역하고, 생산된 재화는 전량 소비된다.

(단위: 만 개)

구분	갑국		을국	
	X재	Y재	X재	Y재
최대 생산 가능량	60	20	40	40
교역 후 소비량	40	10	㉠	㉡

① ㉠은 '30', ㉡은 '20'이다.
② 양국 간 X재와 Y재의 교환 비율은 1 : 2이다.
③ 갑국은 Y재 수출국, 을국은 X재 수출국이다.
④ 교역 전 갑국과 을국의 X재 최대 소비 가능량의 합은 80만 개이다.
⑤ 교역 전 대비 교역 후 을국과 달리 갑국은 X재 1개 소비의 기회비용이 증가한다.

THEME 12

외환 시장과 환율

1 외환 시장과 환율

(1) 외환 시장

① 의미: 외환(외화 및 외화 표시 증권 등)의 수요자와 공급자가 외환을 거래하는 시장

② 기능: 외환의 매매, 국제 거래와 국제 투자를 가능하게 함.

(2) 환율

① 의미: 서로 다른 두 국가 화폐의 교환 비율

② 표시 방법: 외국 화폐 1단위와 교환되는 자국 화폐의 양으로 표시함.

③ 환율과 화폐 가치

- 환율 상승: 외국 화폐 1단위와 교환되는 자국 화폐의 양 증가 → 외국 화폐의 가치 상승, 자국 화폐의 가치 하락
- 환율 하락: 외국 화폐 1단위와 교환되는 자국 화폐의 양 감소 → 외국 화폐의 가치 하락, 자국 화폐의 가치 상승

2 환율의 결정과 변동

(1) 외화의 수요와 공급

외화의 수요	상품의 수입 대금 결제, 해외여행, 해외 투자 등의 목적으로 외화를 사고자 하는 것 → 외화가 해외로 유출되는 경우
외화의 공급	상품 수출 대금의 수취, 외국인의 국내 여행, 외국인의 국내 투자 등으로 외화를 팔고자 하는 것 → 외화가 국내로 유입되는 경우

(2) 외환 시장의 수요 곡선과 공급 곡선

① 외화의 수요 곡선

- 생산물 시장과 마찬가지로 외화의 가격(환율)과 외화의 수요량 간에는 부(−)의 관계가 성립함.
- 환율이 오르면 외화의 수요량은 감소, 환율이 내리면 외화의 수요량은 증가함.

② 외화의 공급 곡선

- 외화의 가격(환율)과 외화의 공급량 간에는 정(+)의 관계가 성립함.
- 환율이 오르면 외화의 공급량은 증가, 환율이 내리면 외화의 공급량은 감소함.

(3) 균형 환율의 결정

① 외화 공급량 > 외화 수요량 → 외화의 초과 공급 → 외화의 가치 하락(환율 하락)

② 외화 공급량 < 외화 수요량 → 외화의 초과 수요 → 외화의 가치 상승(환율 상승)

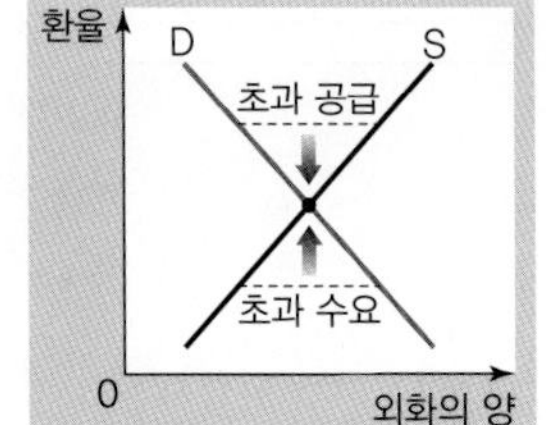

③ 외화 공급량 = 외화 수요량 ⇒ 균형 환율의 결정

(4) 환율의 변동

① 외화의 수요 증가(수입 증가, 해외 투자 증가 등) → 외화의 초과 수요 → 환율 상승

② 외화의 수요 감소(수입 감소, 해외 투자 감소 등) → 외화의 초과 공급 → 환율 하락

③ 외화의 공급 증가(수출 증가, 외국인의 국내 투자 증가 등) → 외화의 초과 공급 → 환율 하락

④ 외화의 공급 감소(수출 감소, 외국인의 국내 투자 감소 등) → 외화의 초과 수요 → 환율 상승

(5) 국내 물가 상승과 환율의 변동

① 공급 측면: 수출 상품의 가격 상승 → 수출 감소 → 외화의 공급 감소 ⇒ 환율 상승

② 수요 측면: 수입 상품 가격의 상대적 하락 → 수입 증가 → 외화의 수요 증가 ⇒ 환율 상승

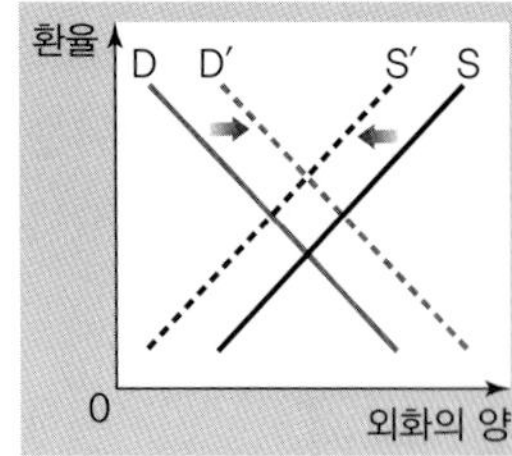

3 환율 상승의 경제적 효과

수출 증가	수출품의 외화 표시 가격 하락
수입 감소	수입품의 원화 표시 가격 상승
경상 수지 개선	• 수출 증가, 수입 감소로 인한 상품 수지 개선 • 해외여행 경비 증가로 인한 자국민의 해외여행 감소, 국내 여행 경비 감소로 인한 외국인의 국내 여행 증가 등으로 서비스 수지 개선
통화량 증가	경상 수지 흑자로 인한 외화의 순유입액 증가는 통화량 증가 요인으로 작용함.
국내 물가 상승	순수출의 증가, 수입품의 국내 가격 상승, 원유 및 국제 원자재의 국내 가격 상승으로 인한 생산비 상승
외채 상환 부담 증가	외채의 원화 표시 금액 증가로 인한 기업의 외채 상환 부담 증가

4 환율 제도

구분	고정 환율 제도	변동 환율 제도
의미	정부 또는 중앙은행이 외환 시장에 개입하여 환율을 일정 수준으로 유지시키는 제도	외화의 수요와 공급에 의해 환율이 시장에서 자유롭게 결정되는 제도
장점	• 환율 변동의 위험 부담 없음. • 기업의 장기 계획 수립 용이	• 외환 시장 불균형의 자동 조절 • 경상 수지 불균형의 자동 조절
단점	• 인위적 환율 조정으로 무역 분쟁 발생 우려 • 경상 수지 불균형의 자동 조절 곤란	• 환율과 관련한 불확실성으로 인해 국내 경제의 불안정 초래 • 환율 변동으로 인한 환 위험 발생

정답과 해설 27쪽

01

▸ 25064-0111

(가), (나)로 인한 우리나라 외환 시장의 변화를 나타내기에 적절한 그림만을 〈보기〉에서 고른 것은?

(가) 우리나라 산업의 높은 생산성 및 기술 경쟁력이 국제적으로 인정을 받아 우리나라 기업에 대한 미국인의 투자가 증가하고 있다.
(나) 외국인 유학생에 대해 미국 정부가 체류 기간 확대, 취업 지원 등의 각종 지원책을 발표하자 미국으로 유학을 가는 우리나라 유학생이 증가하고 있다.

보기

ㄱ.
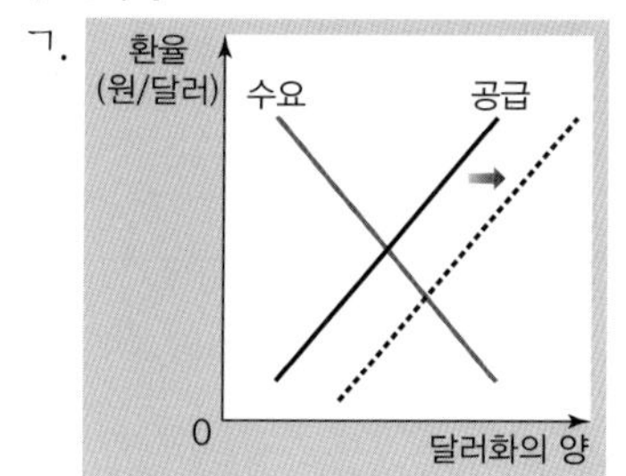

ㄴ.
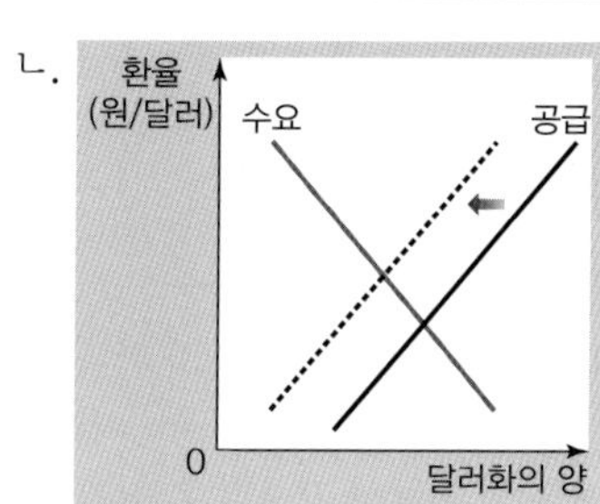

ㄷ.
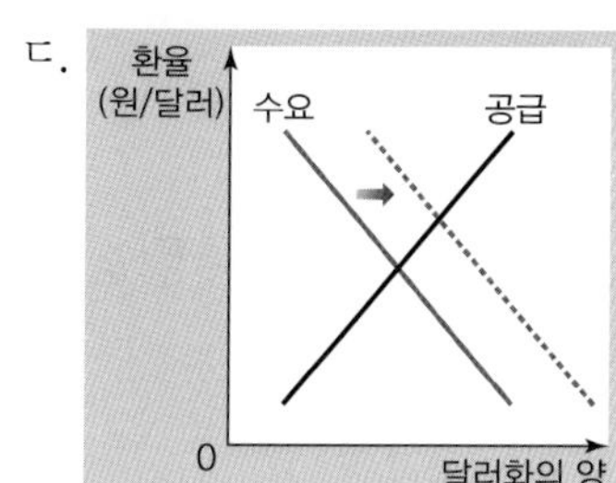

ㄹ.
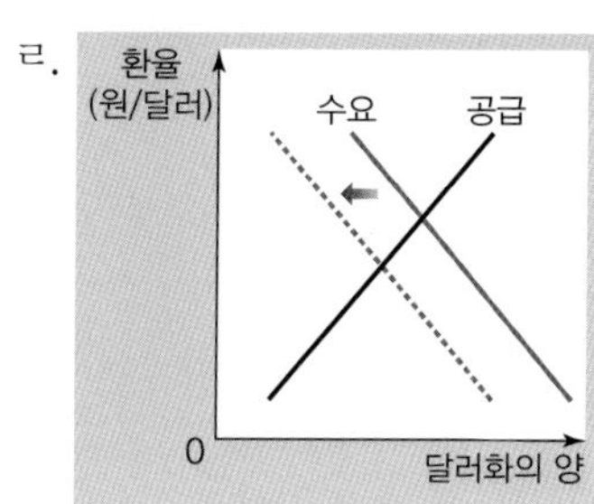

	(가)	(나)
①	ㄱ	ㄷ
②	ㄱ	ㄹ
③	ㄴ	ㄷ
④	ㄴ	ㄹ
⑤	ㄷ	ㄱ

02

▸ 25064-0112

다음 자료에 대한 옳은 분석 및 추론만을 〈보기〉에서 고른 것은? (단, 갑국과 을국의 외환 시장은 모두 수요와 공급 법칙을 따름.)

갑국 정부는 ㉠ 을국 통화 대비 갑국 통화 가치를 특정 수준으로 고정시키는 환율 제도를 시행하여 갑국 통화/을국 통화 환율을 자국산 상품의 을국 수출에 유리한 A 수준에서 장기간 유지하였다. 그러나 갑국과 상품 수지 불균형 상태였던 을국의 정치적 · 군사적 압박으로 인해 기존의 제도를 폐지하고 ㉡ 외환 시장에서 자유롭게 환율이 결정되는 제도를 시행하였다. 해당 제도의 도입 이후 갑국 통화/을국 통화 환율은 B 수준으로 변동하였고, 환율 변동으로 인해 갑국에서는 을국산 제품의 수입이 증가하였다.

보기

ㄱ. 갑국 통화/을국 통화 환율은 A 수준보다 B 수준이 낮을 것이다.
ㄴ. 갑국은 ㉠의 시행 기간 동안 을국에 대해 상품 수지 적자를 기록하였을 것이다.
ㄷ. ㉡을 시행하는 경우 경상 수지 불균형이 외환 시장의 자율적 조정을 통해 해결될 수 있다.
ㄹ. ㉡과 달리 ㉠을 시행하는 경우 외환 시장의 초과 수요나 초과 공급이 발생하지 않는다.

① ㄱ, ㄴ　② ㄱ, ㄷ　③ ㄴ, ㄷ　④ ㄴ, ㄹ　⑤ ㄷ, ㄹ

03

▸ 25064-0113

그림은 현재 원/달러 환율과 원/엔 환율을 표기한 점 E의 변동 (가)~(다)를 나타낸다. 이에 대한 옳은 분석만을 〈보기〉에서 고른 것은?

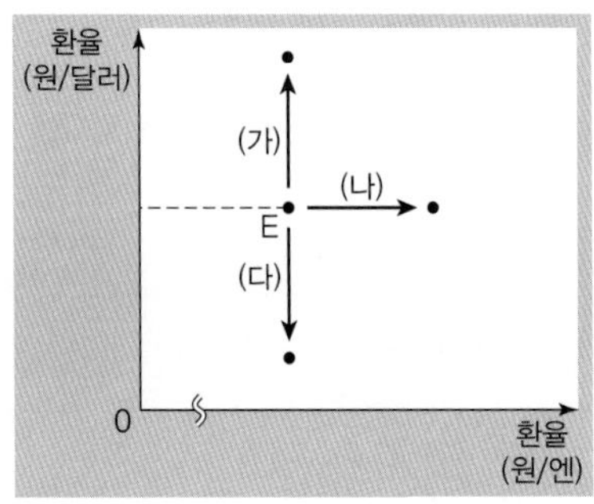

보기

ㄱ. (가)는 달러화 대비 엔화 가치 상승을 의미한다.
ㄴ. (나)는 일본인의 미국 여행 경비에 대한 부담이 감소하는 요인이다.
ㄷ. (다)는 달러화로 표시한 한국산 제품의 수출 가격이 하락하는 요인이다.
ㄹ. (가)와 달리 (다)는 한국 기업의 달러화 표시 외채 상환 부담이 감소하는 요인이다.

① ㄱ, ㄴ　② ㄱ, ㄷ　③ ㄴ, ㄷ　④ ㄴ, ㄹ　⑤ ㄷ, ㄹ

04

▸ 25064-0114

다음 자료에 대한 옳은 설명만을 〈보기〉에서 있는 대로 고른 것은?

갑국은 X재와 Y재를 전량 수입하며, X재는 을국에서만 생산되고, Y재는 을국과 병국 모두에서 생산된다. 갑국은 환율에 따라 X재와 Y재의 수입량을 합리적으로 결정하는데 Y재는 을국과 병국 중 갑국 통화 표시 가격이 더 낮은 국가에서만 수입한다. 그림은 t기 대비 t+1기의 환율 변동에 따른 갑국에 대한 을국의 X재, Y재 수출량 변화를 나타낸다. 단, 갑국~병국 외환 시장과 X재, Y재는 모두 수요와 공급 법칙을 따른다. 또한 X재와 Y재의 을국 통화 표시 가격, Y재의 병국 통화 표시 가격은 변함이 없다.

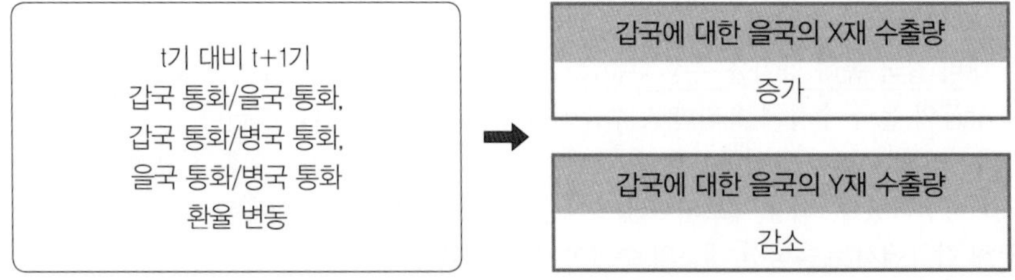

보기

ㄱ. 갑국 통화 대비 을국 통화 가치는 하락하였다.
ㄴ. 을국 통화 대비 병국 통화 가치는 상승하였다.
ㄷ. t기 대비 t+1기의 환율 변동 요인으로는 갑국의 외환 시장에서 을국 통화 공급 증가, 병국 통화 수요 증가를 들 수 있다.

① ㄱ　② ㄴ　③ ㄱ, ㄷ　④ ㄴ, ㄷ　⑤ ㄱ, ㄴ, ㄷ

05

▸ 25064-0115

그림의 (가), (나)에 들어갈 내용으로 가장 적절한 것은?

환율 관련 뉴스입니다. 최근 원/달러 환율이 꾸준히 (가) 하고 있습니다. 이로 인해 우리나라 경제의 …(후략)…

최근 (나) 가 이어지고 있다고 하던데, 저와 같은 환율 변동의 요인이 되었겠어. 집에 있는 달러화를 원화로 서둘러 환전하는 것이 유리하겠어.
갑

	(가)	(나)
①	하락	미국 내 우리나라 유학생 수 증가
②	하락	미국 기업의 우리나라 국내 투자 증가
③	하락	미국 주식 시장에 우리나라 투자자의 자금 유입 증가
④	상승	한류 열풍으로 우리나라를 찾는 미국인 관광객 증가
⑤	상승	국내 경기 침체로 인해 우리나라의 원자재 수입 감소

06

▸ 25064-0116

표는 연도별 갑국~병국 통화 간 교환 비율을 나타낸다. 2023년 대비 2024년 각국의 통화 가치 변동에 대한 분석 및 추론으로 옳은 것은? (단, 갑국~병국 외환 시장은 모두 수요와 공급 법칙을 따름.)

구분	2023년	2024년
갑국 통화 : 을국 통화	2 : 4	4 : 5
을국 통화 : 병국 통화	3 : 1	4 : 3

① 갑국 통화 대비 을국 통화 가치는 하락하였다.
② 병국 통화 대비 을국 통화 가치는 하락하였다.
③ 갑국 기업의 을국 통화 표시 외채 상환 부담은 증가하였을 것이다.
④ 을국산 제품에 대한 갑국의 수입액 감소는 을국 통화 대비 갑국 통화 가치의 변동 요인에 해당한다.
⑤ 을국 시장에서 갑국산 제품의 가격 경쟁력은 하락, 병국산 제품의 가격 경쟁력은 상승하였을 것이다.

07

▸ 25064-0117

밑줄 친 ㉠, ㉡에 대한 설명으로 옳은 것은?

구분
2024년 t월
2024년 t+1월
미국 온라인 쇼핑몰에서 달러화로 미국산 신형 스마트폰을 구매하려는 우리나라 국민
지금 바로 달러화로 환전하여 결제하지 말고, 다음 달에 환전하여 결제하는 것이 유리하겠어.
㉠원/달러 환율의 변동으로 같은 양의 달러화를 환전하는 데 지난달보다 더 많은 원화가 필요해졌네. 지난달에 바로 달러화로 결제할걸.
일본 온라인 쇼핑몰에서 엔화로 일본 여행 상품을 구매하려는 우리나라 국민
지금 바로 엔화로 환전하여 결제하지 말고, 다음 달에 환전하여 결제하는 것이 유리하겠어.
초특가 일본여행
㉡원/엔 환율의 변동으로 같은 양의 엔화를 환전하는 데 지난달보다 더 적은 원화가 필요해졌네. 지난달에 바로 엔화로 결제 안 하길 잘했어.

① ㉠은 미국 시장에서 한국산 제품의 가격 경쟁력 하락 요인이다.
② ㉠은 한국에 유학 중인 자녀를 둔 미국 학부모의 자녀 학비 부담 감소 요인이다.
③ ㉡은 한국 여행을 하려는 일본인들의 여행 경비 부담 감소 요인이다.
④ ㉡은 일본에서 원자재를 수입하는 한국 기업의 생산 비용 부담 증가 요인이다.
⑤ ㉠은 원화 대비 달러화 가치 하락, ㉡은 원화 대비 엔화 가치 상승을 의미한다.

08

▸ 25064-0118

표는 X재를 수출하는 우리나라 ○○ 기업의 원/달러 환율 변동에 따른 전년 대비 수출액 변화율을 원화와 달러화로 각각 나타낸 것이다. 이에 대한 설명으로 옳은 것은?

(단위: %)

구분	2023년	2024년
전년 대비 원화 표시 수출액 변화율	영(0)	양(+)의 값
전년 대비 달러화 표시 수출액 변화율	양(+)의 값	음(−)의 값

① 원화 대비 달러화 가치는 2023년이 2022년보다 높다.
② 달러화 대비 원화 가치는 2024년이 2023년보다 높다.
③ 동일한 금액의 원화를 달러화로 환전하는 경우 받을 수 있는 달러화는 2023년이 2024년보다 적다.
④ 2022년 대비 2023년의 원/달러 환율 변동은 미국 유학생 자녀를 둔 우리나라 학부모의 학비 부담 증가 요인이다.
⑤ 2023년 대비 2024년의 원/달러 환율 변동은 우리나라 기업의 미국산 원자재 수입 비용 부담 증가 요인이다.

09

▸ 25064-0119

다음 자료에 대한 옳은 설명만을 〈보기〉에서 고른 것은?

〈자료 1〉은 t기 갑~병의 자산 및 부채를 구성하는 통화를 나타내며, 〈자료 2〉는 t기 대비 t+1기 환율 변동을 나타낸다. 단, t기에 갑~병은 각각 원화 가치 기준으로 동일한 금액의 자산과 부채를 가지고 있으며, 세금이나 수수료 등의 거래 비용은 없다.

〈자료 1〉 t기 갑~병의 자산 및 부채를 구성하는 통화

구분	갑	을	병
자산	달러화	엔화	달러화
부채	원화	원화	엔화

* 순자산 = 자산 − 부채

〈자료 2〉 t기 대비 t+1기 환율 변동

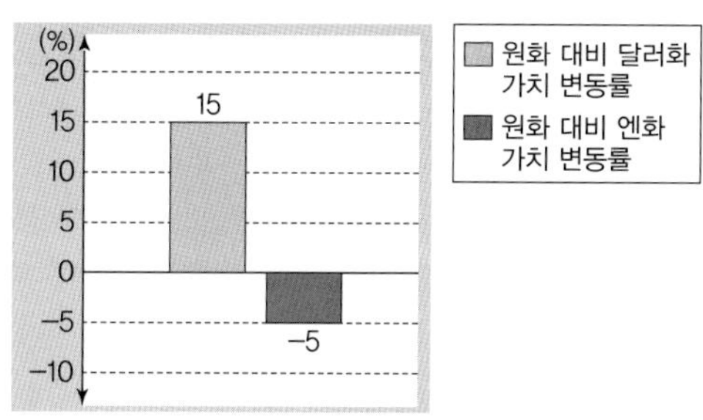

보기

ㄱ. t+1기에 원화로 환산한 자산은 갑과 을이 같다.
ㄴ. t+1기에 원화로 환산한 순자산은 을이 가장 적다.
ㄷ. t+1기에 원화로 환산한 부채는 병이 을보다 적다.
ㄹ. t기 대비 t+1기의 원/엔 환율 변동 추세가 지속될 경우 병은 부채를 최대한 빨리 상환하는 것이 유리하다.

① ㄱ, ㄴ ② ㄱ, ㄷ ③ ㄴ, ㄷ ④ ㄴ, ㄹ ⑤ ㄷ, ㄹ

10

▸ 25064-0120

다음 자료에 대한 분석으로 옳지 않은 것은?

미국 주식 시장에서 거래되는 A 회사의 주식을 갑은 원화로, 을은 엔화로 같은 시기에 구입하고 3개월 후 전량 매도하였다. 그림은 갑과 을의 수익률을 통화별로 나타낸다. 단, 달러화 기준 수익률과 원화 기준 수익률의 차이는 ㉠원/달러 환율의 변동, 달러화 기준 수익률과 엔화 기준 수익률의 차이는 ㉡엔/달러 환율의 변동으로 인해 나타났으며, 세금이나 수수료 등의 거래 비용은 없다.

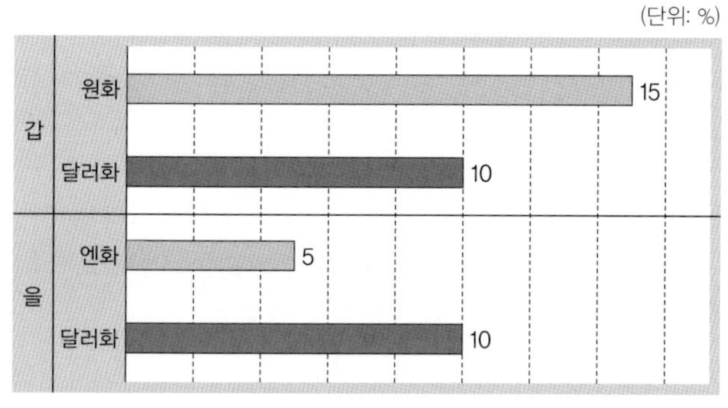

① 우리나라 외환 시장에서 달러화의 수요 증가는 ㉠의 요인이다.
② ㉠은 달러화 부채가 있는 우리나라 기업의 상환 부담 증가 요인이다.
③ 일본 외환 시장에서 달러화의 공급 증가는 ㉡의 요인이다.
④ ㉡은 일본 기업이 미국에서 수입하는 상품의 엔화 표시 가격 상승 요인이다.
⑤ 달러화 대비 원화 가치는 하락하였고, 달러화 대비 엔화 가치는 상승하였다.

THEME

13 국제 수지

1 국제 수지와 국제 수지표

(1) **국제 수지**: 일정 기간 동안 한 나라가 수취한 외화와 지급한 외화의 차액

(2) **국제 수지표**: 외화의 수취와 지급 내용을 체계적으로 정리하여 기록한 표

2 국제 수지표의 구성

(1) **경상 수지**

① 의미: 재화, 서비스 및 생산 요소 등의 거래(경상 거래)에 따른 외화의 수취와 지급의 차액

② 경상 수지의 구성

구분	내용
상품 수지	상품의 수출과 수입으로 수취한 외화와 지급한 외화의 차액 → 경상 수지 중 가장 큰 비중을 차지함.
서비스 수지	외국과의 서비스 거래(운송, 여행, 통신, 보험, 특허권 등의 지식 재산권 사용료, 기타 서비스의 수출입 등)로 수취한 외화와 지급한 외화의 차액
본원 소득 수지	외국에 노동, 자본 제공으로 얻은 임금, 투자 소득(이자, 배당금 등)과 관련하여 수취한 외화와 지급한 외화의 차액
이전 소득 수지	아무런 대가 없이 주고받는 외화의 수취와 지급의 차액 예 무상 원조, 기부금 등

(2) **자본 수지**: 자본 이전과 비생산·비금융 자산의 취득 및 처분에 따른 외화의 수취와 지급의 차액

(3) **금융 계정**: 직접 투자, 증권 투자, 파생 금융 상품, 기타 투자, 준비 자산으로 구분

(4) **오차 및 누락**: 경상 수지, 자본 수지, 금융 계정상의 금액이 통계적으로 불일치할 경우 이를 조정한 것

3 경상 수지의 변동과 영향

(1) **경상 수지와 국민 경제**

구분	영향
경상 수지 흑자	• 긍정적 영향: 기업의 생산 증가로 고용 확대 및 소득 증대, 외환 보유액의 증가로 대외 신용도 향상 등 • 부정적 영향: 국내 물가 상승, 교역 상대국과의 무역 마찰 야기 등
경상 수지 적자	• 긍정적 영향: 물가 안정 등 • 부정적 영향: 국민 경제의 위축, 대외 채무 증가, 대외 신용도 하락 등

(2) **경상 수지와 환율**

① 경상 수지 불균형이 환율에 미치는 영향: 일반적으로 경상 수지의 불균형은 외환 시장에서 외화의 초과 공급 혹은 초과 수요를 발생시켜 환율에 영향을 미침.

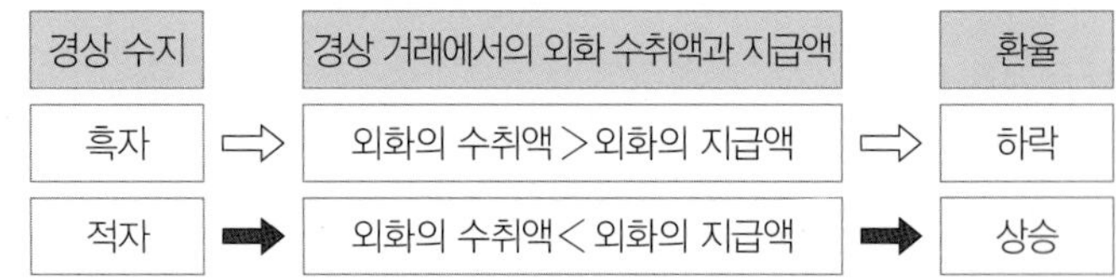

경상 수지		경상 거래에서의 외화 수취액과 지급액		환율
흑자	⇨	외화의 수취액 > 외화의 지급액	⇨	하락
적자	➡	외화의 수취액 < 외화의 지급액	➡	상승

② 환율 변동이 경상 수지에 미치는 영향: 환율 변동은 수출품 및 수입품의 가격 경쟁력, 서비스의 상대적인 가격 등에 변화를 초래하여 경상 수지에 영향을 미침.

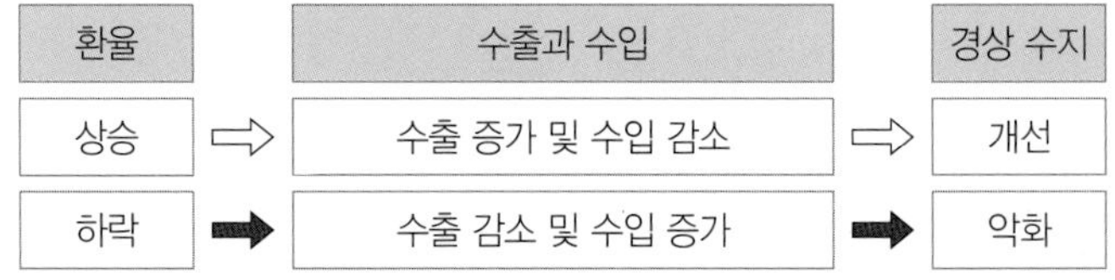

환율		수출과 수입		경상 수지
상승	⇨	수출 증가 및 수입 감소	⇨	개선
하락	➡	수출 감소 및 수입 증가	➡	악화

(3) **경상 수지의 균형과 경제 성장**

① 경상 수지의 일시적인 불균형은 큰 문제가 되지 않으나 장기적인 불균형은 흑자와 적자 모두 국민 경제에 부담을 줄 수 있음.

② 경상 수지가 균형을 이루면 국가 간 무역 마찰이 줄어들고, 국제 거래가 안정적으로 유지될 수 있음.

자료와 친해지기  자본 수지와 금융 계정

▣ 자본 수지

자본 수지는 자본 이전과 비생산·비금융 자산의 취득 및 처분을 기록하는 항목이다. 자본 이전에는 자산 소유권의 무상 이전, 거래 상대방의 자산 취득 또는 처분과 관련된 현금 이전, 채권자에 의한 채무 면제 등이 포함된다. 비생산·비금융 자산의 취득 및 처분에는 상표권, 영업권, 독점 판매권 등과 임차권 또는 기타 양도 가능한 계약 같은 무형 자산의 취득과 처분이 포함된다.

▣ 금융 계정

- 직접 투자의 사례로는 경영 참여를 통한 지속적 이익 추구를 목적으로 기업이 외국에 공장 등을 설립하는 경우를 들 수 있다.
- 증권 투자의 사례로는 개인이나 기업이 외국의 주식이나 채권을 매입하는 경우를 들 수 있다.
- 파생 금융 상품의 사례로는 파생 금융 상품 거래로 이익과 손실이 실현된 경우를 들 수 있다.
- 기타 투자의 사례로는 차관 도입이나 차관 제공의 경우를 들 수 있다.
- 준비 자산은 통화 당국이 국제 수지 불균형 보전, 외환 시장 안정 및 자국 통화와 경제에 대한 대외 신용도 유지 등을 위해 언제든지 사용 가능하며 통제가 가능한 외화 표시 대외 자산을 의미한다.

정답과 해설 29쪽

01

▸ 25064-0121

표는 갑국의 국제 수지표를 나타낸다. ㉠~㉤에 기록되는 사례로 옳은 것은?

구분		수취	지급
경상 수지	상품 수지		㉠
	서비스 수지	㉡	
	본원 소득 수지		㉢
	이전 소득 수지		
금융 계정		㉣	
자본 수지			㉤

① ㉠ – 수입한 원자재 대금 지급액
② ㉡ – 해외 특허권 사용료 지급액
③ ㉢ – 해외에 무상으로 제공한 원조 금액
④ ㉣ – 갑국 거주 국민의 외국 기업 주식 매입 자금
⑤ ㉤ – 해외에서 도입한 차관에 대한 이자

02

▸ 25064-0122

다음 뉴스 내용을 옳게 이해하고 있는 학생의 진술로 가장 적절한 것은?

갑국 중앙은행의 발표에 따르면 2023년 갑국은 수출 회복으로 354억 9,000만 달러의 경상 수지 흑자를 기록했습니다. 이는 갑국 중앙은행의 전망치인 300억 달러의 경상 수지 흑자보다 큰 규모입니다.

① 갑국의 고용 감소 요인으로 작용합니다.
② 갑국의 물가 상승 요인으로 작용합니다.
③ 갑국의 대외 신용도 하락 요인으로 작용합니다.
④ 경상 거래액은 354억 9,000만 달러입니다.
⑤ 경상 거래로 수취한 외화가 354억 9,000만 달러라는 것을 의미합니다.

[03~04] 다음 자료를 읽고 물음에 답하시오.

표는 갑국의 연도별 경상 수지를 항목별로 나타낸다. 단, 갑국 기업이 외국 기업에 지급한 지식 재산권 사용료는 (가)에 기록된다.

(단위: 억 달러)

구분	2023년	2024년
상품 수지	100	60
(가)	−50	30
(나)	30	−30
이전 소득 수지	20	20

03

▸ 25064-0123

위 자료에 대한 분석으로 옳은 것은?

① (가) 항목의 거래액은 2023년이 2024년보다 크다.
② 갑국 거주 국민의 해외 기업 주식 투자액은 (나)에 반영된다.
③ 2023년에 갑국 경상 수지는 갑국의 대외 신용도 하락 요인이다.
④ '재화 수출액 − 재화 수입액'은 2024년이 2023년보다 작다.
⑤ 2023년과 달리 2024년의 본원 소득 수지는 외화의 유출액이 유입액보다 작다.

04

▸ 25064-0124

2023년 대비 2024년에 갑국에서 (가)의 변화를 가져올 수 있는 요인으로 가장 적절한 것은?

① 해외로부터 갑국으로 들어오는 무상 원조액 감소
② 갑국 내 기업에 대한 상품 수출 장려 보조금 축소
③ 외국에 있는 기업이 갑국 내 기업에 지급한 보험료 증가
④ 갑국 거주 외국인에 대한 갑국 내 기업의 임금 지급액 감소
⑤ 갑국 내 기업이 해외 거주 외국인 투자자들에게 지급하는 배당금 감소

05

▶ 25064-0125

그림은 경제 수업 장면을 나타낸다. (가)에 들어갈 내용으로 옳은 것은?

〈국제 수지와 환율의 관계〉

지난 시간에는 일반적으로 경상 수지가 적자이면 환율은 상승한다고 배웠습니다. 그러나 예외의 경우도 존재합니다. 가상의 국가 갑국을 설정하여 설명해 보겠습니다. 갑국은 경상 거래를 통한 외화의 순유입 규모보다 금융 계정에 기록되는 자본 거래의 순유입 규모가 더 큰 나라이며, 갑국의 외환 시장은 수요와 공급 법칙을 따릅니다. 이러한 갑국에서 [(가)]와 같은 상황이 발생한다면 갑국의 경상 수지가 적자임에도 갑국 통화/달러화 환율은 하락할 수 있습니다.

① 갑국 국민의 미국 여행이 증가하는 경우
② 갑국 국민의 미국 국채 투자가 증가하는 경우
③ 미국인의 갑국 기업에 대한 직접 투자가 증가하는 경우
④ 갑국 기업의 미국 지식 재산권 사용료 지급액이 증가하는 경우
⑤ 갑국 기업의 자산 소유권이 미국 기업으로 무상 이전되는 경우

06

▶ 25064-0126

다음 자료에 대한 설명으로 옳은 것은?

그림은 2024년 갑국의 경상 수지 수취액과 지급액의 항목별 구성 비율을 나타낸다. 단, 2024년에 갑국의 본원 소득 수지 수취액은 10억 달러이고, 본원 소득 수지는 2억 달러 적자이다.

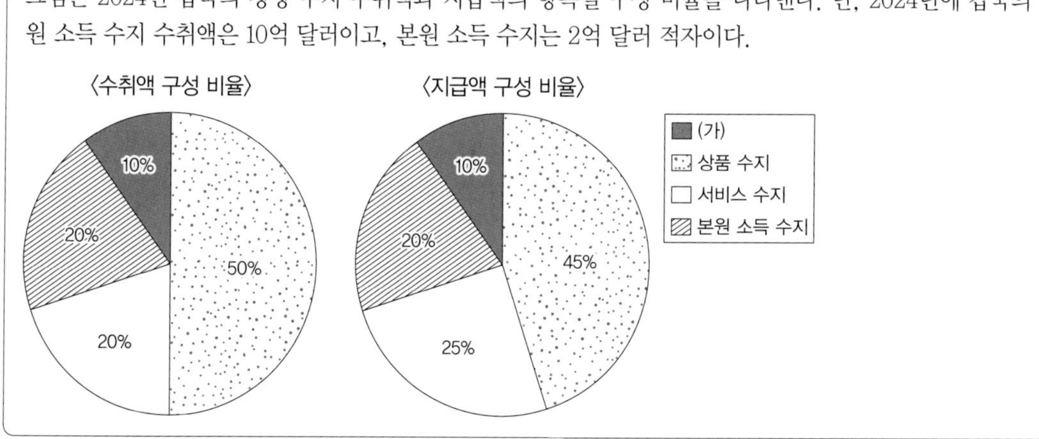

① (가)에는 해외 주식 거래액이 포함된다.
② 경상 수지 적자액은 (가)의 수취액과 동일하다.
③ 해외 운송료가 포함되는 항목은 5억 달러 적자이다.
④ 본원 소득 수지 지급액은 상품 수지 수취액의 절반을 넘는다.
⑤ 해외 무상 원조 금액이 포함되는 항목의 적자액은 경상 수지 적자액의 5%이다.

07

▸ 25064-0127

다음 자료에 대한 옳은 분석만을 〈보기〉에서 있는 대로 고른 것은?

표는 2022년에 경상 수지 적자, 2023년에 경상 수지 흑자를 기록한 갑국의 전년 대비 경상 수지 항목별 변동액을 나타낸다. 단, 갑국의 국제 거래는 외화인 달러화를 사용하여 이루어진다.

(단위: 억 달러)

구분	2023년	2024년
상품 수지	35	25
서비스 수지	25	20
본원 소득 수지	−10	20
이전 소득 수지	20	−5

보기

ㄱ. 2022년의 경상 수지 적자액은 70억 달러보다 작다.
ㄴ. 2023년에 상품 수지는 흑자를 기록하였다.
ㄷ. 2022년과 달리 2024년의 경상 수지는 달러화 대비 갑국 통화 가치 하락 요인이다.
ㄹ. 2023년 대비 2024년에 경상 수지는 개선되었다.

① ㄱ, ㄴ　② ㄱ, ㄹ　③ ㄴ, ㄷ　④ ㄱ, ㄷ, ㄹ　⑤ ㄴ, ㄷ, ㄹ

08

▸ 25064-0128

(가), (나)에 들어갈 수 있는 옳은 내용만을 〈보기〉에서 고른 것은?

〈자료 1〉은 갑국의 연도별 경상 수지를 항목별로 나타내며, 〈자료 2〉는 〈자료 1〉을 통해 진위 여부를 판단할 수 있는 내용과 진위 여부를 판단할 수 없는 내용을 (가), (나)로 구분한 것이다. 단, 갑국의 국제 거래는 외화인 달러화를 사용하여 이루어진다.

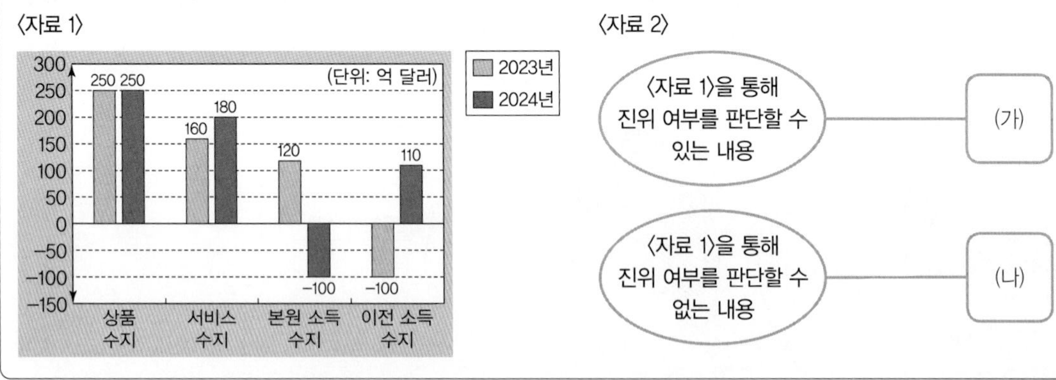

보기

ㄱ. (가) – 2023년에 서비스 거래액은 상품 거래액보다 작다.
ㄴ. (가) – 서비스 수지 항목에서 달러화의 순유입액은 2024년이 2023년보다 크다.
ㄷ. (나) – 이전 소득 수지 항목에서 달러화의 수취액은 2023년이 2024년보다 작다.
ㄹ. (나) – 본원 소득 수지 항목에서 달러화의 수취액과 지급액 차이는 2023년이 2024년보다 작다.

① ㄱ, ㄴ　② ㄱ, ㄷ　③ ㄴ, ㄷ　④ ㄴ, ㄹ　⑤ ㄷ, ㄹ

09

▸ 25064-0129

표는 갑국~병국의 상품 수지와 서비스 수지에 관한 자료를 나타낸다. 이에 대한 분석으로 옳은 것은? (단, 병국의 상품 수지는 균형이며, 국제 거래는 갑국~병국 세 국가 간에만 발생함.)

(단위: 억 달러)

구분	수취액			지급액		
	갑국+을국	갑국+병국	을국+병국	갑국+을국	갑국+병국	을국+병국
상품 수지	90	90	60	㉠	80	㉡
서비스 수지	50	40	30	40	50	30

① ㉠은 '70', ㉡은 '90'이다.
② 갑국은 재화 거래에 따른 지급액이 수취액보다 많다.
③ 을국은 상품 수지와 서비스 수지 모두 적자이다.
④ 병국은 해외여행 경비가 포함되는 항목이 적자이다.
⑤ 갑국과 달리 병국은 해외 투자에 따른 배당 수익을 포함하는 항목이 적자이다.

10

▸ 25064-0130

그림은 2024년 갑국과 을국의 경상 수지 항목별 지급액을 나타낸다. 이에 대한 옳은 분석만을 〈보기〉에서 있는 대로 고른 것은? (단, 국제 거래는 외화인 달러화를 사용하여 갑국과 을국 간에만 이루어짐.)

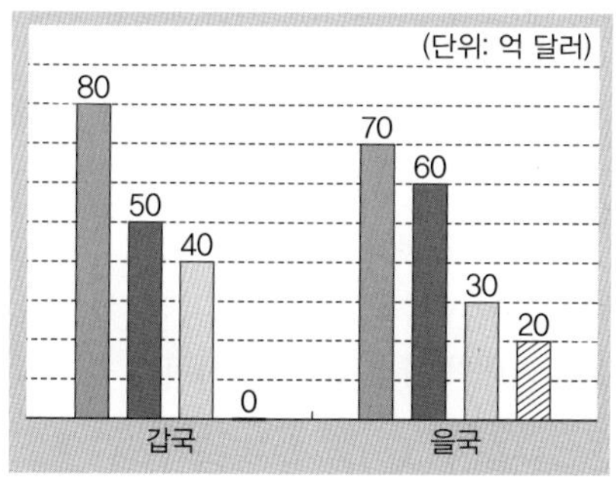

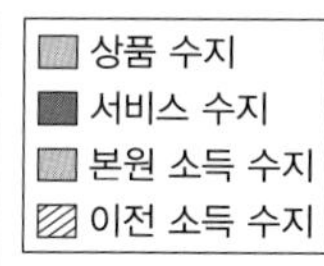

보기

ㄱ. 갑국의 경우 을국에 있는 항공사를 이용하고 지급하는 대금이 포함되는 항목은 흑자이다.
ㄴ. 을국의 경우 갑국 주식 시장에서 주식을 매입하고 지급하는 대금이 포함되는 항목은 적자이다.
ㄷ. 갑국과 달리 을국의 경상 수지는 국내 통화량 증가 요인이다.
ㄹ. 을국과 달리 갑국의 경우 국가 간에 대가 없이 주고받는 외화가 포함되는 항목은 흑자이다.

① ㄱ, ㄴ ② ㄱ, ㄹ ③ ㄴ, ㄷ ④ ㄱ, ㄷ, ㄹ ⑤ ㄴ, ㄷ, ㄹ

THEME 14

금융 생활과 신용

1 금융과 금융 시장

(1) 금융

① 의미: 자금 수요자와 자금 공급자 간에 자금이 융통되는 것

② 기능

- 자금의 여유가 있는 경제 주체는 자금 활용을 통해 수익을 창출할 수 있음.
- 자금이 부족한 경제 주체는 자금 확보를 통해 경제 활동을 안정시킬 수 있음.
- 인적·물적 자본에 대한 투자 확대를 가능하게 함. → 소득 증대 및 생산성 향상으로 이어짐.

(2) 금융 시장

① 의미: 자금 수요자와 공급자 간에 자금이 거래되는 시장

② 기능

- 금리나 주가와 같은 금융 상품의 가격을 결정함.
- 금융 거래의 위험을 관리하고 금융 상품의 유동성을 높여 줌.
- 자금의 수요자와 공급자를 중개하고 자금 거래 비용을 감소시킴.

(3) 금융 기관(회사)

① 의미: 자금의 수요자와 공급자에게 각종 금융 서비스를 제공하는 기관(회사) 예 은행, 보험 회사, 증권 회사 등

② 기능: 금융 중개를 통해 금융 거래 비용을 낮추는 데 기여함.

2 화폐와 이자율

(1) 화폐: 재화와 서비스의 교환에 일반적으로 사용하는 지불 수단

(2) 이자와 이자율(금리)

① 이자: 일정 기간 동안 자금을 빌리거나 빌려준 것의 대가

② 이자율: 원금에 대한 이자의 비율 → 금융 시장에서 자금의 수요와 공급에 영향을 끼침.

③ 이자 계산 방법

단리	• 원금에 대해서만 기간별로 이자를 계산하는 방법 • 원리금=원금×{1+(이자율×기간)}
복리	• 원금에 대해 발생한 이자를 다음 기간의 원금에 합쳐 이자를 계산하는 방법 • 원리금=원금×(1+이자율)^{기간}

④ 명목 이자율과 실질 이자율

- 명목 이자율: 물가 변동을 고려하지 않은 이자율
- 실질 이자율: 물가 변동을 고려한 이자율

3 가계의 금융 생활

(1) 수입

① 의미: 일정 기간에 취득한 가계의 소득과 기타 수입의 합

② 소득의 구성

경상 소득	근로 소득	고용 계약에 따라 근로를 제공한 대가로 얻는 소득 예 봉급, 상여금 등
	사업 소득	자영업자나 고용주가 사업을 경영하여 얻는 소득 예 이윤 등
	재산 소득	자산(금융 자산 등)을 운용하여 얻는 소득 예 예금 이자, 주식 배당금 등
	이전 소득	생산 활동에 참여하지 않고 무상으로 얻는 소득 예 기초 연금 등
비경상 소득		비정기적이고 일시적 요인에 의해 발생하는 소득 예 경조금, 퇴직금, 복권 당첨금 등

(2) 지출

① 의미: 일정 기간에 이루어진 가계의 소비 지출과 비소비 지출의 합

② 결정 요인: 소득, 실질 이자율, 개인 자산의 실질 가치 등

③ 구성: 소비 지출+비소비 지출

소비 지출	재화나 서비스를 구매하기 위한 지출 예 식료품비, 교통비 등
비소비 지출	소비 지출 이외의 지출로, 의무성이 부여된 지출이나 대가 없이 발생하는 지출 예 세금, 사회 보험료, 대출 이자 등

(3) 처분 가능 소득: 소득에서 비소비 지출을 뺀 것 → 소비 지출과 저축이 이루어짐.

(4) 자산과 부채

자산	경제적 가치가 있는 유형 또는 무형의 재산
부채	과거의 거래로 인해 이행해야 할 금전적·비금전적 의무
순자산	총자산 – 총부채

4 신용과 신용 관리

(1) 신용

① 의미: 채무자의 부채 상환 능력에 대한 사회적 평가

② 신용 거래: 신용을 바탕으로 이루어지는 거래(대출, 할부 거래 등)

(2) 신용 관리의 중요성

① 신용이 좋으면 당장 현금이 없어도 재화와 서비스의 소비가 가능함.

② 신용이 나쁘면 여러 경제 활동에 제약을 받음.

③ 오늘날 신용을 바탕으로 한 거래가 광범위하게 확산됨.

(3) 신용 관리의 방법

① 소득 수준을 고려한 지출, 상환 능력을 고려한 대출 등 합리적 금융 생활

② 신용 카드 사용액, 공과금, 대출금 이자 등 주기적 결제 대금에 대한 연체 최소화

③ 주거래 은행 선정 및 활용, 채무 상환 계획 수립 등 체계적 금융 생활

④ 연체가 발생하지 않도록 가급적 자동 이체 이용

⑤ 자신의 신용 정보를 정기적으로 확인

01

▸ 25064-0131

다음 자료에 대한 옳은 분석만을 〈보기〉에서 고른 것은?

그림은 2021년~2024년의 명목 이자율에 변함이 없는 갑국의 연도별 A/B를 나타낸다. A, B는 각각 명목 이자율과 실질 이자율 중 하나이며, 2021년~2024년 갑국의 명목 이자율은 양(+)의 값이다. 또한 2024년의 물가 상승률은 음(−)의 값이고, '실질 이자율 = 명목 이자율 − 물가 상승률'이다.

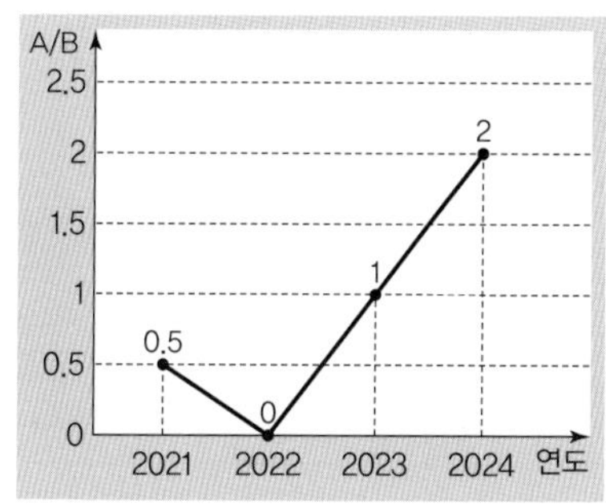

보기

ㄱ. 2021년과 달리 2022년에는 은행 예금이 현금 보유보다 유리하다.
ㄴ. 2023년에 명목 이자율은 물가 상승률보다 높다.
ㄷ. 실질 이자율은 2024년이 2021년의 4배이다.
ㄹ. 물가 수준은 2024년이 2022년보다 높다.

① ㄱ, ㄴ ② ㄱ, ㄷ ③ ㄴ, ㄷ ④ ㄴ, ㄹ ⑤ ㄷ, ㄹ

02

▸ 25064-0132

다음 자료에 대한 설명으로 옳은 것은?

• 정기 예금 A와 B는 모두 5년 만기이며, 각각 단리와 복리 중 하나가 적용된다. A와 B의 연 이자율은 일정하고, 세금이나 수수료는 발생하지 않는다.
• 갑은 A에만 1,000만 원을 5년간 예치하였고, 그 결과 1년 차에는 100만 원, 2년 차에는 210만 원, 3년 차에는 (㉠)만 원의 누적 이자 수입이 발생하였다. 한편, 을은 B에만 1,000만 원을 5년간 예치하였고, 그 결과 1년 차에는 (㉡)만 원, 2년 차에는 (㉢)만 원, 3년 차에는 330만 원의 누적 이자 수입이 발생하였다.

① ㉠은 ㉡과 ㉢의 합보다 작다.
② 연 이자율은 B가 A보다 낮다.
③ A와 달리 B는 예치 기간이 길어질수록 '만기 시 원리금 − 원금'이 증가한다.
④ B와 달리 A는 원금뿐만 아니라 원금에 대해 발생한 이자에 대해서도 이자를 계산한다.
⑤ 4년 차 누적 이자 수입은 갑이 을보다 적다.

03

▶ 25064-0133

다음 자료에 대한 옳은 분석만을 〈보기〉에서 있는 대로 고른 것은?

표는 갑이 속한 가구의 경상 소득 항목별 비율을 연도별로 나타낸다. 갑이 속한 가구는 4명으로 구성되어 있으며 갑은 이자, 할머니는 기초 연금, 아버지는 이윤, 어머니는 봉급이 유일한 소득원이다. 갑이 속한 가구의 경상 소득은 2024년이 2023년보다 많다.

(단위: %)

구분	2023년	2024년
근로 소득	49	50
사업 소득	45	45
재산 소득	4	3
이전 소득	2	2

보기

ㄱ. 2023년과 2024년 모두 어머니의 소득이 아버지의 소득보다 많다.
ㄴ. 할머니의 기초 연금이 포함되는 항목의 소득은 2023년과 2024년이 같다.
ㄷ. 2023년 대비 2024년에 갑의 이자가 포함되는 항목의 소득 증가율은 갑이 속한 가구의 경상 소득 증가율보다 높다.

① ㄱ ② ㄴ ③ ㄱ, ㄷ ④ ㄴ, ㄷ ⑤ ㄱ, ㄴ, ㄷ

04

▶ 25064-0134

다음 자료에 대한 옳은 분석 및 추론만을 〈보기〉에서 고른 것은?

그림은 ○○국의 전년 대비 2024년의 변화에 대한 갑~병의 예측을 나타낸다. 단, '실질 이자율 = 명목 이자율 − 물가 상승률'이며, 기준 연도는 2023년이다. 또한 물가 수준은 GDP 디플레이터로 측정하며, 2023년의 명목 이자율은 5%이다.

갑: 명목 GDP는 변함이 없지만 실질 GDP는 10% 증가할 것이고, 명목 이자율은 1%p 하락할 것입니다.

을: 실질 GDP는 변함이 없지만 명목 GDP는 10% 증가할 것이고, 명목 이자율은 1%p 상승할 것입니다.

병: 명목 GDP는 5% 증가, 실질 GDP는 5% 감소할 것이고, 명목 이자율은 변함이 없을 것입니다.

* %p(퍼센트 포인트)는 %의 산술적 차이를 나타내는 단위임. 예를 들어, 2023년의 명목 이자율이 5%이고 전년 대비 2024년의 명목 이자율이 1%p 상승했다면, 2024년의 명목 이자율은 6%임.

보기

ㄱ. 갑의 예측이 맞을 경우 2023년 대비 2024년에 물가 수준은 상승한다.
ㄴ. 병의 예측이 맞을 경우 2023년 대비 2024년에 동일한 예금액이 갖는 실질 구매력은 감소한다.
ㄷ. 을의 예측이 맞을 경우와 달리 갑의 예측이 맞을 경우 2024년에 실질 이자율은 음(−)의 값을 가진다.
ㄹ. 을의 예측이 맞을 경우보다 병의 예측이 맞을 경우 2023년 대비 2024년에 물가 수준이 더 크게 상승한다.

① ㄱ, ㄴ ② ㄱ, ㄷ ③ ㄴ, ㄷ ④ ㄴ, ㄹ ⑤ ㄷ, ㄹ

05

▸ 25064-0135

표는 우리나라의 2024년 1/4분기 월평균 가계 소득 및 지출에 관한 내용을 나타낸다. 이에 대한 설명으로 옳은 것은?

구분	내용
가계 소득	512만 2,000원으로 전년 동분기 대비 1.4% 증가하였고, 물가 상승률을 고려한 실질 소득은 전년 동분기 대비 1.6% 감소하였음.
가계 지출	398만 4,000원으로 전년 동분기 대비 2.5% 증가하였고, 이 중 ㉠소비 지출은 전년 동분기 대비 3.0% 증가하였음.
가계 수지	처분 가능 소득은 404만 6,000원으로 전년 동분기 대비 1.4% 증가하였고, '소득－지출'은 13만 8,000원으로 전년 동분기 대비 2.6% 감소하였음.

* 처분 가능 소득 = 소득 – 비소비 지출

① ㉠은 300만 원보다 크다.
② 물가 수준은 전년 동분기에 비해 상승하였다.
③ 비소비 지출은 전년 동분기에 비해 감소하였다.
④ '소득－지출'은 '처분 가능 소득－소비 지출'보다 크다.
⑤ '소비 지출/처분 가능 소득'은 전년 동분기에 비해 하락하였다.

06

▸ 25064-0136

밑줄 친 ㉠~㉣에 대한 옳은 설명만을 〈보기〉에서 고른 것은?

경기 침체로 인해 다음 분기의 ㉠가계 소득이 감소할 것으로 예상됩니다. 따라서 정부는 ㉡소득세율을 인하해야 합니다.

적극 동의합니다. 중앙은행 역시 총수요 확대를 위해 기준 금리를 대폭 조정해야 합니다. 그 후 시중 은행은 변화된 기준 금리를 반영하여 ㉢ 대출 이자율을 조정하고, ㉣ 예금 이자율도 조정해야 합니다.

보기

ㄱ. ㉠은 소비 지출 감소 요인이다.
ㄴ. ㉡은 처분 가능 소득 증가 요인이다.
ㄷ. ㉢은 대출로 인해 발생하는 비소비 지출의 증가 요인이다.
ㄹ. ㉡과 달리 ㉣은 소비 지출 증가 요인이다.

① ㄱ, ㄴ　② ㄱ, ㄷ　③ ㄴ, ㄷ　④ ㄴ, ㄹ　⑤ ㄷ, ㄹ

07

▸ 25064-0137

그림은 갑, 을의 2024년 7월 수입과 지출 내역 전부를 나타낸다. 이에 대한 설명으로 옳은 것은?

〈갑〉

수입		지출	
• 급여	350만 원	• 통신비	10만 원
• 주식 배당금	50만 원	• 식비	90만 원
• 복권 당첨금	10만 원	• 의류비 및 문화 생활비	30만 원
		• 세금 및 사회 보험료	40만 원

〈을〉

수입		지출	
• 점포 운영으로 얻은 이윤	400만 원	• 통신비	15만 원
• 국민 연금	50만 원	• 식비 및 생활용품비	150만 원
• 예금 이자	20만 원	• 대출 이자	20만 원
		• 세금 및 사회 보험료	40만 원

* 처분 가능 소득 = 소득 − 비소비 지출

① 재산 소득은 갑이 을보다 적다.
② 소비 지출은 갑이 을보다 많다.
③ 갑과 달리 을은 이전 소득이 있다.
④ 처분 가능 소득은 을이 갑보다 적다.
⑤ 총소득에서 근로 소득이 차지하는 비율은 을이 갑보다 높다.

08

▸ 25064-0138

다음 자료에 대한 옳은 설명만을 〈보기〉에서 고른 것은? (단, (가), (나)는 각각 개인 회생 제도, 개인 파산 제도 중 하나임.)

Q&A 〈신용 회복 위원회 상담 게시판〉 통합검색

Q: ○○시에 살고 있는 갑(38세)입니다. 최근 몇 년 동안 경기 침체와 치솟는 물가로 인해 운영하던 사업이 점점 어려워졌습니다. 결국, 지속적 경기 악화로 인해 사업을 유지할 수 없게 되었고, 이제는 마땅한 소득도 없이 부채의 무게에 짓눌려 있습니다. 가족을 부양해야 하는 가장으로서 다시 일어설 수 있는 기회를 얻고 싶습니다. 사업 과정에서 생긴 빚을 정리하고, 새로운 출발을 할 수 있는 방법을 찾고자 합니다.

A: (가) 또는 (나)를 알아보는 것이 어떨까요? (가)는 개인 채무자가 미래에 지속적으로 수입을 얻을 가능성이 있는 경우 법원에 신청할 수 있으며, 법원의 허가에 의해 대상자가 될 경우 필수 생계비와 세금을 뺀 수입으로 일정 기간 동안 부채를 갚아 나가면 해당 기간 뒤 나머지 채무에 대한 책임을 면제하는 제도입니다. 한편, (나)는 자신의 재산으로도 채무를 변제할 수 없을 때 법원에 파산을 신청하고, 법원의 파산 면책 결정이 내려지면 채무자의 책임을 면제하는 제도입니다. 파산 면책 결정이 내려지면 채권자 입장에서는 채무자에게 빌려준 돈을 돌려받기 어렵습니다.

보기

ㄱ. 갑이 (가)를 통해 구제받을 경우 갑은 처분 가능 소득 전액을 부채 상환에 사용해야 한다.
ㄴ. 갑이 (나)를 통해 구제받을 경우 법원은 갑의 부채를 대신 상환한다.
ㄷ. 갑의 채권자 입장에서는 갑이 (나)보다 (가)를 통해 구제받는 것이 유리하다.
ㄹ. (가), (나)는 모두 갑에게 신용 회복의 기회를 제공하는 공적 구제 제도이다.

① ㄱ, ㄴ　② ㄱ, ㄷ　③ ㄴ, ㄷ　④ ㄴ, ㄹ　⑤ ㄷ, ㄹ

09

▸ 25064-0139

다음 자료에 대한 옳은 설명만을 〈보기〉에서 고른 것은?

• △△국에서는 A 지수와 B 지수의 합이 100을 초과하면 가계 부채 위험 가구로 분류된다. A 지수는 연 소득 대비 원리금 연 상환액 비율이 40%인 경우를 50으로, B 지수는 자산 대비 부채 비율이 100%인 경우를 50으로 나타내며, 해당 비율과 지수는 비례한다. 예를 들어, 연 소득 대비 원리금 연 상환액 비율이 20%이면 A 지수는 50의 절반인 25, 자산 대비 부채 비율이 120%이면 B 지수는 50의 1.2배인 60이다.
• 표는 2024년 갑 가구~병 가구의 연 소득, 원리금 연 상환액, 자산, 부채를 나타낸다.

(단위: 천 달러)

구분	갑 가구	을 가구	병 가구
연 소득	80	140	200
원리금 연 상환액	8	㉠	80
자산	200	400	600
부채	200	600	㉡

보기

ㄱ. 갑 가구는 가계 부채 위험 가구에 해당하지 않는다.
ㄴ. 을 가구와 병 가구가 모두 가계 부채 위험 가구에 해당한다면, ㉠은 28보다 크고, ㉡은 600보다 크다.
ㄷ. ㉡이 '300'이라면, B 지수는 '을 가구 > 병 가구 > 갑 가구'이다.
ㄹ. ㉡이 600보다 크다면, 갑 가구~병 가구 중 '연 소득/자산'이 큰 가구일수록 A 지수와 B 지수의 합이 크다.

① ㄱ, ㄴ ② ㄱ, ㄷ ③ ㄴ, ㄷ ④ ㄴ, ㄹ ⑤ ㄷ, ㄹ

10

▸ 25064-0140

다음 자료에 대한 옳은 설명만을 〈보기〉에서 고른 것은?

그림은 갑의 자산과 부채에서 순차적으로 나타난 변화이다. (가) 이전에 갑이 가진 자산은 예금 3,000만 원과 시세 가치가 2억 원인 주택이었고, 갑의 부채는 주택 담보 대출 3,000만 원이었다. 단, 이자 및 기타 비용은 고려하지 않는다.

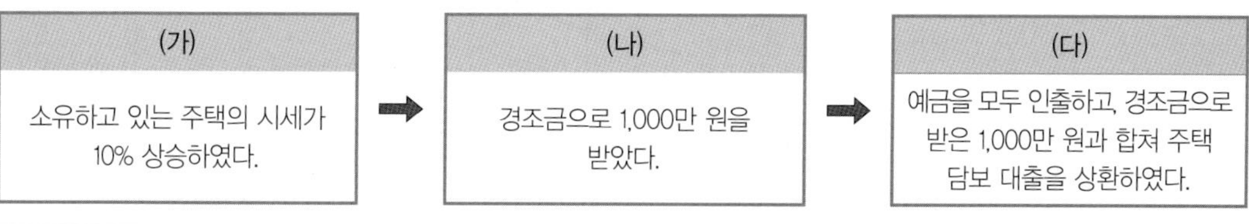

(가)
소유하고 있는 주택의 시세가 10% 상승하였다.
(나)
경조금으로 1,000만 원을 받았다.
(다)
예금을 모두 인출하고, 경조금으로 받은 1,000만 원과 합쳐 주택 담보 대출을 상환하였다.

보기

ㄱ. (가) 이전에 갑의 순자산은 2억 3,000만 원이다.
ㄴ. (가)로 인해 갑의 자산에서 금융 자산이 차지하는 비중이 감소한다.
ㄷ. (나)로 인해 갑의 순자산은 증가한다.
ㄹ. (다)로 인해 갑의 자산은 증가하고 부채는 감소한다.

① ㄱ, ㄴ ② ㄱ, ㄷ ③ ㄴ, ㄷ ④ ㄴ, ㄹ ⑤ ㄷ, ㄹ

THEME 15

금융 상품과 재무 계획

1 자산 관리의 주요 판단 기준

안전성	• 금융 상품의 가치가 보전될 수 있는 정도 • 금융 거래에는 금융 기관 파산에 따른 채무 불이행 위험, 금융 상품의 가격 하락에 따른 손실 위험이 따름.
수익성	• 금융 상품의 가격 상승이나 이자 수익을 기대할 수 있는 정도 • 주식의 경우 향후 주식 가격 상승에 대한 기대와 주식 발행 회사가 결산 후 지급하는 배당 수익에 대한 기대가 있음.
유동성 (환금성)	• 투자한 자산을 쉽고 빠르게 현금화할 수 있는지의 정도 • 부동산은 유동성이 낮지만, 요구불 예금은 유동성이 높음.

2 금융 상품의 유형과 특성

(1) 금융 상품 선택 시 고려 사항

① 안전성, 수익성, 유동성을 적절히 고려해야 함.

② 현재 자신의 수입이나 자산 및 부채 현황, 앞으로 필요한 자금의 규모 등을 고려하여 투자의 목적이나 기간 등을 살펴야 함.

(2) 금융 상품의 유형

① 예금: 이자 수익이나 자금 보관을 목적으로 금융 기관에 자금을 예치하는 것

요구불 예금	입출금이 자유로운 예금 예 보통 예금, 당좌 예금 등
저축성 예금	이자 수입을 주된 목적으로 하는 예금 예 정기 예금, 정기 적금 등

② 증권 상품

주식	• 의미: 기업이 사업 자금 조달을 위해 발행하는 증권으로, 회사 소유권의 일부를 투자자에게 주는 증서 • 특징: 예금 상품보다 안전성은 낮지만, 배당이나 시세 차익과 같은 수익을 기대할 수 있음.
채권	• 의미: 자금을 필요로 하는 정부나 기업 등이 다수의 사람으로부터 돈을 빌리면서 언제까지 빌리고, 이자는 얼마를 줄 것인지 약속하는 증서 • 특징: 이자나 시세 차익을 기대할 수 있고, 주식보다 안전성이 높으며, 실물 자산보다 유동성이 높음.
간접 투자 상품 (펀드)	• 의미: 수익 증권, 뮤추얼 펀드와 같이 금융 기관에 돈을 맡겨서 대신 투자하도록 하는 상품 • 특징: 수익은 예금 이자보다 높을 수 있으나, 원금 손실이 발생할 수 있음.

③ 연금: 노후 생활의 안정을 위해 필요한 자금을 적립하여 노령, 퇴직 등의 사유가 발생했을 때 지급받는 금융 상품

구분	의미	종류
공적 연금	국가나 법률로 정한 공공성을 갖춘 법인이 운영하는 연금	국민연금, 군인 연금, 공무원 연금 등
사적 연금	기업 등 사적 주체가 운영하는 연금	근로자 퇴직 연금, 개인연금 등

④ 보험

• 의미: 미래의 위험에 대비하여 평소에 보험료를 내고, 사고 발생 시 보험금을 받는 금융 상품

• 보험금 지급 사유에 따른 구분

구분	보험금 지급 사유	종류
생명 보험	사망 시 또는 계약 기간까지 생존 시 지급	사망 보험, 생존 보험 등
손해 보험	재산·신체적 손해 등 계약으로 정한 손해 발생 시 지급	화재 보험 등

• 보험 운영 방식에 따른 구분

구분	보험 운영 방식	종류
사회 보험	국가 및 공공 단체가 운영하며, 일반적으로 가입의 강제성이 있음.	국민 건강 보험, 고용 보험 등
민영 보험	민간 단체나 민영 회사가 운영하며, 일반적으로 가입의 강제성이 없음.	생명 보험, 손해 보험 등

3 생애 주기와 재무 설계

(1) 생애 주기

① 의미: 인간 생애를 유소년기, 청소년기, 청장년기, 노년기 등으로 구분한 것으로, 개인의 성장, 취업, 혼인, 자녀 양육, 은퇴, 노후 등 일반적 삶의 단계를 나타냄.

② 생애 주기 곡선: 생애 주기에 따른 수입과 지출 또는 소득과 소비를 곡선 형태로 나타낸 것으로, 개인마다 다양하게 나타남.

③ 생애 주기 곡선의 예

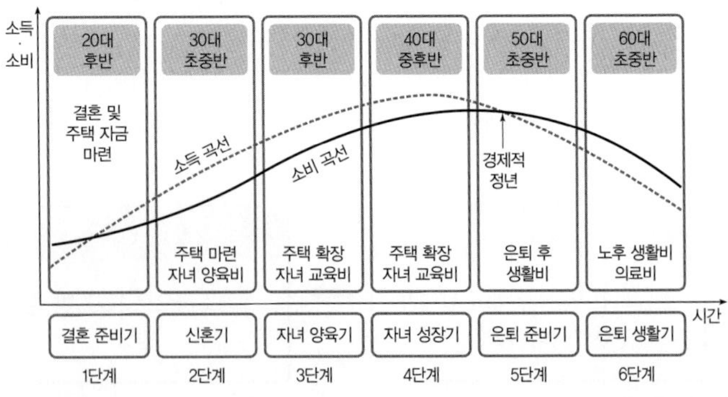

(2) 재무 설계

① 의미: 재무 목표 달성을 위해 수입, 지출과 저축 등을 합리적으로 계획하고 실천에 옮기는 것

② 필요성: 자신이 원하는 생활 수준을 유지하기 위해 재무 설계가 필요함.

③ 재무 설계의 절차: 재무 목표 설정 → 재무 상태 분석 → 행동 계획 수립 → 행동 계획 실행 → 평가와 수정

01

▸ 25064-0141

그림은 경제 수업 장면을 나타낸다. 교사의 질문에 대한 학생의 답변으로 가장 적절한 것은?

(가) 레버리지(Leverage) 법칙: 레버리지는 '지렛대'라는 의미로, 대출을 통해 투자금을 키움으로써 수익을 극대화할 수 있다는 법칙

(나) '−50= +100'의 법칙: 투자금의 50%에 해당하는 손실이 발생했을 경우 원금을 회복하기 위해서는 100%의 수익률을 올려야 한다는 법칙

(다) '100−나이' 법칙: 100에서 자신의 나이를 빼서 나온 값의 비율만큼은 수익성 위주의 자산에 투자하고, 나머지 비율만큼은 안전성 위주의 자산에 투자해야 한다는 법칙

(라) 부자 지수의 법칙: 부자 지수는 '(순자산액 × 10)/(나이 × 연간 총소득)'으로 계산되는데, 부자가 되기 위해서는 이 부자 지수를 높이는 방향으로 자산 관리를 해야 한다는 법칙

(마) 포트폴리오 법칙: 투자 시 발생할 수 있는 여러 위험을 줄이기 위해 서로 성격이 다른 자산에 골고루 투자해야 하고, 이러한 투자 내역을 서류 가방을 의미하는 '포트폴리오'에 넣어 중요하게 보관해야 한다는 뜻에서 유래한 법칙

(가)~(마)는 재무 설계 시 고려할 수 있는 다양한 법칙입니다. 이에 대해 설명해 볼까요?

① (가)를 통해 금융 상품의 안전성과 수익성은 상충 관계가 아니라는 것을 알 수 있습니다.
② (나)를 통해 자산 관리 시 안전성은 고려 대상이 아님을 알 수 있습니다.
③ (다)는 투자의 수익성을 추구하는 정도와 나이 간 정(+)의 관계가 있음을 시사하고 있습니다.
④ (라)는 부채도 자산이므로 부채를 늘려서라도 자산을 키우는 것이 중요함을 강조하고 있습니다.
⑤ (마)는 '계란을 한 바구니에 담지 말라.'라는 격언에 비유할 수 있습니다.

02

▸ 25064-0142

그림에 대한 설명으로 옳은 것은?

저희 △△ 주식회사는 내년 신제품 개발을 위한 비용을 이와 같이 마련하였습니다.

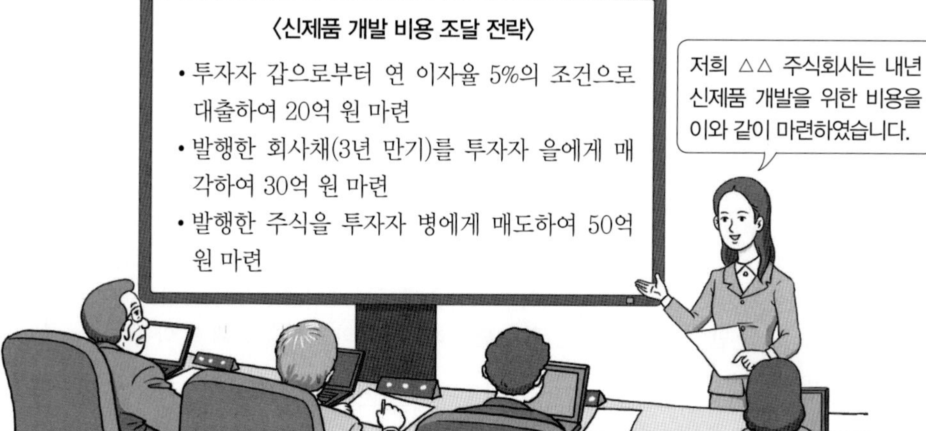

〈신제품 개발 비용 조달 전략〉
• 투자자 갑으로부터 연 이자율 5%의 조건으로 대출하여 20억 원 마련
• 발행한 회사채(3년 만기)를 투자자 을에게 매각하여 30억 원 마련
• 발행한 주식을 투자자 병에게 매도하여 50억 원 마련

① 갑은 △△ 주식회사의 경영 참가권을 가진다.
② 을은 △△ 주식회사의 회사채 만기가 지나야만 수익을 얻을 수 있다.
③ 병은 △△ 주식회사로부터 경영 성과에 따른 배당금을 받을 수 있다.
④ 갑과 달리 을로부터 조달한 자금은 △△ 주식회사의 부채에 해당한다.
⑤ 을, 병과 달리 갑은 △△ 주식회사로부터 이자 수익을 얻을 수 있다.

03

▸ 25064-0143

다음 자료에 대한 설명으로 옳은 것은? (단, A, B는 각각 사회 보험, 민영 보험 중 하나임.)

갑과 을은 제시된 특징에 맞는 보험의 유형을 파악하여 스티커를 붙이는 활동을 수행하였다. 〈자료 1〉은 교사가 제시한 스티커 부착 기준을, 〈자료 2〉는 갑, 을의 활동 결과와 이에 대한 교사의 평가를 나타낸다.

〈자료 1〉 스티커 부착 기준

- A가 아닌 B의 일반적인 특징에 해당할 경우 '☆'모양 스티커를 부착함.
- B가 아닌 A의 일반적인 특징에 해당할 경우 '★'모양 스티커를 부착함.

〈자료 2〉 갑, 을의 활동 결과와 교사의 평가

특징	답란		교사의 평가
	갑	을	
가입의 강제성이 있다.	☆	★	을만 옳음
국가 및 공공 단체가 운영 주체이다.	★	★	㉠
(가)	☆	☆	갑, 을 모두 옳음
(나)	★	☆	을만 옳음

① ㉠에는 '갑, 을 모두 옳음'이 들어간다.
② A에 납부한 보험료는 만기 시 전액 돌려받을 수 있다.
③ 국민 건강 보험과 고용 보험은 모두 B에 해당한다.
④ (가)에는 '총납입 보험료보다 많은 보험금을 받을 수 없다.'가 들어갈 수 있다.
⑤ (나)에는 '미래의 예상치 못한 위험에 대비하는 역할을 한다.'가 들어갈 수 있다.

04

▸ 25064-0144

다음 금융 상품 A에 대한 설명으로 옳은 것은?

〈금융 상품 탐구 보고서〉

○학년 ○반 ○○○

※ 수업 시간에 배운 금융 상품의 유형인 예금, 채권, 펀드 중 한 가지를 정하고, 이에 대해 자신이 조사한 내용을 써 봅시다.

☞ 저는 금융 상품의 유형 중 A에 대해 조사했습니다. A를 통해 수익을 얻는 방식은 다음과 같습니다. 예를 들어, 발행자가 100만 원짜리 A를 발행하면서 1년 후에 이자를 5만 원 더하여 105만 원을 투자자에게 주기로 약속한다면 현재 A의 가격은 100만 원이고 A의 금리는 연 5%가 됩니다. 만약 A의 가격이 100만 원으로 변함이 없는 상태에서 시중 금리가 10%로 상승했다면 발행으로부터 1년 후 105만 원을 받기로 한 A를 100만 원에 사려는 사람은 없을 것입니다. 그래서 A의 가격은 하락 압력을 받게 됩니다. 그런데 A의 가격이 시장에서 95만 원으로 하락했다면 이 A를 95만 원에 살 수 있고, 만기가 되면 105만 원을 받게 되므로 A의 구입을 통해 연 약 11%의 수익을 얻을 수 있습니다.

① 정부뿐만 아니라 기업도 발행할 수 있다.
② 주식과 달리 증권 상품에 해당하지 않는다.
③ A에 투자한 원금은 예금자 보호 제도의 대상이다.
④ 전문적인 운용 기관이 자금을 운용하는 간접 투자 상품이다.
⑤ A를 발행하여 자금을 확보하려는 기관의 신용도와 A의 금리는 정(+)의 관계이다.

05

▸ 25064-0145

다음 자료에 대한 옳은 설명만을 〈보기〉에서 있는 대로 고른 것은?

〈금융 상품의 유형 카드 게임〉

[게임 규칙]

금융 상품의 일반적인 특징이 한 가지씩 적혀 있는 〈카드 1〉~〈카드 6〉이 있다. 〈카드 1〉~〈카드 6〉 중에서 2장의 카드를 뽑고, 뽑은 카드의 점수를 합하여 점수가 높은 사람이 승리한다. 단, 자신이 뽑은 카드의 내용을 보고 1장을 교체할 수 있다. 각 카드에 적힌 특징이 주식, 채권, 정기 적금 중 1개에만 해당하면 1점, 2개에 해당하면 2점을 부여한다.

〈카드 1〉	〈카드 2〉	〈카드 3〉	〈카드 4〉	〈카드 5〉	〈카드 6〉
시세 차익을 기대할 수 있다.	이자 수익을 기대할 수 있다.	예금자 보호 제도의 적용 대상이다.	기업에 대한 소유 지분을 나타낸다.	소유자는 채권자로서 지위를 가진다.	일정 금액을 일정 기간 정기적으로 적립한다.

[게임 결과]

구분	최초 선택한 카드 조합	교체 카드
갑	〈카드 1〉, 〈카드 4〉	〈카드 4〉를 ㉠ 으로 교체
을	〈카드 3〉, 〈카드 5〉	〈카드 3〉을 ㉡ 으로 교체
병	〈카드 2〉, 〈카드 6〉	〈카드 2〉를 ㉢ 으로 교체

보기

ㄱ. ㉠이 '〈카드 2〉'라면, 갑의 점수는 최초 선택한 카드 조합의 점수보다 1점 높다.
ㄴ. ㉡이 '〈카드 6〉'이라면, 을은 정기 적금에 해당하는 카드를 채권에 해당하는 카드로 교체한 것이다.
ㄷ. ㉢이 '〈카드 4〉'라면, 병은 카드 교체 후 주식에만 해당하는 카드 1장과 정기 적금에만 해당하는 카드 1장을 갖게 된다.
ㄹ. 최초 선택한 카드 조합의 경우 을의 점수는 갑, 병에 비해 1점 낮다.

① ㄱ, ㄴ ② ㄱ, ㄷ ③ ㄴ, ㄹ ④ ㄱ, ㄷ, ㄹ ⑤ ㄴ, ㄷ, ㄹ

06

▸ 25064-0146

그림은 갑의 재무 설계 상담 전후의 월 지출 내역 전부를 나타낸다. 밑줄 친 ㉠에 해당하는 조언으로 가장 적절한 것은? (단, 갑의 월 소득은 변함이 없음.)

〈재무 설계 상담 전〉
- 세금 및 사회 보험료 60만 원
- 정기 적금 70만 원
- 주식형 펀드 50만 원
- 학자금 대출 원리금 60만 원
- 월세 70만 원
- 생활비 190만 원

㉠ 재무 설계사의 조언

〈재무 설계사의 조언을 수용한 후〉
- 세금 및 사회 보험료 60만 원
- 정기 적금 100만 원
- 주식형 펀드 70만 원
- 신용 대출 이자 30만 원
- 전세 자금 대출 이자 50만 원
- 생활비 190만 원

① 부채의 원금 상환액을 늘릴 필요가 있습니다.
② 소득 대비 요구불 예금액의 비중을 늘릴 필요가 있습니다.
③ 간접 투자 금융 상품에 대한 투자를 줄일 필요가 있습니다.
④ 금융 자산보다 실물 자산에 대한 투자를 늘릴 필요가 있습니다.
⑤ 예금자 보호 제도의 보호를 받는 금융 상품에 대한 투자를 늘릴 필요가 있습니다.

07

▸ 25064-0147

그림은 갑과 을의 금융 상품별 투자 비중을 나타낸다. 이에 대한 분석으로 옳은 것은? (단, 갑과 을은 모두 부채가 없으며, 금융 자산 규모는 서로 같음.)

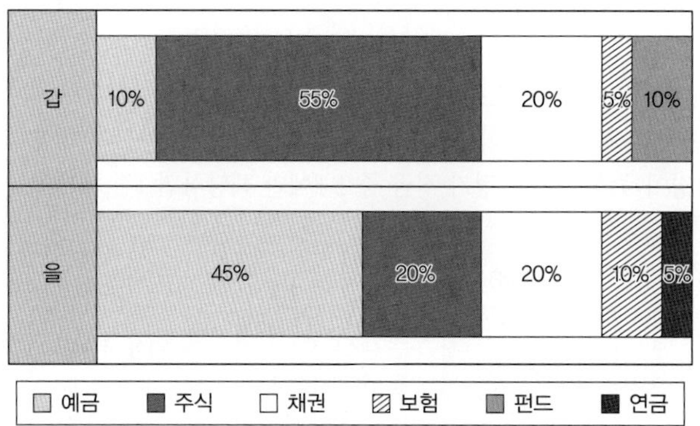

① 갑은 이자 수익을 기대할 수 있는 상품에 50% 이상 투자하고 있다.
② 갑과 달리 을은 미래의 위험에 대비하여 평소에 보험료를 납부하는 금융 상품에 투자하였다.
③ 을과 달리 갑은 간접 투자 상품에 투자하지 않았다.
④ 갑은 을보다 수익성을, 을은 갑보다 안전성을 더 중시하고 있다.
⑤ 소유 시 주주로서의 지위를 갖는 금융 상품에 대한 투자 비중은 을이 갑보다 높다.

08

▸ 25064-0148

표는 같은 시기에 이루어진 갑~정의 투자 내역을 나타낸다. 이에 대한 옳은 설명만을 〈보기〉에서 고른 것은?

구분	투자 내역
갑	1억 원의 정기 예금을 해지하여 □□ 배터리 회사의 주식에 3,000만 원, 미국 국채에 5,000만 원, ◇◇ 은행에서 발행한 채권에 2,000만 원을 투자함.
을	본인 소유의 주택을 담보로 대출받은 2억 원을 전부 ○○ 바이오 회사의 주식에 투자함.
병	만기가 된 정기 적금의 원리금 7,000만 원을 전부 연 금리 4%의 정기 예금에 예치함.
정	퇴직금 2억 원을 가지고 □□ 배터리 회사의 주식에 1억 원, 연 금리 4%의 정기 예금에 4,000만 원, ○○ 바이오 회사의 주식에 6,000만 원을 투자함.

보기

ㄱ. ○○ 바이오 회사의 주가가 50% 하락할 경우 을의 부채는 1억 원 증가한다.
ㄴ. □□ 배터리 회사의 주가가 20% 상승할 경우 이에 따른 수익은 갑이 정보다 작다.
ㄷ. 병은 을에 비해 수익성보다 안전성을 중시하는 투자를 하였다.
ㄹ. 을과 달리 갑, 병, 정은 투자금의 일부가 예금자 보호 제도에 의해 지급이 보장된다.

① ㄱ, ㄴ ② ㄱ, ㄷ ③ ㄴ, ㄷ ④ ㄴ, ㄹ ⑤ ㄷ, ㄹ

09

▸ 25064-0149

다음 자료에 대한 옳은 설명만을 〈보기〉에서 있는 대로 고른 것은?

갑은 그동안 다니던 직장을 퇴직하고 받은 퇴직금과 모아둔 돈을 합쳐 1억 원이 되자 t년 초에 원금 1억 원을 금융 상품에 투자하여 자산을 운용할 계획을 세웠다. 〈자료 1〉은 t년 초에 계획한 갑의 투자 계획을, 〈자료 2〉는 시기별 주식, 채권, 정기 예금의 수익률을 나타낸다. 단, A~C는 각각 주식, 채권, 정기 예금 중 하나이며, 투자에 따른 세금이나 수수료 등의 거래 비용은 고려하지 않는다.

〈자료 1〉 t년 초에 계획한 갑의 투자 계획

- 〈계획 1〉: t년 초에 시세 차익을 기대할 수 있다는 공통점이 있는 A와 B에 각각 원금의 50%씩 투자하였다가 t년 말에 전액 현금화함. 현금화한 자금 전부를 t+1년 초에 B에 투자함.
- 〈계획 2〉: t년 초에 이자 수익을 기대할 수 있다는 공통점이 있는 A와 C에 각각 원금의 50%씩 투자하였다가 t년 말에 전액 현금화함. 현금화한 자금 전부를 t+1년 초에 C에 투자함.

〈자료 2〉 시기별 주식, 채권, 정기 예금의 수익률

(단위: 연초 대비 연말 기준, %)

구분	주식	채권	정기 예금
t년	10	4	3
t+1년	−10	5	4

보기

ㄱ. A, C와 달리 B는 배당 수익을 기대할 수 있다.
ㄴ. t년 말까지의 투자 수익률은 〈계획 1〉이 〈계획 2〉보다 낮다.
ㄷ. t+1년 말까지의 투자 수익률은 〈계획 2〉가 〈계획 1〉보다 높다.

① ㄱ ② ㄴ ③ ㄱ, ㄷ ④ ㄴ, ㄷ ⑤ ㄱ, ㄴ, ㄷ

10

▸ 25064-0150

그림은 갑의 생애 주기 곡선을 나타낸다. 이에 대한 옳은 설명만을 〈보기〉에서 고른 것은? (단, ㉠~㉢은 해당 영역의 면적을 의미하며, 갑의 소득은 B 시기 때 가장 많음.)

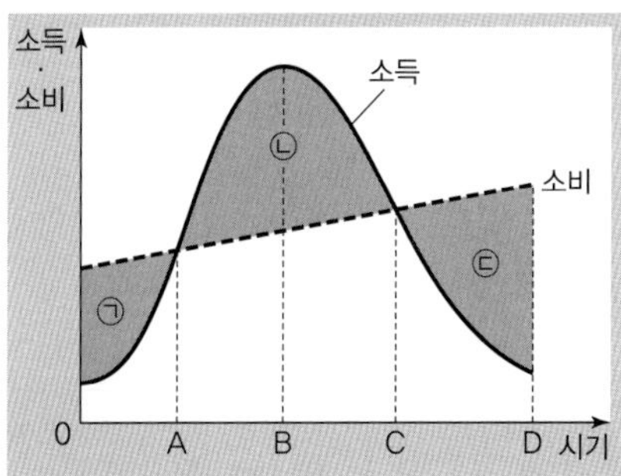

* 저축 = 소득 − 소비

보기

ㄱ. A 시기 이전까지 갑의 저축은 음(−)의 값이다.
ㄴ. '소비/소득'은 B 시기 이후 지속적으로 감소한다.
ㄷ. B 시기부터 C 시기까지 갑의 누적 저축액은 증가한다.
ㄹ. ㉠+㉢이 ㉡보다 크다면, 갑은 D 시기 이후 노후 생활 자금을 마련하기 위해 부채를 얻지 않아도 된다.

① ㄱ, ㄴ ② ㄱ, ㄷ ③ ㄴ, ㄷ ④ ㄴ, ㄹ ⑤ ㄷ, ㄹ

실전 모의고사 1회

제한시간 30분 | 배점 50점 | 정답과 해설 36쪽

문항에 따라 배점이 다르니, 각 물음의 끝에 표시된 배점을 참고하시오. 3점 문항에만 점수가 표시되어 있습니다. 점수 표시가 없는 문항은 모두 2점입니다.

▸ 25064-0151

1 그림은 실물의 흐름으로 나타낸 민간 부문의 경제 순환이다. 이에 대한 설명으로 옳은 것은? (단, A, B는 각각 가계, 기업 중 하나이고, (가) 시장, (나) 시장은 각각 생산물 시장, 생산 요소 시장 중 하나임.)

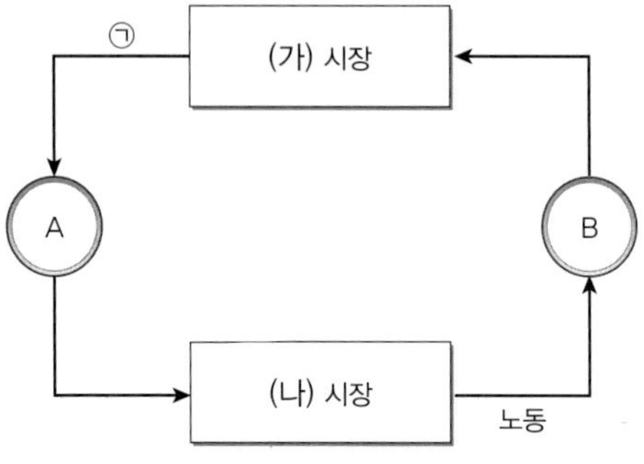

① A는 생산 활동의 주체이다.
② B는 효용 극대화를 추구한다.
③ 기업은 (가) 시장의 공급자이다.
④ 택배 회사에서 구입한 운송 전용 차량은 ㉠에 해당한다.
⑤ 가정주부가 이용한 청소 대행 업체의 서비스는 (나) 시장에서 거래된다.

▸ 25064-0152

2 다음 자료에 대한 설명으로 옳은 것은? (단, A, B는 각각 계획 경제 체제, 시장 경제 체제 중 하나임.)

그림은 경제 체제 A, B의 특징을 바탕으로 공통점과 차이점을 나타낸다. B와 달리 A에서는 경제 활동에서 개인의 자유로운 의사 결정을 중시한다.

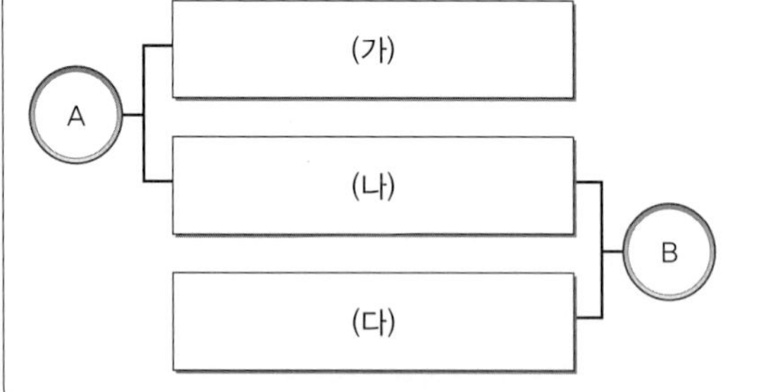

① A에서는 자원 배분의 효율성보다 형평성이 강조된다.
② B에서는 '보이지 않는 손'의 기능을 중시한다.
③ (가)에는 '자원의 희소성으로 인한 경제 문제가 발생한다.'가 들어갈 수 있다.
④ (나)에는 '개별 경제 주체의 경쟁을 통한 이익 추구를 보장한다.'가 들어갈 수 없다.
⑤ (다)에는 '원칙적으로 생산 수단의 사적 소유를 인정한다.'가 들어갈 수 있다.

▸ 25064-0153

3 다음 사례에 부각된 기업의 역할로 가장 적절한 것은?

A사는 자사 제품의 제조 과정에서 발생할 수 있는 인권 문제에 적극적으로 개입하기로 하였다. 자사의 제품을 생산·공급하는 업체에 안전한 작업 환경을 제공하고, 공정한 임금을 지급하며, 근로자들의 권리를 보호하기 위한 명확한 지침을 설정하였다.

① 효율성을 극대화하여 이익을 추구해야 한다.
② 창의성을 발휘하여 생산성 향상에 기여해야 한다.
③ 불공정한 경쟁이 일어나지 않도록 감시해야 한다.
④ 생산과 소비를 늘려 국가 경제 활성화에 기여해야 한다.
⑤ 윤리적인 방식으로 경영하여 기업의 사회적 책임을 져야 한다.

▸ 25064-0154

4 다음 자료에 대한 옳은 추론만을 <보기>에서 고른 것은? (단, 제시된 내용 이외의 다른 조건은 고려하지 않음.) [3점]

갑은 자신의 ㉠ 연간 독서 총량을 고려하여 전자책 구독 서비스 업체의 요금제 A, B 중 하나에 가입하려고 한다. 표는 요금제 A, B의 연간 구독료 및 읽은 전자책 권당 지급되는 적립금을 나타낸다.

(단위: 원)

구분	A 요금제	B 요금제
연간 구독료	8,000	25,000
권당 적립금	200	500

갑은 편익과 기회비용만을 고려하여 요금제를 합리적으로 선택한다. 요금제는 모두 1년 약정으로 가입하며 중도 해지는 불가능하다. 단, 요금제 가입의 편익은 갑이 연간 읽은 전자책 권당 지급된 적립금의 총액으로, 명시적 비용은 연간 구독료로 계산한다.

보기

ㄱ. ㉠이 50권일 경우 A 요금제를 선택하는 것이 합리적이다.
ㄴ. ㉠이 50권일 경우 A 요금제 선택의 편익이 B 요금제 선택의 편익보다 크다.
ㄷ. ㉠이 100권일 경우 A 요금제 선택의 암묵적 비용과 B 요금제 선택의 명시적 비용은 같다.
ㄹ. B 요금제 선택의 '편익/명시적 비용'은 ㉠이 50권일 경우가 100권일 경우보다 크다.

① ㄱ, ㄴ ② ㄱ, ㄷ ③ ㄴ, ㄷ ④ ㄴ, ㄹ ⑤ ㄷ, ㄹ

▸25064-0155

5 표는 X재의 가격별 수요량과 초과 공급량을 나타낸다. 이에 대한 옳은 분석 및 추론만을 〈보기〉에서 고른 것은? (단, X재의 수요와 공급 곡선은 모두 직선임.) [3점]

가격(만 원)	1	2	3	4	5	6
수요량(개)	350	300	250	200	150	100
초과 공급량(개)				0	100	200

* 초과 공급량 = 공급량 − 수요량
** 음영 처리(▒)는 해당 내용을 표기하지 않은 것을 나타냄.

보기

ㄱ. 가격이 2만 원일 때 공급량은 200개이다.
ㄴ. 가격이 3만 원일 때 100개의 초과 수요가 발생한다.
ㄷ. 정부가 X재 소비자에게 개당 2만 원씩 세금을 부과하면 균형 가격은 1만 원 하락한다.
ㄹ. 정부가 X재 생산자에게 개당 2만 원씩 세금을 부과하면 균형 거래량은 100개 감소한다.

① ㄱ, ㄴ ② ㄱ, ㄷ ③ ㄴ, ㄷ ④ ㄴ, ㄹ ⑤ ㄷ, ㄹ

▸25064-0156

6 다음 자료에 대한 분석으로 옳은 것은?

갑국의 X재 시장에서는 소비 또는 생산 활동 중 하나의 측면에서만 외부 효과가 발생하였다. 갑국 정부는 X재 소비자 또는 생산자 중 하나의 주체에게 개당 일정액의 세금을 부과하거나 보조금을 지급하는 정책을 시행하여 외부 효과를 해소하였다. 그림은 정책 시행으로 인한 X재의 균형점 이동을 나타낸다. 단, X재는 수요와 공급 법칙을 따르며, 수요와 공급 곡선은 모두 직선이다.

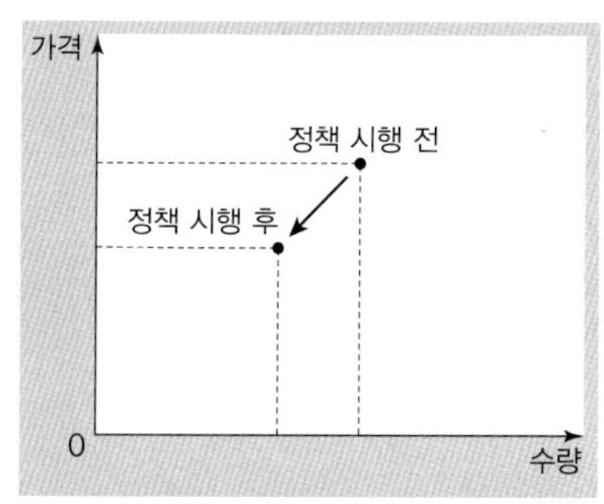

① 정책 시행 전 긍정적 외부 효과가 발생하였다.
② 정책 시행 전 생산 측면에서의 외부 효과가 발생하였다.
③ 정책 시행 전 X재 소비의 사적 편익이 사회적 편익보다 작다.
④ X재 시장의 생산자 잉여는 정책 시행 후가 정책 시행 전보다 작다.
⑤ 갑국 정부는 X재 소비자에게 개당 일정액의 보조금을 지급하는 정책을 시행하여 사회적 최적 수준을 달성하였다.

▸25064-0157

7 표는 갑국의 연도별 명목 GDP와 실질 GDP 각각의 전년 대비 변화율을 나타낸다. 이에 대한 분석으로 옳은 것은? (단, 물가 수준은 GDP 디플레이터로 측정하며, 기준 연도는 2021년임.) [3점]

(단위: 전년 대비, %)

구분	2022년	2023년	2024년
명목 GDP 변화율	4	2	2
실질 GDP 변화율	2	2	4

① 2022년의 경제 성장률은 음(−)의 값이다.
② 2022년에 실질 GDP는 명목 GDP보다 크다.
③ 2023년의 물가 수준은 전년보다 높다.
④ 2023년에 명목 GDP와 실질 GDP는 같다.
⑤ 2024년의 GDP 디플레이터는 100이다.

▸25064-0158

8 다음 자료에 대한 분석으로 옳은 것은? (단, 갑국 외환 시장은 수요와 공급 법칙을 따름.) [3점]

갑국 외환 시장 평가

□□ 은행 국제국 ○○팀

〈미국 달러화 대비 갑국 통화 가치 및 미국 달러화 거래량 변동 추이〉

(단위: 전기 대비, %)

구분	t기	t+1기
미국 달러화 대비 갑국 통화 가치 변동률	3	−2
미국 달러화 균형 거래량 변동률	0	1

〈갑국 통화/미국 달러화 환율 변동의 요인〉
전기 대비 t기의 갑국 통화/미국 달러화 환율 변동 요인에는 수요측 요인 (가) 와 공급측 요인 (나) 가 영향을 주었으며, t기 대비 t+1기의 갑국 통화/미국 달러화 환율 변동은 갑국 상품의 대미 수출 감소와 (다) 가 주요 요인으로 작용하였음.

① t기에 갑국 통화/미국 달러화 환율은 전기보다 상승하였다.
② t기 대비 t+1기에 미국 시장에서 갑국 제품의 가격 경쟁력은 하락하였다.
③ (가)에는 '갑국 국민의 미국 여행 증가'가 들어갈 수 있다.
④ (나)에는 '미국 국민의 갑국 채권 구입 감소'가 들어갈 수 있다.
⑤ (다)에는 '갑국의 미국 상품 수입 증가'가 들어갈 수 있다.

▸ 25064-0159

9 **표는 갑국의 연도별 고용 지표를 나타낸다. 이에 대한 옳은 분석만을 〈보기〉에서 고른 것은? (단, 갑국의 15세 이상 인구는 t년 대비 t+1년에 변함이 없고, t+1년 대비 t+2년에는 50% 증가하였음.) [3점]**

(단위: %)

구분	t년	t+1년	t+2년
고용률	㉠	70	60
실업률	30	㉡	25
경제 활동 참가율	90	80	80

보기

ㄱ. ㉠은 '70', ㉡은 '10'이다.
ㄴ. 실업자 수는 t년이 가장 적다.
ㄷ. 취업자 수는 t+2년이 가장 많다.
ㄹ. 경제 활동 인구는 t+2년이 t+1년의 1.5배이다.

① ㄱ, ㄴ ② ㄱ, ㄷ ③ ㄴ, ㄷ ④ ㄴ, ㄹ ⑤ ㄷ, ㄹ

▸ 25064-0160

10 **표는 갑국과 을국의 2023년, 2024년 경상 수지를 항목별로 나타낸다. 이에 대한 분석으로 옳은 것은? (단, 국제 거래는 갑국과 을국 간에만 이루어짐.)**

(단위: 억 달러)

구분	갑국		을국	
	2023년	2024년	2023년	2024년
상품 수지	30	−10		10
서비스 수지		㉠	15	20
본원 소득 수지	20		㉡	−20
(가)	−5		5	−5

* 음영 처리( )는 해당 내용을 표기하지 않은 것을 나타냄.

① ㉠은 '15', ㉡은 '20'이다.
② (가)에는 외국인의 주식 거래액이 포함된다.
③ 갑국의 상품 수출액은 2024년이 2023년보다 적다.
④ 2023년에 을국의 경상 수지는 을국의 국내 통화량 감소 요인이다.
⑤ 2024년에 해외 지식 재산권 사용료가 포함된 항목은 갑국이 흑자, 을국이 적자이다.

▸ 25064-0161

11 **다음 자료에 대한 옳은 설명만을 〈보기〉에서 고른 것은? [3점]**

표는 ㉠X재 공급 감소 전과 후의 Y재와 Z재의 균형 거래량을 나타낸다. Y재, Z재는 각각 X재와 연관 관계에 있으며, Y재와 Z재는 서로 연관 관계가 아니다. 단, X재~Z재는 모두 수요와 공급 법칙을 따른다.

(단위: 개)

구분	Y재	Z재
X재 공급 감소 전	100	100
X재 공급 감소 후	150	50

보기

ㄱ. X재와 Y재는 보완 관계에 있다.
ㄴ. X재와 Z재는 대체 관계에 있다.
ㄷ. ㉠으로 인해 Y재의 판매 수입은 증가하였다.
ㄹ. ㉠으로 인해 Z재의 가격은 하락하였다.

① ㄱ, ㄴ ② ㄱ, ㄷ ③ ㄴ, ㄷ ④ ㄴ, ㄹ ⑤ ㄷ, ㄹ

▸ 25064-0162

12 **다음 자료에 대한 분석으로 옳은 것은?**

그림은 현재 갑국의 X재 시장 상황을 나타낸다. 갑국 정부는 ㉠X재 생산자에게 개당 'P_1-P_2'의 보조금을 지급하는 방안과 ㉡실효성 있는 최고 가격제 중 하나를 시행하고자 한다. 단, 정부가 설정하는 가격은 P_1, P_2 중 하나이고, 최고 가격제 시행 시 암시장은 발생하지 않는다.

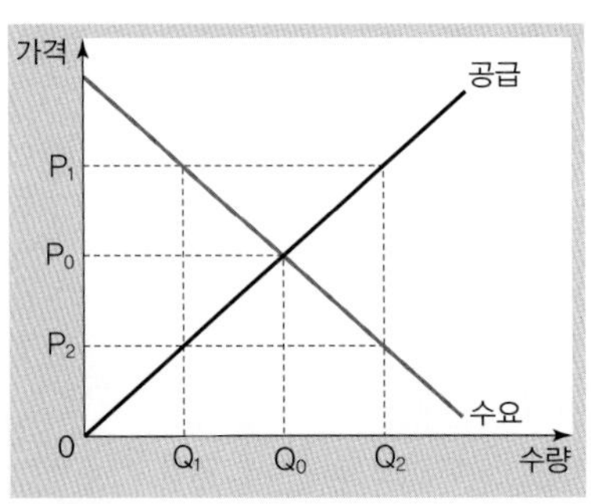

① ㉠을 시행하는 경우 'Q_2-Q_0'의 초과 공급이 발생한다.
② ㉠을 시행하는 경우 ㉠ 시행 이전보다 균형 거래량은 감소한다.
③ ㉡을 시행하는 경우 'Q_2-Q_1'의 초과 수요가 발생한다.
④ ㉡을 시행하는 경우 총잉여는 ㉡ 시행 이전보다 증가한다.
⑤ ㉠을 시행하는 경우에는 P_2, ㉡을 시행하는 경우에는 P_1로 시장 가격이 변동한다.

▸ 25064-0163

13 다음 자료에 대한 분석으로 옳은 것은? [3점]

A 기업은 임금, 시설 이용료, 데이터 사용료만 지출하여 X재를 최대 7개까지 생산한다. X재 생산을 위한 시설 이용료는 X재 생산량과 관계없이 20만 원을 지불해야 하며, 데이터 사용료는 X재 생산량에 따라 달라진다. 총비용은 임금, 시설 이용료, 데이터 사용료의 합이다. 표는 A 기업의 X재 생산량에 따라 소요되는 임금과 총비용을 나타낸다. 단, X재의 시장 가격은 개당 10만 원으로 일정하고, 생산된 X재는 전량 판매된다.

생산량(개)	1	2	3	4	5	6	7
임금(만 원)	2	4	6	8	10	12	14
총비용(만 원)	25	30	35	40	45	52	64

① '임금/총수입'은 생산량이 7개일 때 가장 크다.
② 생산량이 증가할수록 데이터 사용료는 감소한다.
③ 생산량이 증가할수록 '총수입/생산량'은 증가한다.
④ '총비용/생산량'은 생산량이 5개일 때가 2개일 때보다 크다.
⑤ 생산량이 4개에서 5개로 증가할 때 추가되는 이윤은 생산량이 5개에서 6개로 증가할 때 추가되는 이윤보다 크다.

▸ 25064-0164

14 다음 자료에 대한 옳은 설명만을 〈보기〉에서 고른 것은? (단, 총수요 곡선은 우하향하고 총공급 곡선은 우상향함.) [3점]

교사: 갑국은 현재 [(가)](으)로 인해 경제가 불안정한 상황입니다. 이를 해결하기 위한 경제 안정화 정책에 대해 발표해 볼까요?
갑: 정부는 법인세율을 인하해야 합니다.
을: 중앙은행은 지급 준비율을 인상해야 합니다.
병: [(나)]
교사: 옳은 내용을 말한 학생은 ㉠두 명뿐입니다.

보기

ㄱ. (가)가 '경기 과열과 그에 따른 물가 상승'이라면, ㉠은 갑과 을이다.
ㄴ. ㉠이 갑과 병이라면, (가)에는 '경기 침체와 그에 따른 실업률 상승'이 들어갈 수 있다.
ㄷ. (나)가 '중앙은행은 국공채를 매입해야 합니다.'라면, 갑은 ㉠에 포함된다.
ㄹ. 을이 ㉠에 포함된다면, (나)에는 '정부 지출 규모를 축소해야 합니다.'가 들어갈 수 없다.

① ㄱ, ㄴ ② ㄱ, ㄷ ③ ㄴ, ㄷ ④ ㄴ, ㄹ ⑤ ㄷ, ㄹ

▸ 25064-0165

15 다음 자료에 대한 분석 및 추론으로 옳은 것은? [3점]

갑국과 을국은 X재와 Y재만을 직선인 생산 가능 곡선상에서 생산한다. 양국은 비교 우위가 있는 재화만을 생산하여 양국 모두 이익이 발생하는 교환 비율에 따라 교역하였다. 표는 갑국의 교역 전과 후의 X재와 Y재의 소비량을 나타낸다. 교역 전 갑국의 X재 1개 소비의 기회비용은 Y재 1/2개이었으나, 교역 후에는 이보다 증가하였다. 단, 생산 요소는 노동뿐이며, 교역은 거래 비용 없이 양국 간에만 이루어진다. 또한 생산된 X재와 Y재는 전량 소비된다.

(단위: 개)

구분	X재	Y재
교역 전 소비량	40	30
교역 후 소비량	60	40

① 갑국은 Y재 생산에 비교 우위가 있다.
② 갑국은 X재 30개와 Y재 35개를 동시에 생산할 수 없다.
③ 을국은 교역 후 Y재 1개 소비의 기회비용이 감소하였다.
④ 양국 간 X재와 Y재의 교환 비율은 1:1이다.
⑤ 양국 간 X재와 Y재의 교환 비율이 1:2라면, 갑국은 교역하려고 하지 않을 것이다.

▸ 25064-0166

16 그림의 A~C점은 X재 시장의 균형점 E의 변화를 나타낸다. 이에 대한 옳은 설명만을 〈보기〉에서 고른 것은? (단, X재는 수요와 공급 법칙을 따르며, 균형점 E, A, C는 모두 같은 공급 곡선상에 위치함.)

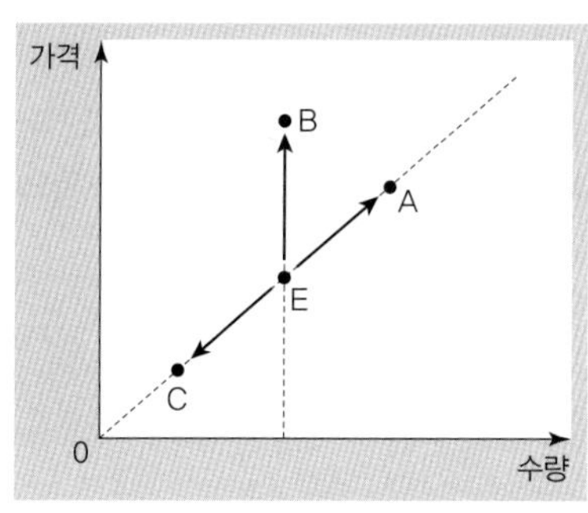

보기

ㄱ. X재에 대한 수요자의 미래 가격 상승 예측은 A점으로의 이동 요인이다.
ㄴ. X재의 생산 기술 혁신은 B점으로의 이동 요인이다.
ㄷ. X재와 보완 관계에 있는 재화의 가격 상승은 C점으로의 이동 요인이다.
ㄹ. A점과 달리 B점으로 이동할 경우 X재의 판매 수입은 증가한다.

① ㄱ, ㄴ ② ㄱ, ㄷ ③ ㄴ, ㄷ ④ ㄴ, ㄹ ⑤ ㄷ, ㄹ

▸ 25064-0167

17 밑줄 친 ㉠으로 인해 갑국에서 일어날 변화에 대한 옳은 분석만을 〈보기〉에서 고른 것은?

갑국은 X재, Y재만을 생산하고 소비한다. 표는 갑국의 X재 시장과 Y재 시장의 가격별 수요량과 공급량의 일부를 나타낸다. 최근 갑국 정부는 ㉠시장을 개방하여 자유 무역에 참여하였다. X재와 Y재의 국제 가격은 각각 5달러이며, 갑국은 국제 가격 수준에서 초과 공급만큼 수출하였고, 초과 수요만큼 수입하였다. 단, 갑국 시장에서 국내 수요와 공급 곡선은 모두 직선이며, 무역 후 갑국의 수요와 공급의 변동은 없다.

가격(달러)	X재		Y재	
	수요량(개)	공급량(개)	수요량(개)	공급량(개)
2	1,200	400	900	100
3	1,000	600	800	200
4	800	800	700	300
5	600	1,000	600	400
6	400	1,200	500	500

보기

ㄱ. 국내 X재 소비자 잉여는 감소한다.
ㄴ. 국내 Y재 생산자의 판매 수입은 증가한다.
ㄷ. 갑국 국내 X재 시장 거래량과 Y재 시장 거래량은 같아진다.
ㄹ. 갑국은 국제 시장에서 X재의 수입국이자 Y재의 수출국이 된다.

① ㄱ, ㄴ ② ㄱ, ㄷ ③ ㄴ, ㄷ ④ ㄴ, ㄹ ⑤ ㄷ, ㄹ

▸ 25064-0168

18 표는 갑의 월별 전체 소득 및 지출 관련 자료를 나타낸다. 이에 대한 설명으로 옳은 것은? (단, 갑의 월별 저축은 월 소득의 10%임.) [3점]

(단위: 만 원)

구분	1월	2월	3월
경상 소득	350	330	370
비경상 소득	150	20	30
소비 지출	350	215	260

* 처분 가능 소득 = 소득 − 비소비 지출
** 저축 = 처분 가능 소득 − 소비 지출

① 전체 소득 대비 경상 소득의 비중은 1월이 가장 크다.
② 처분 가능 소득은 3월이 가장 많다.
③ 저축은 2월이 1월보다 많다.
④ 퇴직금이 포함되는 소득은 3월이 1월보다 많다.
⑤ 비소비 지출은 1월~3월이 모두 같다.

▸ 25064-0169

19 다음은 경제 수업의 한 장면이다. 이에 대한 옳은 설명만을 〈보기〉에서 고른 것은? (단, A~C는 각각 공공재, 공유 자원, 사적 재화 중 하나임.)

교사: 경합성과 배제성의 유무를 기준으로 A~C의 일반적인 특징을 설명해 볼까요?
갑: A와 C는 대가를 지불하지 않아도 소비할 수 있습니다.
을: B와 C는 한 사람의 소비가 다른 사람의 소비를 감소시킵니다.
교사: 모두 옳게 답하였습니다.

보기

ㄱ. A는 시장에서 사회적 최적 수준보다 과소 생산된다.
ㄴ. 국방, 치안 등은 B에 해당하는 사례이다.
ㄷ. C는 남용되어 고갈되는 문제가 발생할 수 있다.
ㄹ. 무임승차자 문제는 A와 B 모두에서 발생할 수 있다.

① ㄱ, ㄴ ② ㄱ, ㄷ ③ ㄴ, ㄷ ④ ㄴ, ㄹ ⑤ ㄷ, ㄹ

▸ 25064-0170

20 다음 자료에 대한 옳은 분석만을 〈보기〉에서 고른 것은?

갑은 t년 초에 1억 원을 금융 상품 A~C에 분산 투자하여 t년 말에 20%의 수익률을 거두었고, t+1년 초에 금융 상품별 투자 비중을 조정하여 t년에 투자한 원금과 수익금 전액을 재투자하였다. 〈자료 1〉은 질문에 따라 A~C를 구분한 것이고, 〈자료 2〉는 연초의 투자 총액 대비 금융 상품별 투자 비중을 나타낸다. 단, A~C는 각각 주식, 채권, 요구불 예금 중 하나에 해당하고 금융 상품은 일반적인 특징을 가진다. 또한 금융 상품 투자 시 세금이나 수수료 등의 거래 비용은 없다.

〈자료 1〉

구분	A	B	C
시세 차익을 기대할 수 있는가?	예	예	아니요
배당 수익을 기대할 수 있는가?	아니요	예	아니요

〈자료 2〉

(단위: %)

구분	A	B	C
t년	20	50	30
t+1년	30	50	20

보기

ㄱ. A와 달리 B는 만기를 정할 수 있다.
ㄴ. B와 달리 C는 예금자 보호 제도의 적용을 받는다.
ㄷ. t+1년에 투자 비중이 가장 큰 금융 상품은 투자한 원금이 보장된다.
ㄹ. t년 대비 t+1년에 이자 수익을 기대할 수 있는 금융 상품에 투자한 금액이 증가하였다.

① ㄱ, ㄴ ② ㄱ, ㄷ ③ ㄴ, ㄷ ④ ㄴ, ㄹ ⑤ ㄷ, ㄹ

실전 모의고사 2회

제한시간 30분 | 배점 50점 | 정답과 해설 40쪽

문항에 따라 배점이 다르니, 각 물음의 끝에 표시된 배점을 참고하시오. 3점 문항에만 점수가 표시되어 있습니다. 점수 표시가 없는 문항은 모두 2점입니다.

▸ 25064-0171

1 그림은 국민 경제 순환의 일부를 화폐 흐름으로 나타낸 것이다. 이에 대한 설명으로 옳은 것은? (단, A～C는 각각 가계, 기업, 정부 중 하나임.)

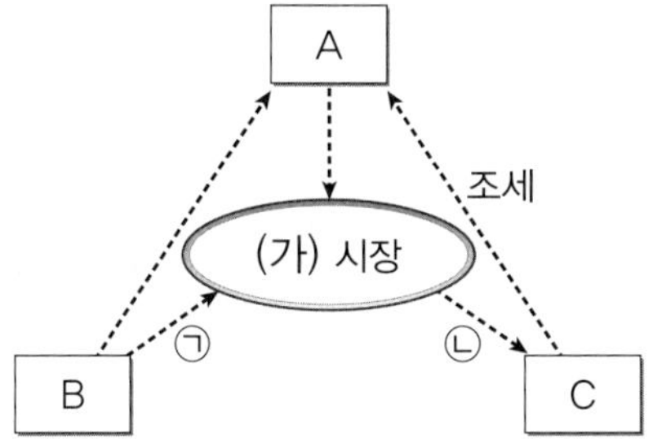

① A는 효용 극대화를 추구하는 주체이다.
② (가) 시장이 생산물 시장이라면, ㉠은 판매 수입이다.
③ (가) 시장이 생산 요소 시장이라면, ㉡은 요소 소득이다.
④ (가) 시장이 생산물 시장이라면, B는 생산 요소 시장의 수요자이다.
⑤ (가) 시장이 생산 요소 시장이라면, C는 이윤 극대화를 추구하는 주체이다.

▸ 25064-0172

2 그림은 경제 체제 A, B에 대한 학생 갑, 을의 형성 평가지이다. 이에 대한 설명으로 옳은 것은? (단, A, B는 각각 시장 경제 체제, 계획 경제 체제 중 하나임.)

〈형성 평가지〉
경제 체제의 특징 구분하기

※ A와 구분되는 B의 특징이라면 '예', A와 구분되는 B의 특징이 아니라면 '아니요'를 쓰시오.

특징	갑	을
생산 수단의 사적 소유를 원칙적으로 부정한다.	예	아니요
자원의 희소성으로 인한 경제 문제가 발생한다.	예	㉠
(가)	아니요	아니요
채점 결과	2점	1점

* 응답 내용 1개당 옳으면 1점, 틀리면 0점을 부여함.

① A는 정부의 명령과 계획에 따른 자원 배분을 중시한다.
② A와 달리 B는 경제적 유인 체계를 중시한다.
③ A와 B는 모두 경쟁의 원리를 강조한다.
④ ㉠은 '아니요'이다.
⑤ (가)에는 '시장 가격에 의한 자원 배분을 중시한다.'가 들어갈 수 있다.

▸ 25064-0173

3 다음 자료에 대한 옳은 분석 및 추론만을 〈보기〉에서 고른 것은? (단, 제시된 내용 이외의 다른 조건은 고려하지 않음.) [3점]

갑은 A재~C재 중 한 재화만을 1개 구입하려 한다. 표는 각 재화의 가격 및 선택에 따른 갑의 편익을 나타낸다. 갑은 편익과 기회비용을 고려한 합리적 선택으로 C재를 1개 구입하였다.

(단위: 만 원)

구분	A재	B재	C재
가격	2	㉠	3
편익	6	10	8

보기

ㄱ. 재화 1개 구입의 기회비용은 B재가 가장 크다.
ㄴ. 재화 1개 구입의 암묵적 비용은 A재가 B재보다 크다.
ㄷ. ㉠에는 '4'가 들어갈 수 없다.
ㄹ. ㉠이 '8'인 경우 재화 1개 구입의 기회비용은 B재가 A재의 2배이다.

① ㄱ, ㄴ ② ㄱ, ㄷ ③ ㄴ, ㄷ ④ ㄴ, ㄹ ⑤ ㄷ, ㄹ

▸ 25064-0174

4 표는 갑 기업의 X재 생산량에 따른 평균 비용을 나타낸다. 이에 대한 분석으로 옳은 것은? (단, 갑 기업은 X재만 최대 4개까지 생산할 수 있고, 생산된 X재는 개당 10달러의 가격에 전량 판매함.)

생산량(개)	1	2	3	4
평균 비용(달러)	15	10	9	9

* 평균 비용 = 총비용/생산량

① '이윤/생산량'은 생산량이 3개일 때와 4개일 때가 같다.
② 생산량이 증가할수록 '총수입/총비용'은 지속적으로 감소한다.
③ 생산량이 2개에서 3개로 증가할 때 추가되는 수입은 추가되는 비용보다 작다.
④ 생산량이 1개에서 2개로 증가할 때가 생산량이 3개에서 4개로 증가할 때보다 추가되는 비용이 크다.
⑤ 생산량이 2개에서 3개로 증가할 때가 생산량이 3개에서 4개로 증가할 때보다 추가되는 이윤이 작다.

▸ 25064-0175

5 그림은 갑, 을이 예측한 X재 시장의 균형점 E의 이동 방향을 나타낸다. 이에 대한 추론으로 옳은 것은? (단, X재는 수요와 공급 법칙을 따름.)

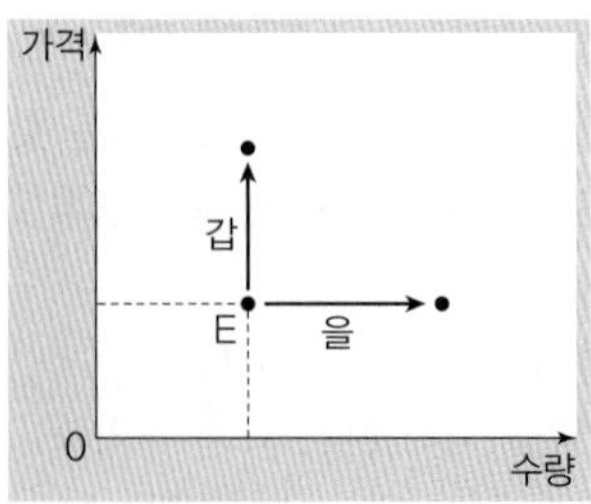

① 갑은 X재의 공급이 증가할 것으로 예측하고 있다.
② 을은 X재의 수요가 감소할 것으로 예측하고 있다.
③ X재의 원자재 가격 하락은 갑의 예측 근거로 활용될 수 있다.
④ X재에 대한 소비자의 선호도 상승은 갑과 을 모두의 예측 근거로 활용될 수 있다.
⑤ 갑과 달리 을은 X재의 판매 수입이 증가할 것으로 예측하고 있다.

▸ 25064-0176

6 다음 자료에 대한 분석으로 옳은 것은? [3점]

표는 시장 변동 전 X재 시장과 Y재 시장의 가격 수준별 가격 상승 또는 가격 하락 압력을 표시한 것이다. 시장 변동 전에는 X재와 Y재의 균형 가격에 2달러 차이가 있었으나, X재 시장에서는 공급 측면이, Y재 시장에서는 수요 측면이 변동하여 두 시장 모두 7달러 수준에서 새로운 균형 가격이 형성되었다. 단, X재와 Y재는 모두 수요와 공급 법칙을 따른다.

가격(달러)	X재 시장		Y재 시장	
	가격 상승 압력	가격 하락 압력	가격 상승 압력	가격 하락 압력
9	㉠			㉡
8		×		
7	○	×	×	○
6			○	
5		㉢	㉣	

* '○'는 있음, '×'는 없음을 의미하고, 음영 처리(▒)는 해당 내용을 표기하지 않은 것을 나타냄.

① ㉠과 ㉢은 모두 '×'이고, ㉡과 ㉣은 모두 '○'이다.
② 시장 변동 전 X재의 균형 가격은 8달러이다.
③ 시장 변동 전 Y재는 6달러 수준에서 초과 공급이 발생한다.
④ X재 시장의 변동 요인으로 X재 공급자의 미래 가격 상승 예측을 들 수 있다.
⑤ Y재 시장의 변동 요인으로 Y재와 보완 관계에 있는 재화의 가격 상승을 들 수 있다.

▸ 25064-0177

7 다음 자료에 대한 설명으로 옳은 것은? [3점]

A재는 B재와 C재 중 한 재화와 대체 관계에 있고, 다른 한 재화와는 보완 관계에 있으며, B재와 C재는 서로 관계가 없다. 그림은 ㉠A재의 공급 변동으로 인한 가격 변화와 그에 따른 B재와 C재 시장의 변동을 각각 나타낸다. 단, A재~C재는 모두 수요와 공급 법칙을 따른다.

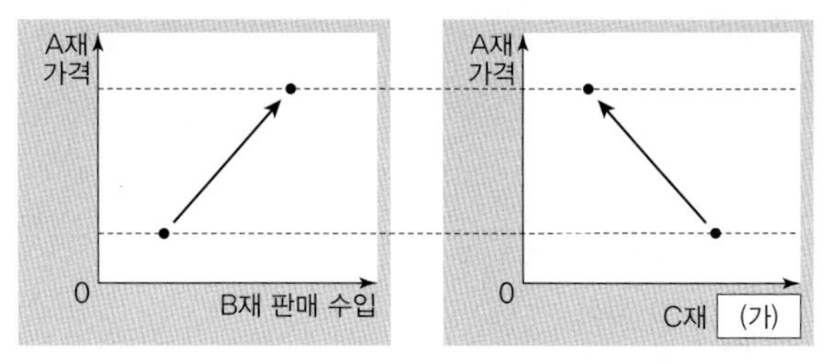

① B재는 A재와 보완 관계에 있는 재화이다.
② (가)에는 '균형 거래량'이 들어갈 수 있다.
③ ㉠의 요인으로 A재의 공급자 수 증가를 들 수 있다.
④ ㉠으로 인해 B재의 수요는 감소하였다.
⑤ ㉠으로 인해 C재의 균형 가격은 상승하였다.

▸ 25064-0178

8 다음 자료에 대한 설명으로 옳은 것은? [3점]

그림은 t기에 균형 가격에서 거래되고 있던 X재 시장의 수요와 공급 곡선이다. t+1기부터 정부는 8달러 수준에서 실효성 있는 ㉠최고 가격제를 시행하였고, 그 이후 t+2기에는 ㉡X재 시장의 변동으로 인해 모든 가격대에서 공급량이 각각 8개씩 증가하였다. 단, 최고 가격제 시행으로 인한 암시장 발생은 없다.

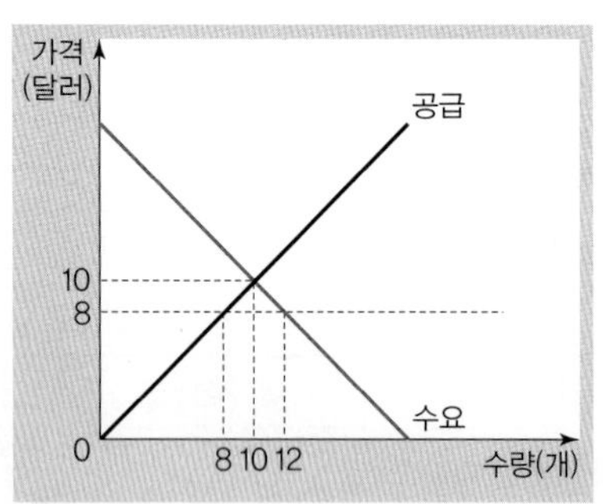

① ㉠은 생산자 보호를 목적으로 한다.
② ㉡의 요인으로는 X재 생산자에 대한 세금 부과를 들 수 있다.
③ ㉡으로 인해 t+2기의 소비자 잉여는 t+1기보다 8달러 증가하였다.
④ t기 대비 t+1기에 생산자 잉여는 증가하였다.
⑤ X재 시장의 판매 수입은 t+2기가 t기보다 16달러 작다.

▸ 25064-0179

9 다음 자료에 대한 분석으로 옳은 것은? [3점]

X재 시장과 Y재 시장에서는 각각 생산 측면과 소비 측면 중 하나의 외부 효과만 발생하였다. 이에 정부는 X재 시장과 Y재 시장에 개입하여 수요 또는 공급의 조절을 통해 각 시장의 외부 효과를 해소하였다. 표는 정부 개입 전 X재와 Y재의 균형 거래량 수준에서 측정한 사적 비용 및 사적 편익과 정부 개입 후 이전의 균형 거래량 수준에서 측정한 사적 비용과 사적 편익을 나타낸다. 단, X재와 Y재는 모두 수요와 공급 법칙을 따르고, 정부 개입 전 X재 시장과 Y재 시장의 균형 거래량은 각각 10개이다.

(단위: 달러)

구분	X재 시장		Y재 시장	
	사적 비용	사적 편익	사적 비용	사적 편익
정부 개입 전	50	50	20	20
정부 개입 후	70	50	20	40

① 정부 개입 전 X재 시장의 사적 비용은 사회적 비용보다 크다.
② 정부 개입 전 Y재는 사회적 최적 수준보다 많이 거래되었다.
③ 정부 개입 후 균형 거래량은 Y재 시장이 X재 시장보다 많다.
④ X재 시장의 소비자 잉여는 정부 개입 후가 정부 개입 전보다 크다.
⑤ Y재 시장의 생산자 잉여는 정부 개입 전이 정부 개입 후보다 크다.

▸ 25064-0180

10 다음은 경제 수업 시간에 교사가 제시한 자료이다. (가)에 들어갈 내용으로 가장 적절한 것은?

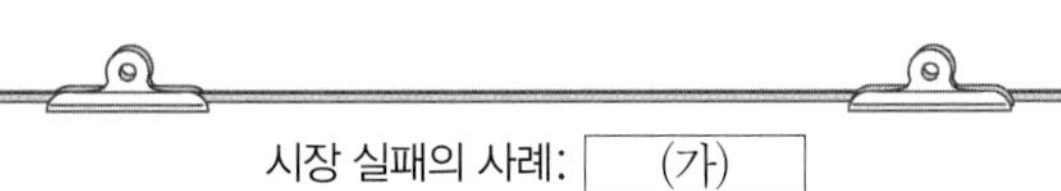

시장 실패의 사례: (가)

대형 은행이 위험한 금융 상품에 과도하게 투자하거나 대출을 남발하는 경우 금융 위기 상황을 초래할 수 있다. 은행들은 정부가 구제 금융을 제공할 것이라는 기대를 가지고 있기 때문에 초기 단계에서 위험 관리를 소홀히 할 수 있다. 실제로 2008년 글로벌 금융 위기 당시 미국 정부는 막대한 구제 금융을 제공해 대형 금융 기관의 파산을 막아 주었다. 이러한 상황은 은행들이 정부의 개입을 믿고 리스크를 과소평가하며 무모한 행동을 하여 발생하는 전형적인 (가) 사례에 해당한다.

① 역선택
② 도덕적 해이
③ 외부 불경제
④ 공공재의 부족
⑤ 담합으로 인한 불완전 경쟁

▸ 25064-0181

11 다음 자료에 대한 분석으로 옳은 것은? [3점]

표는 t년과 t+1년의 갑국 명목 지출 국민 소득의 항목별 비중을 나타낸다. t년 대비 t+1년에 경제 성장률은 10%이며, t년과 t+1년에 GDP 디플레이터로 측정한 물가 수준은 같다.

(단위: %)

구분	t년	t+1년
㉠소비 지출	55	45
㉡투자 지출	25	30
정부 지출	15	15
순수출	5	10

① 갑국의 명목 GDP는 t년이 t+1년보다 크다.
② 갑국의 수출액은 t+1년이 t년의 2배이다.
③ 갑국의 정부 지출은 t+1년이 t년보다 10% 많다.
④ ㉠에는 갑국 소비자의 국내 물품 구입액만 포함된다.
⑤ 외국 기업이 갑국에 공장을 설립한 것은 ㉡에 포함되지 않는다.

▸ 25064-0182

12 다음 자료에 대한 분석으로 옳은 것은? [3점]

표는 연도별 갑국의 경제 지표 변화를 나타낸다. (가), (나)는 각각 갑국의 명목 GDP와 실질 GDP 중 하나이다. 단, 물가 수준은 GDP 디플레이터로 측정하며, 물가 수준이 가장 높은 연도는 t+1년이다. 또한 갑국의 총수요 곡선은 우하향하고 총공급 곡선은 우상향한다.

(단위: 억 달러, %)

구분	t년	t+1년	t+2년
(가)	100	100	110
(나)	100	120	130
전년 대비 인구 증가율	5	5	10

① (가)는 명목 GDP, (나)는 실질 GDP이다.
② 전년 대비 t+1년에 총수요는 감소하였다.
③ 전년 대비 t+2년에 (가)의 증가율과 (나)의 증가율은 같다.
④ 1인당 실질 GDP는 t+1년과 t+2년이 같다.
⑤ 1인당 명목 GDP는 t+2년이 t+1년보다 크다.

▸ 25064-0183

13 그림에 대한 설명으로 옳은 것은? (단, A, B는 각각 비용 인상 인플레이션, 수요 견인 인플레이션 중 하나임.)

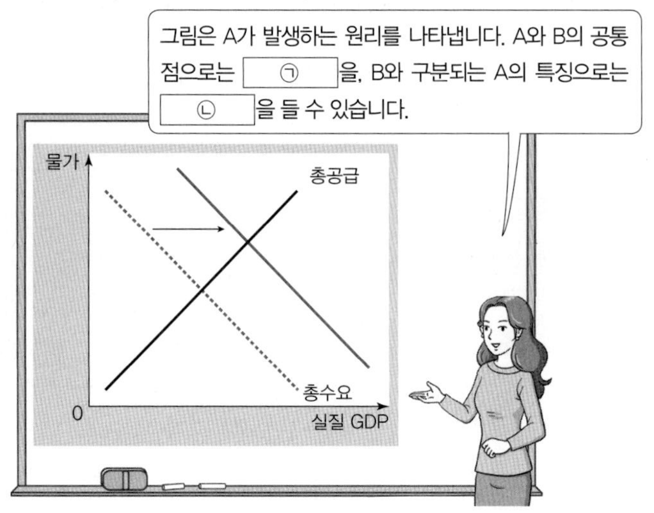

그림은 A가 발생하는 원리를 나타냅니다. A와 B의 공통점으로는 ㉠ 을, B와 구분되는 A의 특징으로는 ㉡ 을 들 수 있습니다.
물가
총공급
총수요
0
실질 GDP

① A는 주로 경기 침체기에 발생한다.
② B의 발생 요인으로 원자재 가격 상승을 들 수 있다.
③ A와 달리 B는 경상 수지 악화 요인으로 작용한다.
④ ㉠에는 '스태그플레이션을 야기할 수 있다는 점'이 들어갈 수 있다.
⑤ ㉡에는 '화폐의 실질 구매력을 하락시킨다는 점'이 들어갈 수 있다.

▸ 25064-0184

14 표는 갑국의 연도별 고용 지표를 나타낸다. 이에 대한 분석으로 옳은 것은? (단, 15세 이상 인구는 변함이 없음.)

(단위: %)

구분	t년	t+1년	t+2년
경제 활동 참가율	70	75	70
실업률	10	10	5

① 실업자 수는 t년과 t+1년이 같다.
② 비경제 활동 인구는 t+1년이 t년보다 많다.
③ 전년 대비 취업자 수 증가율은 t+1년이 t+2년보다 크다.
④ 고용률은 t+2년이 t+1년보다 높다.
⑤ t+1년 대비 t+2년에 취업자 수와 달리 실업자 수는 감소하였다.

▸ 25064-0185

15 다음 자료에 대한 설명으로 옳은 것은? (단, 갑국의 총수요 곡선은 우하향하고 총공급 곡선은 우상향함.)

> 갑국 정부의 ㉠재정 정책 시행에도 불구하고 대내외적 경제 상황이 전방위적으로 악화됨에 따라, 정부는 정부 정책에 공조하는 ㉡통화 정책 시행에 협조해 줄 것을 중앙은행에 요청하였다.
>
> 〈중앙은행에 대한 정책 공조 협조 요청 배경〉
> 1. 대내적 배경
> • 성장 둔화 속 주요 산업의 구조 조정 및 기업 투자 위축
> • 내수 시장에서의 ㉢가계의 소비 지출 급감
> 2. 대외적 배경
> • 주요 교역국의 경기 침체로 인한 ㉣순수출 감소

① 기준 금리 인상은 ㉠의 수단에 해당한다.
② 지급 준비율 인하는 ㉡의 수단에 해당한다.
③ 외화 대비 갑국 통화 가치의 상승은 ㉣을 개선시키는 요인이다.
④ ㉠과 달리 ㉡은 총공급 증가 요인이다.
⑤ ㉢과 달리 ㉣은 물가 하락 요인이다.

▸ 25064-0186

16 다음 자료에 대한 분석으로 옳은 것은? [3점]

> 갑국과 을국은 X재와 Y재만을 직선인 생산 가능 곡선상에서 생산한다. 양국은 비교 우위가 있는 재화만을 생산한 후 양국 모두 이익이 발생하는 조건에서 양국 간에만 무역을 실시하였다. 표는 갑국의 각 재화별 최대 생산 가능량 및 무역 후 소비량을 나타낸다. 단, 양국이 보유한 생산 요소는 동일한 양의 노동뿐이고, 양국에서 생산된 재화는 모두 소비되며, 무역에 따른 거래 비용은 발생하지 않는다.

(단위: 개)

구분	X재	Y재
최대 생산 가능량	100	100
무역 후 소비량	150	50

① 갑국은 X재 생산에 절대 우위가 있다.
② 을국은 Y재 생산에 비교 우위가 있다.
③ 갑국의 Y재 1개 소비의 기회비용은 무역 전이 무역 후보다 크다.
④ 을국의 X재 1개 생산의 기회비용은 Y재 1/3개보다 작다.
⑤ 양국 간 X재와 Y재의 교환 비율은 1:3이다.

▸ 25064-0187

17 다음 자료에 대한 설명으로 옳은 것은? [3점]

표는 시장 개방 전 갑국과 을국 X재 시장의 가격별 수요량과 공급량을 나타낸다. t기에 양국은 협상을 통해 7달러 수준에서 X재에 대한 자유 무역을 실시하였다. 그러던 중 t+1기에 을국에서 (가) 로 인해 을국의 X재 국내 공급이 변동하여, 양국은 X재의 양국 간 거래 가격을 5달러로 낮춰 자유 무역을 실시하였다. 단, 양국의 X재 국내 수요와 공급 곡선은 모두 직선이고, 자유 무역 시 수출국은 수출 가격 수준에서 초과 공급량만큼 수출하며, 수출량은 수입국의 초과 수요량과 같다.

가격(달러)	갑국		을국	
	수요량(개)	공급량(개)	수요량(개)	공급량(개)
8		400	500	
7	250			
6	300			
5		250	650	350

* 초과 공급량 = 공급량 − 수요량
** 초과 수요량 = 수요량 − 공급량
*** 음영 처리( )는 해당 내용을 표기하지 않은 것을 나타냄.

① 시장 개방 전 X재 국내 균형 가격은 을국이 갑국보다 2달러 높다.
② (가)에는 'X재의 공급자 수 감소'가 들어갈 수 있다.
③ t기와 t+1기 모두 갑국이 수출국이다.
④ 양국 간 교역량은 t+1기가 t기보다 많다.
⑤ 갑국과 을국의 X재 생산량의 합은 t+1기가 t기보다 100개 많다.

▸ 25064-0188

18 밑줄 친 ㉠~㉣에 대한 옳은 설명만을 〈보기〉에서 고른 것은? [3점]

○○ 신문

㉠미국 경제 정책 변화가 불러온 외환 시장의 변동

달러화 강세 속 ㉡원/달러 환율은 완만하게 상승하고 있으나, ㉢엔/달러 환율은 급상승하고 있다. 이와 같은 변화 속에서 ㉣원화 대비 엔화 가치 하락이 지속되면서 …….

보기
ㄱ. ㉠은 달러화 대비 원화 가치 하락 요인으로 작용하였다.
ㄴ. 미국 제품에 대한 우리나라의 수입 감소는 ㉡의 상승 요인이다.
ㄷ. 일본인의 미국 기업에 대한 투자 증가는 ㉢의 상승 요인이다.
ㄹ. ㉣은 미국 시장에서 우리나라 제품과 경쟁 관계에 있는 일본 제품의 가격 경쟁력 약화 요인이다.

① ㄱ, ㄴ ② ㄱ, ㄷ ③ ㄴ, ㄷ ④ ㄴ, ㄹ ⑤ ㄷ, ㄹ

▸ 25064-0189

19 다음 자료에 대한 옳은 분석만을 〈보기〉에서 고른 것은?

표는 t년 대비 t+1년 갑국의 경상 수지 항목별 수취액과 지급액의 증가율을 나타낸다. 단, t+1년에 갑국의 상품 수지와 이전 소득 수지는 영(0)이고, 서비스 수지는 음(−)의 값, 본원 소득 수지는 양(+)의 값을 가진다.

(단위: %)

구분	수취액 증가율	지급액 증가율
㉠상품 수지	5	10
㉡서비스 수지	10	−5
㉢본원 소득 수지	5	5
㉣이전 소득 수지	−10	10

보기
ㄱ. t년에 ㉠은 흑자이다.
ㄴ. ㉢은 t년과 t+1년이 같다.
ㄷ. t년에 ㉡과 달리 ㉣은 흑자이다.
ㄹ. t년에 해외 지식 재산권 사용료가 포함된 항목은 흑자이다.

① ㄱ, ㄴ ② ㄱ, ㄷ ③ ㄴ, ㄷ ④ ㄴ, ㄹ ⑤ ㄷ, ㄹ

▸ 25064-0190

20 다음 대화에 대한 설명으로 옳은 것은? (단, A~C는 각각 정기 예금, 주식, 채권 중 하나임.)

교사: 여러분이 각자 뽑은 카드에는 금융 상품 A~C를 구분할 수 있는 질문이 적혀 있습니다. 각자 뽑은 카드에 적힌 내용으로 A~C를 어떻게 구분할 수 있는지 발표해 볼까요?

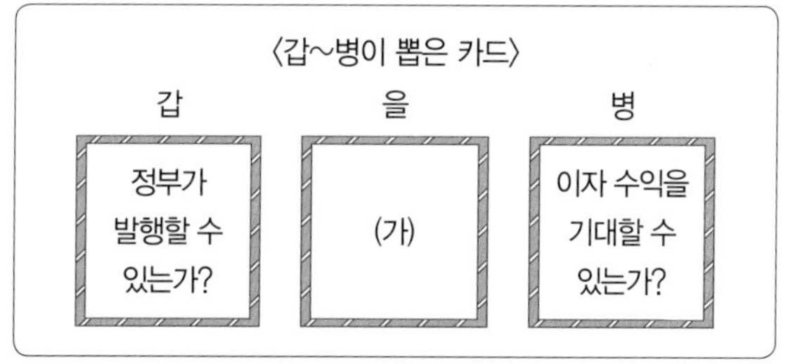

〈갑~병이 뽑은 카드〉
갑
을
병
정부가 발행할 수 있는가?
(가)
이자 수익을 기대할 수 있는가?

갑: 제가 뽑은 카드로는 A와 B를 구분할 수 없습니다.
을: 제가 뽑은 카드로는 B와 C를 구분할 수 없습니다.
병: 제가 뽑은 카드로는 B와 C를 구분할 수 있습니다.
교사: 모두 옳게 발표하였습니다.

① A는 배당 수익을 기대할 수 있다.
② B는 이자 수익을 기대할 수 있다.
③ C는 예금자 보호 제도가 적용되는 상품이다.
④ (가)에는 '시세 차익을 기대할 수 있는가?'가 들어갈 수 있다.
⑤ (가)에는 '기업이 발행 주체가 될 수 있는가?'가 들어갈 수 없다.

실전 모의고사 3회

제한시간 30분 배점 50점 정답과 해설 44쪽

문항에 따라 배점이 다르니, 각 물음의 끝에 표시된 배점을 참고하시오. 3점 문항에만 점수가 표시되어 있습니다. 점수 표시가 없는 문항은 모두 2점입니다.

▸25064-0191

1 그림은 국민 경제 순환의 실물 흐름을 나타낸다. 이에 대한 설명으로 옳은 것은? (단, A~C는 각각 가계, 기업, 정부 중 하나이고, (가) 시장, (나) 시장은 각각 생산물 시장, 생산 요소 시장 중 하나임.)

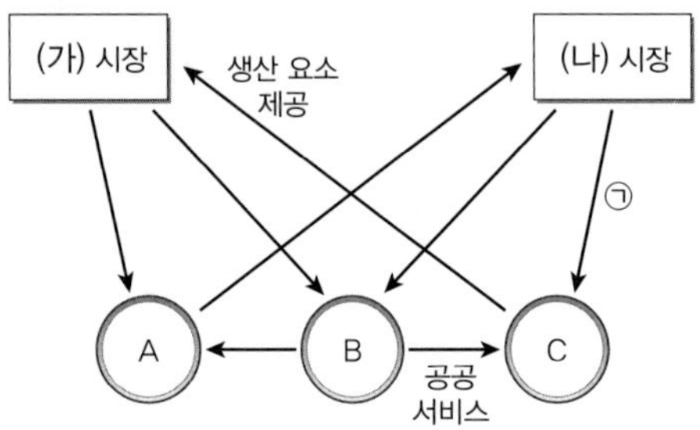

① A는 이윤 극대화를 추구한다.
② A와 달리 C는 재정 활동의 주체이다.
③ C와 달리 B는 소비 활동의 주체이다.
④ 임금, 지대, 이자는 ㉠의 대가에 해당한다.
⑤ 가계는 (가) 시장이 아닌 (나) 시장에서의 공급자이다.

▸25064-0192

2 다음은 서술형 문제에 대한 학생의 답안과 교사의 채점 결과를 나타낸다. 이에 대한 설명으로 옳은 것은? (단, A, B는 각각 계획 경제 체제, 시장 경제 체제 중 하나임.)

[문제] B와 구분되는 A의 특징을 두 가지 서술하시오.

학생	답안	교사 채점
갑	• 사적 이익 추구 활동의 자유를 보장한다. • (가)	2점
을	• 시장의 원리에 의해 경제 문제를 해결한다. • (나)	1점

* 답안 내용 1개당 옳으면 1점, 틀리면 0점을 부여함.

① A에서는 정부의 계획과 명령에 의한 경제 문제 해결을 중시한다.
② B에서는 민간 경제 주체가 생산과 소비를 자유롭게 결정한다.
③ A와 달리 B에서는 자원 배분의 효율성을 중시한다.
④ B와 달리 A에서는 '보이지 않는 손'에 의한 자원 배분을 추구한다.
⑤ '민간 경제 주체 간의 경쟁을 강조한다.'는 (가)가 아닌 (나)에 들어갈 수 있다.

▸25064-0193

3 다음은 2024년에 갑국에서 발생한 모든 경제 활동을 나타낸다. 이에 대한 설명으로 옳은 것은?

• 갑국의 A 기업은 갑국의 C 기업이 2024년에 중간재 없이 생산한 X재 2만 달러어치를 전량 구입하여 이를 모두 사용해서 Y재를 만들었고, 이것을 갑국의 B 기업과 소비자에게 각각 2만 달러에 전량 판매하였다.
• 갑국의 B 기업은 갑국의 A 기업으로부터 구입한 Y재를 모두 원료로 사용하여 Z재를 만들었고, 이를 갑국 소비자에게 4만 달러에 전량 판매하였다.

① Y재는 중간재로만 사용되었다.
② 갑국에서의 중간재 구입 비용은 8만 달러이다.
③ 갑국에서 창출한 부가 가치의 합은 6만 달러이다.
④ B 기업이 창출한 부가 가치는 A 기업이 창출한 부가 가치보다 크다.
⑤ C 기업은 최종 생산물을 생산하였다.

▸25064-0194

4 2023년 대비 2024년의 갑국 고용 지표 관련 변화 양상에 대한 분석으로 옳은 것은? [3점]

표는 전년 대비 2024년에 갑국의 취업자 수, 실업자 수, 비경제 활동 인구의 변화율을 나타낸다. 2023년에 경제 활동 참가율은 85%이고, '취업자 수 : 실업자 수'는 '15 : 2'이며, 15세 이상 인구는 400만 명이다. 전년 대비 2024년에 15세 이상 인구는 10% 증가하였다.

(단위: 전년 대비, %)

구분	취업자 수	실업자 수	비경제 활동 인구
변화율	10	−12.5	25

① 실업률은 증가하였다.
② 고용률은 증가하였다.
③ 실업자 수 대비 취업자 수는 감소하였다.
④ 비경제 활동 인구 대비 경제 활동 인구는 증가하였다.
⑤ 비경제 활동 인구 증가분은 취업자 수 증가분의 1/2이다.

▸ 25064-0195

5 다음 자료에 대한 설명으로 옳은 것은? [3점]

표는 갑국의 전년 대비 실질 GDP와 명목 GDP의 변동 양상과 전년 대비 물가 변동 양상을 나타낸다. 단, 물가 수준은 GDP 디플레이터로 측정하며, 기준 연도는 2020년이다.

구분	전년 대비 GDP 변동 양상	전년 대비 물가 변동 양상
2021년	실질 GDP 감소, 명목 GDP 증가	(가)
2022년	실질 GDP 불변, 명목 GDP 증가	물가 상승
2023년	실질 GDP 증가, 명목 GDP 불변	(나)
2024년	(다)	물가 상승

① 경제 성장률은 2021년이 2022년보다 크다.
② GDP 디플레이터는 2022년이 2023년보다 작다.
③ 2023년에 경제 성장률과 물가 상승률은 모두 양(+)의 값이다.
④ (가)에는 '물가 상승', (나)에는 '물가 하락'이 들어갈 수 있다.
⑤ (다)에는 '실질 GDP 불변, 명목 GDP 감소'가 들어갈 수 있다.

▸ 25064-0196

6 다음 자료에 대한 옳은 설명만을 〈보기〉에서 있는 대로 고른 것은?

표는 외형이 같은 중고 전기 자전거 A, B의 품질과 공급자 을, 병의 최소 요구 금액을 나타낸다. 갑은 중고 전기 자전거 A, B 중 하나를 선택하여 구입하고자 하고, 갑이 최대로 지불하고자 하는 금액은 50달러이다. 갑은 중고 전기 자전거 A, B의 외형 이외의 품질을 알지 못하고, 을, 병은 공급자 상대방의 공급하고자 하는 상품의 품질을 알지 못한다. 단, 갑은 자신이 알고 있는 정보만을 고려하여 합리적 선택으로 중고 전기 자전거를 구입하였다.

구분	공급자	품질	최소 요구 금액
중고 전기 자전거 A	을	고품질	60달러
중고 전기 자전거 B	병	저품질	40달러

보기
ㄱ. 갑과의 거래가 이루어진 공급자는 병이다.
ㄴ. 갑은 중고 전기 자전거 A를 구입하였을 것이다.
ㄷ. 중고 전기 자전거의 거래 가격은 40달러 미만이다.

① ㄱ ② ㄴ ③ ㄱ, ㄷ
④ ㄴ, ㄷ ⑤ ㄱ, ㄴ, ㄷ

▸ 25064-0197

7 다음 자료에 대한 설명으로 옳은 것은?

표는 X재에 대한 수요자의 최대 지불 용의 금액과 공급자의 최소 요구 금액을 나타낸다. X재 시장에서 수요자는 갑~무만 존재하고, 공급자는 A~E만 존재한다. 수요자는 X재를 최대 1개씩만 구입하고, 공급자는 X재를 최대 1개씩만 판매한다. 단, X재에 대한 공급자의 최소 요구 금액은 서로 다르다.

(단위: 달러)

수요자	갑	을	병	정	무
최대 지불 용의 금액	110	100	80	70	90
공급자	A	B	C	D	E
최소 요구 금액	70	80	90	100	㉠

① 가격이 80달러일 때 X재 시장은 균형 상태이다.
② 가격이 100달러일 때 X재의 '공급량－수요량'은 최대 4개이다.
③ ㉠이 '110'이라면, X재의 균형 가격은 100달러이다.
④ X재의 균형 가격이 90달러라면, ㉠은 90보다 크다.
⑤ X재의 균형 가격이 80달러와 90달러 사이에서 결정된다면, X재 판매자는 A, B뿐이다.

▸ 25064-0198

8 다음 자료에 대한 옳은 설명만을 〈보기〉에서 고른 것은? (단, 제시된 자료 이외의 다른 조건은 고려하지 않음.) [3점]

그림은 갑이 구입할 X재~Z재 선택에 따른 편익과 기회비용을 나타낸다. X재 가격은 Y재 가격보다 낮고, Y재 가격은 Z재 가격과 같으며, 갑은 편익과 기회비용만을 고려하여 합리적으로 선택한다.

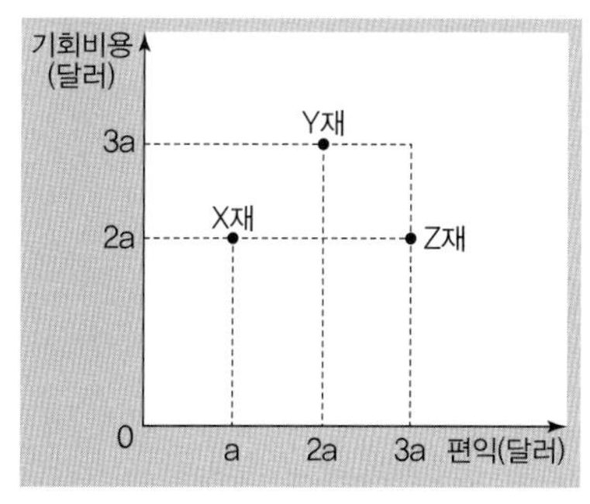

보기
ㄱ. 갑은 Z재를 구입할 것이다.
ㄴ. X재 선택의 순편익은 Y재 선택의 순편익보다 크다.
ㄷ. X재 선택의 암묵적 비용은 Y재 선택의 암묵적 비용과 같다.
ㄹ. Y재 선택의 명시적 비용은 Z재 선택의 명시적 비용보다 작다.

① ㄱ, ㄴ ② ㄱ, ㄷ ③ ㄴ, ㄷ ④ ㄴ, ㄹ ⑤ ㄷ, ㄹ

▶ 25064-0199

9 다음 자료에 대한 옳은 설명만을 〈보기〉에서 고른 것은? (단, A, B는 각각 수요 증가, 공급 증가 중 하나임.) [3점]

〈활동 내용〉 수요와 공급 법칙을 따르는 X재 시장에서 B의 요인이 아닌 A의 요인이 적혀 있는 카드 선택하기
〈갑~병이 고른 카드에 적혀 있는 내용〉
• 갑: X재의 생산 비용이 감소하였다.
• 을: (가)
• 병: X재에 대한 수요자의 선호도가 상승하였다.
〈교사 평가〉 옳은 내용이 적혀 있는 카드를 고른 사람은 ㉠두 명뿐임.

보기
ㄱ. X재 시장에서 B로 인해 X재 공급 곡선상에서만 균형점이 우상향으로 이동한다면, ㉠은 '갑, 을'이다.
ㄴ. (가)에 'X재와 대체 관계에 있는 재화의 공급이 감소하였다.'가 들어간다면, 병은 ㉠에 포함된다.
ㄷ. 갑이 ㉠에 포함된다면, X재와 보완 관계에 있는 재화의 공급 감소는 A의 요인이다.
ㄹ. 병이 ㉠에 포함된다면, (가)에는 'X재의 생산 기술이 향상되었다.'가 들어갈 수 있다.

① ㄱ, ㄴ ② ㄱ, ㄷ ③ ㄴ, ㄷ ④ ㄴ, ㄹ ⑤ ㄷ, ㄹ

▶ 25064-0200

10 다음 자료에 대한 분석으로 옳은 것은? [3점]

표는 연도별 갑국의 경상 수지 항목별 전년 대비 변화율을 나타낸다. 2022년에 갑국의 경상 수지는 모든 항목에서 흑자이고, 상품 수지, 서비스 수지, 본원 소득 수지, 이전 소득 수지의 구성비는 6 : 2 : 1 : 1이다.

(단위: 전년 대비, %)

항목	2023년	2024년
상품 수지	20	0
서비스 수지	㉠	−50
본원 소득 수지	20	㉡
이전 소득 수지	−40	−50
경상 수지	20	−20

① ㉠과 ㉡은 각각 '50'이다.
② 경상 수지는 2022년과 2024년이 같다.
③ 2023년에 해외 무상 원조금이 포함되는 항목은 적자이다.
④ 갑국의 상품 수출액은 2023년과 2024년이 같다.
⑤ 해외 지식 재산권 사용료가 기록되는 항목의 수지는 2022년 대비 2024년에 25% 감소하였다.

▶ 25064-0201

11 다음 자료에 대한 설명으로 옳은 것은? [3점]

그림은 갑국의 X재 국내 수요와 국내 공급을 나타낸다. X재 자유 무역에 참여하고 있는 갑국은 국제 가격인 20달러에서 X재를 무제한 수입할 수 있다. 갑국 정부는 국내 산업 보호를 목적으로 X재 수입량을 현재보다 4만 개 감소시키기 위해 ㉠X재에 대해 수입 개당 일정액의 관세를 부과하거나 ㉡X재 국내 생산자에게 개당 일정액의 생산 보조금을 지급하는 정책 중 하나를 시행하고자 한다. 단, X재 국제 가격은 변함이 없고, 갑국에서 생산된 X재는 전량 국내에서 판매된다.

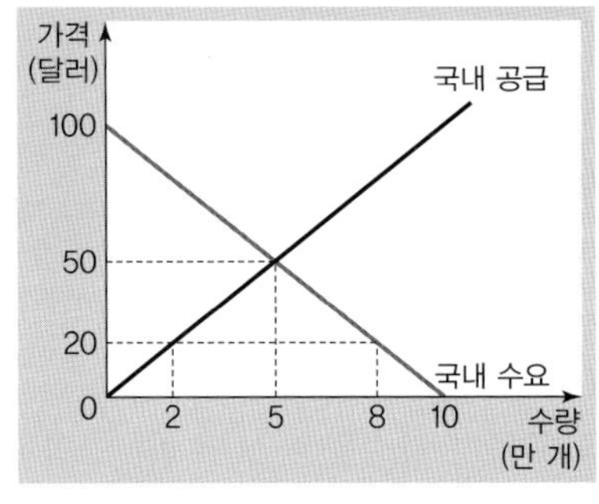

① 정책 시행 전 갑국 X재 시장의 소비 지출은 250만 달러이다.
② ㉠을 시행하는 경우 갑국 정부의 관세 수입은 40만 달러이다.
③ ㉠을 시행하는 경우 갑국 내 X재 생산자의 생산량은 정책 시행 전보다 4만 개 증가한다.
④ ㉡을 시행하는 경우 갑국 정부가 갑국 X재 생산자에게 지급할 개당 생산 보조금은 30달러이다.
⑤ ㉡의 시행으로 인한 갑국 X재 시장의 소비자 잉여는 정책 시행 전보다 감소한다.

▶ 25064-0202

12 표는 갑의 월별 처분 가능 소득과 저축을 나타낸다. 이에 대한 분석으로 옳은 것은? (단, 갑의 월별 소득은 변함이 없으며, 5월은 소득이 비소비 지출의 10배임.)

(단위: 만 원)

구분	5월	6월	7월
처분 가능 소득	450	425	400
저축	350	350	300

* 처분 가능 소득 = 소득 − 비소비 지출
** 저축 = 소득 − (소비 지출 + 비소비 지출)

① 5월에 소비 지출은 50만 원이다.
② 비소비 지출은 5월과 6월이 같다.
③ 소득 대비 비소비 지출은 지속적으로 감소한다.
④ 처분 가능 소득 대비 소비 지출은 6월이 가장 크다.
⑤ '소비 지출 + 비소비 지출'은 7월이 6월보다 50만 원 많다.

▸ 25064-0203

13 다음 자료에 대한 설명으로 옳은 것은? [3점]

표는 X재 시장과 Y재 시장에서의 '시장 거래량-사회적 최적 거래량'과 '시장 가격-사회적 최적 수준에서의 가격'을 나타낸다. X재 시장과 Y재 시장 중 한 재화 시장에서는 생산 측면에서의 외부 효과만, 다른 한 재화 시장에서는 소비 측면에서의 외부 효과만 발생하였다. 이에 갑국 정부는 정책 시행을 통해 X재 시장과 Y재 시장에서의 외부 효과를 모두 해소하고자 한다. 단, X재, Y재는 모두 수요와 공급 법칙을 따르며, 수요와 공급 곡선은 모두 직선이다.

구분	X재	Y재
시장 거래량-사회적 최적 거래량	음(-)의 값	양(+)의 값
시장 가격-사회적 최적 수준에서의 가격	양(+)의 값	㉠

① ㉠에는 '음(-)의 값'이 들어갈 수 있다.
② X재는 사회적 최적 수준보다 과다 생산된다.
③ Y재 시장에서 사적 편익은 사회적 편익보다 크다.
④ X재 시장에서는 소비 측면에서의 외부 효과가, Y재 시장에서는 생산 측면에서의 외부 효과가 발생하였다.
⑤ 소비자에게 개당 일정액의 보조금을 지급하는 정책 시행은 X재 시장과 달리 Y재 시장에 대한 갑국 정부의 정책으로 적절하다.

▸ 25064-0204

14 다음 자료에 대한 설명으로 옳은 것은?

[문제] 우리나라의 외환 시장에서 원/달러 환율 변동의 요인에 대한 진술이 옳으면 '예', 옳지 않으면 '아니요'라고 쓰시오.

원/달러 환율 변동 요인 진술	답란	
	갑	을
(1) 한국산 자동차의 미국 수출 감소는 (가) 요인이다.	예	아니요
(2) (나)는 ㉠원/달러 환율 상승 요인이다.	아니요	(다)
(3) (라)는 (마) 요인이다.	예	아니요
(4) (바)는 ㉡원/달러 환율 하락 요인이다.	아니요	아니요
채점 결과	2점	4점

* 답안 내용 1개당 옳으면 1점, 틀리면 0점을 부여함.

① ㉡과 달리 ㉠은 원화 대비 달러화 가치의 하락을 의미한다.
② (가)에는 '원/달러 환율 상승'이 들어갈 수 있다.
③ (다)는 '예'이다.
④ (라)에 '한국인의 미국 여행 감소'가 들어간다면, (마)에는 '원/달러 환율 상승'이 들어갈 수 없다.
⑤ (바)와 달리 (나)에는 '한국인의 미국 투자 증가'가 들어갈 수 없다.

▸ 25064-0205

15 다음 자료에 대한 설명으로 옳은 것은? [3점]

표는 수요와 공급 법칙을 따르는 X재의 가격별 수요량과 '수요량/공급량'의 일부를 나타낸다. 현재 균형에서 거래되고 있는 X재 시장에서 갑국 정부는 규제 가격을 4달러 또는 6달러 중 하나로 하는 ㉠가격 규제 정책을 시행하고자 한다. 단, X재의 수요와 공급 곡선은 모두 직선이고, 가격 규제 정책은 모두 실효성이 있으며, 암시장은 존재하지 않는다.

가격(달러)	4	5	6
수요량(개)	1,200	1,000	800
$\frac{수요량}{공급량}$	$\frac{3}{2}$	1	$\frac{2}{3}$

① 현재 X재 시장에서의 균형 거래량은 1,200개이다.
② ㉠을 시행하는 경우 규제 가격이 4달러일 때가 6달러일 때보다 총잉여가 작다.
③ ㉠을 시행하는 경우 규제 가격이 6달러일 때가 4달러일 때보다 시장 거래량이 적다.
④ ㉠을 시행하는 경우 규제 가격이 6달러일 때의 시장 판매 수입은 ㉠ 시행 이전보다 200달러 감소한다.
⑤ 갑국 정부가 X재 시장의 소비자를 보호하려는 목적으로 ㉠을 시행한다면, X재의 규제 가격은 6달러이다.

▸ 25064-0206

16 다음 자료에 대한 분석으로 옳은 것은?

표는 갑이 가입하고자 하는 예금 상품의 기간별 원리금을 나타낸다. 갑은 ○○ 은행의 연 이자율이 일정한 3년 만기 정기 예금 상품 A, B 중 하나를 선택하여 1,000만 원을 예치하고자 한다. 단, 갑은 예치한 상품을 중도에 해지하지 않고, A, B는 각각 단리와 복리 중 하나의 방식이 원금에 적용되며, 세금이나 수수료 등의 거래 비용은 없다.

(단위: 만 원)

구분	1년	2년	3년
A	1,050	1,100	1,150
B	1,050	1,102.5	약 1,157.6

* 원리금 = 원금 + 이자

① A는 복리 방식으로 이자율을 적용한다.
② B는 원금에 대해서만 기간별로 이자를 계산하는 방법이 적용된 상품이다.
③ 연 이자율은 A가 B보다 낮다.
④ A와 달리 B는 예치 기간이 길어질수록 이자 총액이 증가한다.
⑤ A와 B에서 매년 발생하는 이자의 차이는 만기 시까지 계속 증가한다.

▸ 25064-0207

17 다음 자료에 대한 설명으로 옳은 것은? [3점]

표는 갑, 을의 시기별 금융 상품 투자 비율을 나타낸다. t기에 갑은 시세 차익을 기대할 수 있는 금융 상품 투자 비율이 그렇지 않은 금융 상품 투자 비율의 4배이고, 을은 이자 수익을 기대할 수 있는 금융 상품 투자 비율이 그렇지 않은 금융 상품 투자 비율의 4배이다. 단, A~C는 각각 주식, 채권, 정기 예금 중 하나이다.

(단위: %)

구분	갑		을	
	t기	t+1기	t기	t+1기
A	50	60	20	40
B	30	30	30	20
C	20	10	50	40

① t기에 을과 달리 갑은 수익성보다 안전성을 우선시하는 투자 성향을 보인다.
② t+1기에 이자 수익을 기대할 수 있는 금융 상품 투자 비율은 을이 갑보다 작다.
③ t기 대비 t+1기에 갑은 예금자 보호 제도의 적용을 받는 금융 상품 투자 비율이 증가하였다.
④ t기 대비 t+1기에 갑, 을 모두 배당 수익을 기대할 수 있는 금융 상품 투자 비율이 증가하였다.
⑤ t기 대비 t+1기에 갑, 을 모두 발행 시 발행자의 채무가 증가하는 금융 상품 투자 비율이 감소하였다.

▸ 25064-0208

18 밑줄 친 갑국 중앙은행의 정책에 대한 옳은 설명만을 〈보기〉에서 고른 것은? (단, 총수요 곡선은 우하향하고 총공급 곡선은 우상향함.)

갑국의 중앙은행은 경기 침체 상황이 악화되면서 심각한 경제 위기가 올 수 있다는 우려가 커짐에 따라 소비와 투자를 증가시키기 위해 대량의 국공채를 매입하는 정책을 시행하였다.

보기

ㄱ. 물가 하락 요인이다.
ㄴ. 총수요 감소 요인이다.
ㄷ. 통화량 증가 요인이다.
ㄹ. 실질 GDP 증가 요인이다.

① ㄱ, ㄴ ② ㄱ, ㄷ ③ ㄴ, ㄷ ④ ㄴ, ㄹ ⑤ ㄷ, ㄹ

▸ 25064-0209

19 표는 갑 기업의 X재 생산량에 따른 총수입과 총비용을 나타낸다. 이에 대한 분석으로 옳은 것은? (단, 갑 기업은 X재를 1개 단위로 6개까지 생산할 수 있고, 생산된 X재는 전량 판매됨.)

생산량(개)	1	2	3	4	5	6
총수입(만 달러)	20	40	60	80	100	120
총비용(만 달러)	19	34	45	60	85	114

* 총수입 = 평균 수입 × 생산량
** 총비용 = 평균 비용 × 생산량

① 생산량이 4개일 때 이윤이 극대화된다.
② 생산량이 1개씩 증가할 때마다 추가로 발생하는 생산 비용은 지속적으로 증가한다.
③ 생산량이 1개씩 증가할 때마다 추가로 발생하는 판매 수입은 지속적으로 증가한다.
④ 평균 수입은 생산량이 1개일 때가 생산량이 4개일 때보다 작다.
⑤ 평균 비용은 생산량이 3개일 때가 생산량이 5개일 때보다 크다.

▸ 25064-0210

20 다음 자료에 대한 분석으로 옳은 것은? [3점]

표는 직선인 생산 가능 곡선상에서 X재와 Y재만을 생산하는 갑국과 을국의 t기 생산량과 소비량을 나타낸다. t기에 Y재 최대 생산 가능량은 갑국이 30개, 을국이 25개이며 갑국과 을국 간에 교역은 이루어지지 않았다. t+1기에 갑국과 을국은 비교 우위가 있는 재화만을 생산하여 양국 모두 이익이 발생하는 교환 비율에 따라 거래 비용 없이 양국 간에만 교역하였다. 교역을 통해 갑국은 Y재를 t기와 같은 수량만큼 소비할 수 있었고, X재를 t기보다 5개 더 많이 소비할 수 있었다. 단, 갑국과 을국 모두 시기별 X재와 Y재의 최대 생산 가능량은 변함이 없고, 생산된 재화는 전량 소비된다.

(단위: 개)

구분	X재	Y재
갑국	10	20
을국	30	10

① X재 최대 생산 가능량은 갑국이 을국보다 많다.
② X재 1개 생산의 기회비용은 을국이 갑국보다 크다.
③ 을국은 X재 20개와 Y재 15개를 동시에 생산할 수 없다.
④ 을국의 Y재 1개 소비의 기회비용은 t기가 t+1기보다 작다.
⑤ t+1기에 갑국과 을국은 X재 3개당 Y재 2개의 비율로 교환하였다.

실전 모의고사 4회

제한시간 30분 | 배점 50점 | 정답과 해설 48쪽

문항에 따라 배점이 다르니, 각 물음의 끝에 표시된 배점을 참고하시오. 3점 문항에만 점수가 표시되어 있습니다. 점수 표시가 없는 문항은 모두 2점입니다.

▸ 25064-0211

1 그림의 A~C는 경제 활동의 유형을 나타낸다. 갑과 을의 경제 활동 유형을 A~C에서 고른 것은? (단, A~C는 각각 생산, 소비, 분배 중 하나임.)

갑은 취미 생활을 목적으로 자전거 대여 사업자인 을로부터 1개월간 비용을 지불하고 자전거를 빌려 사용하고 있다.

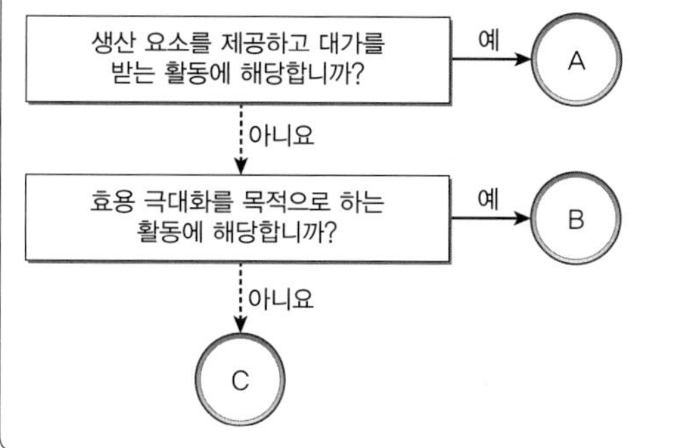

	갑	을		갑	을
①	A	B	②	A	C
③	B	A	④	B	C
⑤	C	B			

▸ 25064-0212

2 밑줄 친 ㉠~㉢에 대한 옳은 설명만을 〈보기〉에서 고른 것은?

음식점을 운영하고 있는 갑은 판매 수입을 증대시키기 위해 세 가지 방안을 놓고 고민하고 있다. 현재의 ㉠주 메뉴인 된장찌개를 청국장찌개로 변경할 것인지, ㉡한 명인 주방장 외에 보조 요리사를 추가로 채용하여 투입할 것인지, ㉢주방장을 포함한 종업원들에게 나누어 줄 성과급 지급 방식을 이전과 달리 차등 비율로 할 것인지를 고민하고 있다.

보기

ㄱ. ㉠은 생산물의 종류를 결정하는 경제 문제에 해당한다.
ㄴ. ㉡은 생산 방법을 결정하는 경제 문제에 해당한다.
ㄷ. ㉢은 '어떻게 생산할 것인가'와 관련된 경제 문제에 해당한다.
ㄹ. ㉠, ㉡과 달리 ㉢은 경제 문제 해결 기준으로 형평성을 고려하지 않는다.

① ㄱ, ㄴ ② ㄱ, ㄷ ③ ㄴ, ㄷ ④ ㄴ, ㄹ ⑤ ㄷ, ㄹ

▸ 25064-0213

3 그림은 민간 경제의 순환을 나타낸다. 이에 대한 설명으로 옳은 것은? (단, A, B는 각각 생산물 시장, 생산 요소 시장 중 하나임.)

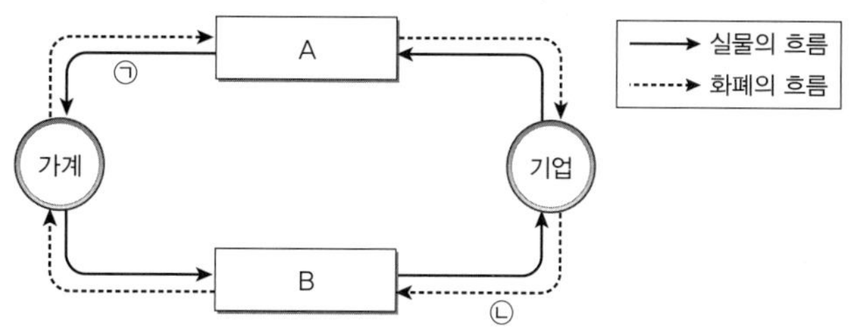

① 생산 요소는 ㉠에 해당한다.
② 소비 지출은 ㉡에 해당한다.
③ 임금은 A에서 결정된다.
④ 신입 사원의 채용은 B에서 이루어진다.
⑤ 음식 배달업체는 B에서 음식 배달 서비스를 제공한다.

▸ 25064-0214

4 다음 자료에 대한 옳은 분석만을 〈보기〉에서 있는 대로 고른 것은? [3점]

표는 연도별 갑의 X재 또는 Y재 소비량에 따른 총편익을 나타낸다. X재와 Y재의 가격은 각각 2,000원이고, 갑은 X재와 Y재를 소비하는 데 자신의 용돈 1만 원을 모두 사용한다.

(단위: 천 원)

구분	X재 소비량에 따른 편익		Y재 소비량에 따른 편익	
	2023년	2024년	2023년	2024년
1개	100	120	120	140
2개	160	200	190	230
3개	190	250	230	290
4개	210	290	260	340
5개	225	325	285	385

보기

ㄱ. 2023년에 합리적 선택으로 얻는 편익은 39만 원이다.
ㄴ. 2024년에 합리적 선택은 X재 2개와 Y재 3개를 소비하는 것이다.
ㄷ. 최초의 X재 1개를 소비할 때 얻는 편익의 증가분은 2023년이 2024년보다 크다.
ㄹ. Y재 소비량을 늘릴수록 Y재 1개를 추가로 소비할 때 얻는 편익의 증가분은 2023년과 2024년 모두 감소한다.

① ㄱ, ㄴ ② ㄱ, ㄷ ③ ㄷ, ㄹ
④ ㄱ, ㄴ, ㄹ ⑤ ㄴ, ㄷ, ㄹ

▸ 25064-0215

5 다음 자료에 대한 옳은 설명만을 〈보기〉에서 있는 대로 고른 것은? [3점]

표는 갑이 X재~Z재를 소비할 경우 각각에 대한 가격과 편익을 나타낸다. 갑은 X재~Z재 중 한 개의 재화만 구입하고자 한다. 단, 갑은 편익과 기회비용만을 고려하여 합리적 선택을 한다.

(단위: 달러)

구분	X재	Y재	Z재
가격	300	500	700
편익	600	700	800

보기

ㄱ. Y재를 선택할 경우의 암묵적 비용이 가장 작다.
ㄴ. Z재를 선택할 경우의 기회비용이 가장 크다.
ㄷ. Y재, Z재와 달리 X재를 선택할 경우의 순편익은 양(+)의 값이다.
ㄹ. Y재 가격이 300원으로 하락하면, 갑은 Y재를 선택한다.

① ㄱ, ㄴ ② ㄱ, ㄷ ③ ㄴ, ㄹ
④ ㄱ, ㄷ, ㄹ ⑤ ㄴ, ㄷ, ㄹ

▸ 25064-0216

6 다음 자료에 대한 옳은 설명만을 〈보기〉에서 고른 것은?

교사: 표는 질문에 따라 경제 체제 A, B를 구분한 것입니다. A, B에 대해 발표해 볼까요? 단, A, B는 각각 시장 경제 체제, 계획 경제 체제 중 하나입니다.

질문	A	B
개별 경제 주체의 자유로운 경제 활동을 강조합니까?	예	아니요
(가)	아니요	예

갑: A는 시장 경제 체제, B는 계획 경제 체제입니다.
을: (나)
교사: 갑, 을 중 한 명만 옳게 발표하였습니다.

보기

ㄱ. (가)에는 '시장 가격 기구의 기능을 중시합니까?'가 들어갈 수 있다.
ㄴ. (가)에는 '생산물의 종류와 수량을 결정하는 경제 문제를 정부가 결정합니까?'가 들어갈 수 있다.
ㄷ. (나)에는 'A와 달리 B에서는 생산 수단의 사적 소유가 원칙입니다.'가 들어갈 수 없다.
ㄹ. (나)에는 'B와 달리 A에서는 자원의 희소성에 따른 경제 문제가 발생합니다.'가 들어갈 수 있다.

① ㄱ, ㄴ ② ㄱ, ㄷ ③ ㄴ, ㄷ ④ ㄴ, ㄹ ⑤ ㄷ, ㄹ

▸ 25064-0217

7 다음 자료에 대한 분석으로 옳은 것은? [3점]

X재 시장의 소비자는 갑~병만 존재한다. 이들은 각각 X재 시장에서 X재를 3개까지 구입할 수 있다. 표는 X재 1개 추가 소비에 따른 갑~병의 최대 지불 용의 금액을 나타낸다. 단, X재의 수요는 불변이다.

(단위: 원)

구분	갑	을	병
첫 번째	800	700	600
두 번째	700	600	500
세 번째	600	500	400

① 가격이 400원일 경우 소비자 잉여는 갑이 을보다 작다.
② 가격이 500원일 경우 병의 소비자 잉여는 300원이다.
③ 가격이 600원일 경우 X재의 거래량은 2개이다.
④ 가격이 400원에서 700원으로 상승하면, 소비자 잉여는 1,500원 감소한다.
⑤ 가격이 700원에서 500원으로 하락하면, 소비자 잉여는 10배가 된다.

▸ 25064-0218

8 다음 자료에 대한 옳은 설명만을 〈보기〉에서 고른 것은?

교사: 오늘은 경제적 유인의 유형에 대해 살펴보겠습니다. 우선 ㉠해당 행동을 더 하도록 유도하는 유인과 ㉡해당 행동을 덜 하도록 유도하는 유인으로 구분할 수 있습니다. 전자의 경우에는 행위자에게 (가) 요인으로 작용하고, 후자의 경우에는 행위자에게 (나) 요인으로 작용합니다. 이에 대해 발표해 볼까요?
갑: (다)
교사: 틀리게 발표하였습니다.

보기

ㄱ. (가)에는 '편익 감소', (나)에는 '비용 증가'가 들어갈 수 있다.
ㄴ. (다)에는 '음주 운전에 대한 범칙금은 ㉠에 해당합니다.'가 들어갈 수 있다.
ㄷ. (다)에는 '㉡과 달리 ㉠은 부정적인 유인에 해당합니다.'가 들어갈 수 없다.
ㄹ. (다)에는 '㉠, ㉡은 모두 개별 경제 주체가 합리적 선택을 한다는 것을 전제로 합니다.'가 들어갈 수 없다.

① ㄱ, ㄴ ② ㄱ, ㄷ ③ ㄴ, ㄷ ④ ㄴ, ㄹ ⑤ ㄷ, ㄹ

▸ 25064-0219

9 **다음 자료에 대한 설명으로 옳은 것은? [3점]**

> 표는 X재만 생산하는 A 기업의 X재 생산량에 따른 평균 수입을 나타낸다. 각 생산량의 '총수입/총비용'은 3/2이다. 단, A 기업은 X재를 5개까지 생산할 수 있고, 생산된 X재는 전량 판매된다.

생산량(개)	1	2	3	4	5
평균 수입(달러)	300	300	300	300	300

* 평균 수입 = 총수입/생산량

① 총수입은 생산량이 3개일 때 가장 크다.
② 총비용은 생산량이 4개일 때 가장 작다.
③ 각 생산량의 '이윤/총수입'은 1/3로 동일하다.
④ 생산량이 5개일 때 이윤은 생산량이 2개일 때 이윤의 2배이다.
⑤ X재를 1개 추가로 생산할 때 얻는 수입의 증가분은 생산량을 1개에서 2개로 증가시킬 때보다 4개에서 5개로 증가시킬 때가 크다.

▸ 25064-0220

10 **다음 자료에 대한 옳은 설명만을 〈보기〉에서 고른 것은? [3점]**

> 그림은 갑국의 외부 효과가 발생한 X재 시장과 Y재 시장의 수요와 공급 곡선을 나타낸다. A, B는 각각 갑국 정부가 수요와 공급 중 하나만 변동시켜 X재 시장과 Y재 시장에서 발생한 외부 효과를 해소하였을 때의 균형점을 나타낸다.

〈X재 시장〉

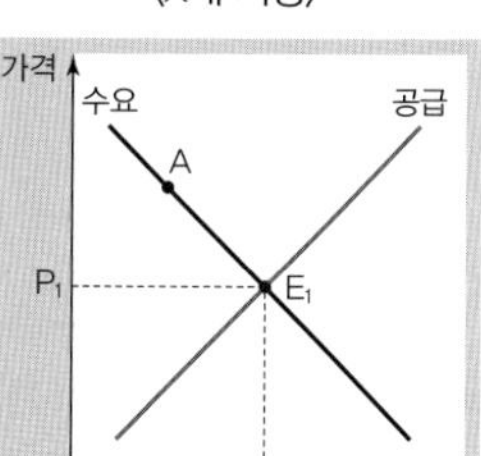

〈Y재 시장〉

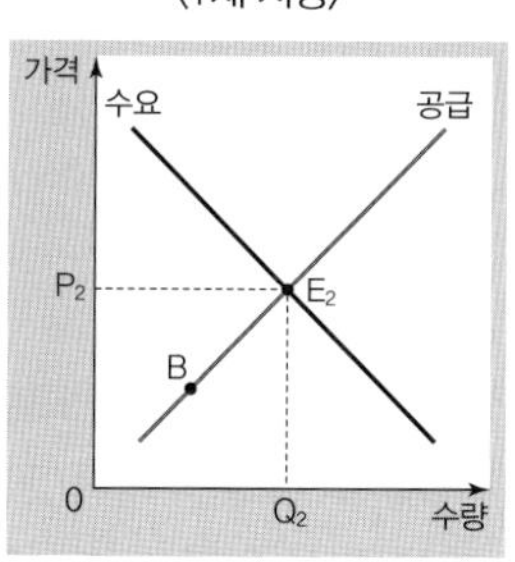

보기

ㄱ. X재 시장과 달리 Y재 시장에서는 긍정적 외부 효과가 발생하였다.
ㄴ. X재 시장에서는 사회적 최적 수준보다 과다 생산되는 문제가 발생하였다.
ㄷ. 정부가 소비자에게 개당 일정액의 세금을 부과하여 외부 효과를 해소하였을 때의 균형점은 A가 아닌 B에 해당한다.
ㄹ. 공공장소에서 흡연자의 흡연이 주변 사람에게 의도하지 않게 피해를 주고도 대가를 지불하지 않는 경우는 X재 시장에서 발생한 외부 효과 사례에 해당한다.

① ㄱ, ㄴ ② ㄱ, ㄷ ③ ㄴ, ㄷ ④ ㄴ, ㄹ ⑤ ㄷ, ㄹ

▸ 25064-0221

11 **다음 자료에 대한 설명으로 옳은 것은? [3점]**

> 그림은 현재 균형에서 거래되고 있는 갑국 노동 시장의 임금 수준별 '노동 공급량－노동 수요량'을 나타낸다. 노동 시장의 수요 곡선은 우하향하는 직선이고 공급 곡선은 우상향하는 직선이다. 임금 수준이 400달러일 때의 수요량과 공급량은 각각 20명과 40명이다. 임금이 500달러일 때의 노동 수요량은 10명이다. 단, 최저 임금제 시행에 따른 암시장 발생은 없다.

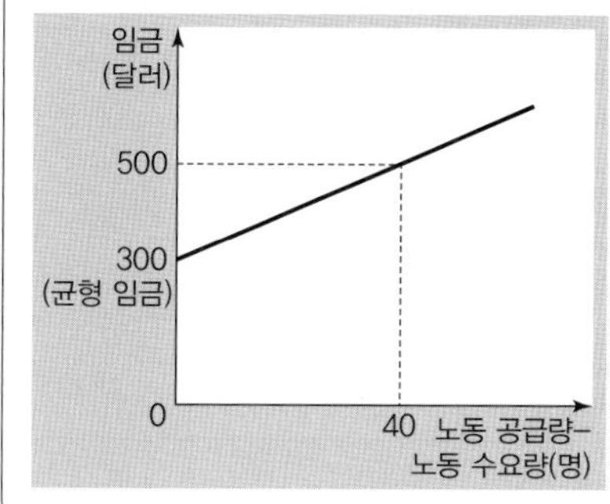

① 노동 수요가 감소하여 균형 임금이 200달러가 되면, 고용량은 20명 감소한다.
② 노동 공급이 감소하여 균형 임금이 500달러가 되면, 고용량은 30명 감소한다.
③ 갑국 정부가 200달러에서 최저 임금제를 시행하면, 고용량은 20명이 된다.
④ 갑국 정부가 400달러에서 최저 임금제를 시행하면, 고용량은 10명 감소한다.
⑤ 갑국 정부가 500달러에서 최저 임금제를 시행한 이후의 노동 공급 증가는 최저 임금제의 실효성을 상실시킨다.

▸ 25064-0222

12 **밑줄 친 ㉠, ㉡에 해당하는 정부의 역할로 가장 적절한 것은?**

> • 시장의 효율성만을 고려하여 소득 분배가 이루어지면 빈부 격차가 심화될 수 있으므로 ㉠정부는 사회 보장 제도나 누진세 제도 등을 통해 시장의 분배 과정에 개입해야 한다.
> • 경기 과열에 따라 물가가 급등하거나 경기 침체에 따라 실업률이 높아지면 국민들이 안정적인 생활을 유지하기 어려우므로 ㉡정부는 물가와 고용 안정을 위해 노력해야 한다.

	㉠	㉡
①	소득 재분배	경제 안정화
②	경제 안정화	소득 재분배
③	경제 안정화	공정한 경쟁 유도
④	공정한 경쟁 유도	경제 안정화
⑤	공정한 경쟁 유도	소득 재분배

▸ 25064-0223

13 다음 자료에 대한 설명으로 옳은 것은? [3점]

그림은 갑국의 연도별 명목 GDP와 실질 GDP를 나타낸다. 전년 대비 2021년에 물가 수준은 상승하였다. 단, A, B는 각각 명목 GDP, 실질 GDP 중 하나이고, 기준 연도는 2020년이며, 물가 수준은 GDP 디플레이터로 측정한다.

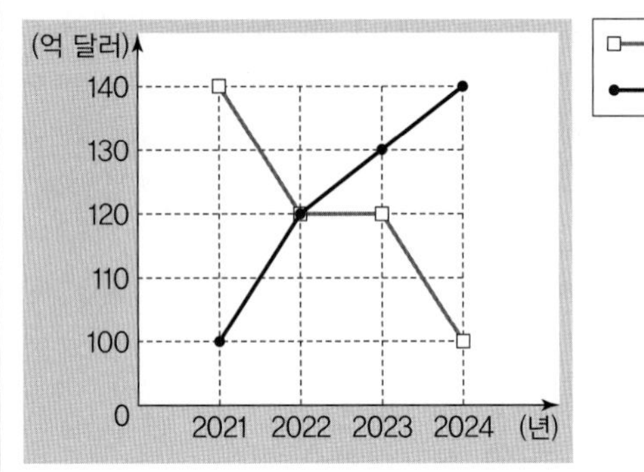

① A는 실질 GDP, B는 명목 GDP이다.
② 2021년 이후 물가 수준은 지속적으로 상승하였다.
③ 전년 대비 2022년에 실질 GDP는 변함이 없다.
④ 경제 성장률은 2024년이 2023년보다 높다.
⑤ 전년 대비 2024년에 GDP 디플레이터는 감소하였다.

▸ 25064-0224

14 그림의 대화에 대한 설명으로 옳은 것은? (단, 총수요 곡선은 우하향하고 총공급 곡선은 우상향함.)

① 국공채 매각은 ㉠에 해당한다.
② 소득세율 인하는 ㉡에 해당한다.
③ ㉠과 달리 ㉡의 시행은 실질 GDP 감소 요인이다.
④ 갑은 경기 침체보다 물가 상승을 우려하고 있다.
⑤ 을은 '보이지 않는 손'의 기능을 강조하고 있다.

▸ 25064-0225

15 다음 자료에 대한 옳은 설명만을 〈보기〉에서 고른 것은? [3점]

표는 갑국과 을국의 연도별 경제 성장률과 전년 대비 물가 상승률을 나타낸다. 갑국과 을국의 각 연도별 변화는 모두 총수요와 총공급 중 하나만의 변동으로 나타나며, 갑국과 을국 모두 총수요 곡선은 우하향하고 총공급 곡선은 우상향한다. 단, 기준 연도는 2022년이고, 물가 수준은 GDP 디플레이터로 측정한다.

(단위: %)

구분		2023년	2024년
갑국	경제 성장률	3	3
	전년 대비 물가 상승률	4	−5
을국	경제 성장률	3	−4
	전년 대비 물가 상승률	−2	5

보기

ㄱ. 소비 지출의 감소는 갑국의 전년 대비 2023년의 변화 요인이다.
ㄴ. 생산 요소의 가격 상승은 을국의 전년 대비 2024년의 변화 요인이다.
ㄷ. 총공급의 증가는 갑국의 전년 대비 2024년과 을국의 전년 대비 2023년의 변화 요인이다.
ㄹ. 전년 대비 2024년에 갑국과 을국의 총공급 곡선의 이동 방향은 서로 같다.

① ㄱ, ㄴ ② ㄱ, ㄷ ③ ㄴ, ㄷ ④ ㄴ, ㄹ ⑤ ㄷ, ㄹ

▸ 25064-0226

16 (가), (나)는 갑국의 연도별 고용 지표를 나타낸다. (가)를 토대로 (나)에서 2023년 대비 2024년의 변화 방향으로 옳은 것은? (단, 15세 이상 인구는 변함이 없으며, A~E는 수준의 변동을 나타냄.)

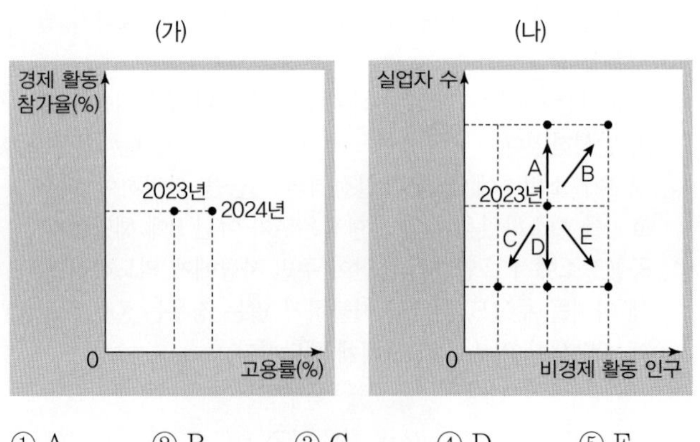

① A ② B ③ C ④ D ⑤ E

▸ 25064-0227

17 표는 2024년 갑국과 을국의 경상 수지를 항목별로 나타낸다. 이에 대한 분석으로 옳은 것은? (단, 모든 국제 거래는 달러화만 사용하며, 갑국과 을국 간에만 이루어짐.)

(단위: 억 달러)

항목	갑국	을국
상품 수지	㉠	40
서비스 수지	−30	㉡
본원 소득 수지	20	−20
이전 소득 수지	3	−3

① ㉠과 ㉡의 합은 '70'이다.
② 해외 지식 재산권 사용료를 포함하는 항목은 갑국이 20억 달러 흑자이다.
③ 해외 무상 원조를 포함하는 항목은 을국이 3억 달러 흑자이다.
④ 갑국 내 기업이 을국에 투자한 외화 증권에 대한 배당금을 포함하는 항목은 갑국이 20억 달러 흑자이다.
⑤ 갑국과 달리 을국의 경상 수지는 47억 달러 적자이다.

▸ 25064-0228

18 그림의 A～C는 질문에 따라 금융 상품을 구분한 것이다. A～C의 일반적인 특징에 대한 설명으로 옳은 것은? (단, A～C는 각각 주식, 채권, 정기 예금 중 하나임.)

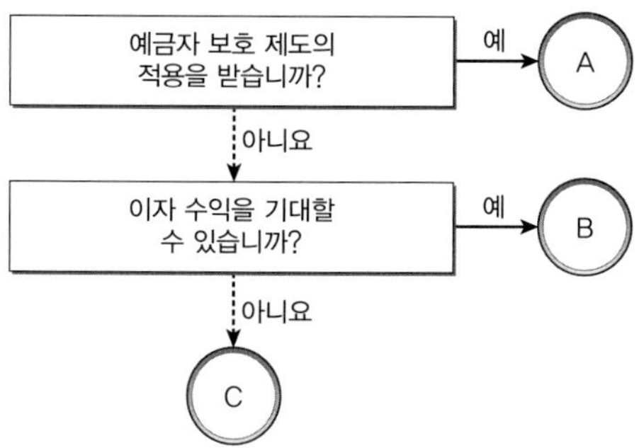

① A는 C보다 수익성이 높다.
② C는 B보다 안전성이 높다.
③ A와 달리 C는 배당 수익을 기대할 수 있다.
④ B와 달리 A는 기업이 발행 주체가 될 수 있다.
⑤ C와 달리 B는 시세 차익을 기대할 수 있다.

▸ 25064-0229

19 다음 자료에 대한 설명으로 옳은 것은? [3점]

> 갑국과 을국은 X재와 Y재만을 직선인 생산 가능 곡선상에서 생산한다. 갑국의 경우 모든 노동을 X재 생산에 투입하면 20개를, Y재 생산에 투입하면 40개를 생산할 수 있다. 을국의 경우 모든 노동을 X개 생산에 투입하면 30개를, Y재 생산에 투입하면 90개를 생산할 수 있다. 갑국과 을국 모두 비교 우위에 있는 재화만을 생산하여 양국 모두 이익이 발생하는 교환 비율에 따라 양국 간에만 교역을 한다. 단, 갑국과 을국의 생산 요소는 동일한 양의 노동뿐이고, 교역으로 인한 거래 비용은 발생하지 않는다.

① 갑국은 X재 생산과 Y재 생산 모두에 절대 우위가 있다.
② Y재 1개 생산의 기회비용은 을국이 갑국보다 크다.
③ 갑국과 달리 을국은 X재 10개와 Y재 20개를 동시에 생산할 수 있다.
④ X재 1개의 교환 비율이 Y재 1개라면, 갑국과 달리 을국은 교역을 하려고 할 것이다.
⑤ Y재 1개의 교환 비율이 X재 2개라면, 을국과 달리 갑국은 교역을 하려고 할 것이다.

▸ 25064-0230

20 다음 자료에 대한 옳은 설명만을 〈보기〉에서 고른 것은? [3점]

> 그림은 갑국의 전년 대비 원화 표시 GDP 변화율과 전년 대비 달러화 표시 GDP 변화율을 나타낸다. 단, 갑국의 통화는 원화이다.

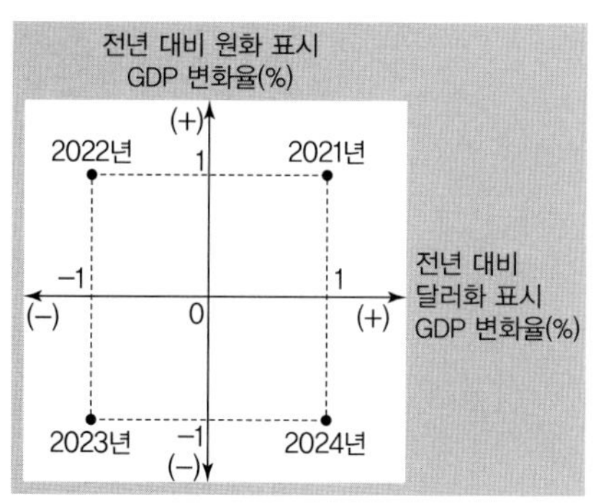

〈보기〉
ㄱ. 전년 대비 2021년에 원/달러 환율은 상승하였다.
ㄴ. 전년 대비 2022년의 원/달러 환율 변동은 갑국의 미국으로부터의 수입 감소 요인이다.
ㄷ. 전년 대비 2023년의 원/달러 환율 변동은 미국인의 갑국 여행 감소 요인이다.
ㄹ. 전년 대비 2024년의 원/달러 환율 변동은 미국에 유학 중인 자녀를 둔 갑국 부모의 학비 부담 감소 요인이다.

① ㄱ, ㄴ ② ㄱ, ㄷ ③ ㄴ, ㄷ ④ ㄴ, ㄹ ⑤ ㄷ, ㄹ

실전 모의고사 5회

(제한시간 30분) (배점 50점) 정답과 해설 52쪽

문항에 따라 배점이 다르니, 각 물음의 끝에 표시된 배점을 참고하시오. 3점 문항에만 점수가 표시되어 있습니다. 점수 표시가 없는 문항은 모두 2점입니다.

▸ 25064-0231

1 그림은 민간 부문의 경제 순환을 나타낸다. 이에 대한 설명으로 옳은 것은? (단, A, B는 각각 가계, 기업 중 하나이며, (가) 시장, (나) 시장은 각각 생산물 시장, 생산 요소 시장 중 하나임.)

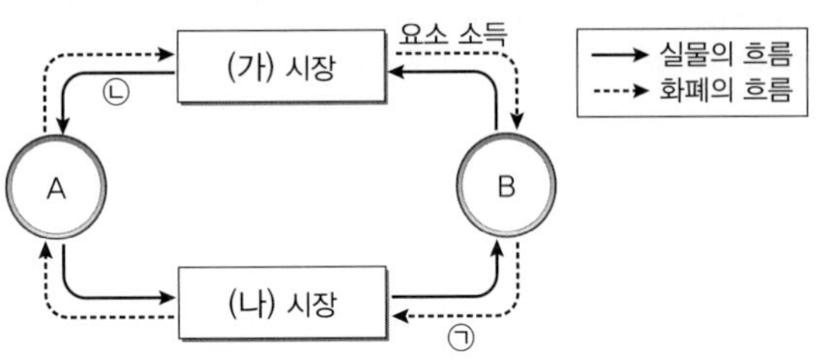

① A는 소비 활동의 주체이다.
② B는 생산물 시장의 공급자이다.
③ 가계는 (가) 시장의 공급자이다.
④ 자본은 (나) 시장에서 거래된다.
⑤ ㉠이 증가하면 ㉡은 감소한다.

▸ 25064-0232

2 다음 자료에 대한 설명으로 옳은 것은? (단, A, B는 각각 계획 경제 체제, 시장 경제 체제 중 하나임.)

〈서술형 평가〉

※ A와 구분되는 B의 일반적인 특징 두 가지를 서술하시오. (옳은 서술 1개당 1점씩 부여함. 총 2점)

• 갑의 답안
- 경제적 유인을 중시한다.
- (가)

• 을의 답안
- 자원의 희소성에 따른 경제 문제가 발생한다.
- 원칙적으로 생산 수단의 사적 소유를 허용하지 않는다.

☞교사의 채점: 갑은 1점, 을은 0점임.

① A는 시장 가격 기구의 기능을 중시한다.
② B는 자원 배분에 있어 효율성보다 형평성을 강조한다.
③ B와 달리 A는 경제 활동에서 개인의 이윤 추구 동기를 강조한다.
④ (가)에는 '정부의 명령이나 계획에 따라 자원 배분이 이루어진다.'가 들어갈 수 있다.
⑤ (가)에는 '민간 경제 주체 간의 자유로운 의사 결정과 경쟁을 중시한다.'가 들어갈 수 있다.

▸ 25064-0233

3 다음 자료에 대한 옳은 분석만을 〈보기〉에서 고른 것은? [3점]

보조 배터리를 구매하려는 갑과 을은 각각 ㉠A사 제품과 ㉡B사 제품 중 하나를 선택하려고 한다. 표는 갑과 을의 'A사 제품의 편익－A사 제품의 가격', 'B사 제품의 편익－B사 제품의 가격'을 나타낸다. 단, 명시적 비용은 가격만 존재하고 갑과 을의 선택은 서로에게 영향을 미치지 않는다.

(단위: 만 원)

구분	갑	을
A사 제품의 편익－A사 제품의 가격	2	4
B사 제품의 편익－B사 제품의 가격	3	3

보기

ㄱ. 갑의 경우 ㉡의 편익은 ㉠의 편익보다 1만 원 크다.
ㄴ. 을의 경우 ㉠의 기회비용은 2만 원보다 크다.
ㄷ. 을과 달리 갑은 ㉡을 선택한다.
ㄹ. 을의 ㉠의 순편익은 갑의 ㉡의 순편익보다 작다.

① ㄱ, ㄴ ② ㄱ, ㄷ ③ ㄴ, ㄷ ④ ㄴ, ㄹ ⑤ ㄷ, ㄹ

▸ 25064-0234

4 다음 자료에 대한 설명으로 옳은 것은?

표는 A재~D재를 ㉠'한 사람의 소비가 다른 사람의 소비를 제한하는가?', ㉡'대가를 치르지 않은 사람의 소비를 막을 수 있는가?'라는 질문에 따라 구분할 수 있는지 여부를 나타낸다. 단, C재는 경합성이 없고 배제성이 있다.

구분	구분할 수 있는 질문	구분할 수 없는 질문
A재와 B재	㉡	㉠
A재와 C재	㉠	㉡
B재와 D재	㉠	㉡
C재와 D재	㉡	㉠

① A재의 사례로는 '공해상의 물고기'를 들 수 있다.
② B재는 ㉠과 달리 ㉡에 대해 '예'라고 대답한다.
③ D재는 시장에 맡기면 사회적 최적 수준보다 과소 생산될 우려가 있다.
④ C재와 D재는 '남용으로 인한 고갈 문제가 발생할 수 있는가?'라는 질문으로 구분할 수 있다.
⑤ C재, D재와 달리 A재는 무임승차자 문제를 초래할 수 있다.

▸ 25064-0235

5 그림은 X재~Z재의 시장 상황을 나타낸다. t기 대비 t+1기의 시장 변동에 대한 분석으로 옳은 것은? (단, X재~Z재는 모두 수요와 공급 법칙을 따름.) [3점]

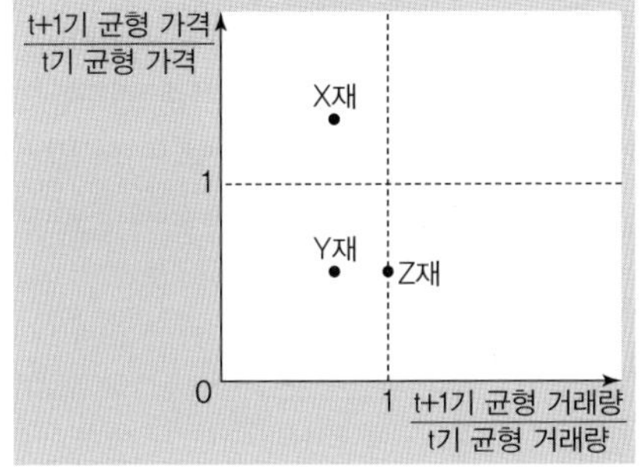

① X재의 시장 변동 요인으로는 X재의 생산 기술 발전을 들 수 있다.
② Y재의 시장 변동 요인으로는 Y재의 소비자 수 증가를 들 수 있다.
③ Z재의 수요는 증가하였고 공급은 감소하였다.
④ Y재, Z재는 모두 판매 수입이 감소하였다.
⑤ X재, Y재와 달리 Z재는 균형 가격이 하락하였다.

▸ 25064-0236

6 다음 자료에 대한 옳은 분석만을 〈보기〉에서 고른 것은? [3점]

그림은 X재만 생산하는 갑 기업이 생산량을 1개씩 늘릴 때마다 발생하는 추가 비용, 추가 수입, 추가 이윤의 일부를 나타낸다. 단, X재의 가격은 변함이 없고, 갑 기업은 X재를 1개씩 5개까지 생산할 수 있으며, 생산된 X재는 전량 판매된다.

(단위: 만 원)

생산량	0개→1개	1개→2개	2개→3개	3개→4개	4개→5개
추가 비용	90	80	70	90	120
추가 수입	100	100			
추가 이윤	10				

보기
ㄱ. 생산량이 4개일 때 이윤이 극대화된다.
ㄴ. 생산량이 증가할수록 '총비용/총수입'은 감소한다.
ㄷ. '이윤/총수입'은 생산량이 3개일 때가 4개일 때보다 크다.
ㄹ. '총비용/생산량'은 생산량이 1개일 때가 2개일 때보다 작다.

① ㄱ, ㄴ ② ㄱ, ㄷ ③ ㄴ, ㄷ ④ ㄴ, ㄹ ⑤ ㄷ, ㄹ

▸ 25064-0237

7 다음 자료에 대한 분석 및 추론으로 옳은 것은? [3점]

X재 시장에서는 생산 측면의 외부 효과, Y재 시장에서는 소비 측면의 외부 효과가 나타나고 있다. 표는 두 시장의 균형 가격과 사회적 최적 수준에서의 가격을 나타낸다. 단, X재, Y재는 모두 수요와 공급 법칙을 따르며, 수요와 공급 곡선은 모두 직선이다.

(단위: 만 원)

구분	X재	Y재
균형 가격	P_1	P_2
사회적 최적 수준에서의 가격	P_1+5	P_2+5

① X재 시장에서는 외부 경제가 발생하였다.
② X재 생산자에게 개당 5만 원의 세금을 부과하면, X재 시장의 소비자 잉여는 증가한다.
③ Y재 시장에서는 소비의 사적 편익이 사회적 편익보다 크다.
④ Y재 소비자에게 개당 5만 원의 보조금을 지급하면, Y재 시장의 사적 편익과 사회적 편익이 일치한다.
⑤ '균형 거래량/사회적 최적 거래량'은 X재 시장이 Y재 시장보다 크다.

▸ 25064-0238

8 다음 자료에 대한 분석으로 옳은 것은? (단, X재는 수요와 공급 법칙을 따름.)

- X재 시장의 소비자는 갑~병, 생산자는 A~C만 존재하며, 모든 소비자와 생산자는 X재를 각각 1개씩만 구입 또는 판매하고자 한다.
- 갑~병의 최대 지불 용의 금액과 A~C의 최소 요구 금액은 각각 P_1~ P_3 중 하나이며, 거래 결과 발생한 X재 시장의 소비자 잉여는 'P_3-P_2', 생산자 잉여는 'P_2-P_1'이다. 표는 가격별 갑~병, A~C의 거래 참여 여부를 나타낸다.

가격	소비자			생산자		
	갑	을	병	A	B	C
P_1	○	○	○	×	×	○
P_2	×	○	○	×	○	○
P_3	×	×	○	○	○	○

(○: 거래에 참여함, ×: 거래에 참여하지 않음.)

① X재 시장의 총잉여는 'P_3+P_2'이다.
② X재의 균형 가격은 P_2, 균형 거래량은 2개이다.
③ 갑과 달리 C는 거래에 참여하지 않는다.
④ 을의 최대 지불 용의 금액은 A의 최소 요구 금액보다 크다.
⑤ 을의 소비자 잉여는 B의 생산자 잉여보다 작다.

▸ 25064-0239

9 **다음 자료에 대한 분석으로 옳은 것은? [3점]**

〈자료 1〉은 현재 갑국 X재 시장의 가격별 수요량과 공급량의 일부를 나타낸다. 갑국 정부는 X재 시장의 거래량을 ㉠변동시키기 위해 〈자료 2〉의 (가), (나) 중 하나를 시행하려고 한다. 단, 갑국 X재 시장은 수요와 공급 법칙을 따르며, 수요와 공급 곡선은 모두 직선이다. 또한 가격 규제 정책 시행 시 암시장은 발생하지 않는다.

〈자료 1〉

가격(만 원)	4	9
수요량(개)	70	20
공급량(개)	30	80

〈자료 2〉

(가) X재의 최고 가격을 5만 원으로 설정하는 가격 규제 정책
(나) X재 소비자에게 개당 1만 원의 조세 부과

① ㉠은 '증가'를 의미한다.
② 균형 가격은 7만 원이다.
③ (가)를 시행할 경우 소비자 잉여는 현재보다 증가한다.
④ (나)를 시행할 경우 판매 수입은 현재보다 50만 원 감소한다.
⑤ (가)와 달리 (나)를 시행할 경우 생산자 잉여는 현재보다 감소한다.

▸ 25064-0240

10 **다음은 2024년 A국에서 발생한 모든 경제 활동을 나타낸다. 이에 대한 설명으로 옳은 것은?**

A국의 농부 갑은 밀을 중간재 없이 재배하여 전량을 제분업자 을에게 100만 원에 판매하였다. 을은 이를 이용하여 200만 원어치의 밀가루를 생산하여 유통업자 병에게 100만 원어치를 판매하였고, ㉠나머지를 B국에 수출하였다. 유통업자 병은 이 중에 ㉡10만 원어치의 밀가루를 소비하였고, 나머지 밀가루를 제과업자 정에게 120만 원에 판매하였다. 제과업자 정은 이를 이용하여 ㉢300만 원어치의 쿠키를 만들어 모두 소비자에게 판매하였다.

① 을이 창출한 부가 가치는 200만 원이다.
② 병은 밀가루를 모두 중간재로만 이용하였다.
③ 정이 창출한 부가 가치는 갑과 병이 창출한 부가 가치의 합보다 크다.
④ ㉡, ㉢과 달리 ㉠은 A국의 국내 총생산에 포함되지 않는다.
⑤ B국은 ㉠으로 인해 국내 총생산이 100만 원 증가하였다.

▸ 25064-0241

11 **다음 자료에 대한 옳은 분석 및 추론만을 〈보기〉에서 있는 대로 고른 것은? [3점]**

그림은 연도별 갑국의 전년 대비 A 증가율과 B 증가율을 나타낸다. 단, A, B는 각각 명목 GDP, 실질 GDP 중 하나이고, 물가 수준은 GDP 디플레이터로 측정한다. 또한 기준 연도는 2020년이며, 전년 대비 2021년의 물가 상승률은 양(+)의 값이다.

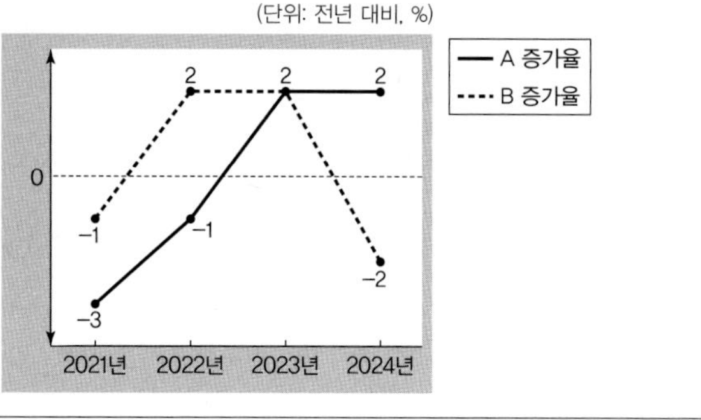

보기

ㄱ. GDP 디플레이터는 '(B/A)×100'이다.
ㄴ. 2021년에는 긴축 재정 정책 시행의 필요성이 높았을 것이다.
ㄷ. GDP 디플레이터는 2023년이 2022년보다 높다.
ㄹ. 실질 GDP는 2024년이 2023년보다 크다.

① ㄱ, ㄴ ② ㄱ, ㄹ ③ ㄴ, ㄷ
④ ㄱ, ㄷ, ㄹ ⑤ ㄴ, ㄷ, ㄹ

▸ 25064-0242

12 **다음 자료에 대한 분석으로 옳은 것은? [3점]**

- 갑국과 을국은 모두 X재와 Y재만을 생산하고, 교역 시 비교 우위에 있는 재화에 특화하며, 양국 모두 이익이 발생할 경우에만 교역이 이루어진다. 또한 교역은 거래 비용 없이 이루어지고, 양국 모두 직선인 생산 가능 곡선상에서만 생산하며, 생산 요소의 양은 같다.
- 'Y재 1개 생산비－X재 1개 생산비'는 갑국이 2달러, 을국이 1달러이다. 또한 X재 1개 생산비는 을국이 갑국보다 3달러 많고, Y재 1개 생산비는 을국이 갑국보다 2달러 많다.
- 양국 간 교역 전 대비 교역 후 X재 1개 소비의 기회비용은 갑국의 경우 Y재 3/5개에서 Y재 4/5개로 증가하였고, 을국의 경우 [(가)]

① 갑국은 Y재 생산에 비교 우위가 있다.
② 갑국과 달리 을국은 X재 생산에 절대 우위가 있다.
③ 교역 전 을국의 Y재 1개 소비의 기회비용은 X재 1개보다 작다.
④ 양국 간 X재와 Y재의 교환 비율은 5 : 4이다.
⑤ (가)에는 'Y재 6/7개에서 Y재 4/5개로 감소하였다.'가 들어갈 수 없다.

▸ 25064-0243

13 표는 t년 대비 t+1년 ○○국의 고용 지표에 대한 갑~병의 예측을 나타낸다. 이에 대한 옳은 설명만을 〈보기〉에서 고른 것은? (단, 15세 이상 인구는 변함이 없음.)

(단위: %)

구분	갑의 예측	을의 예측	병의 예측
실업자 수 증가율	4	6	3
경제 활동 인구 증가율	3	6	5

보기

ㄱ. 갑의 예측이 맞을 경우 '비경제 활동 인구/실업자 수'는 하락한다.
ㄴ. 을의 예측이 맞을 경우 경제 활동 참가율과 달리 실업률은 변함이 없다.
ㄷ. 을의 예측과 달리 병의 예측이 맞을 경우 '취업자 수/경제 활동 인구'는 하락한다.
ㄹ. 병의 예측과 달리 갑의 예측이 맞을 경우 고용률은 상승한다.

① ㄱ, ㄴ ② ㄱ, ㄷ ③ ㄴ, ㄷ ④ ㄴ, ㄹ ⑤ ㄷ, ㄹ

▸ 25064-0244

14 그림에 대한 분석으로 옳은 것은? (단, 총수요 곡선은 우하향하고 총공급 곡선은 우상향함.)

작년에 실시된 갑국 정부의 적극적 ㉠재정 정책의 결과 분기별 경제 성장률이 3분기 연속 예상치를 웃돌았습니다. 이에 갑국 중앙은행은 ㉡물가 안정을 위한 대응책 마련을 검토 중입니다.

을국 중앙은행이 당초 예상을 뛰어넘는 높은 수준의 ㉢기준 금리 인상을 단행했습니다. 이는 중앙은행에 대한 을국 정부의 정책 공조 요청에 따른 것으로 알려지고 있습니다. 이에 따라 국내 ㉣물가 변동이 예상됩니다.

① ㉠의 사례로는 '소득세율 인하'를 들 수 있다.
② ㉡의 사례로는 '국공채 매입'을 들 수 있다.
③ ㉢은 을국의 총공급 증가 요인이다.
④ ㉣은 물가 상승을 의미한다.
⑤ ㉠은 갑국의 실질 GDP 증가 요인이고, ㉢은 을국의 실질 GDP 증가 요인이다.

▸ 25064-0245

15 다음 자료에 대한 분석으로 옳은 것은? [3점]

표는 연도별 갑국의 전년 대비 통화 가치 변동률을 나타낸다. 단, 갑국과 을국은 각각 자국 통화를 사용하며, 국제 거래에서는 외화인 달러화만을 사용한다.

(단위: 전년 대비, %)

구분	2022년	2023년	2024년
달러화 대비 갑국 통화 가치 변동률	7	5	−4
을국 통화 대비 갑국 통화 가치 변동률	5	−5	5

① 갑국 통화 대비 을국 통화 가치는 2021년이 2023년보다 높다.
② 전년 대비 2022년의 갑국 통화/달러화 환율과 갑국 통화/을국 통화 환율 변동은 갑국의 상품 수지 개선 요인이다.
③ 전년 대비 2023년의 환율 변동은 을국산 부품을 수입하여 완제품을 만든 뒤 미국에 수출하는 갑국산 제품의 가격 경쟁력 상승 요인이다.
④ 전년 대비 2024년의 환율 변동은 갑국으로 여행을 가는 을국 국민의 비용 부담이 증가하고, 미국 국민의 비용 부담이 감소하는 요인이다.
⑤ 2023년과 달리 2024년은 전년에 비해 갑국 통화 대비 달러화 가치가 하락하였다.

▸ 25064-0246

16 (가), (나)는 갑국 국민 경제의 변동 요인을 나타낸다. 이에 대한 옳은 설명만을 〈보기〉에서 고른 것은? (단, 총수요 곡선은 우하향하고 총공급 곡선은 우상향함.)

(가) 상품 수출이 큰 폭으로 늘면서 갑국 경상 수지가 4분기 연속 역대 최대 규모 흑자 기록을 경신하고 있다.
(나) 산유국들이 일제히 공급을 확대하면서 갑국이 전량 수입에 의존하고 있는 국제 석유 가격이 급격히 변동하고 있다.

보기

ㄱ. (가)는 총수요 감소 요인이다.
ㄴ. (나)는 총공급 증가 요인이다.
ㄷ. (가)와 달리 (나)는 물가 수준 상승 요인이다.
ㄹ. (가), (나)가 함께 나타나면 갑국 경제 성장률은 양(+)의 값을 가진다.

① ㄱ, ㄴ ② ㄱ, ㄷ ③ ㄴ, ㄷ ④ ㄴ, ㄹ ⑤ ㄷ, ㄹ

▸ 25064-0247

17 다음 자료에 대한 옳은 분석만을 〈보기〉에서 고른 것은? [3점]

표는 갑국~병국의 2024년 경상 수지를 항목별로 나타낸다. 갑국, 병국과 달리 을국의 2024년 경상 수지는 균형을 기록하였다. 단, 갑국~병국 세 국가 간에만 국제 거래가 이루어지며, 국제 거래는 외화인 달러화로 이루어진다.

(단위: 억 달러)

구분	갑국	을국	병국
상품 수지		10	−50
서비스 수지	−40		30
본원 소득 수지		10	10
(가)	−10		

* 음영 처리(▒▒)된 부분은 해당 영역의 수치가 가려진 것임.

〈보기〉

ㄱ. (가)에는 자국 거주 국민이 외국 기업 주식을 보유한 대가로 받는 배당금이 포함된다.
ㄴ. 갑국의 상품 거래에서는 외화의 지급액이 수취액보다 작다.
ㄷ. 을국의 서비스 수지는 달러화 대비 을국 통화 가치의 하락 요인이다.
ㄹ. 갑국과 달리 병국의 경상 수지는 흑자이다.

① ㄱ, ㄴ ② ㄱ, ㄷ ③ ㄴ, ㄷ ④ ㄴ, ㄹ ⑤ ㄷ, ㄹ

▸ 25064-0248

18 다음 자료에 대한 설명으로 옳은 것은? (단, A, B는 각각 수요 견인 인플레이션, 비용 인상 인플레이션 중 하나임.)

갑과 을은 인플레이션의 유형 A, B의 일반적인 특징에 대해 진술하고, 진술이 옳으면 1점, 틀리면 0점을 얻는다. ㉠(1)라운드에서 갑과 을이 얻은 점수가 서로 같아 (2)라운드를 진행하였고, (2)라운드에서 갑과 을이 얻은 점수가 서로 달라 ㉡승자가 결정되었다. 표는 (1)라운드와 (2)라운드에서 갑과 을이 진술한 내용을 나타낸다.

라운드	구분	진술
(1) 라운드	갑	A와 달리 B는 총공급 감소로 인해 발생한다.
	을	B와 달리 A는 실물 자산 소유자보다 화폐 자산 소유자에게 불리하게 작용한다.
(2) 라운드	갑	A와 달리 B는 주로 경기 호황기에 발생한다.
	을	B와 달리 A는 (가)

① ㉠은 '0점', ㉡은 '을'이다.
② A의 발생 요인으로 수입 원자재 가격 상승을 들 수 있다.
③ B는 스태그플레이션을 초래할 수 있다.
④ B와 달리 A는 실질 GDP의 증가를 수반한다.
⑤ (가)에는 '실업률과 물가 수준 간 정(+)의 관계가 성립한다.'가 들어갈 수 있다.

▸ 25064-0249

19 다음 자료에 대한 분석으로 옳은 것은? [3점]

표는 해당 연도에 발생한 갑의 모든 소득 내역과 '경상 소득/비경상 소득', '근로 소득/재산 소득'을 나타낸다. 단, 갑의 소득은 t년이 5,000만 원, t+5년이 1억 원이다.

구분	t년	t+5년
발생한 모든 소득 내역	• 급여 • 주식 배당금 • 자녀 돌잔치 축하금	• 급여 • 예금 및 채권 이자 • 복권 당첨금
경상 소득/비경상 소득	4	9
근로 소득/재산 소득	3	2

① t년에 자녀 돌잔치 축하금은 주식 배당금보다 크다.
② 급여는 t년이 t+5년의 2배이다.
③ 비경상 소득은 t+5년이 t년의 2배이다.
④ 경상 소득에서 근로 소득이 차지하는 비율은 t+5년이 t년보다 낮다.
⑤ 전체 소득에서 재산 소득이 차지하는 비율은 t년이 t+5년보다 높다.

▸ 25064-0250

20 다음 자료에 대한 설명으로 옳은 것은? (단, A, B는 각각 주식, 채권 중 하나임.)

표는 갑과 을이 금융 상품 A, B 중 하나를 선택하여 해당 상품이 가지는 일반적인 특징에 대한 각 질문에 대해 응답한 결과이다. 갑은 A, 을은 B를 선택하였고, 갑과 을은 각각 두 개의 질문에 대해서만 옳게 응답하였다.

구분	갑	을
㉠배당 수익을 기대할 수 있는가?	예	아니요
㉡이자 수익을 기대할 수 있는가?	예	예
(가)	아니요	예

① 갑은 ㉠, ㉡에 대해 모두 옳게 응답하였다.
② 을은 ㉡에 대해 틀리게 응답하였다.
③ A에 비해 B는 수익성이 높다.
④ B의 소유자와 달리 A의 소유자는 주주로서의 지위를 가진다.
⑤ (가)에는 '시세 차익을 기대할 수 있는가?'가 들어갈 수 있다.

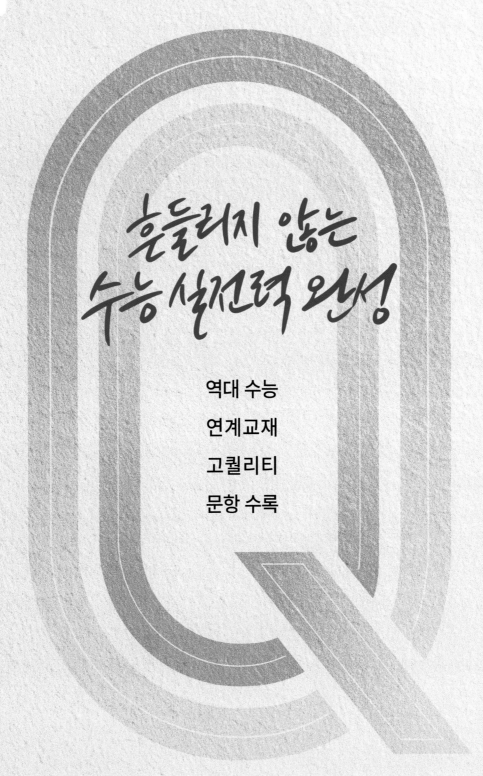

흔들리지 않는
수능 실전력 완성

역대 수능
연계교재
고퀄리티
문항 수록

14회분
수록

미니모의고사로 만나는 수능연계 우수 문항집

수능특강Q
미니모의고사

국 어	Start / Jump / Hyper
수 학	수학 I / 수학 II / 확률과 통계 / 미적분
영 어	Start / Jump / Hyper
사회탐구	사회 · 문화
과학탐구	생명과학 I / 지구과학 I

EBS

문제를 사진 찍고
해설 강의 보기
Google Play | App Store

EBS*i* 사이트
무료 강의 제공

본 교재는 대학수학능력시험을 준비하는 데 도움을 드리고자 사회과 교육과정을 토대로 제작된 교재입니다.
학교에서 선생님과 함께 교과서의 기본 개념을 충분히 익힌 후 활용하시면 더 큰 학습 효과를 얻을 수 있습니다.

수능완성

정답과 해설

2026학년도 수능 연계교재

사회탐구영역 | **경제**

한눈에 보는 정답

01 희소성과 합리적 선택

수능 실전 문제 본문 5~9쪽

01 ② 02 ④ 03 ① 04 ①
05 ③ 06 ② 07 ③ 08 ③
09 ② 10 ②

02 경제 체제 및 시장 경제의 원리

수능 실전 문제 본문 11~14쪽

01 ③ 02 ② 03 ⑤ 04 ①
05 ③ 06 ① 07 ③ 08 ④

03 가계, 기업, 정부의 경제 활동

수능 실전 문제 본문 16~21쪽

01 ⑤ 02 ④ 03 ④ 04 ⑤
05 ③ 06 ③ 07 ② 08 ④
09 ③ 10 ② 11 ④ 12 ⑤

04 시장 가격의 결정과 변동

수능 실전 문제 본문 23~28쪽

01 ③ 02 ④ 03 ② 04 ⑤
05 ④ 06 ⑤ 07 ② 08 ②
09 ④ 10 ① 11 ① 12 ①

05 잉여와 자원 배분의 효율성

수능 실전 문제 본문 30~34쪽

01 ⑤ 02 ⑤ 03 ② 04 ②
05 ③ 06 ① 07 ④ 08 ⑤
09 ③ 10 ④

06 수요와 공급의 가격 탄력성

수능 실전 문제 본문 36~39쪽

01 ④ 02 ④ 03 ② 04 ①
05 ④ 06 ③ 07 ② 08 ④

07 시장 실패와 정부 실패

수능 실전 문제 본문 41~45쪽

01 ③ 02 ④ 03 ② 04 ②
05 ⑤ 06 ② 07 ⑤ 08 ④
09 ④ 10 ④

08 경제 순환과 경제 성장

수능 실전 문제 본문 47~51쪽

01 ④ 02 ⑤ 03 ④ 04 ⑤
05 ④ 06 ⑤ 07 ⑤ 08 ⑤
09 ⑤ 10 ⑤

09 실업과 인플레이션

수능 실전 문제 본문 54~58쪽

01 ⑤ 02 ⑤ 03 ③ 04 ④
05 ⑤ 06 ④ 07 ① 08 ⑤
09 ④ 10 ⑤

10 경기 변동과 안정화 정책

수능 실전 문제 본문 61~65쪽

01 ③ 02 ⑤ 03 ② 04 ⑤
05 ③ 06 ④ 07 ④ 08 ④
09 ① 10 ⑤

11 무역 원리와 무역 정책

수능 실전 문제 본문 67~71쪽

01 ①	02 ③	03 ④	04 ④
05 ②	06 ③	07 ③	08 ②
09 ③	10 ⑤		

12 외환 시장과 환율

수능 실전 문제 본문 73~77쪽

01 ①	02 ②	03 ④	04 ①
05 ②	06 ③	07 ②	08 ⑤
09 ③	10 ④		

13 국제 수지

수능 실전 문제 본문 79~83쪽

01 ①	02 ②	03 ④	04 ③
05 ③	06 ③	07 ②	08 ③
09 ④	10 ②		

14 금융 생활과 신용

수능 실전 문제 본문 85~89쪽

01 ③	02 ④	03 ①	04 ④
05 ②	06 ①	07 ③	08 ⑤
09 ①	10 ③		

15 금융 상품과 재무 계획

수능 실전 문제 본문 91~95쪽

01 ⑤	02 ③	03 ①	04 ①
05 ④	06 ⑤	07 ④	08 ③
09 ③	10 ②		

실전 모의고사 1회

본문 96~100쪽

1 ③	2 ④	3 ⑤	4 ②	5 ③
6 ④	7 ⑤	8 ⑤	9 ⑤	10 ④
11 ⑤	12 ③	13 ⑤	14 ③	15 ④
16 ②	17 ②	18 ⑤	19 ②	20 ④

실전 모의고사 2회

본문 101~105쪽

1 ③	2 ⑤	3 ②	4 ①	5 ④
6 ①	7 ②	8 ⑤	9 ③	10 ②
11 ③	12 ④	13 ②	14 ③	15 ②
16 ④	17 ①	18 ②	19 ②	20 ④

실전 모의고사 3회

본문 106~110쪽

1 ①	2 ④	3 ③	4 ⑤	5 ④
6 ①	7 ④	8 ②	9 ①	10 ⑤
11 ②	12 ⑤	13 ③	14 ⑤	15 ④
16 ⑤	17 ④	18 ⑤	19 ①	20 ⑤

실전 모의고사 4회

본문 111~115쪽

1 ④	2 ①	3 ④	4 ④	5 ⑤
6 ④	7 ⑤	8 ④	9 ③	10 ③
11 ④	12 ①	13 ⑤	14 ③	15 ③
16 ④	17 ④	18 ③	19 ④	20 ④

실전 모의고사 5회

본문 116~120쪽

1 ③	2 ④	3 ③	4 ③	5 ④
6 ②	7 ⑤	8 ②	9 ③	10 ③
11 ②	12 ④	13 ①	14 ①	15 ④
16 ④	17 ④	18 ②	19 ④	20 ④

THEME 01 희소성과 합리적 선택

수능실전문제 (본문 5~9쪽)

01 ②	02 ④	03 ①	04 ①
05 ③	06 ②	07 ③	08 ③
09 ②	10 ②		

01 민간 경제의 순환 이해

문제분석 노동을 제공하고 받은 대가인 월급이 ㉢에 해당하는 것을 통해 A는 기업, B는 가계, (가) 시장은 생산물 시장, (나) 시장은 생산 요소 시장임을 알 수 있다. ㉠은 재화와 서비스, ㉡은 소비 지출이다.

정답찾기 ② 가계는 생산물 시장의 수요자이다.

오답피하기 ① 기업은 이윤 극대화를 추구한다.

③ (나) 시장은 생산 요소 시장이다.

④ 자동차 회사가 자동차를 조립하기 위해 구입한 로봇은 생산 요소에 해당한다.

⑤ ㉡은 가계의 소비 지출에 해당한다.

02 경제 주체의 이해

문제분석 생산 요소 시장에서 가계는 공급자, 기업과 정부는 수요자이다. 사회적 후생 극대화를 목적으로 하는 경제 주체는 정부이다. 따라서 A는 정부, B는 기업, C는 가계이다.

정답찾기 ㄴ. 기업은 이윤 극대화를 추구한다.

ㄹ. 정부는 조세를 징수하고 공공재를 공급한다.

오답피하기 ㄱ. 소비 활동을 주로 담당하는 경제 주체는 가계이다.

ㄷ. 기업과 가계는 모두 민간 경제의 주체이다.

03 기본적인 경제 문제의 이해

문제분석 기본적인 경제 문제는 생산물의 종류와 수량을 결정하는 '무엇을 얼마나 생산할 것인가', 생산 요소의 결합 방법을 결정하는 '어떻게 생산할 것인가', 그리고 분배 방식을 결정하는 '누구를 위하여 생산할 것인가'이다.

정답찾기 ① ㉠에는 생산 요소의 선택 및 결합 방법을 결정하는 '어떻게 생산할 것인가'와 관련된 경제 문제가 나타난다.

오답피하기 ② ㉡에는 생산물의 종류와 수량을 결정하는 '무엇을 얼마나 생산할 것인가'와 관련된 경제 문제가 나타난다.

③ ㉢에는 분배 방식을 결정하는 '누구를 위하여 생산할 것인가'와 관련된 경제 문제가 나타난다.

④ ㉠과 ㉡에 나타난 경제 문제는 모두 효율성을 기준으로 해결한다.

⑤ ㉡과 ㉢에 나타난 경제 문제는 모두 자원의 희소성으로 인해 발생한다.

04 기회비용의 이해

문제분석 제시된 자료를 바탕으로 갑이 A 구역과 B 구역의 티켓을 예매할 경우 각각의 편익, 기회비용(명시적 비용+암묵적 비용), 순편익을 나타내면 다음과 같다.

(단위: 원)

구분		A 구역 티켓	B 구역 티켓
편익		(가)	30,000
기회비용	명시적 비용	25,000	15,000
	암묵적 비용	15,000	(가)−25,000
순편익		(가)−40,000	40,000−(가)

정답찾기 ㄱ. (가)가 '40,000'보다 크다면, '(가)−40,000'>'40,000−(가)'이다. A 구역 티켓 예매의 순편익이 B 구역 티켓 예매의 순편익보다 크므로 갑의 A 구역 티켓 예매는 합리적 선택이다.

오답피하기 ㄴ. 경기 당일에는 티켓 예매 취소 수수료가 티켓 금액의 100%로 환불이 불가하지만, 티켓 중개 거래 플랫폼에서 A 구역의 티켓을 판매하였을 경우 일부는 회수할 수 있다. 따라서 을의 제안에 대한 수락 여부를 결정할 때 A 구역의 티켓 예매 시 지불한 비용 전액이 매몰 비용은 아니다.

ㄷ. (가)가 '45,000'이고 갑이 티켓 중개 거래 플랫폼에서 A 구역의 티켓을 20,000원에 판매한다면, ㉡을 거절하였을 때의 순편익은 음(−)의 값이다. 따라서 갑이 ㉡을 거절하는 것은 합리적 선택이 아니다.

05 경제재와 무상재의 이해

문제분석 인간의 욕구에 비해 자원의 양이 상대적으로 부족한 상태는 희소성이다. 희소성의 유무에 따라 재화를 구분하면 경제재와 무상재로 나눌 수 있다. 경제재는 희소성이 존재하여 어떤 대가를 지불해야만 얻을 수 있는 재화이고, 무상재는 인간의 필요와 욕구에 비해 존재량이 많아 아무런 대가를 지불하지 않아도 얻을 수 있는 재화이다. 아이돌 그룹의 유료 음원은 경제재이다. 따라서 A는 경제재, B는 무상재이다.

정답찾기 ③ '대가를 지불해야 소비할 수 있는가?'라는 질문에 대해 경제재는 '예', 무상재는 '아니요'로 답할 수 있다.

오답피하기 ① 경제재는 인간의 욕구보다 적게 존재한다.

② 경제적 가치를 지닌 재화는 경제재이다.

④ A가 경제재, B가 무상재이므로 (나)에는 '희소성이 있는가?'가 들어갈 수 없다.

⑤ '경매 시장에 나온 야구 국가 대표 선수의 100번째 홈런 공'은 희소성이 있는 경제재이다.

06 경제적 유인의 이해

문제분석 청년 저축 계좌에 매달 일정 금액을 저축하는 청년들에게 정부가 10~30만 원의 정부 지원금을 추가 적립해 주는 것은 청년들이 청년 저축 계좌를 개설하고 저축을 하게 하는 긍정적인 경제적 유인에 해당한다. 불법 사금융업자에 대한 처벌 수준을 징역 5년, 벌금 2억 원으로 상향한 것은 불법 사금융을 억제하고자 하는 부정적인 경제적 유인에 해당한다.

정답찾기 ㄱ, ㄹ. 정부가 10~30만 원의 정부 지원금을 추가 적립해 주는 것은 청년 저축 계좌에 매달 일정 금액을 저축하는 청년들의 편익 증가 요인으로 긍정적인 경제적 유인에 해당한다.

오답피하기 ㄴ. 최고 금리를 위반한 불법 사금융업자의 처벌 수준을 징역 5년, 벌금 2억 원으로 상향한 것은 불법 사금융업자의 비용 증가 요인이다.

ㄷ. 긍정적인 경제적 유인과 부정적인 경제적 유인 모두 개별 경제 주체의 합리성을 전제로 한다.

07 경제 활동의 객체 이해

문제분석 A~D는 각각 노동, 자본, 재화, 서비스 중 하나이고, '생산 요소 시장에서 거래되는가?'에 대한 질문에 B, C는 '예', A, D는 '아니요'로 대답하였으므로 B, C는 각각 노동과 자본 중 하나이고, A, D는 각각 재화와 서비스 중 하나이다. 또한 '인간의 활동에 해당하는가?'에 대한 질문에 대해 C, D는 '예', A, B는 '아니요'로 대답하였으므로 A는 재화, B는 자본, C는 노동, D는 서비스이다.

정답찾기 ㄱ. 만족감을 주는 유형의 물질은 재화이다. 재화는 가계가 만족감을 얻기 위해 구입하는 경제 객체에 해당한다.

ㄷ. 개업 의사의 진료 행위는 서비스에 해당한다.

오답피하기 ㄴ. 노동을 생산에 투입하고 받은 대가는 임금이다.

08 기회비용의 이해

문제분석 제시된 자료를 바탕으로 갑이 자전거 A~C를 선택할 경우 각각의 편익, 기회비용(명시적 비용+암묵적 비용), 순편익을 나타내면 다음과 같다.

(단위: 만 원)

구분		A	B	C
편익		50	80	100
기회비용	명시적 비용	30	50	㉠
	암묵적 비용	100−㉠	100−㉠	30
순편익		㉠−80	㉠−70	70−㉠

정답찾기 ③ A 선택의 기회비용은 '130−㉠'만 원, B 선택의 기회비용은 '150−㉠'만 원이다.

오답피하기 ① 갑이 C를 선택한 것이 합리적 선택이라면 C 선택의 순편익이 A 선택의 순편익, B 선택의 순편익보다 커야 한다. 따라서 '70−㉠'>'㉠−80', '70−㉠'>'㉠−70'이 성립되어야 하므로 ㉠은 '70'보다 작다.

② C 선택의 암묵적 비용은 30만 원이다.

④ B 선택의 순편익은 A 선택의 순편익보다 크다.

⑤ A, B 선택의 순편익은 모두 음(−)의 값이다.

09 경제 활동의 유형 이해

문제분석 경제 활동의 유형은 생산, 소비, 분배로 구분할 수 있다. 부가 가치 창출을 목적으로 하는 경제 활동은 생산이다. 생산 활동에 참여한 대가를 주거나 받는 경제 활동은 분배이다. 효용 극대화를 추구하는 경제 활동은 소비이다. 따라서 A는 생산, B는 소비, C는 분배이다.

정답찾기 ㄱ. 생산을 주로 담당하는 경제 주체는 기업이다. 기업은 이윤 극대화를 추구한다.

ㄹ. 상품의 저장이나 운송 활동은 생산에 해당한다.

오답피하기 ㄴ. B는 소비, C는 분배이므로 B는 생산물 시장, C는 생산 요소 시장에서 이루어진다.

ㄷ. 효용 극대화를 추구하는 경제 활동은 소비이므로 ㉠은 '0점'이다.

10 합리적 선택의 이해

문제분석 제시된 자료를 바탕으로 X재와 Y재의 소비 조합인 A~E점 각각의 편익, 기회비용(명시적 비용+암묵적 비용), 순편익을 나타내면 다음과 같다.

(단위: 원)

구분		A	B	C	D	E
편익		13,000	15,500	16,500	16,000	14,500
	명시적 비용	8,000	8,000	8,000	8,000	8,000
	암묵적 비용	8,500	8,500	8,000	8,500	8,500
기회비용		16,500	16,500	16,000	16,500	16,500
순편익		−3,500	−1,000	500	−500	−2,000

정답찾기 ② C점을 선택할 경우의 순편익은 500원으로, 다른 소비 조합점을 선택할 경우의 순편익과 달리 양(+)의 값을 가진다. 따라서 C점을 선택하는 것이 합리적이다.

오답피하기 ① X재와 Y재의 가격은 각각 2,000원으로 같다.

③ 순편익은 A점을 선택할 경우가 −3,500원, E점을 선택할 경우가 −2,000원이다. 따라서 순편익은 A점을 선택할 경우가 E점을 선택할 경우보다 작다.

④ 기회비용은 B점을 선택할 경우와 D점을 선택할 경우 각각 16,500원으로 같다.

⑤ 암묵적 비용은 C점을 선택할 경우가 8,000원, D점을 선택할 경우가 8,500원이다. 따라서 암묵적 비용은 C점을 선택할 경우가 D점을 선택할 경우보다 작다.

THEME 02 경제 체제 및 시장 경제의 원리

수능 실전 문제

본문 11~14쪽

01 ③	02 ②	03 ⑤	04 ①
05 ③	06 ①	07 ③	08 ④

01 경제 체제의 특징 이해

문제분석 '시장의 자기 조정 능력을 중시합니다.'는 시장 경제 체제의 특징이고, '정부의 계획과 명령에 따라 자원 배분이 이루어집니다.'와 '개별 경제 주체의 경제적 자유를 제약하여 자발적인 경제 활동이 위축됩니다.'는 계획 경제 체제의 특징이다. 세 학생 중 한 학생만 잘못된 특징을 제시했으므로 A는 시장 경제 체제, B는 계획 경제 체제이다.

정답찾기 ③ 시장 경제 체제에서는 계획 경제 체제보다 개인들의 이익 추구를 위한 경쟁을 강조한다.

오답피하기 ① ㉠은 '갑'이다.

② 기본적인 경제 문제는 계획 경제 체제와 시장 경제 체제 모두에서 발생한다.

④ 시장 경제 체제에서는 계획 경제 체제보다 경제 활동에서 경제적 유인을 중시한다.

⑤ 계획 경제 체제에서는 사회주의와 결합하여 원칙적으로 생산 수단의 사적 소유를 인정하지 않는다.

02 경제 체제의 특징 이해

문제분석 정부의 계획이나 명령에 의해 자원 및 생산물의 분배 문제를 해결하는 A는 계획 경제 체제, 시장 가격에 따라 자원 및 생산물의 분배 문제를 해결하는 B는 시장 경제 체제이다.

정답찾기 ② 질문 (가)에 대해 계획 경제 체제는 '예', 시장 경제 체제는 '아니요'라고 대답하였으므로 (가)에는 '경제 활동에 대한 정부의 통제를 중시하는가?'가 들어갈 수 있다.

오답피하기 ① 시장 경제 체제에서는 개인 간의 소득 불평등 문제가 나타날 수 있다.

③ 시장 경제 체제에서는 개인들의 자유로운 경쟁을 통한 이윤 추구를 보장한다.

④ 시장 경제 체제에서는 경제 활동 과정에서 경제적 유인 체계를 중시한다.

⑤ 자원의 희소성으로 인한 기본적인 경제 문제는 어느 경제 체제에서나 발생한다.

03 경제 체제의 특징 이해

문제분석 시장 가격 기구의 기능을 중시하는 것은 시장 경제 체제의 특징이다. 따라서 A는 계획 경제 체제, B는 시장 경제 체제이다.

정답찾기 ㄷ. 시장 경제 체제와 계획 경제 체제에서는 모두 기본적인 경제 문제가 발생한다.

ㄹ. 개별 경제 주체의 사적 이익 추구와 경쟁을 중시하는 것은 시장 경제 체제의 특징이다. 따라서 (가)에는 해당 질문이 들어갈 수 없다.

오답피하기 ㄱ. 시장 경제 체제에서는 가계와 기업이 각자의 이익을 최대화하기 위해 노력하고, 이에 따라 분배가 이루어지기 때문에 개인의 성과와 상관없이 이익을 균등하게 배분한다고 보기 어렵다.

ㄴ. 시장 경제 체제에서는 경제적 유인을 강조한다.

04 큰 정부론과 작은 정부론의 이해

문제분석 갑은 재정 지출 확대, 세수 증대, 정부 주도의 사회적 일자리 확대 정책을 공약으로 내세운 것으로 보아 정부의 시장 개입을 강조하는 큰 정부론을 지지하는 입장이다. 을은 정부의 예산 감축, 세금 감면, 민간 주도의 일자리 정책을 공약으로 내세운 것으로 보아 정부의 최소한의 역할을 강조하는 작은 정부론을 지지하는 입장이다.

정답찾기 ㄱ. 갑은 큰 정부론을 지지하는 입장으로 정부의 역할을 강조하므로 민간 경제 주체만으로는 경제 운용의 한계가 있음을 주장할 것이다.

ㄴ. 을은 작은 정부론을 지지하는 입장이므로 개인 간의 자유로운 경쟁을 저해하는 규제의 폐지에 찬성할 것이다.

오답피하기 ㄷ. 갑이 정부의 역할을 강조하는 큰 정부론을 지지한다고 하여 '보이지 않는 손'의 역할을 인정하지 않는다고 볼 수 없다.

ㄹ. 을은 정부의 최소한의 역할을 강조하는 입장이므로 공기업을 민영화하자는 의견을 지지할 것이다.

05 경제 체제의 특징 이해

문제분석 B와 구분되는 A의 특징에서 '전통과 관습에 의해 기본적인 경제 문제를 해결한다.'가 1점을 부여받았으므로 A는 전통 경제 체제이다. 또한 C와 구분되는 B의 특징에서 '정부의 명령에 따라 생산물의 종류와 생산 방법이 결정된다.'가 1점을 부여받았으므로 B는 계획 경제 체제이다. 따라서 C는 시장 경제 체제이다.

정답찾기 ③ 시장 경제 체제에서는 경제 활동에서 경제적 유인을 강조한다.

오답피하기 ① 전통 경제 체제에서는 자원의 희소성에 의한 경제 문제가 발생한다.

② 계획 경제 체제에서는 사회주의와 결합하여 생산 수단의 사적 소유를 원칙적으로 인정하지 않는다.

④ 시장 경제 체제에서는 빈부 격차의 문제가 발생한다.

⑤ '시장 원리에 의한 경제 문제 해결을 강조한다.'는 시장 경제 체제의 특징이다. A는 전통 경제 체제이므로 해당 내용이 (가)에 들어간다면, ㉠은 '0점'이다.

06 시장 경제를 뒷받침하는 사회 제도의 이해

문제분석 대규모 자본과 컴퓨팅 인프라를 소유하여 경쟁 우위를 확보한 소수 빅테크 기업이 시장 진입 장벽을 구축하여 시장에서 경쟁이 제대로 이루어지지 않고, 소비자의 합리적 선택을 제한하고 있다. 시장에서 자원이 효율적으로 배분되고 시장 경제가 유지·발전하려면 정부는 공정한 경쟁이 보장되도록 독점 규제 및 공정 거래에 관한 법률 등을 제정하고, 소비자의 권리를 보호해야 한다.

정답찾기 ① 제시된 자료는 정부가 시장 경제의 규칙과 제도를 마련하여 기업 간의 공정한 경쟁이 보장될 때 시장에서 자원이 효율적으로 배분되고 시장 경제가 유지·발전할 수 있다는 것을 보여 준다.

오답피하기 ②, ③, ④, ⑤ (가)에 들어갈 내용으로 적절하지 않다.

07 분업, 교환, 특화의 이해

문제분석 갑~병 모두 옳게 설명하였으므로 A는 분업, C는 특화이다. 따라서 B는 교환이다. (가)에는 교환의 특징으로 옳은 설명이 들어가야 한다.

정답찾기 ㄱ. 분업은 노동자들의 기능 숙달로 인하여 대량 생산을 가능하게 한다.

ㄷ. 교환은 합리적인 거래 당사자 간에 이익을 가져다 줄 수 있으므로 (가)에는 해당 내용이 들어갈 수 있다.

오답피하기 ㄴ. 시장 경제 체제에서는 시장 가격에 기초한 개별 경제 주체의 자유로운 의사 결정을 보장하므로 교환과 특화의 자유를 보장하여 경제 문제를 해결한다.

08 교환의 이해

문제분석 제시된 자료를 바탕으로 갑과 을의 하루 동안 감자와 옥수수의 최대 생산 가능량을 나타내면 다음과 같다.

(단위: 개)

구분	갑	을
감자 최대 생산 가능량	10	20
옥수수 최대 생산 가능량	15	10

갑의 감자 1개 생산의 기회비용은 옥수수 3/2개이고, 을의 감자 1개 생산의 기회비용은 옥수수 1/2개이다. 따라서 갑은 옥수수에 특화하고, 을은 감자에 특화한다.

정답찾기 ㄴ. 을은 감자 생산에 비교 우위가 있어 감자에 특화하여 교환하는 것이 합리적이다.

ㄹ. 갑과 을이 교환을 하기 위해 이익이 발생하는 범위는 '감자 2/3개 <옥수수 1개<감자 2개'이다. 갑은 옥수수 1개당 교환하는 감자가 2/3개보다 많으면 이익을 얻고, 을은 옥수수 1개당 교환하는 감자가 2개보다 적으면 이익을 얻는다. 따라서 감자와 옥수수의 교환 비율이 3 : 1이라면, 을은 교환하려 하지 않을 것이다.

오답피하기 ㄱ. 갑의 감자 1개 생산의 기회비용은 옥수수 3/2개이고, 감자 최대 생산 가능량은 10개, 옥수수 최대 생산 가능량은 15개이므로 갑은 하루 동안 감자 6개와 옥수수 6개를 생산할 수 있다.

ㄷ. 갑의 옥수수 1개 생산의 기회비용은 감자 2/3개이고, 을의 옥수수 1개 생산의 기회비용은 감자 2개이므로 옥수수 1개 생산의 기회비용은 갑이 을보다 작다.

THEME 03 가계, 기업, 정부의 경제 활동

수능실전문제

본문 16~21쪽

01 ⑤	02 ④	03 ④	04 ⑤
05 ③	06 ③	07 ②	08 ④
09 ③	10 ②	11 ④	12 ⑤

01 국민 경제의 순환 이해

문제분석 소비 활동의 경제 주체인 A는 가계이고, A가 아들의 고등학교 입학 선물을 구입한 (가) 시장은 생산물 시장이다. 기업은 생산물 시장의 공급자이고, 정부는 생산물 시장의 수요자이므로 B는 기업, C는 정부이다.

정답찾기 ⑤ 가계는 생산 요소 시장의 공급자이고, 기업과 정부는 모두 생산 요소 시장의 수요자이다.

오답피하기 ① 노동은 생산 요소 시장에서 거래된다.

② 이윤 극대화를 추구하는 경제 주체는 기업이다.

③ 사회적 후생 극대화를 추구하는 경제 주체는 정부이다.

④ 정부는 생산물 시장의 수요자에 해당한다.

02 경제 주체의 역할 이해

문제분석 이윤 극대화를 추구하는 경제 주체인 A는 기업이고, 경제 안정화 정책을 시행하는 경제 주체인 B는 정부이다. 따라서 C는 가계이다.

정답찾기 ④ (가)에는 가계가 다른 경제 주체들과 구분되는 특징이 들어가야 한다. 기업과 정부는 생산 요소 시장의 수요자이고, 가계는 생산 요소 시장의 공급자이므로 (가)에는 해당 내용이 들어갈 수 있다.

오답피하기 ① 소비 활동의 주체는 가계이다.

② 조세 징수의 주체는 정부이다.

③ 기업은 생산물 시장의 공급자이다.

⑤ 정부는 민간 경제의 주체라고 볼 수 없으므로 (나)에는 해당 내용이 들어갈 수 없다.

03 가계의 경제적 의사 결정 이해

문제분석 제시된 자료를 바탕으로 X재 소비량에 따른 갑과 을의 총편익을 나타내면 다음과 같다.

X재 소비량(개)		1	2	3	4
총편익(달러)	갑	12	22	30	36
	을	18	30	37	40

정답찾기 ④ X재 가격이 8달러인 경우 갑은 3개를 구입하고, 을은 2개를 구입할 것이다. 이 경우 갑의 총편익과 을의 총편익은 각각 30달러로 같다.

오답피하기 ① 소비량이 증가할수록 갑의 '총편익/소비량'은 12달러,

11달러, 10달러, 9달러 순으로 지속적으로 감소한다.
② 소비량이 증가할수록 을의 총편익은 18달러, 30달러, 37달러, 40달러 순으로 지속적으로 증가한다.
③ X재 3개 소비에 따른 총편익은 갑이 30달러, 을이 37달러이다.
⑤ X재 가격이 5달러인 경우와 6달러인 경우 모두 갑은 X재 4개, 을은 X재 3개를 구입할 것이다. 따라서 갑과 을의 X재 소비량의 합은 X재 가격이 5달러인 경우와 6달러인 경우가 같다.

04 가계의 경제적 의사 결정 이해

문제분석 추가 소비로 인해 얻게 되는 편익의 증가분은 t년과 t+1년이 같다고 하였으므로, X재 2개째 소비의 추가 편익은 t+1년의 소비 조합 (2, 2)의 총편익에서 t년의 소비 조합 (1, 2)의 총편익을 뺀 값인 12달러이다. 여기에 t년의 소비 조합 (2, 0)의 총편익이 27달러이므로 X재 1개째 소비의 추가 편익이 15달러이다. 갑의 각 재화별 추가 소비로 인해 얻게 되는 추가 편익이 일정한 폭으로 감소한다고 하였으므로 X재 소비에 따른 추가 편익은 3달러씩 감소한다. 또한 Y재 3개째 소비의 추가 편익은 t+1년의 소비 조합 (1, 3)의 총편익에서 t년의 소비 조합 (1, 2)의 총편익을 뺀 값인 8달러이다. t+1년의 소비 조합 (0, 4)의 총편익이 36달러라는 것은 소비 조합 (1, 3)의 총편익 45달러에서 X재 1개째 소비의 추가 편익인 15달러를 빼고 Y재 4개째 소비의 추가 편익을 더한 값과 같다. 따라서 Y재 4개째 소비의 추가 편익은 6달러이다. 갑의 각 재화별 추가 소비로 인해 얻게 되는 추가 편익이 일정한 폭으로 감소한다고 하였으므로 Y재 소비에 따른 추가 편익은 2달러씩 감소한다. 이를 바탕으로 갑이 X재와 Y재를 추가 소비할 때 얻게 되는 각 재화별 소비량에 따른 추가 편익을 나타내면 다음과 같다.

(단위: 달러)

구분	X재	Y재
1개째	15	12
2개째	12	10
3개째	9	8
4개째	6	6

정답찾기 ㄷ. 갑의 용돈이 변하지 않는 상황에서 갑의 용돈을 X재 구입에 모두 사용할 경우 t년에는 2개를 구입할 수 있고, t+1년에는 4개를 구입할 수 있으므로 X재 가격은 t년이 t+1년의 2배이다.
ㄹ. 용돈을 모두 사용하여 제시된 소비 조합 내에서 선택하는 것이므로 연도별 총편익이 가장 높은 소비 조합을 선택하는 것이 합리적인 선택이다. t년에는 (1, 2) 소비 조합, t+1년에는 (2, 2) 소비 조합의 총편익이 가장 높다. 따라서 t년과 t+1년 모두 Y재 소비량이 2개인 소비 조합을 선택하는 것이 합리적이다.
오답피하기 ㄱ, ㄴ. ㉠은 '42'(=15+12+9+6)이고, ㉡은 '48'(=15+12+9+12)이다.

05 기업의 경제 활동 이해

문제분석 제시된 자료를 바탕으로 갑 기업의 생산량에 따른 총수입, 총비용, 이윤을 나타내면 다음과 같다.

생산량(개)	1	2	3	4
총수입(달러)	8	16	24	32
총비용(달러)	5	9	15	22
이윤(달러)	3	7	9	10

정답찾기 ③ '이윤/생산량'은 생산량이 2개일 때(3.5달러/개)가 3개일 때(3달러/개)보다 크다.
오답피하기 ① 이윤은 생산량이 4개일 때가 가장 크다.
② '총수입/총비용'은 생산량이 1개일 때(8/5)가 2개일 때(16/9)보다 작다.
④ '이윤/총수입'은 생산량이 2개일 때(7/16)가 4개일 때(5/16)보다 크다.
⑤ 생산량이 1개에서 2개로 증가할 때 추가되는 비용(4달러)은 생산량이 3개에서 4개로 증가할 때 추가되는 비용(7달러)보다 작다.

06 기업의 경제 활동 이해

문제분석 제시된 자료를 바탕으로 시기별 갑 기업의 각 재화 생산량에 따른 각 재화별 총비용, 총수입, 이윤을 나타내면 다음과 같다.

생산량(개)			1	2	3	4	5
총비용(달러)	X재	t기	50	90	170	260	400
		t+1기	55	99	187	286	440
	Y재	t기	60	100	170	280	450
		t+1기	48	80	136	224	360
총수입(달러)	X재	t기	100	200	300	400	500
		t+1기	120	240	360	480	600
	Y재	t기	100	200	300	400	500
		t+1기	90	180	270	360	450
이윤(달러)	X재	t기	50	110	130	140	100
		t+1기	65	141	173	194	160
	Y재	t기	40	100	130	120	50
		t+1기	42	100	134	136	90

정답찾기 ③ t기에 갑 기업의 이윤은 270달러(=X재 4개 생산 시 140달러+Y재 3개 생산 시 130달러)이고, t+1기에 갑 기업의 이윤은 330달러(=X재 4개 생산 시 194달러+Y재 4개 생산 시 136달러)로 t기 대비 t+1기에 갑 기업의 이윤은 증가하였다.
오답피하기 ① t기에 X재의 '총비용/생산량'은 생산량이 1개일 때가 50달러/개이고, 생산량이 2개일 때가 45달러/개이다.
② t기에 X재로부터 얻는 이윤은 생산량이 4개일 때가 가장 크고, Y재로부터 얻는 이윤은 생산량이 3개일 때가 가장 크다. 따라서 t기에 갑 기업은 X재를 4개 생산하고, Y재를 3개 생산한다.
④ t기에 갑 기업의 총비용은 430달러(=X재 4개 생산 시 260달러+Y재 3개 생산 시 170달러)이고, t+1기에 갑 기업의 총비용은 510달러(=X재 4개 생산 시 286달러+Y재 4개 생산 시 224달러)로 t기 대비 t+1기에 갑 기업의 총비용은 증가하였다.

⑤ X재의 생산량은 t기와 t+1기가 각각 4개로 같고, Y재의 생산량은 t기가 3개, t+1기가 4개이다.

07 기업의 경제 활동 이해

문제분석 제시된 자료를 바탕으로 시기별 갑 기업의 생산량에 따른 총수입, 총비용, 이윤을 나타내면 다음과 같다.

생산량(개)	1	2	3	4
이윤/총수입	0.6	0.3	0.4	0.3
총수입(달러)	50	100	150	200
총비용(달러)	20	70	90	140
이윤(달러)	30	30	60	60

정답찾기 ㄱ. 이윤은 생산량이 1개일 때와 2개일 때가 각각 30달러로 같다.

ㄷ. '총비용/총수입'을 생산량 1개부터 4개까지 순서대로 나타내면 2/5, 7/10, 3/5, 7/10이다.

오답피하기 ㄴ. 총수입은 생산량이 3개일 때가 150달러, 생산량이 4개일 때가 200달러이다.

ㄹ. '총비용/생산량'을 생산량 1개부터 4개까지 순서대로 나타내면 20달러/개, 35달러/개, 30달러/개, 35달러/개이다.

08 기업의 사회적 책임과 혁신 이해

문제분석 기업의 사회적 책임은 기업이 이윤 추구와 더불어 소비자, 지역 사회 등과의 관계 속에서 사회에 대한 책임을 져야 한다는 것을 의미하고, 혁신은 생산 및 경영 과정에서 새로운 방식을 추구하는 창조적 파괴의 과정을 의미한다.

정답찾기 ㄴ. B사가 교육 격차 해소를 위한 농어촌 학교 스마트 교실 프로젝트 사업을 지원한 것은 지역 사회와의 관계 속에서 기업의 사회적 책임을 이행하는 기업의 사회적 책임 사례에 해당한다.

ㄹ. D사가 제조 기술의 융합을 통해 효율성을 극대화한 새로운 고성능 전기차 배터리를 개발한 것은 생산 과정에서 새로운 방식을 추구하는 혁신의 사례에 해당한다.

오답피하기 ㄱ. A사가 팀 조직 재편성을 통한 업무 효율성을 제고하는 것은 혁신의 사례에 해당한다.

ㄷ. C사가 판매 실적이 높은 상품의 생산량 증대를 위해 공장을 추가 설립한 것은 창조적 파괴를 통해 제품의 가치와 효율성을 높이는 혁신의 사례로 보기 어렵다.

09 조세의 분류 이해

문제분석 t년~t+2년간 (가)의 비중은 지속적으로 증가하였고, (나)의 비중은 지속적으로 감소하였다. t년~t+2년의 비율 변화 추이는 지속적인 소득세 및 법인세 수입 증가만으로 나타났다고 하였으므로 (가)는 소득세 및 법인세가 포함되어 있는 직접세이고, (나)는 간접세이다.

정답찾기 ③ 일반적으로 소득 재분배 효과는 직접세가 간접세보다 크다.

오답피하기 ① 직접세는 주로 소득이나 재산에 부과한다.

② 직접세의 세율 인상은 가계의 소비 및 기업의 투자를 위축시켜 물가 하락 요인으로 작용한다.

④ 일반적으로 조세 저항은 직접세가 간접세보다 크다.

⑤ 직접세와 달리 간접세는 납세자와 담세자가 일치하지 않는다.

10 정부의 경제적 역할 이해

문제분석 정부의 경제적 역할에는 생산물 시장과 생산 요소 시장의 수요자, 재정 활동의 주체, 시장 기능의 보완, 소득 재분배, 경제 안정 추구 등이 있다.

정답찾기 ② (나)는 허용량 이상으로 대기 오염 물질을 배출하여 부정적 외부 효과를 일으키는 기업에 대해 세금을 부과하여 오염 물질 배출량을 줄이고자 한 것으로, 이는 부정적 외부 효과를 개선하기 위한 사례에 해당한다.

오답피하기 ① (가)는 정부가 시장의 공정 경쟁 질서의 확립을 도모하기 위해 시행한 것으로, 이는 소득 재분배 수행의 사례에 해당한다고 보기 어렵다.

③ (다)는 경기 과열 억제를 위해 세율을 인상하고 정부 지출을 감축한 것으로, 긴축 재정 정책을 시행한 사례에 해당한다.

④ (다)에는 정부의 경제 활동에 필요한 재원을 조달하고 지출하는 재정 주체로서의 역할이 포함되어 있다.

⑤ (가), (나)는 시장 실패를 개선하기 위한 정책을 시행한 사례에 해당한다.

11 세율 적용에 따른 조세의 분류 이해

문제분석 비례세제는 과세 대상 금액과 상관없이 같은 세율을 적용하므로 과세 대상 금액의 증가율과 세액의 증가율이 같고, 누진세제는 과세 대상 금액이 증가할수록 세율이 상승한다. 따라서 A는 비례세제, B는 누진세제, C는 역진세제이다.

정답찾기 ④ (가)에는 옳은 진술이 들어가야 한다. 비례세제와 달리 누진세제는 일반적으로 직접세에 적용되므로 (가)에는 해당 내용이 들어갈 수 있다.

오답피하기 ① A는 비례세제이다.

② 역진세제는 과세 대상 금액이 증가할수록 세율이 감소하는 세제이다. 역진세제에서 과세 대상 금액이 증가할수록 세액이 감소한다고는 보기 어렵다.

③ 일반적으로 소득 재분배 효과는 과세 대상 금액이 증가함에 따라 세율이 높아지는 누진세제가 비례세제보다 크다.

⑤ 비례세제를 간접세에 적용 시 조세 부담의 역진성이 나타나므로 (가)에는 해당 내용이 들어갈 수 있다.

12 비례세와 누진세의 이해

문제분석 현행 소득세제는 과세 대상 소득 구간과 상관없이 같은 세율을 적용하므로 비례세율을 적용한 것이고, 개편 소득세제안은 과세 대상 소득이 증가할수록 높은 세율을 적용하므로 누진세율을 적용한 세제이다. 각 세제를 갑~병에 적용하여 소득세액을 계산하면 다음과 같다.

(단위: 달러)

구분		갑	을	병
소득 세액	현행 소득 세제	4,000	6,000	15,000
	개편 소득 세제안	3,000 (=1,000+2,000)	6,000 (=1,000+ 3,000+2,000)	31,500 (=1,000+3,000 +10,000+17,500)

정답찾기 ⑤ 병의 경우 소득세액은 현행 소득세제에서 15,000달러, 개편 소득세제안에서 31,500달러이다. 따라서 병의 경우 개편 소득세제안에서의 소득세액은 현행 소득세제에서의 소득세액의 2배보다 크다.

오답피하기 ① 소득이 가장 적은 갑과 소득이 가장 많은 병의 소득세액 차이가 큰 개편 소득세제안이 현행 소득세제보다 소득 재분배 효과가 크다.

② 누진세제에서는 과세 대상 금액이 증가할수록 세율이 높아지므로 세액의 증가율이 과세 대상 금액의 증가율보다 크다.

③ 갑의 경우 소득세액이 현행 소득세제에서는 4,000달러, 개편 소득세제안에서는 3,000달러이다.

④ 을의 경우 소득세액은 현행 소득세제와 개편 소득세제안에서 각각 6,000달러로 같다.

THEME 04 시장 가격의 결정과 변동

수능실전문제

본문 23~28쪽

01 ③	02 ④	03 ②	04 ⑤
05 ④	06 ⑤	07 ②	08 ②
09 ④	10 ①	11 ①	12 ①

01 공급량과 공급의 변동 이해

문제분석 (가)는 가격 상승(수요 증가)에 따른 공급량의 증가, (다)는 가격 하락(수요 감소)에 따른 공급량의 감소를 나타내고, (나)는 가격 이외의 요인 변화에 따른 공급 증가, (라)는 가격 이외의 요인 변화에 따른 공급 감소를 나타낸다.

정답찾기 ③ 대체 관계에 있는 재화의 가격 하락은 수요 감소 요인이다. 수요 감소에 따른 가격 하락은 공급량 감소 요인이다.

오답피하기 ① 공급자에게 세금을 부과하는 것은 공급 감소 요인이다.

② 공급 증가는 가격 하락 요인이다.

④ 공급 감소는 가격을 상승시키므로, 이는 보완 관계에 있는 재화의 수요 감소 요인이다.

⑤ 생산 기술 혁신과 공급자 수 증가는 모두 공급 증가 요인이다.

02 시장 균형의 이해

문제분석 X재 가격이 10달러 상승할 때마다 수요량은 10개씩 감소하고, 공급량은 10개씩 증가한다. 그리고 X재의 수요와 공급 곡선은 모두 직선이므로 가격이 35달러일 때 수요량과 공급량이 각각 75개로 일치하여 시장 균형이 형성된다.

정답찾기 ④ 모든 가격 수준에서 수요량이 10개씩 증가하는 경우 40달러에서 수요량과 공급량이 각각 80개로 일치하여 시장 균형이 발생하므로, 시장 균형 가격은 35달러에서 40달러로 5달러 상승한다.

오답피하기 ① 시장 균형 가격은 35달러이다.

② 가격이 40달러일 때에는 초과 공급이 발생하여 가격 하락 압력이 발생한다.

③ 가격이 50달러일 때에는 공급량이 수요량보다 많으므로 초과 공급이 발생한다.

⑤ 모든 가격 수준에서 공급량이 10개씩 감소하는 경우 40달러에서 수요량과 공급량이 각각 70개로 일치하여 시장 균형이 발생하므로, 시장 균형 거래량은 75개에서 70개로 5개 감소한다.

03 시장 균형의 변동 이해

문제분석 제시된 자료를 바탕으로 X재의 연도별 균형 가격과 균형 거래량을 나타내면 다음과 같다.

구분	t년	t+1년	t+2년	t+3년
균형 가격(달러)	10	8	8	10
균형 거래량(개)	20	40	50	50

정답찾기 ② 전년 대비 t+2년에 균형 가격은 변함이 없었고 균형 거래량만 증가하였다. 이런 변화는 수요와 공급이 모두 증가하는 경우에만 발생할 수 있다.

오답피하기 ① 전년 대비 t+1년에 균형 가격은 하락하였고 균형 거래량은 증가하였다. 이런 변화는 공급 감소가 아닌 공급 증가 시 발생한다.

③ 균형 거래량은 t+2년과 t+3년이 각각 50개로 같다.

④ X재와 대체 관계에 있는 재화의 가격 하락은 X재의 수요 감소 요인이다. 전년 대비 t+2년에는 수요와 공급이 모두 증가하였다.

⑤ X재의 생산 기술 혁신은 공급 증가 요인이다. 전년 대비 t+3년에 균형 가격은 상승하였고 균형 거래량은 변함이 없었다. 이와 같은 변화는 공급이 감소하고 수요가 증가하는 경우에만 발생할 수 있다.

04 시장 균형의 변동 이해

문제분석 태양광 패널 구매자에게 구매 보조금을 지급하는 정책은 수요 증가 요인, 기술 혁신을 통한 생산 비용 절감은 공급 증가 요인이다.

정답찾기 ⑤ 수요 증가는 수요 곡선을 오른쪽으로 이동시켜 균형 가격 상승과 균형 거래량 증가 요인으로 작용하고, 공급 증가는 공급 곡선을 오른쪽으로 이동시켜 균형 가격 하락과 균형 거래량 증가 요인으로 작용한다. 따라서 수요 증가와 공급 증가가 동시에 나타나는 경우 새로운 균형 가격의 상승과 하락 여부는 불분명하고 균형 거래량은 증가한다.

05 시장 균형의 이해

문제분석 가격이 4달러일 때 수요량은 4개, 가격이 2달러일 때 수요량은 6개이고 수요 곡선이 직선이므로 수요량은 가격이 1달러 하락 시 1개씩 증가한다. 따라서 수요량은 가격이 6달러일 때 2개, 5달러일 때 3개, 3달러일 때 5개이다. 초과 공급량은 '공급량－수요량'이므로 가격별 수요량과 공급량을 나타내면 다음과 같다.

가격(달러)	2	3	4	5	6
수요량(개)	6	5	4	3	2
공급량(개)	2	3	4	5	6

정답찾기 ④ (나)만 발생하는 경우 가격이 5달러일 때 수요량과 공급량이 각각 5개로 일치하여 시장 균형이 발생한다. 이 경우 균형 가격은 4달러에서 5달러로 1달러 상승한다.

오답피하기 ① 시장 변동 전 가격이 5달러일 때에는 공급량이 수요량보다 많으므로 가격 하락 압력이 발생한다.

② 보완 관계에 있는 재화의 가격 하락은 수요 증가 요인이다. ㉠에는 수요 감소 요인이 들어가야 하므로 해당 내용이 들어갈 수 없다.

③ (가)만 발생하는 경우 가격이 3달러일 때 수요량과 공급량이 각각 3개로 일치하여 시장 균형이 발생한다. 이 경우 균형 거래량은 4개에서 3개로 1개 감소한다.

⑤ (나)만 발생하는 경우의 균형 거래량은 5개로, 정부가 지급하는 보조금 총액은 10달러(=5개×2달러)이다. (나)와 (다)가 동시에 발생하는 경우 가격이 4달러일 때 수요량과 공급량이 각각 6개로 일치하여 균형 거래량은 6개가 된다. 이 경우 정부가 지급하는 보조금 총액은 24달러{=6개×(2+2)달러}이다.

06 시장 균형의 변동 이해

문제분석 정책 시행 전 가격이 P달러일 때 초과 공급량이 0이므로 P달러가 정책 시행 전의 균형 가격이고 균형 거래량은 30개이다. X재 생산자에게 개당 10달러의 세금을 부과하는 정책을 시행하는 경우, 정책 시행 전 P달러에서의 공급량(30개)이 정책 시행 후 P+10달러에서의 공급량(30개)과 같아지게 된다. 정책 시행 후 P+10달러일 때 초과 수요량이 0이므로 P+10달러가 정책 시행 후의 균형 가격이다. 따라서 정책 시행 후 P+10달러일 때의 수요량은 30개이다. 수요와 공급 곡선이 직선이므로, 이를 바탕으로 정책 시행 전후의 X재 가격별 수요량과 공급량을 나타내면 다음과 같다.

가격(달러)	정책 시행 전		정책 시행 후	
	수요량(개)	공급량(개)	수요량(개)	공급량(개)
P+10	30	40	30	30
P	30	30	30	20
P–10	30	20	30	10

정답찾기 ⑤ ㉠으로 인해 균형 가격만 상승하고 균형 거래량은 변하지 않았으므로 균형 가격 상승률과 판매 수입 증가율은 같다.

오답피하기 ① ㉠은 X재의 공급 감소 요인이다.

② ㉡ '30'이다.

③ 정책 시행 후 P－10달러에서 수요량은 30개이고 공급량은 10개이므로 초과 수요량은 20개이다. 따라서 ㉢은 '20'이다.

④ 균형 거래량은 정책 시행 전과 후가 각각 30개로 같다.

07 수요와 공급의 변동 이해

문제분석 연관 관계에 있는 재화의 가격 변동은 수요 변동 요인이고, 원료의 가격 변동은 공급 변동 요인이다.

정답찾기 ㄷ. 〈상황 2〉에서 C재의 공급이 증가할 때 B재의 가격이 상승하므로 C재는 B재의 원료라고 보기 어렵다. 따라서 A재가 B재의 원료이고, C재는 B재와 연관 관계에 있는 재화이다. 〈상황 1〉에서 A재의 공급 증가는 A재의 가격을 하락시켜 B재의 공급 증가 요인(가격 하락 요인)으로 작용한다. B재의 공급 증가로 인한 B재의 가격 하락이 B재와 연관 관계에 있는 C재의 수요를 증가시키므로 C재는 B재와 보완 관계에 있는 재화이다.

오답피하기 ㄱ. ㉠은 '공급 증가'이다.

ㄴ. C재의 공급 증가는 C재의 가격 하락 요인이다. 이는 C재와 보완 관계에 있는 B재의 수요 증가 요인으로 작용한다. 따라서 ㉡은 '수요 증가'이다.

08 연관 관계의 이해

문제분석 대체 관계에 있는 재화의 가격 상승(하락)은 수요 증가(감소) 요인이고, 보완 관계에 있는 재화의 가격 상승(하락)은 수요 감소(증가) 요인이다. 〈자료 1〉은 A재의 공급이 감소하여 A재의 균형 가격이 상승하고 균형 거래량이 감소한 것을 나타낸다. A재의 가격 상승이 C재의 판매 수입을 증가시켰다는 것은 A재의 가격 상승으로 C재의 수요가 증가하였다는 것을 의미한다. 따라서 C재는 A재와 대체 관계에 있는 재화이고, B재는 A재와 보완 관계에 있는 재화이다.

정답찾기 ㄱ. A재의 생산 요소 가격 상승은 A재의 공급 감소 요인이다.

ㄷ. (가)로 인해 C재의 가격은 상승하고 거래량이 증가하므로, C재 시장에서 판매 수입 변동률이 가격 변동률보다 크다.

오답피하기 ㄴ, ㄹ. A재의 가격 상승으로 A재와 보완 관계에 있는 B재의 수요가 감소하여 B재의 균형 가격은 하락하고 균형 거래량은 감소한다.

09 시장 균형의 변동 이해

문제분석 시장 변동 후 기존 균형 가격에서의 수요량과 공급량의 조합인 B와 E를 통해 X재 시장에서는 공급이 증가하였고, Y재 시장에서는 수요가 증가하였음을 알 수 있다. X재 시장에서는 공급 증가로 인해 가격이 하락하면서 시장 변동 전보다 수요량이 증가하였고, Y재 시장에서는 기존 균형 가격에서의 수요량 증가량만큼 공급량이 증가하였다. 이를 바탕으로 X재 시장과 Y재 시장의 시장 변동을 그림으로 나타내면 다음과 같다.

〈X재 시장〉

가격 / 공급 / A / C / 수요 / 0 / 수량

〈Y재 시장〉

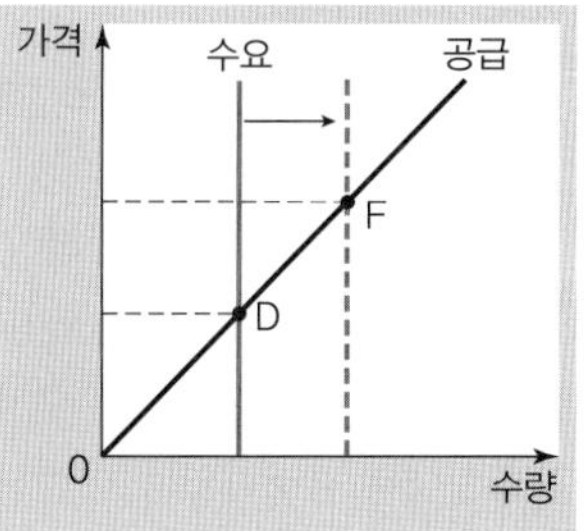

정답찾기 ④ 수요 증가로 인한 수요량의 증가만큼 공급량이 증가하기 위해서는 수요 곡선은 수직선 형태이고 공급 곡선은 우상향 형태를 띠어야 한다. 따라서 Y재는 공급 법칙만 따른다.

오답피하기 ①, ② X재 시장에서는 공급이 증가하였고, Y재 시장에서는 수요가 증가하였다. 따라서 ㉠은 '공급', ㉡은 '수요'이고, ㉠과 ㉡은 모두 증가하였다.

③ X재 시장의 균형 가격은 하락하였다.

⑤ Y재는 가격이 상승하였고 거래량이 증가하였으므로 판매 수입 증가율이 가격 상승률보다 크다.

10 시장 균형의 변동 이해

문제분석 생산물 시장의 변동은 노동 시장 등 그와 관련된 생산 요소 시장의 변동에 영향을 미치고, 생산 요소 시장에 대한 정책 시행은 생산 요소 시장의 변동 요인으로 작용해 결국엔 생산물 시장에도 영향을 미칠 수 있다.

정답찾기 ① 〈사례 1〉: X재와 대체 관계에 있는 Y재의 공급 감소는 Y재의 가격을 상승시켜 X재의 수요 증가(가격 상승, 거래량 증가, 판매 수입 증가) 요인으로 작용한다. 이는 X재 시장의 균형 거래량을 증가시키고 그 과정에서 X재 산업 관련 노동 시장의 수요를 증가시켜 노동 시장의 임금을 상승시키는 요인으로 작용할 수 있다.

〈사례 2〉: 갑국의 취업 비자 발급 조건 완화 정책은 외국인 노동자의 유입을 촉진하여 갑국 노동 시장의 공급 증가 요인으로 작용한다. 갑국으로 유입된 외국인 노동자는 동시에 갑국 생필품 시장의 소비자가 되므로, 이들의 증가는 갑국 생필품 시장의 수요 증가 요인으로 작용할 수 있다.

11 시장 균형의 이해

문제분석 제시된 그림에서 A는 균형 가격은 상승하고 균형 거래량이 변함이 없는 경우를, B는 균형 가격은 상승하고 균형 거래량이 증가한 경우를, C는 균형 가격은 변함이 없고 균형 거래량이 증가한 경우를 나타낸다.

정답찾기 ① 균형점이 A 방향으로 이동하기 위해서는 수요가 증가하고 공급이 감소해야만 한다. 공급이 증가하는 경우 A 방향으로 균형점이 이동할 수 없다.

오답피하기 ② 균형점이 B 방향으로 이동하기 위해서는 수요가 증가해야 한다. 수요가 감소하는 경우 균형점이 B 방향으로 이동할 수 없다.

③, ④ 균형점이 C 방향으로 이동하기 위해서는 X재의 수요와 공급이 모두 증가해야 한다. X재의 생산 비용 증가는 X재의 공급 감소 요인이다.

⑤ 균형점이 A 방향으로 이동하는 경우와 B 방향으로 이동하는 경우 모두 X재의 판매 수입은 증가한다.

12 시장 균형의 변동 이해

문제분석 X재의 시장 변동 결과 균형 가격은 상승하였고 판매 수입은 증가하였다. Y재의 시장 변동 결과 균형 가격은 하락하였고 균형 거래량은 변함이 없다. X재는 수요만 변동하였으므로 X재의 수요는 증가하였고, 수요와 공급 법칙이 모두 적용되는 Y재는 수요와 공급 모두 변동하였으므로 수요가 감소하였고 공급이 증가하였다.

정답찾기 ① X재 시장의 균형 가격 상승률과 판매 수입 증가율이 각각 50%로 같다. 이는 X재 시장의 균형 거래량이 변하지 않았다는 것을 의미한다.

오답피하기 ② 소비자의 미래 가격 하락 예상은 수요 감소 요인이다.

③ Y재 시장의 공급은 증가하였다.

④ X재의 수요는 증가하였고, Y재의 수요는 감소하였으므로 두 재화의 수요 곡선은 서로 반대 방향으로 이동하였다.

⑤ X재의 수요가 증가하였는데 X재의 균형 거래량이 변함이 없으려면 X재의 공급 곡선은 수량에 대해 수직선 형태를 띠어야 한다. 따라서 ㉠은 '수요', ㉡은 '공급'이다.

THEME 05 잉여와 자원 배분의 효율성

수능실전문제

본문 30~34쪽

01 ⑤	02 ⑤	03 ②	04 ②
05 ③	06 ①	07 ④	08 ⑤
09 ③	10 ④		

01 경제적 잉여의 이해

문제분석 소비자 갑~병은 최대 지불 용의 금액보다 시장 가격이 낮거나 같은 수준에서 X재를 구입하므로 X재의 가격별 수요량을 나타내면 다음과 같다.

가격(달러)	10	9	8	7	6	5	4	3
수요량(개)	1	2	4	6	8	10	11	12

정답찾기 ⑤ X재의 현재 균형 가격은 5달러보다 높고 6달러와 같거나 낮으므로 현재 X재 소비량은 을이 2개, 병이 3개이다. (나)만 발생할 경우 X재의 공급 감소로 X재의 균형 가격은 7달러보다 높고 8달러와 같거나 낮은 수준에서 결정되므로 을과 병의 X재 소비량은 각각 1개이다. 따라서 (나)만 발생할 경우 소비량 감소분은 병이 2개, 을이 1개로 병이 을보다 크다.

오답피하기 ①, ② X재 시장의 현재 균형 거래량이 8개라고 하였으므로 X재의 시장 균형 가격은 5달러보다 높고 6달러와 같거나 낮은 수준에서 결정된다. 이 경우 갑은 X재를 3개 구입하고, 을은 X재를 2개 구입한다. 첫 번째와 두 번째 X재 구입의 최대 지불 용의 금액은 각각 갑이 을보다 크므로 소비자 잉여는 갑이 을보다 크다.
③ ㉠으로 인해 모든 소비자의 최대 지불 용의 금액이 하락하였으므로 ㉠에는 수요 감소 요인이 들어가야 한다. X재와 보완 관계에 있는 재화의 가격 하락은 X재의 수요 증가 요인이므로 ㉠에는 해당 내용이 들어갈 수 없다.
④ (가)만 발생할 경우 X재의 수요 감소로 X재 가격이 하락하고 거래량이 감소하므로 생산자 잉여는 감소한다.

02 소비자 잉여와 생산자 잉여의 이해

문제분석 제시된 자료를 바탕으로 X재의 가격별 수요량과 공급량을 나타내면 다음과 같다.

가격(달러)	0	1	2	3	4	5	6
수요량(개)	12	10	8	6	4	2	0
공급량(개)	0	1	3	6	9	11	12

정답찾기 ⑤ 모든 가격 수준에서 수요량이 5개씩 증가하는 경우 시장 균형 가격은 4달러로 상승하고 균형 거래량은 9개로 증가한다. 이 경우 생산자 잉여는 갑이 3달러에서 6달러로 증가하고, 을이 1달러에서 3달러로, 병이 0에서 1달러로 증가하므로 생산자 잉여는 6달러 증가한다.

오답피하기 ① 가격이 4달러일 때 수요량은 4개이고 공급량은 9개이므로 초과 공급이 발생한다.
②, ③ 가격이 3달러일 때 수요량과 공급량이 각각 6개로 같으므로 시장 균형 가격은 3달러이다. 따라서 X재 판매량은 갑이 3개, 을이 2개, 병이 1개이다. 이 경우 갑의 잉여는 3달러(=2달러+1달러+0), 을의 잉여는 1달러(=1달러+0), 병의 잉여는 0이다.
④ 병의 최소 요구 금액만 각각 1달러씩 상승할 경우 X재의 가격별 수요량과 공급량을 나타내면 다음과 같다.

가격(달러)	0	1	2	3	4	5	6
수요량(개)	12	10	8	6	4	2	0
공급량(개)	0	1	3	5	8	10	11

이 경우 가격이 3달러 이상 4달러 미만일 때 공급량이 5개이고, 가격이 3.5달러일 때 수요량이 5개이므로 균형 거래량은 5개이다. 변동 전 균형 거래량이 6개이므로 병의 최소 요구 금액만 각각 1달러씩 상승할 경우 균형 거래량은 1개 감소한다.

03 시장 변동과 경제적 잉여의 이해

문제분석 갑국에서 발생한 대규모 자연 재해는 A재 원료의 공급 감소 및 가격 상승 요인이다. 이는 A재의 생산 비용 상승으로 이어져 A재의 공급을 감소시키고 A재의 가격을 상승시키는 요인으로 작용한다. A재의 가격 상승은 A재와 대체 관계에 있는 B재의 수요 증가(가격 상승) 요인이고, A재와 보완 관계에 있는 C재의 수요 감소(가격 하락) 요인이다.

정답찾기 ② B재 시장의 수요 증가로 가격이 상승하였고 거래량이 증가하였으므로 B재 시장의 생산자 잉여는 증가하였다.

오답피하기 ① A재 시장의 공급 감소로 가격이 상승하였고 거래량이 감소하였으므로 A재 시장의 소비자 잉여는 감소하였다.
③ C재 시장의 수요 감소로 가격이 하락하였고 거래량이 감소하였으므로 총잉여는 감소하였다.
④ A재와 B재는 모두 가격이 상승하였다.
⑤ B재는 수요가 증가하였고, C재는 수요가 감소하였으므로 C재와 달리 B재는 판매 수입이 증가하였다.

04 시장 변동과 경제적 잉여의 이해

문제분석 시장 변동 전 X재 시장의 균형 가격은 700원이고, 균형 거래량은 7개이며, 판매 수입은 4,900원이다. X재의 수요와 공급 곡선이 직선이므로 소비자 잉여는 2,450원{=(1,400원−700원)×7개×1/2}, 생산자 잉여는 2,450원{=(700원−0원)×7개×1/2}이다.

정답찾기 ② 갑과 을이 뽑은 카드로 인한 X재 시장 변동 결과 X재의 가격별 수요량과 공급량을 나타내면 다음과 같다.

가격(원)		500	600	700	800	900
갑이 뽑은 카드	수요량(개)	9	8	7	6	5
	공급량(개)	3	4	5	6	7
을이 뽑은 카드	수요량(개)	11	10	9	8	7
	공급량(개)	5	6	7	8	9

이를 바탕으로 시장 변동 전과 후의 X재의 균형 가격, 판매 수입, 소

비자 잉여, 생산자 잉여를 나타내면 다음과 같다.

(단위: 원)

구분	시장 변동 전	시장 변동 후	
		갑의 카드	을의 카드
균형 가격	700	800	800
판매 수입	4,900	4,800	6,400
소비자 잉여	2,450	1,800	3,200
생산자 잉여	2,450	1,800	3,200

갑은 균형 가격 변동분과 생산자 잉여 변동분에 대한 답안이 틀렸으므로 ㉠과 ㉡ 중 하나는 옳은 응답, 다른 하나는 틀린 응답이 들어가야 하고, 을은 소비자 잉여 변동분에 대한 답안이 틀렸으므로 ㉢과 ㉣은 모두 옳은 응답이 들어가야 한다. 따라서 ㉠에는 100원 감소(옳은 응답), ㉡에는 650원 증가(틀린 응답), ㉢에는 100원 상승(옳은 응답), ㉣에는 750원 증가(옳은 응답)가 들어갈 수 있다.

05 소비자 잉여와 생산자 잉여의 이해

문제분석 소비자 잉여는 소비자의 최대 지불 용의 금액에서 시장 가격을 뺀 값이고, 생산자 잉여는 시장 가격에서 생산자의 최소 요구 금액을 뺀 값이다.

정답찾기 ③ ㉢이 '5'라면, 가격이 5달러일 때 X재의 거래량이 4개가 되어 〈자료 2〉의 조건에 어긋나므로 ㉢은 5보다 크다. 가격이 5달러일 때 생산자 잉여가 8달러이고, 생산자인 A의 잉여는 4달러, C의 잉여는 1달러이므로 B의 잉여는 3달러이다. 가격이 5달러일 때 B의 잉여가 3달러이므로 B의 최소 요구 금액은 2달러이다. 따라서 ㉡은 '2'이고, ㉢은 ㉡의 2배보다 크다.

오답피하기 ① 가격이 6달러일 때 소비자 잉여가 7달러이고, 소비자인 갑의 잉여는 4달러, 을의 잉여는 2달러이므로 병의 잉여는 1달러이다. 가격이 6달러일 때 병의 잉여가 1달러이므로 병의 최대 지불 용의 금액은 7달러이다.
② 가격이 5달러일 때 거래량은 3개이므로 갑~병이 X재를 소비한다. 이때 소비자 잉여는 10달러(=갑 5달러+을 3달러+병 2달러)이다.
④ 가격이 5달러일 때 공급량은 3개, 수요량은 4개이므로 공급량이 수요량보다 1개 적다.
⑤ 총잉여는 가격이 5달러일 때와 6달러일 때가 각각 18달러로 같다.

06 가격 규제 정책의 이해

문제분석 수요와 공급 법칙을 따르는 X재 시장에서 실효성 있는 최저 가격제를 시행할 경우 소비자 잉여가 증가할 수 없으므로 A는 실효성 있는 최고 가격제, B는 실효성 있는 최저 가격제이다.

정답찾기 ① 수요와 공급 법칙을 따르는 재화 시장에서 실효성 있는 최저 가격제를 시행할 경우 가격이 상승하고 거래량이 감소하여 소비자 잉여는 감소하고, 실효성 있는 최고 가격제를 시행할 경우 가격은 하락하고 거래량이 감소하여 생산자 잉여는 감소한다. A는 최고 가격제, B는 최저 가격제이므로 ㉠과 ㉡은 모두 '감소'이다.

오답피하기 ② A는 최고 가격제, B는 최저 가격제이다.
③ 실효성 있는 최고 가격제를 시행할 경우 가격이 하락하고 거래량이 감소하여 판매 수입은 감소한다.
④ 실효성 있는 최저 가격제를 시행할 경우 거래량은 감소한다.
⑤ 최고 가격제와 최저 가격제의 시행 모두 총잉여 감소 요인이다.

07 시장 변동과 경제적 잉여의 이해

문제분석 정부 정책 시행 전 X재 시장의 균형 가격은 P_0이고, 균형 거래량은 Q_0이다. 정책 (가)~(다)를 시행할 경우 X재 시장 상황을 그림으로 나타내면 다음과 같다.

(가) 시행

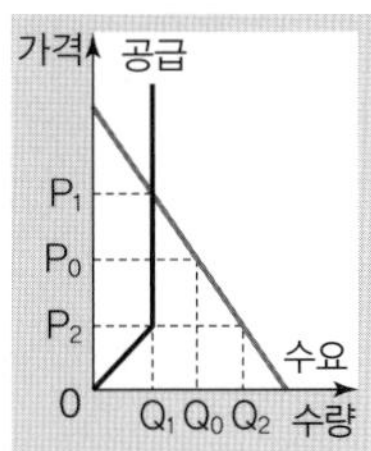

(나) 시행

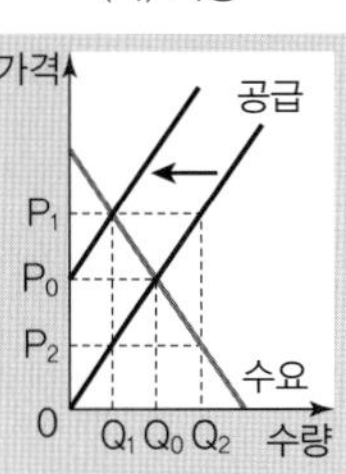

(다) 시행

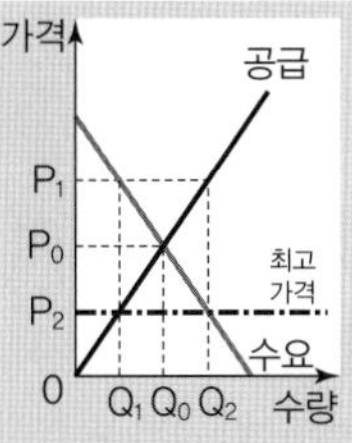

정답찾기 ④ (가)와 (다)를 시행하는 경우의 총잉여(=소비자 잉여+생산자 잉여)를 그림에서 음영으로 표시하면 다음과 같다.

(가) 시행

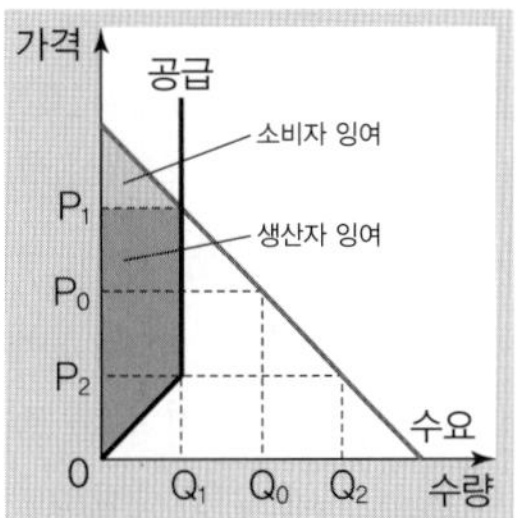

(다) 시행

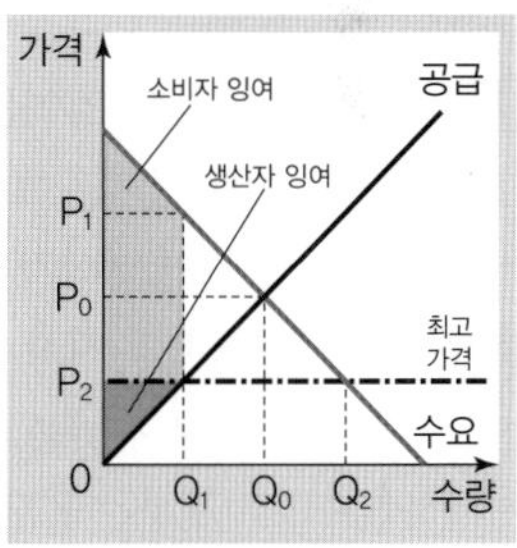

따라서 총잉여는 (가)를 시행할 경우와 (다)를 시행할 경우가 같다.

오답피하기 ① (가)를 시행할 경우 시장 거래 가격은 P_1로 상승하고, 시장 거래량은 Q_1로 감소하므로 소비자 잉여는 감소한다.
② (나)를 시행할 경우 균형 가격은 P_1이다.
③ 시장 균형 가격보다 낮은 수준으로 시행되는 실효성 있는 가격 규제 정책은 최고 가격제이다. 최고 가격제는 일반적으로 소비자 보호를 목적으로 한다.
⑤ (나)를 시행하는 경우와 (다)를 시행하는 경우의 거래량은 같고, 시장 거래 가격은 (다)를 시행하는 경우가 (나)를 시행하는 경우보다 낮으므로 소비자 잉여는 (다)를 시행할 경우가 (나)를 시행할 경우보다 크다.

08 가격 규제 정책의 이해

문제분석 X재 시장에서는 가격 규제 정책 이후 거래량이 감소하였고, 판매 수입이 증가하였으므로 시장 거래 가격은 상승하였다. Y재 시장에서는 가격 규제 정책 이후 거래량이 변함이 없고, 판매 수입이 감소하였으므로 시장 거래 가격은 하락하였다. 이를 통해 X재 시장에서는 실효성 있는 최저 가격제가, Y재 시장에서는 실효성 있는 최고 가격제가 시행되었음을 알 수 있다.

정답찾기 ⑤ 수요와 공급 법칙이 모두 적용되는 X재 시장에서 실효성 있는 최저 가격제 시행으로 인해 X재 시장의 총잉여는 감소하였다. 수요 법칙만 적용되는 Y재 시장에서 실효성 있는 최고 가격제가 시행되는 경우에는 거래량이 변하지 않으므로 가격 하락으로 인한 소비자 잉여 증가분이 생산자 잉여 감소분과 일치하여 총잉여는 변함이 없다.

오답피하기 ① 최저 가격제는 생산자 보호를 목적으로 한다.

② Y재가 공급 법칙을 따르는 경우 Y재 시장에서 실효성 있는 최고 가격제가 시행되면 Y재의 거래량은 감소할 수밖에 없다. 이는 가격 규제 이후 거래량이 변하지 않았다는 자료의 조건에 어긋나므로 Y재는 공급 법칙을 따르지 않는다.

③ 최저 가격제 시행으로 인해 X재 시장의 가격은 상승하였다.

④ 최고 가격제 시행으로 인해 Y재 시장의 가격은 하락하였고, 거래량은 변함이 없으므로 소비자 잉여는 증가하였다.

09 가격 규제 정책과 시장 변동의 이해

문제분석 제시된 자료를 바탕으로 t기 X재의 가격별 수요량과 공급량을 나타내면 다음과 같다.

가격(달러)	40	50	60	70	80
수요량(개)	60	50	40	30	20
공급량(개)	0	10	20	30	40

정답찾기 ③ t기에 생산자 잉여는 450달러(=30달러×30개×1/2)이고, t+1기에 생산자 잉여는 200달러(=20달러×20개×1/2)이다. 따라서 t기 대비 t+1기에 생산자 잉여는 250달러 감소하였다.

오답피하기 ① t기에 X재의 시장 균형 가격은 70달러이다. t+1기에 정부는 시장 균형 가격보다 낮은 가격에서 실효성 있는 가격 규제 정책을 시행하였으므로 정부는 X재 시장에서 최고 가격제를 시행하였다. 최고 가격제는 소비자 보호를 목적으로 한다.

② t기에 판매 수입은 2,100달러(=70달러×30개)이다. ㉠으로 인해 t+1기에 시장 거래 가격은 60달러로 하락하였고, 시장 거래량은 20개로 감소하였으므로 t+1기에 판매 수입은 1,200달러이다. 따라서 t기 대비 t+1기에 판매 수입은 900달러 감소하였다.

④ X재 개당 공급자의 최소 요구 금액이 하락한다는 것은 X재의 공급 증가를 의미한다. X재의 원료 가격 상승은 X재의 공급 감소 요인이다.

⑤ ㉡으로 인한 X재의 공급 변동을 반영하여 t+2기 X재의 가격별 수요량과 공급량을 나타내면 다음과 같다.

가격(달러)	40	50	60	70	80
수요량(개)	60	50	40	30	20
공급량(개)	40	50	60	70	80

t+2기에는 t+1기부터 정부가 시행한 최고 가격보다 더 낮은 50달러에서 수요량과 공급량이 각각 50개로 일치하여 시장 균형이 형성된다. 따라서 t+2기에는 정부의 최고 가격제가 실효성을 상실하고 시장 균형 가격인 50달러에서 50개가 거래된다. 따라서 t+2기에 시장 거래량(50개)은 t+1기(20개)보다 30개 증가하였다.

10 가격 규제와 무역에 따른 경제적 잉여의 변동 이해

문제분석 실효성 있는 최고 가격제를 시행하는 경우 시장 가격은 하락하고 시장 거래량은 감소한다. 국내 가격보다 낮은 국제 가격 수준에서 무제한 수입할 수 있는 경우 해당 재화는 국제 가격 수준에서 초과 수요량만큼 수입하게 된다.

정답찾기 ㄴ, ㄹ. (가)를 시행할 경우와 (나)를 시행할 경우의 총잉여(=소비자 잉여+생산자 잉여)를 그림으로 나타내면 다음과 같다.

(가) 시행

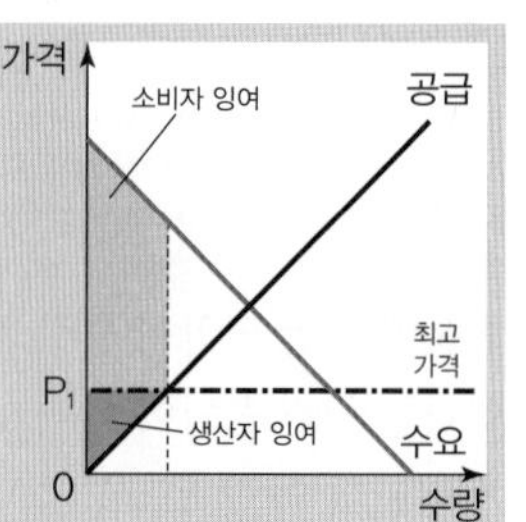

(나) 시행

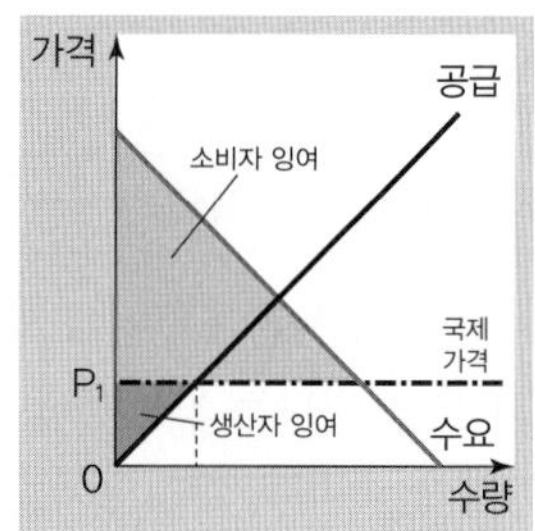

(나)를 시행할 경우 X재 시장 거래 가격이 하락하고 수입산 X재에 대한 소비가 추가로 발생하여 소비자 잉여는 증가하고 생산자 잉여는 감소한다. 이때 소비자 잉여 증가분이 생산자 잉여 감소분보다 크므로 총잉여는 증가한다. (가)를 시행할 경우 X재 시장 거래 가격은 하락하고 거래량이 감소하여 생산자 잉여는 감소하지만, 제시된 정보만으로는 소비자 잉여의 증감 여부를 파악할 수 없다. 그러나 소비자 잉여가 증가하는 경우에도 생산자 잉여 감소분보다 소비자 잉여 증가분이 작으므로 총잉여는 감소한다. 또한 갑국의 X재 거래 가격은 (가)를 시행할 경우와 (나)를 시행할 경우가 각각 P_1로 같고, X재 거래량은 (가)를 시행할 경우보다 (나)를 시행할 경우가 더 많으므로 소비자 잉여는 (나)를 시행할 경우가 (가)를 시행할 경우보다 크다.

오답피하기 ㄱ. (가)를 시행할 경우 소비 지출액은 감소하고, (나)를 시행할 경우 가격은 하락하고 소비량은 증가하므로 제시된 정보만으로는 갑국 소비자의 소비 지출액 증감 여부를 파악할 수 없다.

ㄷ. 갑국의 X재 생산자 잉여는 (가)를 시행할 경우와 (나)를 시행할 경우가 같다.

THEME 06 수요와 공급의 가격 탄력성

수능실전문제

본문 36~39쪽

01 ④	02 ④	03 ②	04 ①
05 ④	06 ③	07 ②	08 ④

01 수요의 가격 탄력성 이해

문제분석 X재는 가격이 하락하였는데 소비 지출이 증가하였으므로 X재의 수요는 가격에 대해 탄력적이다. Y재는 가격이 10% 상승하였는데 소비 지출이 10% 증가하였으므로 Y재의 수요는 가격에 대해 완전 비탄력적이다. Z재는 가격이 상승하였지만 소비 지출은 변동이 없으므로 Z재의 수요는 가격에 대해 단위 탄력적이다.

정답찾기 ④ Y재의 수요는 가격에 대해 완전 비탄력적이므로 Y재의 수요 곡선은 수직선이다. 따라서 Y재는 수요 법칙을 따르지 않는다. X재는 가격이 하락하였지만 수요량은 증가하였으므로 X재는 수요 법칙을 따른다. Z재는 가격이 상승하였지만 수요량이 감소하였으므로 Z재는 수요 법칙을 따른다.

오답피하기 ① X재의 공급이 변동하여 X재 가격이 하락하였으므로 X재의 공급은 증가하였다.

② Y재의 수요는 가격에 대해 완전 비탄력적이므로 Y재 수요의 가격 탄력성은 0이다.

③ Z재의 수요는 가격에 대해 단위 탄력적이다.

⑤ X재는 수요 법칙을 따르므로 X재의 공급 증가로 가격이 하락하면 수요량(거래량)이 증가한다. 따라서 X재는 거래량 변동률이 양(+)의 값을 가진다.

02 수요와 공급의 가격 탄력성 이해

문제분석 수요와 공급 법칙을 따르는 X재의 수요 변동에 따라 X재의 균형 가격과 균형 거래량이 변동하였다. 이때 가격 변동률의 절댓값이 거래량(공급량) 변동률의 절댓값보다 크므로 X재의 공급은 가격에 대해 비탄력적이다. 수요와 공급 법칙을 따르는 Y재는 X재를 원료로 사용하는데, X재의 가격 상승으로 Y재의 공급이 감소하여 Y재의 균형 가격은 상승하였고 균형 거래량은 감소하였다. 이 경우 Y재 가격 변동률의 절댓값이 거래량(수요량) 변동률의 절댓값보다 작으므로 Y재의 수요는 가격에 대해 탄력적이다.

정답찾기 ④ Y재의 공급 변동에 따른 Y재 가격 변동률의 절댓값이 거래량(수요량) 변동률의 절댓값보다 작으므로 Y재의 수요는 가격에 대해 탄력적이다.

오답피하기 ① X재와 대체 관계에 있는 재화의 가격 상승은 X재의 수요 증가 요인이고, 이에 따라 X재의 균형 가격은 상승하였다.

② X재의 공급은 가격에 대해 비탄력적이므로 X재 공급의 가격 탄력성은 1보다 작다.

③ Y재의 원료인 X재의 가격이 상승하였으므로 Y재의 공급은 감소하였다.

⑤ X재는 수요가 증가하였으므로 균형점 변동에 따라 X재의 판매 수입이 증가하였다. Y재의 수요는 가격에 대해 탄력적이므로 가격 상승에 따라 판매 수입이 감소하였다.

03 수요의 가격 탄력성 이해

문제분석 t년 대비 t+1년에 갑 기업의 총매출액은 변동이 없으므로 각 재화별로 매출액 비율 차이가 음(−)의 값이면 매출액이 감소하였다는 것이고, 매출액 비율 차이가 양(+)의 값이면 매출액이 증가하였다는 것이며, 매출액 비율 차이가 0이라면 변함이 없다는 것이다. 서로 연관 관계가 아닌 X재~Z재의 가격이 모두 10% 인하되었는데, X재는 매출액이 감소하였으므로 X재의 수요는 가격에 대해 비탄력적이고, Y재는 매출액이 변동이 없으므로 Y재의 수요는 가격에 대해 단위 탄력적이며, Z재의 매출액은 증가하였으므로 Z재의 수요는 가격에 대해 탄력적이다.

정답찾기 ② Y재의 수요는 가격에 대해 단위 탄력적이므로 Y재 수요의 가격 탄력성은 1이고, Z재의 수요는 가격에 대해 탄력적이므로 Z재 수요의 가격 탄력성은 1보다 크다.

오답피하기 ① 수요 법칙을 따르는 X재와 Y재는 모두 공급 변동으로 가격이 하락하였다. 따라서 X재와 Y재는 모두 공급이 증가하였으므로 균형 거래량이 증가하였다.

③ t년 대비 t+1년에 갑 기업의 총매출액은 변동이 없었고, 총매출액에서 Y재 매출액이 차지하는 비율의 변동이 없었으므로 t년 대비 t+1년의 X재 매출액 변화분은 Z재 매출액 변화분과 같다.

④ t년 대비 t+1년의 Y재 매출액 변동률은 0이고, Z재 매출액 변동률은 양(+)의 값이다.

⑤ Z재의 수요는 가격에 대해 탄력적이므로 Z재 균형 거래량 변동률의 절댓값은 Z재 가격 변동률의 절댓값인 10%보다 크다.

04 공급의 가격 탄력성 이해

문제분석 수요와 공급 법칙을 따르는 X재~Z재의 가격 변동률 대비 거래량(공급량) 변동률은 X재가 1보다 크고, Y재는 1, Z재는 1보다 작다. 따라서 X재의 공급은 가격에 대해 탄력적이고, Y재의 공급은 가격에 대해 단위 탄력적이며, Z재의 공급은 가격에 대해 비탄력적이다.

정답찾기 ㄱ. Y재는 가격 변동률과 거래량(공급량) 변동률이 같으므로 Y재 공급의 가격 탄력성은 1이다.

ㄴ. X재 공급의 가격 탄력성은 1보다 크고, Z재 공급의 가격 탄력성은 1보다 작다.

오답피하기 ㄷ. X재~Z재의 수요 변동으로 각 재화의 가격이 모두 상승하였다. X재~Z재 모두 수요와 공급 법칙을 따르므로 X재~Z재의 수요는 모두 증가하였다.

ㄹ. X재는 수요가 증가하여 거래량이 증가하였으므로 균형 가격 상승에 따라 판매 수입이 증가한다.

05 수요의 가격 탄력성 이해

문제분석 갑 기업이 소비 집단 A에게는 X재 가격을 10% 인하하였는데 판매 수입이 증가하였으므로 소비 집단 A의 X재의 수요는 가격에 대해 탄력적이다. 또한 갑 기업이 소비 집단 B에게는 X재 가격을 10% 인상하였는데 판매 수입이 증가하였으므로 소비 집단 B의 X재의 수요는 가격에 대해 비탄력적이다. 을 기업이 소비 집단 A에게는 Y재 가격을 10% 인하하였는데 판매 수입의 변화가 없었으므로 소비 집단 A의 Y재의 수요는 가격에 대해 단위 탄력적이다. 또한 을 기업이 소비 집단 B에게는 Y재 가격을 10% 인상하였는데 판매 수입이 감소하였다면 소비 집단 B의 Y재의 수요는 가격에 대해 탄력적이고, 판매 수입이 증가하였다면 소비 집단 B의 Y재의 수요는 가격에 대해 비탄력적이다.

정답찾기 ㄴ. 소비 집단 A의 X재 수요의 가격 탄력성은 1보다 크고, 소비 집단 B의 X재 수요의 가격 탄력성은 1보다 작다.

ㄹ. 소비 집단 A의 Y재 수요의 가격 탄력성은 1이고, (가)가 '증가하였다'라면, 소비 집단 B의 Y재 수요의 가격 탄력성은 1보다 작다.

오답피하기 ㄱ. 소비 집단 A의 X재 수요의 가격 탄력성은 1보다 크고, Y재 수요의 가격 탄력성은 1이다.

ㄷ. 소비 집단 B의 X재 수요의 가격 탄력성은 1보다 작고, (가)가 '감소하였다'라면, 소비 집단 B의 Y재 수요의 가격 탄력성은 1보다 크다.

06 수요의 가격 탄력성 이해

문제분석 X재~Z재 시장에서 공급의 변동으로 인해 균형 가격이 변동하였다. X재 시장에서는 공급 증가로 균형 가격이 하락하였는데 소비 지출이 증가하였으므로 X재의 수요는 가격에 대해 탄력적이다. Y재 시장에서는 공급 감소로 균형 가격이 상승하였는데 소비 지출이 변화가 없었으므로 Y재의 수요는 가격에 대해 단위 탄력적이다. Z재 시장에서는 공급 증가로 균형 가격이 하락하였는데 소비 지출이 감소하였으므로 Z재의 수요는 가격에 대해 비탄력적이다.

정답찾기 ③ X재의 수요는 가격에 대해 탄력적이므로 X재 수요의 가격 탄력성은 1보다 크고, Y재의 수요는 가격에 대해 단위 탄력적이므로 Y재 수요의 가격 탄력성은 1이다.

오답피하기 ① ㉠은 X재 시장의 공급 증가 요인이다. X재의 공급 증가는 X재 시장에서 소비자 잉여 증가 요인이다.

② ㉡은 Y재의 공급 감소 요인, ㉢은 Z재의 공급 증가 요인이다.

④ Y재와 Z재는 모두 수요와 공급 법칙을 따르는데, Y재는 공급 감소에 따라 균형 가격이 상승하였고 균형 거래량이 감소하였으므로 Y재의 균형 거래량 변동률은 음(−)의 값이다. Z재는 공급 증가에 따라 균형 가격이 하락하였고 균형 거래량은 증가하였으므로 Z재의 균형 거래량 변동률은 양(+)의 값이다.

⑤ Z재의 수요는 가격에 대해 비탄력적이므로 균형 거래량 변동률의 절댓값이 균형 가격 변동률의 절댓값보다 작다.

07 수요의 가격 탄력성 이해

문제분석 X재의 경우 공급 감소에 따른 가격 상승으로 인해 판매 수입이 증가하였으므로 X재의 수요는 가격에 대해 비탄력적이고, Z재의 경우 공급 감소에 따른 가격 상승으로 인해 판매 수입이 감소하였으므로 Z재의 수요는 가격에 대해 탄력적이다. 또한 Y재의 수요는 가격에 대해 단위 탄력적이다.

정답찾기 ㄴ. X재 수요의 가격 탄력성은 1보다 작고, Y재 수요의 가격 탄력성은 1이다.

오답피하기 ㄱ. Y재의 수요는 가격에 대해 단위 탄력적이므로 ㉠에는 '변동 없음'이 들어갈 수 있고, X재의 수요는 가격에 대해 비탄력적이므로 ㉡에는 '아니요'가 들어갈 수 있다.

ㄷ. Z재의 수요는 가격에 대해 탄력적이므로 Z재는 가격 변동률의 절댓값이 거래량 변동률의 절댓값보다 작다.

08 수요의 가격 탄력성 이해

문제분석 X재의 거래량을 줄이기 위해 생산자에게 개당 일정액의 조세를 부과하는 것은 X재의 공급을 감소시켜 X재 균형 가격의 상승을 가져온다. A, B 지역 모두 조세 부과로 인한 수요 변동은 없고, A 지역의 X재 시장에서 균형 가격 상승으로 소비 지출이 증가하였으므로 X재의 수요는 가격에 대해 비탄력적이다. 또한 B 지역에서는 X재 가격 상승으로 소비 지출이 감소하였으므로 X재의 수요는 가격에 대해 탄력적이다.

정답찾기 ④ X재 수요의 가격 탄력성이 A 지역에서는 비탄력적이고, B 지역에서는 탄력적이므로 조세 부과로 인한 균형 가격 변동률은 A 지역이 B 지역보다 크다.

오답피하기 ① X재 수요의 가격 탄력성이 A 지역에서는 비탄력적이고, B 지역에서는 탄력적이다. 따라서 X재 수요의 가격 탄력성은 A 지역이 B 지역보다 작다.

② 조세 부과 이전 A 지역, B 지역 모두 균형 가격과 균형 거래량은 같지만 X재 수요의 가격 탄력성이 A 지역에서는 비탄력적이고, B 지역에서는 탄력적이므로 A 지역의 X재 수요 곡선이 B 지역의 X재 수요 곡선보다 기울기가 크다. 따라서 조세 부과 이전 A 지역의 소비자 잉여가 B 지역의 소비자 잉여보다 크다.

③ X재 수요의 가격 탄력성이 A 지역에서는 비탄력적이고, B 지역에서는 탄력적이므로 조세 부과로 인해 A 지역보다 B 지역의 소비량이 크게 감소한다.

⑤ X재 수요의 가격 탄력성이 A 지역에서는 비탄력적이고, B 지역에서는 탄력적이므로 조세 부과로 인해 거래량이 더 많이 줄어드는 지역은 B 지역이다. 따라서 B 지역의 조세 수입이 A 지역보다 작다.

THEME 07 시장 실패와 정부 실패

수능실전문제

본문 41~45쪽

01 ③	02 ④	03 ②	04 ②
05 ⑤	06 ②	07 ⑤	08 ④
09 ④	10 ④		

01 외부 효과의 이해

문제분석 외부 효과가 발생한 X재 시장에서 정부 개입으로 X재의 시장 가격은 하락하고 시장 거래량이 증가하여 외부 효과가 해소되었다. 이는 X재의 공급 증가가 그 요인으로, X재 시장에서는 생산 측면에서의 외부 경제가 나타났음을 알 수 있다. 외부 효과가 발생한 Y재 시장에서 정부 개입으로 Y재의 시장 가격은 상승하고 시장 거래량이 증가하여 외부 효과가 해소되었다. 이는 Y재의 수요 증가가 그 요인으로, Y재 시장에서는 소비 측면에서의 외부 경제가 나타났음을 알 수 있다.

정답찾기 ③ X재 시장에서는 생산 측면에서의 외부 경제가 나타났고, 정부 개입 전 X재 시장에서는 사회적 최적 거래량보다 과소 생산되었다. 이에 X재의 공급 증가를 위한 갑국 정부의 개입으로 X재 시장의 외부 효과가 해소되었으므로 갑국 정부는 X재 생산에 대해 개당 일정액의 보조금을 지급하였다.

오답피하기 ① 정부 개입 전 X재 시장에서는 생산 측면에서의 외부 경제가 발생하였다. 따라서 사회적 비용이 사적 비용보다 작다.
② 정부 개입 전 Y재 시장에서는 소비 측면에서의 외부 경제가 발생하였다.
④ Y재 시장에서는 소비 측면에서의 외부 경제가 나타났고, 정부 개입 전 Y재 시장에서는 사회적 최적 거래량보다 과소 소비되었다. 이에 Y재의 수요 증가를 위한 갑국 정부의 개입으로 Y재 시장의 외부 효과가 해소되었으므로 갑국 정부는 Y재 소비에 대해 개당 일정액의 보조금을 지급하였다.
⑤ 정부 개입 전 대비 정부 개입 후 X재 시장에서는 X재의 공급 증가로 인해 소비자 잉여가 증가하였다.

02 재화의 속성 이해

문제분석 채점 결과 갑, 을 모두 2점인데, 〈질문 1〉에 대한 응답만 갑, 을이 같다. 만약 〈질문 1〉의 갑, 을의 응답이 틀렸다면 갑, 을 모두 2점이 될 수 없으므로 〈질문 1〉에 대한 갑, 을의 응답이 옳아야 한다. 따라서 A재는 배제성과 경합성이 있는 사적 재화이고, B재, C재는 각각 공공재, 공유 자원 중 하나이다. 공공재와 공유 자원은 모두 배제성이 없으므로 〈질문 2〉에 대한 갑의 응답은 옳지 않고, 〈질문 3〉에 대한 갑의 응답은 옳다. 공유 자원은 공공재와 달리 경합성이 있으므로 C재는 공유 자원, B재는 공공재이다.

정답찾기 ④ C재는 공유 자원이다. 공유 자원은 남용으로 인한 고갈의 위험이 있다.

오답피하기 ① 〈질문 2〉에 대해 갑은 옳지 않게 응답하였고, 을은 옳게 응답하였다.
② 경합성과 배제성이 모두 없는 재화는 공공재인 B재이다.
③ A재는 사적 재화이므로 배제성이 있고, B재는 공공재이므로 배제성이 없다.
⑤ 공공재인 B재가 일반적으로 사회적 최적 수준보다 과소 생산된다.

03 시장 실패의 이해

문제분석 (가)에서는 상대적으로 거래에 필요한 정보가 부족한 당사자가 자신에게 불리한 선택을 하게 되는 상황이 나타나는데, 이는 역선택으로 인한 시장 실패 사례에 해당한다. (나)에서는 역선택과 함께 상대적으로 거래에 필요한 정보가 많은 당사자가 자신의 이익만을 위해 행동하여 사회적으로 바람직하지 않은 결과가 나타나는데, 이는 도덕적 해이로 인한 시장 실패 사례에 해당한다.

정답찾기 ㄷ. 역선택과 도덕적 해이는 모두 정보의 비대칭성으로 인한 시장 실패 사례이다.

오답피하기 ㄱ. (가)는 역선택으로 인한 시장 실패 사례이고, 외부 경제 사례라고 볼 수 없다.
ㄴ. 불완전 경쟁은 시장 지배력의 남용, 담합 등으로 경쟁이 제한된 상태를 의미한다. (나)는 역선택과 도덕적 해이로 인한 시장 실패 사례이고, 불완전 경쟁으로 인한 시장 실패 사례라고 볼 수 없다.

04 외부 효과의 이해

문제분석 X재 시장 상황이 점 A에서 점 E로 이동되었을 때 사회적 최적 수준보다 과다 거래되고, 사회적 최적 수준에서의 가격보다 높은 가격으로 거래되는 문제가 시장 거래량 감소와 시장 가격 하락으로 인해 해소되었다. 이는 X재 시장에서 X재 수요 감소가 점 A에서 점 E로의 이동 요인이므로 점 A에서는 사회적 최적 수준보다 과다 소비되는 소비 측면에서의 외부 불경제가 발생한다. X재 시장 상황이 점 B에서 점 E로 이동되었을 때 사회적 최적 수준보다 과소 거래되고, 사회적 최적 수준에서의 가격보다 낮은 가격으로 거래되는 문제가 시장 거래량 증가와 시장 가격 상승으로 인해 해소되었다. 이는 X재 시장에서 X재 수요 증가가 점 B에서 점 E로의 이동 요인이므로 점 B에서는 사회적 최적 수준보다 과소 소비되는 소비 측면에서의 외부 경제가 발생한다.

정답찾기 ② A에서는 사회적 최적 수준보다 과다 소비되는 소비 측면에서의 외부 불경제가 발생하고, B에서는 사회적 최적 수준보다 과소 소비되는 소비 측면에서의 외부 경제가 발생한다.

오답피하기 ① B에서는 사회적 최적 수준보다 과소 소비되는 소비 측면에서의 외부 경제가 발생하므로 소비의 사회적 편익이 사적 편익보다 크다.
③ A에서는 사회적 최적 수준보다 과다 소비되는 소비 측면에서의 외부 불경제가 나타난다.
④ A, B는 모두 소비 측면에서의 외부 효과가 발생한다.
⑤ 갑국 정부가 X재 소비에 대해 개당 일정액의 세금을 부과하는 것은 X재의 수요 감소 요인이므로 A에서 E로의 이동 요인이다.

05 불완전 경쟁, 정보의 비대칭성의 이해

문제분석 A, B는 각각 도덕적 해이, 담합 중 하나인데, 이는 모두 시장 실패 현상으로 비효율적인 자원 배분을 초래하므로 네 번째 질문에 대한 갑의 응답은 틀렸고, 을의 응답은 옳다. 따라서 갑은 첫 번째, 두 번째, 세 번째 질문에 대한 응답이 옳고, 을은 두 번째와 네 번째 질문에 대한 응답이 옳다. 또한 생명 보험 가입자가 건강 관리를 게을리하는 것은 도덕적 해이의 사례이므로 A는 도덕적 해이이고, 공정 거래 위원회를 통한 부당한 공동 행위의 규제는 담합의 개선에 기여하므로 B는 담합이다.

정답찾기 ⑤ ㉠은 '예'이고, 정보의 비대칭성으로 인해 나타나는 현상은 도덕적 해이이므로 (가)에는 해당 질문이 들어갈 수 있다.

오답피하기 ① 세 번째 질문에 대한 갑의 응답은 옳고, 을의 응답은 틀리므로 ㉠은 '예'이다.

② A는 도덕적 해이, B는 담합이다.

③ B는 담합으로 소비자 잉여의 감소 요인이다.

④ B는 담합으로 거래 당사자 중 소비자의 합리적 선택을 방해하는 요인이다.

06 외부 효과의 이해

문제분석 X재 시장에서는 사회적 최적 수준에서의 가격보다 시장 가격이 높게 나타나는 외부 효과가 발생하였고, 갑국 정부의 개입으로 외부 효과가 해소되었으므로 정부 개입 이전 대비 정부 개입 이후의 X재 시장 가격은 하락하였다. 이는 X재 시장에서 공급 감소가 그 요인이 아니라 수요 감소가 그 요인에 해당한다. 이를 종합할 때, 정부 개입 이전 X재 시장에서는 시장 거래량이 사회적 최적 거래량보다 많고, 시장 가격이 사회적 최적 수준에서의 가격보다 높은 소비 측면에서의 외부 불경제가 나타났음을 알 수 있다.

정답찾기 ㄱ. 정부 개입 이전 X재 시장에서는 소비 측면에서의 외부 불경제가 나타났으므로 X재 소비의 사적 편익은 사회적 편익보다 크다.

ㄷ. 갑국 정부는 X재 소비자에게 개당 2달러의 세금을 부과하였고, 이로 인해 X재 시장 가격은 5달러가 되었다.

오답피하기 ㄴ. 정부 개입 이전 X재 시장에서는 소비 측면에서의 외부 불경제가 나타났다.

ㄹ. 정부 개입 이전 시장 거래량은 60개인데, 갑국 정부의 정책 시행으로 시장 거래량은 50개가 되었으므로 시장 거래량은 정부 개입 이전에 비해 정부 개입 이후 10개 감소하였다.

07 공공재, 공유 자원, 불완전 경쟁의 이해

문제분석 X재는 비배제성과 경합성을 갖고, 남용으로 인한 자원 고갈의 문제가 나타나는 공유 자원의 특성이 나타난다. Y재는 비배제성과 비경합성을 갖고, 사회적 최적 수준보다 과소 생산되는 공공재의 특성이 나타난다. Z재 시장에서는 기업 간 담합과 같은 불완전 경쟁이 발생하였다.

정답찾기 ⑤ Y재는 공공재의 특성이 나타나고, Z재는 배제성과 경합성을 갖는 사적 재화의 특성이 나타난다. 따라서 Z재와 달리 Y재는 무임승차자 문제가 발생한다.

오답피하기 ① X재는 비배제성과 경합성을 가진다.

② Y재는 공공재의 특성이 나타나므로 Y재 시장에서는 불완전 경쟁으로 인한 시장 실패가 발생하였다고 볼 수 없다.

③ Z재 시장에서는 불완전 경쟁으로 인해 시장 실패가 발생하였다.

④ X재는 비배제성과 경합성을 갖고, Y재는 비배제성과 비경합성을 가진다.

08 외부 효과의 이해

문제분석 갑이 틀리다면 A재 시장, B재 시장에서는 모두 시장 거래량이 사회적 최적 거래량보다 적은 외부 경제가 아니므로 (가)는 외부 불경제, (나)는 외부 경제이다. 그런데 사적 편익이 사회적 편익보다 작은 것은 소비 측면의 외부 경제에 해당하므로 을도 옳지 않게 설명하게 되어 주어진 내용에 부합하지 않는다. 따라서 갑은 옳게 설명하였다. 만약 갑이 옳다면 A재 시장, B재 시장에서는 모두 시장 거래량이 사회적 최적 거래량보다 과소 거래되는 외부 경제이므로 (가)는 외부 경제, (나)는 외부 불경제이다. 사적 편익이 사회적 편익보다 작은 것은 소비 측면의 외부 경제에 해당하므로 을도 옳게 설명하였다. 그런데 사회적 비용이 사적 비용보다 큰 것은 생산 측면의 외부 불경제에 해당하므로 병만 틀리게 된다. 만약 병이 옳다면 사회적 비용이 사적 비용보다 큰 것은 생산 측면의 외부 불경제에 해당하므로 (가)는 외부 불경제, (나)는 외부 경제이다. 그런데 갑, 을 모두 (가)를 외부 경제, (나)를 외부 불경제로 설명하므로 주어진 내용에 부합하지 않는다. 따라서 옳게 설명한 사람은 갑, 을뿐이다.

정답찾기 ④ D재 시장에서는 생산 측면에서의 외부 불경제가 발생하였다. 따라서 이에 대한 외부 효과 개선 정책으로 생산자에 대한 개당 일정액의 세금 부과를 들 수 있다.

오답피하기 ① ㉠은 '병'이다.

② (가)는 외부 경제, (나)는 외부 불경제이다.

③ C재 시장에서는 소비 측면에서의 외부 불경제가 발생하였다. 따라서 사회적 최적 거래량이 시장 거래량보다 적다.

⑤ 사회적 최적 수준에서의 가격이 시장 가격보다 높은 것은 소비 측면의 외부 경제와 생산 측면의 외부 불경제이다. 따라서 B재 시장, C재 시장과 달리 A재 시장, D재 시장에서는 모두 사회적 최적 수준에서의 가격이 시장 가격보다 높다.

09 외부 효과의 이해

문제분석 X재 시장에서는 시장 가격이 사회적 최적 수준에서의 가격보다 높고, 시장 거래량이 사회적 최적 수준보다 적은 것으로 생산 측면에서의 외부 경제가 발생하였음을 알 수 있다. Y재 시장에서는 시장 가격이 사회적 최적 수준에서의 가격보다 낮고, 시장 거래량이 사회적 최적 수준보다 많은 것으로 생산 측면에서의 외부 불경제가 발생하였음을 알 수 있다. Z재 시장에서는 시장 가격이 사회적 최적 수준에서의 가격보다 높고, 시장 거래량이 사회적 최적 수준보다 많은 것으로 소비 측면에서의 외부 불경제가 발생하였음을 알 수 있다.

정답찾기 ④ 정부의 생산자에 대한 개당 일정액의 보조금 지급은 생산 측면의 외부 경제를 개선하는 요인이다. Y재 시장에서는 생산 측면에서의 외부 불경제가 발생하였고, X재 시장에서는 생산 측면에서의 외부 경제가 발생하였으므로 해당 내용은 Y재 시장이 아닌 X재 시장의 외부 효과 개선 요인이다.

오답피하기 ① X재 시장에서는 사회적 최적 수준보다 과소 거래되었고, Z재 시장에서는 사회적 최적 수준보다 과다 거래되었다.

② X재 시장과 Y재 시장에서는 모두 생산 측면에서의 외부 효과가 발생하였다.

③ Y재 시장에서는 생산 측면에서의 부정적 외부 효과가 발생하였고, Z재 시장에서는 소비 측면에서의 부정적 외부 효과가 발생하였다.

⑤ 정부의 생산자에 대한 개당 일정액의 세금 부과는 생산 측면의 외부 불경제가 나타난 Y재 시장에서의 외부 효과 개선 요인이다.

10 시장 실패의 이해

문제분석 (가)에는 정보의 비대칭성으로 인한 역선택에 관한 개선 사례가, (나)에는 공유지의 비극 문제에 관한 개선 사례가, (다)에는 소비 측면의 외부 불경제에 대한 개선 사례가, (라)에는 불완전 경쟁을 개선하기 위한 사례가 제시되어 있다.

정답찾기 ④ 갑국 정부의 대책은 정보의 비대칭성으로 인한 역선택 문제를 해결하기 위한 것이다. 을국 정부의 대책은 공유지의 비극 문제를 개선하기 위한 것이다.

오답피하기 ① (가)에는 정보의 비대칭성으로 인한 시장 실패 사례가 나타나 있고, (다)에는 외부 불경제로 인한 시장 실패 사례가 나타나 있다.

② (나)에는 공유지의 비극과 같은 시장 실패 사례가 나타나 있고, (라)에는 불완전 경쟁으로 인한 시장 실패 사례가 나타나 있다.

③ 재화의 비경합성으로 인해 발생한 시장 실패 사례는 (다), (라)에 나타나 있지 않다.

⑤ 병국 정부의 대책은 시장 거래량이 사회적 최적 수준보다 많은 외부 불경제로 인한 시장 실패를 해결하기 위한 것이다.

THEME 08 경제 순환과 경제 성장

수능실전문제 본문 47~51쪽

01 ④	02 ⑤	03 ④	04 ⑤
05 ④	06 ⑤	07 ⑤	08 ⑤
09 ⑤	10 ⑤		

01 국민 경제의 순환 이해

문제분석 제시된 그림에서 A는 기업, B는 가계이다. 그리고 국민 경제 순환 중 실물의 흐름만 나타낸 것이므로 재화와 서비스는 ㉠에 해당하고, 토지, 노동, 자본의 생산 요소는 ㉡에 해당하며, 공공재는 ㉢에 해당한다.

정답찾기 ④ 공공재는 ㉢에 해당한다.

오답피하기 ① 부가 가치를 창출하는 경제 주체는 기업이다. B는 가계이다.

② 신규 채용한 직원은 노동, 즉 생산 요소에 해당한다.

③ 자본과 노동은 모두 생산 요소에 해당한다.

⑤ 기업의 생산 요소 구입이 증가하면 기업이 생산한 재화와 서비스가 증가할 수 있다.

02 GDP 계산 방식의 이해

문제분석 국민 소득은 생산, 분배, 지출 측면에서 측정할 수 있다. 생산 국민 소득은 최종 생산물의 시장 가치 합, 분배 국민 소득은 '임금+지대+이자+이윤', 지출 국민 소득은 '소비 지출+투자 지출+정부 지출+순수출'을 의미한다.

정답찾기 ⑤ 2024년에 A 기업이 창출한 부가 가치는 매출액 1,500억 달러에서 원재료 구입비인 600억 달러를 뺀 900억 달러이다. 2024년에 B 기업이 창출한 부가 가치는 매출액 1,600억 달러에서 원재료 구입비인 500억 달러를 뺀 1,100억 달러이다.

오답피하기 ① 인건비는 분배 측면에서 파악한 국민 소득에 반영된다.

② 은행 대출 이자는 분배 측면에서 파악한 국민 소득에 반영된다.

③ 토지 임차료는 생산 요소 시장의 거래에서 나타난다.

④ 2024년의 매출액은 A 기업이 1,500억 달러이고, B 기업이 1,600억 달러로 A 기업이 B 기업보다 작다.

03 경제 지표의 이해

문제분석 제시된 자료를 바탕으로 갑국의 연도별 명목 GDP와 실질 GDP를 나타내면 다음과 같다.

(단위: 억 달러)

구분	2021년	2022년	2023년	2024년
명목 GDP	100	300	100	200
실질 GDP	100	150	100	80

정답찾기 ④ '실질 GDP/명목 GDP'는 2022년이 1/2이고, 2023년이

1로 2022년이 2023년보다 작다.

(오답피하기) ① 실질 GDP는 2024년이 가장 작다.

② 2022년의 경제 성장률은 50%로 양(+)의 값이다.

③ 실질 GDP는 2021년이 100억 달러, 2024년이 80억 달러로 2021년이 2024년보다 크다.

⑤ 전년 대비 2024년에 실질 GDP 변동률은 음(−)의 값이고, 명목 GDP 변동률은 양(+)의 값이다.

04 명목 GDP와 실질 GDP의 이해

문제분석 전년 대비 2023년에 명목 GDP는 증가하였고, 실질 GDP는 변함이 없으므로 물가 수준은 상승하였다. 전년 대비 2024년에 명목 GDP는 증가하였고, 실질 GDP는 감소하였으므로 물가 수준은 상승하였다.

(정답찾기) ㄷ. 기준 연도가 2022년이고, 전년 대비 2023년에 물가 수준은 상승하였으므로 2023년의 GDP 디플레이터는 100보다 크다. 따라서 '전년 대비 2023년에 GDP 디플레이터는 하락하였습니다.'는 틀린 발표 내용이므로 (가)에 들어갈 수 없다.

ㄹ. 전년 대비 2024년에 물가 수준은 상승하였다. 따라서 '전년 대비 2024년에 화폐 구매력은 하락하였습니다.'는 옳은 발표 내용이므로 (가)에 들어갈 수 있다.

(오답피하기) ㄱ. 2022년 이후 물가 수준은 지속적으로 상승하였다. 따라서 2022년의 물가 수준보다 2024년의 물가 수준이 높다.

ㄴ. 2022년과 2023년의 실질 GDP는 같다.

05 명목 GDP 변화율과 실질 GDP 변화율의 이해

문제분석 경제 성장률은 전년 대비 실질 GDP의 변화율이다. 전년 대비 2022년에 물가 수준이 상승하였으므로 A는 전년 대비 명목 GDP 변화율이고, B는 경제 성장률이다. 기준 연도인 2021년의 명목 GDP와 실질 GDP를 각각 100억 달러로 가정하여 연도별 명목 GDP, 실질 GDP, GDP 디플레이터를 구하면 다음과 같다.

구분	2021년	2022년	2023년	2024년
명목 GDP(억 달러)	100	102	102	103.02
실질 GDP(억 달러)	100	101	103.02	103.02
GDP 디플레이터	100	약 100.99	약 99.01	100

(정답찾기) ④ GDP 디플레이터는 2021년과 2024년이 각각 100으로 같다.

(오답피하기) ① A는 전년 대비 명목 GDP의 변화율이다. 기준 연도의 가격으로 계산한 GDP는 실질 GDP이다.

② 실질 GDP는 2021년에 100억 달러이고, 2022년에 101억 달러로 증가하였다.

③ 명목 GDP는 2022년과 2023년이 각각 102억 달러로 같다.

⑤ GDP 디플레이터는 2023년에 약 99.01이고, 2024년에 100이므로 전년 대비 2024년에 물가 수준은 상승하였다.

06 GDP 디플레이터와 실질 GDP의 이해

문제분석 t년과 t+1년의 GDP 디플레이터는 각각 100으로 같고, t년 대비 t+1년에 실질 GDP는 증가하였으므로 t년 대비 t+1년에 명목 GDP는 증가하였다. t+1년과 t+2년의 실질 GDP는 같고, GDP 디플레이터는 100보다 작으므로 t+1년 대비 t+2년에 명목 GDP는 감소하였다.

(정답찾기) ⑤ t년 대비 t+1년에 GDP 디플레이터는 100으로 동일하므로 물가 상승률은 영(0)이고, t년 대비 t+1년에 실질 GDP는 증가하였으므로 경제 성장률은 양(+)의 값이다.

(오답피하기) ① 명목 GDP는 t+1년이 가장 크다.

② t+1년과 t+2년의 실질 GDP는 같으므로 t+2년의 경제 성장률은 영(0)이다.

③ t+1년 대비 t+2년에 명목 GDP는 감소하였다.

④ t+1년에는 명목 GDP와 실질 GDP가 같고, t+2년에는 명목 GDP가 실질 GDP보다 작다.

07 GDP 계산법의 이해

문제분석 을국의 2024년 GDP는 Y재를 생산하여 자국 소비자와 갑국에 판매한 Y재 370억 달러이고, 병국의 2024년 GDP는 Z재를 생산하여 자국 소비자와 갑국에 판매한 Z재 380억 달러이다.

(정답찾기) ⑤ 갑국의 부가 가치는 총매출액 1,000억 달러(=X재 판매 이윤 200억 달러+인건비를 비롯한 모든 생산비 300억 달러+X재의 원료인 Y재, Z재 구입비 500억 달러)에서 500억 달러(=X재의 원료인 Y재, Z재 구입비 500억 달러)를 뺀 500억 달러이다. 을국의 부가 가치는 370억 달러이고, 병국의 부가 가치는 380억 달러이므로 을국과 병국의 부가 가치 합은 750억 달러이다. 따라서 을국과 병국의 부가 가치 합인 750억 달러에서 갑국의 부가 가치인 500억 달러를 뺀 금액은 250억 달러이다.

(오답피하기) ① 갑국이 창출한 총매출액은 1,000억 달러이고, 부가 가치는 500억 달러이므로 갑국이 창출한 부가 가치는 총매출액의 0.5배이다.

② 갑국에서 판매되는 Z재는 중간재에 해당한다.

③ 을국에서 판매되는 Y재는 최종 생산물에 해당한다.

④ 을국이 창출한 부가 가치는 370억 달러이고, 병국이 창출한 부가 가치는 380억 달러이다.

08 명목 GDP 증가율과 물가 상승률의 이해

문제분석 기준 연도인 2022년의 명목 GDP와 실질 GDP를 바탕으로 갑국의 연도별 명목 GDP와 실질 GDP를 나타내면 다음과 같다.

구분	2022년	2023년	2024년
명목 GDP(억 달러)	100	102	104.04
실질 GDP(억 달러)	100	100	100
전년 대비 물가 상승률(%)	−	2	2

(정답찾기) ㄷ. 실질 GDP는 2023년과 2024년이 같다. 따라서 2024년의 경제 성장률은 영(0)이다.

ㄹ. 2024년의 명목 GDP는 104.04억 달러, 실질 GDP는 100억 달러이다. 따라서 명목 GDP가 실질 GDP보다 크다.

(오답피하기) ㄱ. 전년 대비 2023년에 실질 GDP는 변함이 없다.

ㄴ. 전년 대비 2023년에 실질 GDP 변화율은 영(0)이고, 명목 GDP 변화율은 2%이다.

09 지출 국민 소득의 이해

문제분석 지출 국민 소득은 '소비 지출+투자 지출+정부 지출+순 지출'이다.

정답찾기 ㄴ. '정부 지출/지출 국민 소득'은 갑국의 경우 약 0.23이고, 을국의 경우 0.125이므로 갑국이 을국보다 크다.

ㄷ. 지출 국민 소득에서 소비 지출이 차지하는 비중은 갑국의 경우 약 23%이고, 을국의 경우 25%이므로 갑국이 을국보다 작다.

ㄹ. 갑국과 을국 모두 순수출이 양(+)의 값이므로 달러화의 수취액이 지급액보다 크다.

오답피하기 ㄱ. 갑국 지출 국민 소득은 130억 달러이고, 을국 지출 국민 소득은 80억 달러이다.

10 명목 GDP와 실질 GDP의 이해

문제분석 전년 대비 2022년에 을국의 물가 수준은 상승하였으므로 A는 실질 GDP, B는 명목 GDP이다. 학생 1의 발표는 옳고, 학생 1과 학생 2 중에서 한 명만 옳게 발표하였으므로 (가)에는 틀린 발표 내용이 들어가야 한다.

정답찾기 ⑤ 갑국과 을국 모두 전년 대비 2023년에 물가 수준은 하락하였다. 따라서 '갑국과 을국 모두 전년 대비 2023년에 물가 수준은 상승하였습니다.'는 틀린 발표 내용이므로 (가)에 들어갈 수 있다.

오답피하기 ① 2021년이 기준 연도이고, 2022년에 갑국의 명목 GDP와 실질 GDP는 같다. 따라서 전년 대비 2022년에 물가 수준은 변함이 없다.

② 2022년 이후 갑국의 명목 GDP는 변함이 없다.

③ 2023년 경제 성장률은 갑국의 경우 양(+)의 값이고, 을국의 경우 영(0)이다.

④ 2024년 GDP 디플레이터는 갑국의 경우 100보다 작고, 을국의 경우 100이다. 따라서 '갑국과 달리 을국은 2024년 GDP 디플레이터가 100보다 작습니다.'는 틀린 발표 내용이므로 (가)에 들어갈 수 있다.

THEME 09 실업과 인플레이션

수능실전문제

본문 54~58쪽

01 ⑤	02 ⑤	03 ③	04 ④
05 ⑤	06 ④	07 ①	08 ⑤
09 ④	10 ⑤		

01 실업의 유형 이해

문제분석 A는 마찰적 실업, B는 경기적 실업, C는 구조적 실업이다.

정답찾기 ⑤ 경기적 실업과 구조적 실업은 모두 비자발적 실업에 해당하고, 마찰적 실업은 자발적 실업에 해당한다.

오답피하기 ① 마찰적 실업은 호황기와 불황기에 관계없이 나타난다.

② 소득세율 인하 정책은 경기적 실업의 대책에 해당한다.

③ 신기술 교육 및 훈련은 구조적 실업의 대책에 해당한다.

④ 정부 지출 축소는 총수요 감소 요인이므로 경기적 실업의 대책으로 보기 어렵다.

02 수요 견인 인플레이션과 비용 인상 인플레이션의 이해

문제분석 (가)는 수요 견인 인플레이션, (나)는 비용 인상 인플레이션이다.

정답찾기 ⑤ 인플레이션의 발생은 화폐의 구매력 하락 요인이다.

오답피하기 ① 기업의 투자 감소는 총수요 감소 요인이다. 따라서 (가)의 발생 요인으로 보기 어렵다.

② (가)가 발생하는 경우 실질 GDP가 증가하므로 경제 성장률은 양(+)의 값을 가진다.

③ 수입 원자재 가격 하락은 총공급 증가 요인이다.

④ 비용 인상 인플레이션은 스태그플레이션의 발생 요인이다.

03 인플레이션의 이해

문제분석 경제 성장률은 전년 대비 실질 GDP의 변화율이다. 갑국의 경우 t년 대비 t+1년에 물가 수준은 상승하였고 실질 GDP는 증가하였다. 을국의 경우 t년 대비 t+1년에 물가 수준은 상승하였고 실질 GDP는 감소하였다.

정답찾기 ③ 수입 원자재 가격 상승은 총공급 감소 요인이다. 총공급 감소는 물가 수준을 상승시키고 실질 GDP를 감소시킨다.

오답피하기 ① 소비 지출 감소는 총수요 감소 요인이다. 총수요 감소는 물가 수준을 하락시키고 실질 GDP를 감소시킨다.

② 갑국의 t년 대비 t+1년의 물가 수준은 상승하였고 실질 GDP는 증가하였다. 따라서 A는 갑국의 비용 인상 인플레이션의 발생 요인으로 보기 어렵다.

④ 갑국의 실질 GDP는 증가하였고, 을국의 실질 GDP는 감소하였다. 하지만 실질 GDP의 구체적인 정보가 없으므로 t+1년의 실질 GDP는 갑국이 을국보다 크다고 할 수 없다.

⑤ 갑국과 을국은 모두 물가가 상승하였으므로 두 국가 모두 화폐의 구매력이 하락하였다.

04 명목 이자율, 실질 이자율, 물가 상승률의 이해

문제분석 제시된 자료를 바탕으로 실질 이자율을 구하면 다음과 같다.

(단위: %)

구분	2022년	2023년	2024년
실질 이자율	1	0	3

정답찾기 ㄴ. 2023년에는 명목 이자율이 2%이므로 현금 보유보다 은행에 예금하는 것이 유리하다.
ㄹ. 2023년에는 명목 이자율(2%)이 실질 이자율(0)보다 높고, 2024년에는 명목 이자율(1%)이 실질 이자율(3%)보다 낮다.

오답피하기 ㄱ. 실질 이자율은 2023년이 영(0)으로 가장 낮다.
ㄷ. 2023년의 실질 이자율은 영(0)이고, 2024년의 실질 이자율은 3%이다.

05 고용 지표의 이해

문제분석 제시된 자료를 바탕으로 연도별 취업자 수, 실업자 수, 경제 활동 인구, 비경제 활동 인구, 실업률을 나타내면 다음과 같다.

구분	t년	t+1년
취업자 수(만 명)	40	40
실업자 수(만 명)	10	40
경제 활동 인구(만 명)	50	80
비경제 활동 인구(만 명)	50	120
실업률(%)	20	50

정답찾기 ⑤ 비경제 활동 인구는 50만 명에서 120만 명으로 70만 명 증가하였다.

오답피하기 ① 실업률은 20%에서 50%로 상승하였다.
② 취업자 수는 40만 명으로 변함이 없다.
③ 실업자 수는 10만 명에서 40만 명으로 4배가 되었다.
④ 경제 활동 인구는 30만 명 증가하였다.

06 실질 GDP 증가율과 명목 GDP 증가율의 이해

문제분석 기준 연도 2021년의 명목 GDP와 실질 GDP를 각각 100억 달러로 가정할 경우, 제시된 자료를 바탕으로 연도별 명목 GDP와 실질 GDP를 나타내면 다음과 같다.

(단위: 억 달러)

구분	2021년	2022년	2023년	2024년
명목 GDP	100	100	101	102.01
실질 GDP	100	101	101	102.01

정답찾기 ④ 총공급 증가는 물가 수준 하락과 실질 GDP 증가 요인이다. 전년 대비 2022년에 물가 수준은 하락하였고 실질 GDP는 증가하였다.

오답피하기 ① 명목 GDP는 2024년이 102.01억 달러로 가장 크다.
② 실질 GDP는 2024년이 2023년보다 크다. 따라서 2024년의 경제 성장률은 양(+)의 값이다.
③ 전년 대비 2022년에 명목 GDP는 변함이 없고 실질 GDP는 증가하였다. 따라서 전년 대비 2022년에 물가 수준은 하락하였다.
⑤ 총수요 감소는 물가 수준 하락과 실질 GDP 감소 요인이다. 전년 대비 2024년에 물가 수준은 변함이 없고 실질 GDP는 증가하였다. 이는 총수요와 총공급 모두 증가해야 나타날 수 있다.

07 고용 지표의 이해

문제분석 제시된 자료를 바탕으로 갑국의 연도별 고용 관련 지표를 나타내면 다음과 같다.

구분	2023년	2024년
실업자 수(만 명)	40	120
취업자 수(만 명)	760	480
경제 활동 인구(만 명)	800	600
비경제 활동 인구(만 명)	200	400
고용률(%)	76	48
실업률(%)	5	20
경제 활동 참가율(%)	80	60

정답찾기 ㄱ. 실업률은 2023년 5%에서 2024년 20%로 상승하였다.
ㄴ. 고용률은 2023년 76%에서 2024년 48%로 28%p 하락하였다.

오답피하기 ㄷ. 경제 활동 참가율은 2023년 80%에서 2024년 60%로 0.75배가 되었다.
ㄹ. 비경제 활동 인구는 2023년 200만 명에서 2024년 400만 명으로 2배가 되었다.

08 소비자 물가 지수와 생산자 물가 지수의 이해

문제분석 제시된 자료를 바탕으로 갑국의 2021년~2024년 소비자 물가 지수와 생산자 물가 지수를 나타내면 다음과 같다.

구분	2021년	2022년	2023년	2024년
소비자 물가 지수	100	103	105.06	약 106.11
생산자 물가 지수	100	100	102	102

정답찾기 ⑤ 소비자 물가 지수의 경우 전년 대비 2024년에 105.06에서 약 106.11로 상승하였고, 생산자 물가 지수의 경우 2023년과 2024년이 각각 102로 동일하다.

오답피하기 ① 2022년의 소비자 물가 지수는 103이다.
② 소비자 물가 지수는 2024년이 가장 높다.
③ 전년 대비 2022년에 생산자 물가 지수는 변함이 없다.
④ 2023년에 소비자 물가 지수는 105.06이고, 생산자 물가 지수는 102로 소비자 물가 지수가 생산자 물가 지수보다 높다.

09 고용 지표의 이해

문제분석 옳게 발표한 갑의 발표 내용을 토대로 A는 취업자 수, B는 실업자 수임을 알 수 있다. 전년 대비 2023년에 취업자 수는 변함이 없지만 실업자 수는 증가하였으므로, 실업률은 상승하였고 고용률은 변함이 없다. 또한 비경제 활동 인구는 감소하였다. 전년 대비 2024년에 취업자 수는 증가하였지만 실업자 수는 변함이 없으므로, 실업률은 하락하였고 고용률과 경제 활동 참가율은 상승하였다. 또한 비경제 활동 인구는 감소하였다.

정답찾기 ④ '전년 대비 2023년에 실업자 수의 증가분과 경제 활동 인구의 증가분은 같습니다.'는 옳은 발표 내용이므로 (가)에 들어갈 수 없다.

오답피하기 ① 전년 대비 2023년에 실업률은 상승하였다.
② 전년 대비 2023년에 비경제 활동 인구는 감소하였다.
③ 전년 대비 2024년에 고용률은 상승하였다.
⑤ '경제 활동 참가율은 2023년과 2024년 모두 전년 대비 상승하였습니다.'는 옳은 발표 내용이므로 (가)에 들어갈 수 없다.

10 실질 GDP와 GDP 디플레이터의 이해

문제분석 제시된 자료를 바탕으로 갑국과 을국의 연도별 명목 GDP, 실질 GDP, GDP 디플레이터를 나타내면 다음과 같다.

〈갑국〉

구분	2022년	2023년	2024년
명목 GDP(억 달러)	100	100	100
실질 GDP(억 달러)	100	100	62.5
GDP 디플레이터	100	100	160

〈을국〉

구분	2022년	2023년	2024년
명목 GDP(억 달러)	100	100	110
실질 GDP(억 달러)	100	80	110
GDP 디플레이터	100	125	100

정답찾기 ㄷ. 수입 원자재 가격 상승은 총공급 감소 요인이다. 총공급 감소는 물가 수준을 상승시키고 실질 GDP를 감소시킨다. 전년 대비 2024년에 갑국의 물가 수준은 상승하였고 실질 GDP는 감소하였으며, 을국의 물가 수준은 하락하였고 실질 GDP는 증가하였다.
ㄹ. 스태그플레이션은 경기 침체와 물가 상승이 동시에 발생하는 현상을 의미한다. 전년 대비 2024년에 갑국의 물가 수준은 상승하였고 실질 GDP는 감소하였으며, 을국의 물가 수준은 하락하였고 실질 GDP는 증가하였다.

오답피하기 ㄱ. 소비 지출의 증가는 총수요 증가 요인이다. 총수요가 증가하면 물가 수준은 상승하고 실질 GDP는 증가한다. 전년 대비 2023년에 갑국의 물가 수준과 실질 GDP는 변함이 없다.
ㄴ. 기술 진보에 따른 생산량의 증가는 총공급 증가 요인이다. 총공급이 증가하면 물가 수준은 하락하고 실질 GDP는 증가한다. 전년 대비 2023년에 을국의 물가 수준은 상승하였고 실질 GDP는 감소하였다.

THEME 10 경기 변동과 안정화 정책

수능실전문제 본문 61~65쪽

01 ③	02 ⑤	03 ②	04 ⑤
05 ③	06 ④	07 ④	08 ④
09 ①	10 ⑤		

01 경제 안정화 정책의 이해

문제분석 A국 물가 급등의 경제 문제에 대해 갑의 경우에는 총수요 증가를 그 요인으로 보고 있고, 을의 경우에는 총공급 감소를 그 요인으로 보고 있다.

정답찾기 ③ 정부 지출 증가는 총수요 증가 요인이다. 총수요 증가는 실질 GDP를 증가시킨다. 수입 원유 가격의 상승은 총공급 감소 요인이다. 총공급 감소는 실질 GDP를 감소시킨다.

오답피하기 ① 정부 지출 증가는 총수요 증가 요인이다.
② 수입 원유 가격의 상승은 총공급 감소 요인이다.
④ 지급 준비율 인하는 총수요를 증가시켜 물가 상승 요인으로 작용한다.
⑤ 소득세율 인하는 총수요를 증가시켜 물가 상승 요인으로 작용한다.

02 경제 안정화 정책의 이해

문제분석 총수요 증가는 전년 대비 2022년의 변화 요인이고, 총공급 감소는 전년 대비 2023년의 변화 요인이며, 총수요 감소는 전년 대비 2024년의 변화 요인이다.

정답찾기 ⑤ 국공채 매입은 확대 통화 정책에 해당한다. 따라서 2023년보다 2024년의 경제 문제 해결에 적절하다.

오답피하기 ① 총수요 감소는 물가 수준 하락과 실질 GDP 감소 요인이다. 전년 대비 2022년에 물가 수준은 상승하였고 실질 GDP는 증가하였다.
② 총공급 증가는 물가 수준 하락과 실질 GDP 증가 요인이다. 전년 대비 2023년에 물가 수준은 상승하였고 실질 GDP는 감소하였다.
③ 소비 지출의 증가는 총수요를 증가시켜 물가 수준 상승과 실질 GDP 증가 요인으로 작용한다. 전년 대비 2024년에 물가 수준은 하락하였고 실질 GDP는 감소하였다.
④ 지급 준비율 인하 정책은 확대 통화 정책이다. 2023년에는 높은 물가 수준의 경제 문제가 발생하였으므로 지급 준비율 인하 정책 시행을 적절한 해결책으로 보기 어렵다.

03 경기 변동과 경제 안정화 정책의 이해

문제분석 경기 순환에서 (가) 시기는 확장기에, (나) 시기는 수축기에 해당한다. 일반적으로 경기 과열은 확장기에 나타날 수 있고, 경기 침체는 수축기에 나타날 수 있다. 따라서 ㉠에는 긴축 재정 정책, ㉡에는 확대 통화 정책에 해당하는 수단이 적절하다.

정답찾기 ② 소득세율 인상은 긴축 재정 정책에 해당하고, 지급 준비율 인하는 확대 통화 정책에 해당한다.

오답피하기 ① 소득세율 인하는 확대 재정 정책에 해당하고, 기준 금리 인하는 확대 통화 정책에 해당한다.
③ 정부 지출 확대는 확대 재정 정책에 해당하고, 국공채 매입은 확대 통화 정책에 해당한다.
④ 기준 금리 인상과 지급 준비율 인상은 모두 긴축 통화 정책에 해당한다.
⑤ 지급 준비율 인하는 확대 통화 정책에 해당하고, 국공채 매각은 긴축 통화 정책에 해당한다.

04 총수요와 총공급 변동의 이해

문제분석 A국에서 발생한 수입 원유 가격의 급등은 총공급 감소 요인이고, 소비 지출의 증가는 총수요 증가 요인이다. B국에서 발생한 수입 원자재 가격의 급등은 총공급 감소 요인이고, 국내 기업의 투자 위축은 총수요 감소 요인이다. A국의 경우 물가 수준의 상승은 나타나지만 실질 GDP의 증가 또는 감소 여부는 알 수 없다. B국의 경우 실질 GDP의 감소는 나타나지만 물가 수준의 상승 또는 하락 여부는 알 수 없다. 따라서 A국에는 과도한 물가 상승 문제, B국에는 경기 침체 문제가 발생하였다.
정답찾기 ⑤ 총수요 곡선의 이동 방향은 A국의 경우 우측, B국의 경우 좌측이다. 따라서 총수요 곡선의 이동 방향은 A국과 B국이 서로 다르다.
오답피하기 ① 수입 원유 가격의 급등과 수입 원자재 가격의 급등은 모두 총공급을 감소시켜 물가 수준을 상승시키는 요인이다.
② 소비 지출의 급증은 실질 GDP의 증가 요인이고, 국내 기업의 투자 위축은 실질 GDP의 감소 요인이다.
③ 소득세율 인하는 경기 침체를 해결하기 위한 재정 정책에 해당한다.
④ 국공채 매입은 경기 침체를 해결하기 위한 통화 정책에 해당한다.

05 총수요와 총공급의 이해

문제분석 갑국의 전년 대비 2023년의 변화 요인은 총수요 증가이고, 전년 대비 2024년의 변화 요인은 총공급 증가이다.
정답찾기 ③ 투자 지출 확대는 총수요 증가 요인이고, 수입 원자재 가격 하락은 총공급 증가 요인이다.
오답피하기 ① 소비 지출 감소는 총수요 감소 요인이고, 수입 원유 가격 하락은 총공급 증가 요인이다.
② 소비 지출 증가는 총수요 증가 요인이고, 수입 원유 가격 상승은 총공급 감소 요인이다.
④ 투자 지출 축소는 총수요 감소 요인이고, 수입 원자재 가격 상승은 총공급 감소 요인이다.
⑤ 정부 지출 확대는 총수요 증가 요인이고, 수입 원자재 가격 상승은 총공급 감소 요인이다.

06 총수요와 총공급의 이해

문제분석 표에서 A는 총수요 증가, B는 총공급 감소, C는 총공급 증가, D는 총수요 감소에 따른 결과이다. 갑, 을 중에서 한 명만 옳게 발표하였고 갑의 발표 내용이 옳으므로 (가)에는 틀린 발표 내용이 들어가야 한다.
정답찾기 ④ 'A는 일반적으로 경기 변동의 확장기에 나타납니다.'는 옳은 발표 내용이므로 (가)에 들어갈 수 없다.
오답피하기 ① 기술 혁신에 따른 생산량 증가는 총공급 증가 요인이다. 따라서 C의 요인이다.
② 수입 원자재 가격 상승은 총공급 감소 요인이다. 따라서 B의 요인이다.
③ 순수출 증가는 총수요 증가 요인이다. 따라서 A의 요인이다.
⑤ 'D는 일반적으로 경기 변동의 수축기에 나타납니다.'는 옳은 발표 내용이므로 (가)에 들어갈 수 없다.

07 경제 안정화 정책의 이해

문제분석 A에는 확대 재정 정책이면서 통화량 감소 요인이 아닌 정책이, B에는 확대 재정 정책이 아니면서 통화량 감소 요인이 아닌 정책이, C에는 확대 재정 정책이 아니면서 통화량 감소 요인인 정책이 해당한다.
정답찾기 ㄴ. 중앙은행의 시중 은행에 대한 대출 증가는 확대 통화 정책에 해당한다. 따라서 B에 해당한다.
ㄹ. C는 통화량 감소 요인의 경제 안정화 정책 수단이고, A는 통화량 증가 요인의 확대 재정 정책 수단에 해당한다. 따라서 C와 달리 A가 경기 침체가 발생할 경우 수행할 수 있는 정책으로 적절하다.
오답피하기 ㄱ. 소득세율 인상은 긴축 재정 정책에 해당하고 통화량 감소 요인이다.
ㄷ. 지급 준비율 인하는 확대 재정 정책에는 해당하지 않고 통화량 증가 요인이다.

08 총수요와 총공급 변동의 이해

문제분석 전년 대비 2022년에는 소비 지출만의 증가로 물가 수준이 상승하였으므로 총수요만 증가하였다. 따라서 c로의 이동 요인이다. 전년 대비 2023년에는 수입 원자재 가격 상승과 정부의 소득세율 인상으로 물가 수준은 변함이 없지만 실질 GDP가 2021년보다 감소하였으므로 a로의 이동 요인이다. 전년 대비 2024년에는 수입 원유 가격의 하락과 순수출의 감소로 물가 수준은 2021년보다 낮아졌지만 실질 GDP는 2021년과 같아졌으므로 g로의 이동 요인이다.
정답찾기 ④ 2021년의 최초 국민 경제 균형점으로부터 2022년에는 c로, 2023년에는 a로, 2024년에는 g로 이동해야 한다.

09 경기 변동의 일반적인 특징 이해

문제분석 A는 회복기, B는 확장기, C는 후퇴기, D는 수축기이다. 회복기와 확장기는 상승 국면에, 후퇴기와 수축기는 하강 국면에 해당한다.
정답찾기 ① 회복기에는 소비가 증가하고, 수축기에는 소비가 감소한다.
오답피하기 ② 확장기에는 실업률이 하락하고, 후퇴기에는 실업률이 상승한다.
③ 회복기에는 실질 GDP가 증가하고, 후퇴기에는 실질 GDP가 감소한다.
④ 확장기에는 물가가 상승하고, 수축기에는 물가가 하락한다.

⑤ 후퇴기, 수축기와 달리 회복기, 확장기에는 생산 및 고용이 감소한다고 보기 어렵다.

10 기준 금리 변동의 이해

문제분석 A국과 B국의 중앙은행은 모두 경기 안정화를 위해 기준 금리를 조정한다고 하였으므로 A국의 경우에는 경기 침체 문제를 해결하기 위해 기준 금리를 조정하고 있고, B국의 경우에는 경기 과열 문제를 해결하기 위해 기준 금리를 조정하고 있다. 갑과 을 중에서 한 명만 옳게 발표하였고, 갑의 발표 내용이 옳으므로 (가)에는 틀린 발표 내용이 들어가야 한다.

정답찾기 ㄴ. 일반적으로 경기가 과열되는 경우에는 높은 물가 수준이 문제이므로 B국의 기준 금리를 인상하는 조정이 해결책으로 적절하다.

ㄷ. '2023년 이전의 기준 금리 추이는 B국과 달리 A국에서 기업 투자를 확대시키는 요인입니다.'는 옳은 발표 내용이므로 (가)에 들어갈 수 없다.

ㄹ. '2023년 이후의 기준 금리 추이는 외국인 투자자의 A국 예금에 대한 수요 증가 요인입니다.'는 틀린 발표 내용이므로 (가)에 들어갈 수 있다.

오답피하기 ㄱ. B국은 기준 금리를 인상시키고 있다. 이는 가계 소비를 감소시키고 기업의 투자를 위축시켜 총수요를 감소시키는 요인이다.

THEME 11 무역 원리와 무역 정책

수능실전문제

본문 67~71쪽

01 ①	02 ③	03 ④	04 ④
05 ②	06 ③	07 ③	08 ②
09 ③	10 ⑤		

01 비교 우위의 이해

문제분석 Y재 최대 생산 가능량은 갑국이 을국의 1.5배인 60개이므로 을국의 Y재 최대 생산 가능량은 40개이다. 갑국의 Y재 1개 생산의 기회비용은 X재 1/2개이므로 갑국의 X재 최대 생산 가능량은 30개이다. 을국의 Y재 1개 생산의 기회비용은 X재 5/4개이므로 을국의 X재 최대 생산 가능량은 50개이다. 이를 바탕으로 갑국과 을국의 X재 1개 생산의 기회비용과 Y재 1개 생산의 기회비용을 나타내면 다음과 같다.

구분	갑국	을국
X재 1개 생산의 기회비용	Y재 2개	Y재 4/5개
Y재 1개 생산의 기회비용	X재 1/2개	X재 5/4개

따라서 갑국은 Y재 생산에, 을국은 X재 생산에 비교 우위가 있다.

정답찾기 ① 갑국은 Y재만 60개를 생산하여 을국에 20개를 수출하였고, 을국은 X재만 50개를 생산하여 갑국에 20개를 수출하였다. 따라서 교역 후 갑국의 Y재 소비량은 40개, 을국의 X재 소비량은 30개이므로 ㉠은 '40', ㉡은 '30'이다.

오답피하기 ② 을국은 X재 생산에 비교 우위가 있으므로 X재 1개 생산의 기회비용은 갑국이 을국보다 크다.

③ 갑국은 Y재만 60개를 생산하여 을국에 20개를 수출하였고, 을국은 X재만 50개를 생산하여 갑국에 20개를 수출하였으므로 갑국과 을국 간 X재와 Y재의 교환 비율은 1:1이다.

④ 갑국은 Y재 생산에, 을국은 X재 생산에 비교 우위가 있으므로 교역 시 갑국은 Y재 수출국, 을국은 X재 수출국이다.

⑤ 을국은 X재 생산에 비교 우위가 있으므로 교역 후 을국의 X재 1개 소비의 기회비용은 교역 전보다 증가한다.

02 보호 무역 정책의 이해

문제분석 갑국에서는 t−1기와 달리 t기에 X재 시장을 개방하여 10달러에서 X재 40만 개를 수입하였다. t+1기에는 국내 산업 보호를 위해 수입 X재에 대해 개당 일정액의 관세를 부과하거나 갑국 내 X재 생산에 대해 개당 일정액의 보조금을 지급하는 정책 중 하나를 시행하여 X재 수입량을 20만 개로 줄였다. X재 수입량을 20만 개로 줄이기 위해서는 수입 X재에 대해 개당 10달러의 관세를 부과하거나 갑국 내 X재 생산에 대해 개당 20달러의 보조금을 지급해야 한다.

정답찾기 ③ ㉠을 시행하였다면, 갑국 정부는 수입 X재에 대해 개당 10달러의 관세를 부과하였을 것이므로 갑국 내 X재 생산자의 생산량은 20만 개로 증가한다. 따라서 t기 대비 t+1기에 갑국 내 생산량은 10만 개 증가하였을 것이다.

오답피하기 ① t기에 갑국 내 생산자는 10달러에 X재 10만 개를 공급하므로 X재의 판매 수입은 100만 달러이다.

② t−1기에 X재 거래량은 30만 개이고, t기에는 X재를 국제 가격인 10달러에 수입하므로 갑국 X재 시장의 거래량은 50만 개가 된다. 따라서 t−1기 대비 t기에 갑국 내 거래량은 20만 개 증가하였다.

④ ㉡을 시행하였다면, 갑국 정부에서는 갑국 내 X재 생산에 대해 개당 20달러의 보조금을 지급하였을 것이다. 하지만, 갑국 내에서 국제 가격인 10달러에서 X재 50만 개가 거래되므로 갑국 소비자 잉여는 t기와 t+1기가 같다.

⑤ t+1기에 ㉠ 시행으로 인한 갑국 내 X재 거래 가격은 국제 가격에서 관세 부과액만큼 상승한 20달러이지만, ㉡ 시행으로 인한 갑국 내 X재 거래 가격은 국제 가격인 10달러이다.

03 비교 우위의 이해

문제분석 갑국의 경우 교역 전 대비 교역 후 X재 1개 소비의 기회비용이 증가하였으므로 갑국은 X재 생산에 비교 우위가 있다.

정답찾기 ㄴ. 갑국은 교역 후 X재 1개 소비의 기회비용이 증가하였으므로 X재 생산에 비교 우위가 있다. 따라서 을국은 Y재 생산에 비교 우위가 있다.

ㄷ. 을국은 Y재 생산에 비교 우위가 있으므로 교역 전 대비 교역 후 Y재 1개 소비의 기회비용이 증가한다.

오답피하기 ㄱ. 갑국의 경우 교역 전 대비 교역 후 X재 1개 소비의 기회비용이 증가하였는데, 이익이 발생하는 교환 비율에 따라 X재 2개당 Y재 1개로 교환하였으므로 갑국의 X재 1개 생산의 기회비용은 Y재 1/2개보다 작다.

04 보호 무역 정책의 이해

문제분석 t기에 갑국에서는 수요와 공급 법칙을 따르는 X재를 관세 없이 600만 개 수입하고 있었는데, 이는 초과 수요가 600만 개인 것으로 X재의 국제 가격은 6달러이고 갑국 내 X재 거래량은 1,200만 개, 갑국 내 X재 생산자의 공급량은 600만 개이다. t+1기에 갑국 정부는 X재 수입량을 t기에 비해 절반인 300만 개로 줄이기 위해 관세를 개당 1달러 부과해야 한다.

정답찾기 ④ t+1기에 갑국 정부가 부과한 관세는 개당 1달러이고, 수입량은 300만 개이므로 갑국 정부의 관세 수입은 300만 달러이다.

오답피하기 ① t+1기에 갑국 정부가 X재 수입량을 t기의 절반인 300만 개로 줄이기 위해서는 개당 관세를 1달러 부과해야 하므로 ㉠은 '1'이다.

② t기에 갑국에서는 수요와 공급 법칙을 따르는 X재를 관세 없이 600만 개 수입하고 있으므로 X재의 국제 가격은 6달러이다.

③ t기에 갑국의 X재 시장 균형 가격은 6달러, 시장 균형 거래량은 1,200만 개이므로 갑국의 X재 시장의 소비 지출은 7,200만 달러이다.

⑤ 갑국 내 X재 생산자는 t기에 600만 개를 개당 6달러에 판매하였으므로 판매 수입은 3,600만 달러이다. t+1기에는 700만 개를 개당 7달러에 판매하였으므로 판매 수입은 4,900만 달러이다. 따라서 t기 대비 t+1기에 갑국 내 X재 생산자의 판매 수입은 1,300만 달러 증가한다.

05 비교 우위와 보호 무역 정책의 이해

문제분석 갑국은 을국보다 X재를 적은 기회비용으로 생산할 수 있고, 을국은 갑국보다 Y재를 적은 기회비용으로 생산할 수 있으므로 갑국은 X재 생산에 비교 우위가 있고, 을국은 Y재 생산에 비교 우위가 있다. t기에 비교 우위가 있는 재화만을 생산하여 양국 모두 이익이 발생하는 교환 비율에 따라 거래 비용 없이 양국 간에만 X재와 Y재를 자유 무역하였으므로 갑국은 을국에 X재를 수출하였고, 을국은 갑국에 Y재를 수출하였다. 그런데 t+1기에 갑국 정부가 을국 수출품에 대해 관세를 부과하는 보호 무역 정책을 시행하였고, 을국 정부도 갑국 정부의 조치에 대해 갑국 수출품에 대한 관세 부과로 보호 무역 정책을 시행하였다.

정답찾기 ㄱ. 갑국은 X재 생산에, 을국은 Y재 생산에 비교 우위가 있다. 따라서 t기에 갑국은 Y재 수입국, 을국은 X재 수입국이다.

ㄷ. t+1기에 갑국 정부가 을국 수출품인 Y재에 대해 고율의 관세를 부과하는 것은 갑국 Y재 시장에서 Y재 가격 상승과 수입량 감소를 가져오므로 ㉠은 갑국 Y재 시장에서 갑국의 소비자 잉여를 감소시키는 요인이다.

오답피하기 ㄴ. 을국은 Y재 생산에 비교 우위가 있다. 따라서 t기에 교역 전 대비 교역 후 을국의 Y재 1개 소비의 기회비용은 증가한다.

ㄹ. t+1기에 을국 정부가 갑국 수출품인 X재에 대해 고율의 관세를 부과하는 것은 을국 X재 시장에서 가격 상승과 수입량 감소를 가져오므로 을국의 X재 시장에서의 거래량 감소 요인이다.

06 비교 우위의 이해

문제분석 갑국의 X재 최대 생산 가능량은 20만 개이고, 갑국의 X재 1개 생산의 기회비용은 Y재 2개이므로 갑국의 Y재 최대 생산 가능량은 40만 개이다. 을국의 Y재 최대 생산 가능량은 40만 개이고, 을국의 Y재 1개 생산의 기회비용은 X재 1개이므로 을국의 X재 최대 생산 가능량은 40만 개이다. 이를 바탕으로 갑국과 을국의 X재 1개 생산의 기회비용과 Y재 1개 생산의 기회비용을 나타내면 다음과 같다.

구분	갑국	을국
X재 1개 생산의 기회비용	Y재 2개	Y재 1개
Y재 1개 생산의 기회비용	X재 1/2개	X재 1개

따라서 갑국은 Y재 생산에, 을국은 X재 생산에 비교 우위가 있다.

정답찾기 ③ X재 1개 생산의 기회비용은 갑국이 Y재 2개, 을국은 Y재 1개이므로 갑국이 을국보다 크다.

오답피하기 ① 교역 후 갑국은 X재 10만 개, Y재 25만 개를 소비하였고, 을국은 X재 30만 개, Y재 15만 개를 소비하였다. 이는 갑국이 Y재 15만 개를 을국에 수출하고, 을국은 갑국에 X재 10만 개를 수출한 것이므로 양국 간 X재와 Y재의 교환 비율은 2:3이다.

② 을국의 Y재 1개 생산의 기회비용은 X재 1개이다.

④ 갑국은 Y재 생산에, 을국은 X재 생산에 비교 우위가 있으므로 교역 시 갑국은 X재 수입국, 을국은 Y재 수입국이다.

⑤ 교역 전 갑국의 X재 1개 생산의 기회비용은 Y재 2개이므로 X재 15만 개와 Y재 10만 개를 동시에 소비할 수 있다.

07 자유 무역의 이해

문제분석 X재의 수입 및 수출 가격은 시장 원리에 의해 결정되므로 X재의 수출 가격은 10달러와 20달러 사이에서 결정된다.

정답찾기 ③ 교역 전 갑국 X재 생산자는 10달러에 50만 개를 공급한다. 을국과 교역할 경우 갑국은 X재를 10달러와 20달러 사이에서 수출하게 되어 갑국의 X재 생산자는 교역 전보다 높은 가격에 50만 개보다 많이 생산하게 된다. 따라서 갑국의 X재 생산자 잉여는 교역 전보다 증가한다.

오답피하기 ① 갑국의 X재 균형 가격은 10달러이고, 을국의 X재 균형 가격은 20달러이며, X재의 수입 및 수출 가격은 시장 원리에 의해 결정되므로 X재의 수출 가격은 10달러와 20달러 사이에서 결정된다. 따라서 갑국은 X재를 수출하고, 을국은 X재를 수입한다.

② X재의 수출 가격은 10달러와 20달러 사이에서 결정되므로 X재의 수출 가격은 20달러보다 높다고 볼 수 없다.

④ 을국의 X재 소비자는 교역 전보다 교역 후에 낮은 가격에서 더 많이 소비할 수 있으므로 을국의 X재 소비자 잉여는 교역 전보다 증가한다.

⑤ 을국이 X재를 10달러와 20달러 사이에서 수입하게 되면 을국의 X재 국내 생산량은 교역 전보다 감소한다.

08 비교 우위의 이해

문제분석 제시된 자료에서 세 명의 학생 중 한 명만 옳게 발표하였다. 만약 갑의 발표 내용이 옳다면 B국은 X재 생산에 비교 우위가 있고, A국은 Y재 생산에 비교 우위가 있다. 따라서 B국의 교역 전 대비 교역 후 Y재 1개 소비의 기회비용은 감소하므로 을의 발표 내용도 옳다. 이는 제시된 교사의 평가에 부합하지 않으므로 갑의 발표 내용과 을의 발표 내용은 모두 옳지 않다. 그러므로 병의 발표 내용만 옳다.

정답찾기 ㄱ. A국의 Y재 1개 생산의 기회비용은 X재 2개이므로 ㉠은 '20'이고, Y재 최대 생산 가능량은 B국이 A국보다 많으므로 ㉠은 ㉡보다 크다.

ㄹ. A국은 X재 생산에, B국은 Y재 생산에 비교 우위가 있으므로 교역을 하면 A국은 Y재를 수입하고, B국은 X재를 수입한다.

오답피하기 ㄴ. 양국이 보유한 노동량이 같고, Y재 최대 생산 가능량은 B국이 A국보다 많으며, Y재 1개 생산의 기회비용은 B국이 A국보다 작으므로 B국은 Y재 생산에 절대 우위와 비교 우위를 모두 가진다.

ㄷ. A국은 X재 생산에 비교 우위가 있고, X재 1개 생산의 기회비용은 Y재 1/2개이므로 B국의 X재 1개 생산의 기회비용은 Y재 1/2개보다 크다.

09 자유 무역의 이해

문제분석 갑국 X재 시장에서의 가격별 국내 수요량과 국내 공급량을 바탕으로 국내 수요와 공급 곡선을 그림으로 나타내면 다음과 같다.

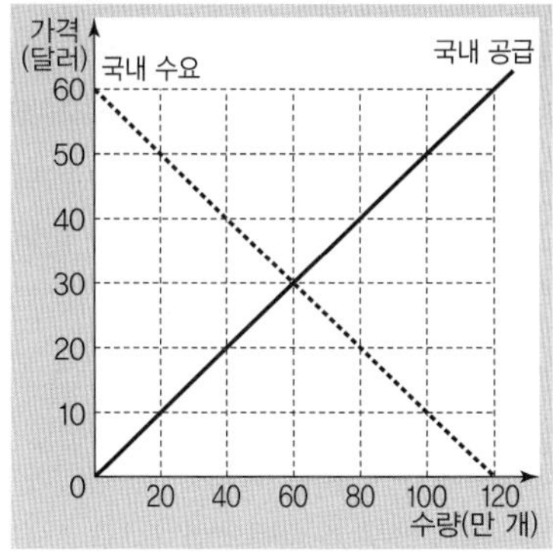

X재 시장 개방 전 갑국의 X재 시장의 균형 가격은 30달러, 균형 거래량은 60만 개이다.

정답찾기 ③ 갑국에서 시장 개방 전 X재의 소비 지출은 1,800만 달러이고, 시장 개방 후 20달러에서 80만 개가 거래되므로 소비 지출은 1,600만 달러이다. 따라서 X재의 소비 지출은 200만 달러 감소한다.

오답피하기 ① 갑국은 국제 가격인 20달러에서 초과 수요만큼 수입하므로 X재 40만 개를 수입하게 된다.

② 시장 개방 전 X재의 시장 가격은 30달러이고, 시장 개방 후 X재의 시장 가격은 20달러이므로 X재의 시장 가격은 10달러 하락한다.

④ 시장 개방 전 X재의 소비자 잉여는 '(30달러×60만 개)×1/2'이므로 900만 달러인데, 시장 개방 후 X재의 소비자 잉여는 '(40달러×80만 개)×1/2'이므로 1,600만 달러이다. 따라서 X재의 소비자 잉여는 700만 달러 증가한다.

⑤ 시장 개방 전 X재의 국내 생산자 잉여는 '(30달러×60만 개)×1/2'이므로 900만 달러인데, 시장 개방 후 X재의 국내 생산자 잉여는 '(20달러×40만 개)×1/2'이므로 400만 달러이다. 따라서 X재의 국내 생산자 잉여는 500만 달러 감소한다.

10 비교 우위의 이해

문제분석 교역 전 X재 1개 생산의 기회비용은 갑국이 Y재 1/3개이고, 을국이 Y재 1개이므로 갑국이 X재 생산에 비교 우위가 있다. 교역 전 Y재 1개 생산의 기회비용은 갑국이 X재 3개이고, 을국이 X재 1개이므로 을국이 Y재 생산에 비교 우위가 있다.

정답찾기 ⑤ 갑국은 X재 생산에, 을국은 Y재 생산에 비교 우위가 있으므로 교역 전 대비 교역 후 갑국은 X재 1개 소비의 기회비용이 증가하지만, 을국은 X재 1개 소비의 기회비용이 감소한다.

오답피하기 ① 갑국은 비교 우위가 있는 X재 60만 개를 생산하여 40만 개를 소비하였으므로 X재 20만 개를 을국에 수출하였다. 따라서 ㉠은 '20'이다. 을국은 비교 우위가 있는 Y재 40만 개를 생산하여 10만 개를 갑국에 수출하였으므로 ㉡은 '30'이다.

② 갑국은 X재 20만 개를 을국에 수출하였고, 을국은 Y재 10만 개를 갑국에 수출하였으므로 양국 간 X재와 Y재의 교환 비율은 2:1이다.

③ 갑국은 X재 생산에, 을국은 Y재 생산에 비교 우위가 있으므로 갑국은 Y재 수입국, 을국은 X재 수입국이다.

④ 교역 전 갑국과 을국의 X재 최대 소비 가능량의 합은 100만 개이다.

THEME 12 외환 시장과 환율

수능실전문제 본문 73~77쪽

01 ①	02 ②	03 ④	04 ①
05 ②	06 ③	07 ②	08 ⑤
09 ③	10 ④		

01 우리나라 외환 시장의 변동 요인 이해

문제분석 우리나라 외환 시장에서 달러화의 국내 유입 증감은 달러화의 공급 변동 요인, 달러화의 해외 유출 증감은 달러화의 수요 변동 요인이다.

정답찾기 ① 우리나라 산업의 높은 생산성 및 기술 경쟁력이 국제적으로 인정을 받아 우리나라 기업에 대한 미국인의 투자가 증가하면 우리나라 외환 시장에서 달러화 공급은 증가한다. 한편, 외국인 유학생에 대해 미국 정부가 체류 기간 확대, 취업 지원 등의 각종 지원책을 발표하자 미국으로 유학을 가는 우리나라 유학생이 증가하면 우리나라 외환 시장에서 달러화 수요는 증가한다.

02 환율 제도의 이해

문제분석 ㉠은 고정 환율 제도, ㉡은 변동 환율 제도이다.

정답찾기 ㄱ. 갑국은 고정 환율 제도를 시행하며 갑국산 상품의 을국 수출에 유리한 수준으로 환율을 유지하였다. 이후 갑국과 상품 수지 불균형 상태인 을국의 압박으로 인해 변동 환율 제도를 시행하였고, 이에 따라 을국산 제품의 수입이 증가하였다. 따라서 을국 통화 대비 갑국 통화 가치는 고정 환율 제도에서보다 변동 환율 제도에서 더 높을 것이다. 그러므로 갑국 통화/을국 통화 환율은 A 수준보다 B 수준이 낮을 것이다.

ㄷ. 경상 수지가 흑자일 때 변동 환율 제도에서는 환율이 하락하게 된다. 환율이 하락하면 수출 감소로 인해 외화의 수취는 감소하고, 수입 증가로 인해 외화의 지급은 증가한다. 이는 경상 수지 흑자폭 감소로 이어져 경상 수지 불균형이 조정된다. 따라서 변동 환율 제도에서는 경상 수지 불균형이 외환 시장의 자율적 조정을 통해 해결될 수 있다.

오답피하기 ㄴ. 갑국은 고정 환율 제도를 통해 자국 상품의 수출에 유리한 수준의 환율을 장기간 유지하였으므로 을국에 대해 상품 수지 흑자를 기록하였을 것이다.

ㄹ. 고정 환율 제도에서도 외환 시장의 초과 수요나 초과 공급은 발생하며, 이로 인해 환율이 일정 수준을 벗어날 경우 정부는 외환을 매각하거나 매입하여 환율을 일정 수준으로 유지하고자 한다.

03 환율 변동의 영향 이해

문제분석 (가)의 경우 원/달러 환율은 상승하고 원/엔 환율은 변함 없는 상황을, (나)의 경우 원/달러 환율은 변함 없고 원/엔 환율은 상승한 상황을, (다)의 경우 원/달러 환율은 하락하고 원/엔 환율은 변함 없는 상황을 나타낸다.

정답찾기 ㄴ. (나)에서는 달러화 대비 엔화 가치가 상승하므로 일본인의 미국 여행 경비에 대한 부담이 감소하는 요인이다.

ㄹ. (가)에서는 달러화 대비 원화 가치가 하락하고, (다)에서는 달러화 대비 원화 가치가 상승한다. 따라서 (가)와 달리 (다)는 한국 기업의 달러화 표시 외채 상환 부담이 감소하는 요인이다.

오답피하기 ㄱ. (가)는 달러화 대비 엔화 가치 하락을 의미한다.

ㄷ. (다)는 달러화로 표시한 한국산 제품의 수출 가격이 상승하는 요인이다.

04 환율 변동의 영향 이해

문제분석 t기 대비 t+1기의 환율 변동으로 갑국에 대한 을국의 X재 수출량이 증가하였으므로 갑국 통화 대비 을국 통화 가치는 하락하였다. 또한 갑국에 대한 을국의 Y재 수출량이 감소하였다는 것은 갑국이 을국산 Y재보다 가격이 낮은 병국산 Y재를 수입하였다는 것을 의미한다. 따라서 갑국 통화 대비 병국 통화 가치와 을국 통화 대비 병국 통화 가치는 모두 하락하였다.

정답찾기 ㄱ. 갑국 통화 대비 을국 통화 가치가 하락하는 것은 갑국 시장에서 을국산 X재의 갑국 통화 표시 가격이 하락하는 요인이다. t기 대비 t+1기의 환율 변동으로 갑국에 대한 을국의 X재 수출량이 증가하였으므로 갑국 통화 대비 을국 통화 가치는 하락하였다.

오답피하기 ㄴ. 을국 통화 대비 병국 통화 가치는 하락하였다.

ㄷ. 갑국 외환 시장에서 병국 통화 수요 증가는 갑국 통화 대비 병국 통화 가치 상승 요인이다. 따라서 병국 통화 수요 증가는 t기 대비 t+1기의 환율 변동 요인이 될 수 없다.

05 환율 변동의 영향 이해

문제분석 갑은 달러화를 원화로 서둘러 환전하려고 한다. 이는 달러화 대비 원화 가치 상승을 예상하는 것으로 (가)에는 '하락'이, (나)에는 원/달러 환율 하락 요인이 들어가는 것이 적절하다.

정답찾기 ② 미국 기업의 우리나라 국내 투자가 증가하는 것은 우리나라의 외환 시장에서 달러화의 공급 증가 요인이다. 달러화의 공급이 증가하면 원/달러 환율은 하락한다.

오답피하기 ① 미국 내 우리나라 유학생 수가 증가하는 것은 우리나라의 외환 시장에서 달러화의 수요 증가 요인이다. 달러화의 수요가 증가하면 원/달러 환율은 상승한다.

③ 미국 주식 시장에 우리나라 투자자의 자금 유입이 증가하는 것은 우리나라의 외환 시장에서 달러화의 수요 증가 요인이다. 달러화의 수요가 증가하면 원/달러 환율은 상승한다.

④ 한류 열풍으로 우리나라를 찾는 미국인 관광객이 증가하는 것은 우리나라의 외환 시장에서 달러화의 공급 증가 요인이다. 달러화의 공급이 증가하면 원/달러 환율은 하락한다.

⑤ 국내 경기 침체로 인해 우리나라의 원자재 수입이 감소하는 것은 우리나라의 외환 시장에서 달러화의 수요 감소 요인이다. 달러화의 수요가 감소하면 원/달러 환율은 하락한다.

06 환율 변동의 영향 이해

문제분석 환율은 서로 다른 두 국가 간 통화의 교환 비율을 의미한다. 제시된 자료에서 갑국 통화와 을국 통화 간 교환 비율은 2023년 2:4(=1:2)에서 2024년 4:5로 변화하였다. 이는 같은 양의 을국 통화로 교환하기 위해 더 많은 갑국 통화가 필요해졌음을 의미한다. 따라서 2023년 대비 2024년에 을국 통화 대비 갑국 통화 가치는 하락하였다. 한편, 을국 통화와 병국 통화 간 교환 비율은 2023년 3:1에서 2024년 4:3으로 변화하였다. 이는 같은 양의 병국 통화로 교환하기 위해 더 적은 을국 통화가 필요해졌음을 의미한다. 따라서 2023년 대비 2024년에 병국 통화 대비 을국 통화 가치는 상승하였다.

정답찾기 ③ 을국 통화 대비 갑국 통화 가치가 하락하였으므로 갑국 기업의 을국 통화 표시 외채 상환 부담은 증가하였을 것이다.

오답피하기 ① 갑국 통화 대비 을국 통화 가치는 상승하였다.

② 병국 통화 대비 을국 통화 가치는 상승하였다.

④ 을국산 제품에 대한 갑국의 수입액 감소는 을국 통화 대비 갑국 통화 가치 상승 요인에 해당한다.

⑤ 을국 통화 대비 갑국 통화 가치와 병국 통화 가치는 모두 하락하였으므로, 을국 시장에서 갑국산 제품의 가격 경쟁력과 병국산 제품의 가격 경쟁력은 모두 상승하였을 것이다.

07 환율 변동의 영향 이해

문제분석 원/달러 환율의 변동으로 같은 양의 달러화를 환전하는 데 지난달보다 더 많은 원화가 필요해졌으므로 원/달러 환율은 상승하였다. 한편, 원/엔 환율의 변동으로 같은 양의 엔화를 환전하는 데 지난달보다 더 적은 원화가 필요해졌으므로 원/엔 환율은 하락하였다.

정답찾기 ② 원/달러 환율이 상승하면 같은 양의 달러화로 더 많은 원화를 환전할 수 있게 되므로, 이는 한국에 유학 중인 자녀를 둔 미국 학부모의 자녀 학비 부담 감소 요인으로 작용한다.

오답피하기 ① 원/달러 환율 상승은 미국 시장에서 한국산 제품의 가격 경쟁력 상승 요인이다.
③ 원/엔 환율 하락은 한국 여행을 하려는 일본인들의 여행 경비 부담 증가 요인이다.
④ 원/엔 환율 하락은 일본에서 원자재를 수입하는 한국 기업의 생산 비용 부담 감소 요인이다.
⑤ 원/달러 환율 상승은 원화 대비 달러화 가치 상승, 원/엔 환율 하락은 원화 대비 엔화 가치 하락을 의미한다.

08 환율 변동의 영향 이해

문제분석 2022년 대비 2023년에 원화 표시 수출액은 변동이 없는데, 달러화 표시 수출액은 증가하였으므로 2022년 대비 2023년에 원/달러 환율은 하락하였다. 2023년 대비 2024년에 원화 표시 수출액은 증가하였는데, 달러화 표시 수출액은 감소하였으므로 2023년 대비 2024년에 원/달러 환율은 상승하였다.
정답찾기 ⑤ 2023년 대비 2024년에 원/달러 환율은 상승하였다. 원/달러 환율 상승은 우리나라 기업의 미국산 원자재 수입 비용 부담 증가 요인으로 작용한다.
오답피하기 ① 2022년 대비 2023년에 원/달러 환율이 하락하였으므로 원화 대비 달러화 가치는 2023년이 2022년보다 낮다.
② 2023년 대비 2024년에 원/달러 환율이 상승하였으므로 달러화 대비 원화 가치는 2024년이 2023년보다 낮다.
③ 2023년 대비 2024년에 원/달러 환율이 상승하였으므로 동일한 금액의 원화를 달러화로 환전하는 경우 받을 수 있는 달러화는 2023년이 2024년보다 많다.
④ 2022년 대비 2023년에 원/달러 환율은 하락하였다. 원/달러 환율 하락은 미국 유학생 자녀를 둔 우리나라 학부모의 학비 부담을 감소시키는 요인으로 작용한다.

09 환율 변동의 영향 이해

문제분석 t기 대비 t+1기에 달러화 가치는 원화 대비 15% 상승하였고, 엔화 가치는 원화 대비 5% 하락하였다. 이는 원/달러 환율은 15% 상승하였고, 원/엔 환율은 5% 하락하였음을 의미한다. 갑~병이 t기에 원화 기준 10억 원의 자산과 10억 원의 부채를 가지고 있다고 가정할 경우 환율 변동을 고려한 갑~병의 t+1기 자산, 부채, 순자산을 원화로 환산하면 다음과 같다.

(단위: 억 원)

구분	갑	을	병
자산	11.5	9.5	11.5
부채	10	10	9.5
순자산	1.5	−0.5	2

정답찾기 ㄴ. 갑~병이 각각 원화 기준 10억 원의 자산과 10억 원의 부채를 가지고 있다면, t+1기에 원화로 환산한 순자산은 을이 −5,000만 원으로 가장 적다.
ㄷ. 갑~병이 각각 원화 기준 10억 원의 자산과 10억 원의 부채를 가지고 있다면, t+1기에 원화로 환산한 부채는 병이 을보다 5,000만 원 적다.
오답피하기 ㄱ. 갑~병이 각각 원화 기준 10억 원의 자산과 10억 원의 부채를 가지고 있다면, t+1기에 원화로 환산한 자산은 갑이 을보다 2억 원 많다.
ㄹ. t기 대비 t+1기의 원/엔 환율 변동 추세가 지속될 경우 병은 부채를 최대한 늦게 상환하는 것이 유리하다.

10 환율 변동의 영향 이해

문제분석 달러화 기준 수익률보다 원화 기준 수익률이 높으므로 원/달러 환율은 상승하였으며, 달러화 기준 수익률보다 엔화 기준 수익률이 낮으므로 엔/달러 환율은 하락하였다.
정답찾기 ④ 엔/달러 환율 하락은 일본 기업이 미국에서 수입하는 상품의 엔화 표시 가격 하락 요인이다.
오답피하기 ① 우리나라 외환 시장에서 달러화의 수요 증가는 원/달러 환율 상승 요인이다.
② 원/달러 환율 상승은 달러화 부채가 있는 우리나라 기업의 상환 부담 증가 요인이다.
③ 일본 외환 시장에서 달러화의 공급 증가는 엔/달러 환율 하락 요인이다.
⑤ 달러화 대비 원화 가치는 하락하였고, 달러화 대비 엔화 가치는 상승하였다.

THEME 13 국제 수지

수능실전문제

본문 79~83쪽

01 ①	02 ②	03 ④	04 ③
05 ③	06 ③	07 ②	08 ③
09 ④	10 ②		

01 국제 수지표의 이해

문제분석 국제 수지표에서 수취는 외화가 국내로 유입되는 것을 의미하고, 지급은 외화가 해외로 유출되는 것을 의미한다.
정답찾기 ① 수입한 원자재 대금 지급액은 상품 수지에서의 지급 사례에 해당한다.
오답피하기 ② 해외 특허권 사용료 지급액은 서비스 수지에서의 지급 사례에 해당한다.
③ 해외에 무상으로 제공한 원조 금액은 이전 소득 수지에서의 지급 사례에 해당한다.
④ 갑국 거주 국민의 외국 기업 주식 매입 자금은 금융 계정에서의 지급 사례에 해당한다.
⑤ 해외에서 도입한 차관에 대한 이자는 본원 소득 수지에서의 지급 사례에 해당한다.

02 경상 수지의 이해

문제분석 경상 수지는 상품과 서비스, 생산 요소 등의 경상 거래에 따른 외화 수취액과 외화 지급액의 차이를 의미한다. 경상 거래에서 외화 수취액이 외화 지급액보다 크면 경상 수지가 흑자, 외화 수취액이 외화 지급액보다 작으면 경상 수지가 적자이다.

정답찾기 ② 경상 수지 흑자는 갑국 내 통화량 증가에 따른 갑국의 물가 상승 요인으로 작용한다.

오답피하기 ① 경상 수지가 개선되면 국내 생산이 증가하여 고용이 증가할 수 있다. 따라서 경상 수지 흑자가 갑국의 고용 감소 요인으로 작용한다고 보기 어렵다.

③ 경상 수지 흑자는 외환 보유액 증가에 따른 갑국의 대외 신용도 상승 요인으로 작용한다.

④ 경상 수지만으로는 경상 거래로 수취한 외화와 지급한 외화의 차이만을 알 수 있을 뿐 경상 거래액은 알 수 없다.

⑤ 경상 수지 흑자가 354억 9,000만 달러라는 것은 경상 거래로 수취한 외화가 354억 9,000만 달러임을 의미하는 것이 아니라 경상 거래로 수취한 외화에서 지급한 외화를 뺀 금액이 354억 9,000만 달러임을 의미한다.

03 경상 수지의 이해

문제분석 갑국 기업이 외국 기업에 지급한 지식 재산권 사용료는 (가)에 기록되므로 (가)는 서비스 수지, (나)는 본원 소득 수지이다.

정답찾기 ④ '재화 수출액 – 재화 수입액', 즉 상품 수지는 2024년이 2023년보다 작다.

오답피하기 ① 서비스 수지만으로는 서비스의 수출액과 수입액의 차이만을 파악할 수 있을 뿐 서비스의 거래액을 알 수 없다.

② 갑국 거주 국민의 해외 기업 주식 투자액은 갑국의 금융 계정에 반영된다.

③ 2023년에 갑국 경상 수지는 100억 달러 흑자이다. 이는 갑국의 대외 신용도 상승 요인이다.

⑤ 본원 소득 수지는 2023년에 30억 달러 흑자, 2024년에 30억 달러 적자이다. 따라서 2024년에 본원 소득 수지는 외화의 유출액이 유입액보다 크다.

04 서비스 수지의 이해

문제분석 (가)는 서비스 수지이다. 2023년에 적자였던 갑국의 서비스 수지는 2024년에 흑자로 전환, 즉 개선되었다.

정답찾기 ③ 외국에 있는 기업이 갑국 내 기업에 지급한 보험료 증가는 갑국의 서비스 수지 개선 요인이므로 2023년 대비 2024년의 서비스 수지와 같은 변화를 가져올 수 있다.

오답피하기 ① 해외로부터 갑국으로 들어오는 무상 원조액 감소는 이전 소득 수지 악화 요인이다.

② 갑국 내 기업에 대한 상품 수출 장려 보조금 축소는 수출 감소에 따른 상품 수지 악화 요인이다.

④ 갑국 거주 외국인에 대한 갑국 내 기업의 임금 지급액 감소는 본원 소득 수지 개선 요인이다.

⑤ 갑국 내 기업이 해외 거주 외국인 투자자들에게 지급하는 배당금 감소는 본원 소득 수지 개선 요인이다.

05 국제 수지와 환율의 관계 파악

문제분석 일반적으로 경상 수지 적자는 환율이 상승하는 결과를 가져온다. 하지만 경상 거래를 통한 외화의 순유입 규모보다 금융 계정에 기록되는 자본 거래를 통한 외화의 순유입 규모가 더 큰 경우에는 환율이 하락하는 결과가 나타날 수 있다.

정답찾기 ③ 미국인의 갑국 기업에 대한 직접 투자 증가는 금융 계정에서의 외화 수취액 증가 요인이다. 이는 갑국 외환 시장에서의 공급 증가에 따른 갑국 통화/달러화 환율 하락 요인으로 작용한다.

오답피하기 ① 갑국 국민의 미국 여행 증가는 서비스 수지에서의 외화 지급액 증가 요인이다.

② 갑국 국민의 미국 국채 투자 증가는 금융 계정에서의 외화 지급액 증가 요인이다.

④ 갑국 기업의 미국 지식 재산권 사용료 지급액 증가는 서비스 수지에서의 외화 지급액 증가 요인이다.

⑤ 갑국 기업의 자산 소유권이 미국 기업으로 무상 이전되는 것은 자본 수지의 적자 요인이다.

06 경상 수지의 이해

문제분석 경상 수지는 상품 수지, 서비스 수지, 본원 소득 수지, 이전 소득 수지로 구성되므로 (가)는 이전 소득 수지이다. 제시된 그림을 바탕으로 2024년 갑국의 경상 수지 수취액과 지급액을 항목별로 나타내면 다음과 같다.

(단위: 억 달러)

구분	수취액	지급액
상품 수지	25	27
서비스 수지	10	15
본원 소득 수지	10	12
이전 소득 수지	5	6

정답찾기 ③ 해외 운송료가 포함되는 항목은 서비스 수지이다. 서비스 수지는 5억 달러 적자이다.

오답피하기 ① 해외 주식 거래액은 금융 계정에 포함된다.

② 경상 수지 적자액은 10억 달러, 이전 소득 수지의 수취액은 5억 달러이다.

④ 본원 소득 수지 지급액은 12억 달러, 상품 수지 수취액은 25억 달러이다.

⑤ 해외 무상 원조 금액이 포함되는 항목은 이전 소득 수지이다. 이전 소득 수지의 적자액은 1억 달러, 경상 수지의 적자액은 10억 달러이므로 이전 소득 수지 적자액은 경상 수지 적자액의 10%이다.

07 경상 수지 항목별 변동액의 분석

문제분석 2022년 대비 2023년에 갑국 경상 수지는 70억 달러 증가하여 흑자로 전환되었으며, 2023년 대비 2024년에 갑국 경상 수지는 흑자 규모가 60억 달러 증가하였다.

정답찾기 ㄱ. 갑국의 경상 수지는 2022년에 적자, 2023년에는 흑자이며, 2022년 대비 2023년에 경상 수지는 70억 달러 증가하였다. 만약 2022년에 갑국의 경상 수지가 70억 달러 적자였다면 2023년의 경상 수지는 균형이며, 2022년에 갑국의 경상 수지가 60억 달러 적자였다면 2023년의 경상 수지는 10억 달러 흑자이다. 따라서 2022년의 경상 수지 적자액은 70억 달러보다 작다.

ㄹ. 2023년에는 경상 수지가 흑자로 전환되었으며, 2024년에는 흑자 규모가 60억 달러 증가하였다. 따라서 2023년 대비 2024년에 경상 수지는 개선되었다.

오답피하기 ㄴ. 2022년 대비 2023년에 상품 수지가 35억 달러 증가하였다고 해서 2023년에 상품 수지가 흑자라고 단정할 수 없다.

ㄷ. 2022년의 경상 수지는 적자이므로 이는 달러화 대비 갑국 통화 가치 하락 요인으로 작용하며, 2024년의 경상 수지는 흑자이므로 이는 달러화 대비 갑국 통화 가치 상승 요인으로 작용한다.

08 경상 수지 관련 자료의 분석

문제분석 경상 수지는 상품 수지, 서비스 수지, 본원 소득 수지, 이전 소득 수지로 구성된다. 2023년과 2024년 모두 경상 수지는 흑자를 기록하였다.

정답찾기 ㄴ. 서비스 수지 항목에서 달러화의 순유입액은 2023년에 160억 달러, 2024년에 180억 달러이다. 따라서 해당 내용은 진위 여부를 판단할 수 있다.

ㄷ. 이전 소득 수지는 2023년에 100억 달러 적자, 2024년에 110억 달러 흑자이다. 그러나 제시된 자료만으로는 각 연도의 이전 소득 수지 항목에서 달러화의 수취액을 알 수 없으므로 해당 내용은 진위 여부를 판단할 수 없다.

오답피하기 ㄱ. 상품 수지는 재화의 수출액과 수입액 차이를, 서비스 수지는 서비스의 수출액과 수입액 차이를 나타내므로 2023년의 서비스 수지가 160억 달러 흑자, 상품 수지가 250억 달러 흑자라고 해서 서비스 거래액이 상품 거래액보다 작다고 단정할 수 없다. 따라서 해당 내용은 진위 여부를 판단할 수 없다.

ㄹ. 본원 소득 수지 항목에서 달러화의 수취액과 지급액 차이는 2023년에 120억 달러, 2024년에 −100억 달러이므로 2023년이 2024년보다 크다. 따라서 해당 내용은 진위 여부를 판단할 수 있다.

09 경상 수지 관련 자료의 분석

문제분석 국제 거래는 갑국~병국 세 국가 간에만 발생하므로 각 항목의 갑국~병국의 수취액의 합은 지급액의 합과 같다. 갑국~병국의 상품 수지 수취액의 합이 120억 달러이므로 갑국의 상품 수지 수취액을 x, 을국의 상품 수지 수취액을 y, 병국의 상품 수지 수취액을 z라고 하면, $x+y+z=120$, $x+y=90$, $x+z=90$, $y+z=60$이 된다. 제시된 자료를 바탕으로 갑국~병국의 상품 수지와 서비스 수지의 수취액과 지급액을 나타내면 다음과 같다.

(단위: 억 달러)

구분	갑국		을국		병국	
	수취액	지급액	수취액	지급액	수취액	지급액
상품 수지	60	50	30	40	30	30
서비스 수지	30	30	20	10	10	20

정답찾기 ④ 해외여행 경비가 포함되는 항목은 서비스 수지이다. 병국의 서비스 수지는 10억 달러 적자이다.

오답피하기 ① ㉠은 '90', ㉡은 '70'이다.

② 갑국은 재화 거래에 따른 지급액이 수취액보다 적다.

③ 을국의 상품 수지는 적자, 서비스 수지는 흑자이다.

⑤ 해외 투자에 따른 배당 수익을 포함하는 항목은 본원 소득 수지이다.

10 경상 수지 관련 자료의 분석

문제분석 갑국과 을국 간에만 국제 거래가 이루어지므로 갑국의 경상 수지 지급액은 을국의 경상 수지 수취액과 같다. 따라서 제시된 자료는 다음과 같이 나타낼 수 있다.

(단위: 억 달러)

구분	갑국			을국		
	수취액	지급액		수취액	지급액	
상품 수지	70	80	10억 달러 적자	80	70	10억 달러 흑자
서비스 수지	60	50	10억 달러 흑자	50	60	10억 달러 적자
본원 소득 수지	30	40	10억 달러 적자	40	30	10억 달러 흑자
이전 소득 수지	20	0	20억 달러 흑자	0	20	20억 달러 적자
경상 수지	180	170	10억 달러 흑자	170	180	10억 달러 적자

정답찾기 ㄱ. 외국의 항공사를 이용하고 지급하는 대금이 포함되는 항목은 서비스 수지이다. 갑국의 서비스 수지는 흑자이다.

ㄹ. 국가 간에 대가 없이 주고받는 외화가 포함되는 항목은 이전 소득 수지이다. 이전 소득 수지는 갑국이 흑자, 을국이 적자이다.

오답피하기 ㄴ. 외국의 주식 시장에서 주식을 매입하고 지급하는 대금이 포함되는 항목은 금융 계정이다.

ㄷ. 갑국과 달리 을국의 경상 수지는 국내 통화량 감소 요인이다.

THEME 14 금융 생활과 신용

수능실전문제

본문 85~89쪽

01 ③	02 ④	03 ①	04 ④
05 ②	06 ①	07 ③	08 ⑤
09 ①	10 ③		

01 명목 이자율과 실질 이자율의 이해

문제분석 명목 이자율이 변함이 없고 양(+)의 값인 상황에서 2024년에 A/B의 값이 1보다 크면서 물가 상승률이 음(−)의 값을 가지려면 A가 실질 이자율, B가 명목 이자율이어야 한다. 따라서 갑국의 명목 이자율이 1%로 변함이 없다고 가정할 경우 연도별 명목 이자율, 물가 상승률, 실질 이자율을 나타내면 다음과 같다.

(단위: %)

구분	2021년	2022년	2023년	2024년
명목 이자율(B)	1	1	1	1
물가 상승률	0.5	1	0	−1
실질 이자율(A)	0.5	0	1	2

정답찾기 ㄴ. 갑국의 명목 이자율이 1%로 변함이 없다고 가정할 경우 2023년의 물가 상승률은 0%이다. 따라서 2023년에 명목 이자율은 물가 상승률보다 높다.

ㄷ. 갑국의 명목 이자율이 1%로 변함이 없다고 가정할 경우 실질 이자율은 2024년이 2%로 2021년 0.5%의 4배이다.

오답피하기 ㄱ. 2021년과 2022년 모두 명목 이자율이 양(+)의 값이므로 은행에 예금하는 것이 현금을 보유하는 것보다 유리하다.

ㄹ. 물가 수준은 2024년이 2022년보다 낮다.

02 단리와 복리의 이해

문제분석 제시된 자료를 통해 정기 예금 A와 B의 연차별 누적 이자 수입을 나타내면 다음과 같다.

(단위: 만 원)

구분	1년 차	2년 차	3년 차	4년 차	5년 차
A	100	210	331	464.1	약 610.5
B	110	220	330	440	550

A는 누적 이자 수입의 증가액이 해마다 증가하므로 연 10%의 복리가 적용되는 예금이며, B는 누적 이자 수입의 증가액이 일정하므로 연 11%의 단리가 적용되는 예금이다.

정답찾기 ④ B와 달리 A는 복리가 적용되므로 원금뿐만 아니라 원금에 대해 발생한 이자에 대해서도 이자를 계산한다.

오답피하기 ① ㉠(=331)은 ㉡(=110)과 ㉢(=220)의 합보다 크다.

② 연 이자율은 B가 A보다 높다.

③ '만기 시 원리금−원금'은 예치 기간에 따른 누적 이자를 의미한다. A, B는 모두 예치 기간이 길어질수록 '만기 시 원리금−원금'이 증가한다.

⑤ 4년 차 누적 이자 수입은 갑이 을보다 많다.

03 가계 소득 관련 자료의 분석

문제분석 이자는 재산 소득, 기초 연금은 이전 소득, 이윤은 사업 소득, 봉급은 근로 소득에 해당한다.

정답찾기 ㄱ. 어머니의 봉급은 근로 소득, 아버지의 이윤은 사업 소득에 해당한다. 2024년의 경상 소득이 2023년보다 많은 상황에서 2023년과 2024년 모두 전체 경상 소득에서 근로 소득이 차지하는 비율이 사업 소득이 차지하는 비율보다 높다. 따라서 2023년과 2024년 모두 어머니의 소득이 아버지의 소득보다 많다.

오답피하기 ㄴ. 할머니의 기초 연금이 포함되는 소득은 이전 소득이다. 전체 경상 소득에서 이전 소득이 차지하는 비율은 2023년과 2024년 각각 2%이다. 그러나 경상 소득은 2024년이 2023년보다 많으므로, 이전 소득도 2024년이 2023년보다 많다.

ㄷ. 갑의 이자가 포함되는 소득은 재산 소득이다. 2024년의 재산 소득 증가율은 갑이 속한 가구의 경상 소득 증가율보다 낮다.

04 명목 이자율과 실질 이자율의 이해

문제분석 2023년 ○○국의 명목 GDP와 실질 GDP를 각각 100억 달러라고 가정하면, 제시된 자료는 다음과 같이 나타낼 수 있다.

구분	2023년	2024년		
		갑의 예측	을의 예측	병의 예측
명목 GDP(억 달러)	100	100	110	105
실질 GDP(억 달러)	100	110	100	95
물가 상승률(%)	−	약 −9.1	10	약 10.5
명목 이자율(%)	5	4	6	5
실질 이자율(%)	−	약 13.1	−4	약 −5.5

정답찾기 ㄴ. 병의 예측이 맞을 경우 2023년 대비 2024년에 물가 상승률은 양(+)의 값이므로 2023년 대비 2024년에 동일한 예금액이 갖는 실질 구매력은 감소한다.

ㄹ. 을의 예측이 맞을 경우 물가 상승률은 10%이고, 병의 예측이 맞을 경우 물가 상승률은 약 10.5%이다.

오답피하기 ㄱ. 갑의 예측이 맞을 경우 2023년 대비 2024년에 물가 수준은 하락한다.

ㄷ. 을의 예측이 맞을 경우와 달리 갑의 예측이 맞을 경우 2024년에 실질 이자율은 양(+)의 값을 가진다.

05 소득과 지출의 분석

문제분석 소득은 '처분 가능 소득+비소비 지출', 지출은 '소비 지출+비소비 지출'이다.

정답찾기 ② 2024년 1/4분기의 전년 동분기 대비 소득 증가율은 1.4%인데, 물가 상승률을 고려한 실질 소득은 1.6% 감소하였다. 따라서 2024년 1/4분기의 물가 수준은 전년 동분기에 비해 상승하였다.

오답피하기 ① 가계 지출은 소비 지출과 비소비 지출로 구성되고, 비소비 지출은 '소득−처분 가능 소득'이다. 2024년 1/4분기에 비소비 지출은 107만 6,000원(=512만 2,000원−404만 6,000원)이고, 가계 지출은 398만 4,000원이므로 소비 지출은 290만 8,000원(=398만 4,000원−107만 6,000원)이다. 따라서 ㉠은 300만 원보다 작다.

③ 비소비 지출은 '소득−처분 가능 소득'이다. 전년 동분기 대비 2024년 1/4분기에 소득 증가율은 1.4%로 처분 가능 소득 증가율인 1.4%와 같다. 따라서 2024년 1/4분기의 비소비 지출은 전년 동분기에 비해 증가하였다.

④ '소득−지출'은 '소득−(소비 지출+비소비 지출)'이고, 소득은 '처분 가능 소득+비소비 지출'이다. 따라서 '소득−지출'은 '처분 가능 소득−소비 지출'이다.

⑤ 전년 동분기 대비 2024년 1/4분기에 처분 가능 소득 증가율(1.4%)이 소비 지출 증가율(3.0%)보다 낮으므로 '소비 지출/처분 가능 소득'은 상승하였다.

06 소득과 지출의 변화 요인 이해

문제분석 비소비 지출에는 각종 세금, 사회 보험료, 대출 이자 등이 포함되며, 처분 가능 소득은 소득에서 비소비 지출을 뺀 것을 의미한다. 제시된 대화의 오른쪽 사람은 중앙은행이 총수요 확대를 위해 기준 금리를 대폭 조정해야 한다고 했으므로 기준 금리 인하를 주장하고 있다. 중앙은행이 기준 금리를 인하하면 일반적으로 시중 은행 또한 이에 따라 대출 이자율 및 예금 이자율을 인하한다.

정답찾기 ㄱ. 일반적으로 가계는 소득이 감소할 것으로 예상하면, 이에 따라 소비 지출을 줄이는 경향이 있다.

ㄴ. 소득세율 인하는 비소비 지출 감소로 인한 처분 가능 소득 증가 요인이다.

오답피하기 ㄷ. 대출 이자율의 인하는 대출로 인해 발생하는 이자를 감소시켜 비소비 지출을 감소시키는 요인이다.

ㄹ. 소득세율 인하와 예금 이자율 인하는 모두 소비 지출 증가 요인이다.

07 가계의 수입과 지출 이해

문제분석 제시된 자료를 바탕으로 갑과 을의 소득과 지출 내역을 항목별로 나타내면 다음과 같다.

(단위: 만 원)

구분		갑	을
경상 소득	근로 소득	350	–
	재산 소득	50	20
	사업 소득	–	400
	이전 소득	–	50
비경상 소득		10	–
총소득		410	470
지출	소비 지출	130	165
	비소비 지출	40	60
처분 가능 소득		370	410

정답찾기 ③ 국민 연금은 이전 소득에 해당한다. 따라서 갑과 달리 을은 이전 소득이 있다.

오답피하기 ① 재산 소득은 갑이 을보다 많다.

② 소비 지출은 갑이 을보다 적다.

④ 처분 가능 소득은 을이 갑보다 많다.

⑤ 급여는 근로 소득, 점포 운영 수익은 사업 소득에 해당한다. 갑과 달리 을은 근로 소득이 없으므로, 총소득에서 근로 소득이 차지하는 비율은 갑이 을보다 높다.

08 신용 회복 지원 제도의 이해

문제분석 (가)는 개인 회생 제도, (나)는 개인 파산 제도이다. 개인 회생 제도와 개인 파산 제도는 모두 감당하기 힘든 부채를 진 사람을 대상으로 법원이 일정한 절차를 거쳐 채무자의 책임을 면제하는 공적 구제 제도이다.

정답찾기 ㄷ. 갑의 채권자 입장에서는 갑이 개인 파산 제도를 통해 구제받는 것보다 개인 회생 제도를 통해 구제받는 것이 부채의 일부라도 상환받을 수 있으므로 유리하다.

ㄹ. 개인 회생 제도와 개인 파산 제도는 모두 갑에게 정상적인 경제 활동을 할 수 있도록 신용 회복의 기회를 제공하는 공적 구제 제도이다.

오답피하기 ㄱ. 개인 회생 제도의 경우 처분 가능 소득이 아닌 필수 생계비와 세금을 뺀 수입을 부채 상환에 사용해야 한다. 따라서 개인 회생 제도의 경우 갑이 처분 가능 소득 전액을 부채 상환에 사용해야 하는 것은 아니다.

ㄴ. 갑이 개인 파산 제도를 통해 구제받을 경우 법원은 갑의 부채에 대한 책임을 면제해 주는 것일 뿐 대신 상환하는 것은 아니다.

09 소득, 자산, 부채 관련 자료의 분석

문제분석 갑 가구의 경우 A 지수가 12.5, B 지수가 50이므로 가계 부채 위험 가구에 해당하지 않는다. 을 가구의 경우 B 지수가 75이므로 ㉠이 28보다 큰 경우 가계 부채 위험 가구가 되고, 병 가구의 경우 A 지수가 50이므로 ㉡이 600보다 큰 경우 가계 부채 위험 가구가 된다.

정답찾기 ㄱ. 갑 가구는 A 지수가 12.5, B 지수가 50이므로, A 지수와 B 지수를 더한 값이 62.5로 100을 넘지 않는다. 따라서 갑 가구는 가계 부채 위험 가구에 해당하지 않는다.

ㄴ. 을 가구와 병 가구가 모두 가계 부채 위험 가구에 해당한다면, 두 가구는 모두 A 지수와 B 지수의 합이 100을 초과해야 한다. 따라서 ㉠은 28보다 크고, ㉡은 600보다 크다.

오답피하기 ㄷ. ㉡이 '300'이라면, B 지수는 '을 가구(75)>갑 가구(50)>병 가구(25)'이다.

ㄹ. '연소득/자산'은 갑 가구>을 가구>병 가구의 순이다. ㉡이 600보다 크다면, 병 가구의 A 지수와 B 지수의 합은 갑 가구보다 크다. 따라서 '연소득/자산'이 클수록 A 지수와 B 지수의 합이 크다고 볼 수 없다.

10 자산과 부채의 이해

문제분석 (가) 이전에 갑은 자산 2억 3,000만 원을 가지고 있었으며, 부채는 3,000만 원이었다. (가)는 실물 자산의 가치 상승으로 갑의 자산 총액이 증가하는 변화이고, (나)는 경조금 수령으로 금융 자산이 증가하는 변화이며, (다)는 자산의 일부로 부채를 상환한 것이므로 자산과 부채가 모두 감소하는 변화이다.

정답찾기 ㄴ. (가)로 인해 갑은 실물 자산, 즉 주택의 가치가 2,000만 원 증가한다. 따라서 갑의 자산에서 금융 자산이 차지하는 비중은 감소한다.

ㄷ. 경조금으로 받은 1,000만 원으로 인해 금융 자산이 증가하였으므로 갑의 순자산은 증가한다.

오답피하기 ㄱ. (가) 이전에 갑의 순자산은 2억 원이다.

ㄹ. (다)로 인해 갑의 자산과 부채는 모두 감소한다.

THEME 15

금융 상품과 재무 계획

수능 실전 문제

본문 91~95쪽

01 ⑤	02 ③	03 ①	04 ①
05 ④	06 ⑤	07 ④	08 ③
09 ③	10 ②		

01 다양한 재무 설계 법칙의 이해

문제분석 자신이 원하는 생활 수준을 유지하기 위해 재무 설계가 필요하다. 합리적인 재무 설계를 위해서는 레버리지(Leverage) 법칙, '−50=+100'의 법칙, '100−나이' 법칙, 부자 지수의 법칙, 포트폴리오 법칙 등 다양한 투자 법칙을 참고할 필요가 있다.

정답찾기 ⑤ 포트폴리오 법칙은 금융 상품의 안전성과 수익성이 상충 관계이므로 자산을 다양한 금융 상품에 분산 투자하여 관리하는 것이 중요함을 강조하고 있다. 이는 '계란을 한 바구니에 담지 말라.'라는 격언에 비유할 수 있다.

오답피하기 ① 레버리지 법칙은 대출을 통해 수익성을 극대화하는 법칙이며, 일반적으로 금융 상품의 안전성과 수익성은 상충 관계이다.
② '−50=+100'의 법칙에 의하면 손실을 입었을 경우 그것을 회복하기 위해서는 높은 수익률을 기록해야 한다. 따라서 이는 자산 관리 시 수익성만큼이나 안전성도 중요하게 고려해야 함을 강조하고 있다.
③ '100−나이' 법칙은 나이가 많아질수록 안전성이 높은 자산에 투자하는 비율을 높여야 함을 강조하고 있다.
④ 부자 지수의 법칙은 부채를 늘려서라도 자산을 키우는 것이 중요한 것이 아니라 순자산을 늘리는 것이 중요함을 강조하고 있다.

02 주식과 채권의 이해

문제분석 △△ 주식회사는 대출, 회사채 및 주식 발행을 통해 자금을 조달하였다. 이에 따라 갑과 을은 △△ 주식회사에 대해 채권자의 지위를, 병은 주주의 지위를 얻는다.

정답찾기 ③ 병은 △△ 주식회사의 주주이므로 △△ 주식회사의 경영 성과에 따른 배당금을 받을 수 있다.

오답피하기 ① 일반적으로 △△ 주식회사의 경영 참가권은 주주에게 주어진다.
② 을은 △△ 주식회사가 발행한 회사채를 만기 전에 타인에게 팔아 시세 차익을 얻을 수 있다.
④ 갑과 을로부터 조달한 자금은 모두 △△ 주식회사의 부채에 해당한다.
⑤ 갑, 을은 모두 △△ 주식회사로부터 이자 수익을 얻을 수 있다.

03 보험의 유형별 특징 이해

문제분석 '가입의 강제성이 있다.'라는 특징에 대해 을의 답안만 옳으므로 A는 사회 보험, B는 민영 보험이다.

정답찾기 ① 민영 보험과 달리 사회 보험은 국가 및 공공 단체가 운영 주체이다. A는 사회 보험, B는 민영 보험이므로 갑과 을 모두 옳은 스티커를 부착하였다. 따라서 ㉠에는 '갑, 을 모두 옳음'이 들어간다.

오답피하기 ② 일반적으로 사회 보험은 만기가 존재하지 않는다.
③ 국민 건강 보험과 고용 보험은 모두 사회 보험에 해당한다.
④ 사회 보험과 민영 보험은 모두 수령하는 보험금이 총납입 보험료보다 적을 수도 있고 많을 수도 있다. 따라서 (가)에는 해당 내용이 들어갈 수 없다.
⑤ 사회 보험과 민영 보험은 모두 미래의 예상치 못한 위험에 대비하는 역할을 한다. 따라서 (나)에는 해당 내용이 들어갈 수 없다.

04 채권의 이해

문제분석 A는 채권이다. 채권은 일반적으로 주식에 비해 안전성이 높고 수익성이 낮으며, 국채, 공채, 회사채 등으로 분류된다.

정답찾기 ① 채권은 기업, 정부 등이 원리금 지급을 약속하고 자금을 차용하는 채무 증서로, 정부뿐만 아니라 기업도 발행할 수 있다.

오답피하기 ② 주식과 채권은 모두 증권 상품에 해당한다.
③ 채권에 투자한 원금은 예금자 보호 제도의 대상이 되지 않는다.
④ 전문적인 운용 기관이 자금을 운용하는 간접 투자 상품은 펀드이다.
⑤ 채권을 발행하여 자금을 확보하려는 기관의 신용도가 낮으면 만기 시 원금과 이자를 지급하지 못할 가능성이 높으므로 채권을 통한 자금 조달을 위해서는 더 많은 이자를 지급해야 한다. 반면, 채권 발행 기관의 신용도가 높으면 더 낮은 이자 지급으로도 자금 조달이 가능하다. 따라서 채권을 발행하여 자금을 확보하려는 기관의 신용도와 A의 금리는 부(−)의 관계로 볼 수 있다.

05 금융 상품의 특징 이해

문제분석 각 카드에 해당하는 금융 상품과 이에 따른 점수는 다음과 같다.

〈카드 1〉	주식, 채권	2점
〈카드 2〉	채권, 정기 적금	2점
〈카드 3〉	정기 적금	1점
〈카드 4〉	주식	1점
〈카드 5〉	채권	1점
〈카드 6〉	정기 적금	1점

정답찾기 ㄱ. 갑이 최초 선택한 카드 조합의 점수는 3점이다. 갑이 〈카드 4〉를 〈카드 2〉로 교체할 경우 총 4점을 얻으므로 최초 선택한 카드 조합의 점수보다 1점 높다.
ㄷ. 〈카드 4〉는 주식, 〈카드 6〉은 정기 적금에 해당한다. 따라서 병은 카드 교체 후 주식에만 해당하는 카드 1장과 정기 적금에만 해당하는 카드 1장을 갖게 된다.
ㄹ. 최초 선택한 카드 조합의 경우 을의 점수(2점)는 갑(3점), 병(3점)에 비해 1점 낮다.

오답피하기 ㄴ. 〈카드 3〉과 〈카드 6〉은 모두 정기 적금에 해당한다.

06 재무 설계 관련 자료의 분석

문제분석 갑은 재무 설계 상담 후 정기 적금과 주식형 펀드에 대한 지출을 늘렸으며, 학자금 대출과 월세 지출을 정리하였고, 신용 대출과 전세 자금 대출을 받아 이에 대한 이자를 지출하고 있다.

정답찾기 ⑤ 갑은 정기 적금에 대한 투자를 확대하였다. 정기 적금은 예금자 보호 제도의 보호를 받는 금융 상품에 해당한다. 따라서 예금자 보호 제도의 보호를 받는 금융 상품에 대한 투자를 늘릴 필요가 있다는 조언이 적절하다.

오답피하기 ① 갑은 재무 설계 상담 후 새롭게 신용 대출 이자와 전세 자금 대출 이자를 지출하고 있으며, 대출 원금을 상환하지는 않았으므로 해당 조언은 적절하지 않다.

② 갑은 정기 적금의 지출 규모를 확대하였는데, 정기 적금은 저축성 예금에 해당하므로 해당 조언은 적절하지 않다.

③ 갑은 주식형 펀드에 대한 투자를 늘렸으며, 주식형 펀드는 간접 투자 금융 상품에 해당하므로 해당 조언은 적절하지 않다.

④ 갑은 정기 적금과 주식형 펀드와 같은 금융 자산에 대한 투자를 늘렸으므로 해당 조언은 적절하지 않다.

07 금융 상품의 특징 이해

문제분석 갑은 주식의 투자 비중이 가장 높고, 을은 예금의 투자 비중이 가장 높다. 갑은 펀드에 투자하고 연금에는 투자하지 않은 반면, 을은 연금에 투자하고 펀드에는 투자하지 않았다.

정답찾기 ④ 갑은 수익성이 높은 금융 상품인 주식에 금융 자산의 과반을 투자하고 있고, 을은 안전성이 높은 금융 상품인 예금에 금융 자산의 절반 가까이를 투자하고 있다. 따라서 갑은 을보다 수익성을, 을은 갑보다 안전성을 더 중시하고 있다.

오답피하기 ① 갑의 주식 투자 비중이 55%인데, 주식은 이자 수익을 기대할 수 있는 금융 상품이 아니다.

② 갑과 을은 모두 미래의 위험에 대비하여 평소에 보험료를 납부하는 금융 상품인 보험에 투자하였다.

③ 갑은 간접 투자 상품인 펀드에 투자하였다.

⑤ 소유 시 주주로서 지위를 갖는 금융 상품은 주식이다. 주식에 대한 투자 비중은 을이 갑보다 낮다.

08 투자 방식의 차이 이해

문제분석 갑과 정은 여러 종류의 금융 상품에 투자하였다는 점에서 분산 투자, 즉 포트폴리오 투자를 하였다. 을은 부채를 이용하여 하나의 금융 상품에만 투자를 하였으며, 병 또한 하나의 금융 상품에만 투자를 하였다. 이와 같은 갑~정의 투자 방법은 안전성과 수익성 측면에서 차이가 발생할 수 있다.

정답찾기 ㄴ. □□ 배터리 회사의 주가가 20% 상승할 경우 이에 따른 수익은 갑이 600만 원, 정이 2,000만 원이다.

ㄷ. 을은 주식에, 병은 정기 예금에 투자하였다. 따라서 병은 을에 비해 수익성보다 안전성을 중시하는 투자를 하였다.

오답피하기 ㄱ. ○○ 바이오 회사의 주가가 50% 하락할 경우 을의 투자 원금은 2억 원에서 1억 원이 되며, 부채는 2억 원으로 변함이 없다.

ㄹ. 갑, 을과 달리 병, 정은 정기 예금에 투자하였다. 병, 정은 정기 예금에 예치한 투자금의 일부가 예금자 보호 제도에 의해 지급이 보장된다.

09 자산 관리의 사례 분석

문제분석 주식, 채권, 정기 예금 중 시세 차익을 기대할 수 있다는 공통점이 있는 금융 상품은 채권과 주식이고, 이자 수익을 기대할 수 있다는 공통점이 있는 금융 상품은 채권과 정기 예금이다. 따라서 A는 채권, B는 주식, C는 정기 예금이다. 〈계획 1〉의 경우 t년 초에 채권과 주식에 각각 5,000만 원을 투자하였으므로 t년 말에 현금화한 금액은 1억 700만 원(=5,200만 원+5,500만 원)이다. 이를 t+1년 초에 전부 주식에 투자하였으므로 t+1년 말에 현금화한 금액은 9,630만 원(=1억 700만 원×0.9)이다. 한편, 〈계획 2〉의 경우 t년 초에 채권과 정기 예금에 각각 5,000만 원을 투자하였으므로 t년 말에 현금화한 금액은 1억 350만 원(=5,200만 원+5,150만 원)이다. 이를 t+1년 초에 전부 정기 예금에 투자하였으므로 t+1년 말에 현금화한 금액은 1억 764만 원(=1억 350만 원×1.04)이다.

정답찾기 ㄱ. 채권, 정기 예금과 달리 주식은 배당 수익을 기대할 수 있다.

ㄷ. 〈계획 1〉의 경우 t년 초에 투자했던 원금 1억 원이 t+1년 말에 1억 원 미만이 되어 수익률이 음(−)의 값을 가진다. 반면, 〈계획 2〉의 경우 t년 초에 투자했던 원금 1억 원이 t+1년 말에 1억 원을 넘어 수익률이 양(+)의 값을 가진다. 따라서 t+1년 말까지의 투자 수익률은 〈계획 2〉가 〈계획 1〉보다 높다.

오답피하기 ㄴ. t년 말까지의 투자 수익률은 〈계획 1〉이 7%로 〈계획 2〉의 3.5%보다 높다.

10 생애 주기 곡선의 이해

문제분석 ㉠, ㉢은 '소득 < 소비', ㉡은 '소득 > 소비'를 의미한다.

정답찾기 ㄱ. A 시기 이전까지 소비가 소득보다 크므로 갑의 저축은 음(−)의 값이다.

ㄷ. B 시기부터 C 시기까지의 기간 동안 갑의 소득은 소비보다 크다. 따라서 해당 기간 갑의 누적 저축액은 증가한다.

오답피하기 ㄴ. B 시기 이후에 소득은 감소하고 소비는 증가한다. 따라서 '소비/소득'은 B 시기 이후 지속적으로 증가한다.

ㄹ. ㉠+㉢이 ㉡보다 크다면, 갑은 D 시기 이후 노후 생활 자금을 마련하기 위해 부채를 얻을 필요가 있다.

실전 모의고사 1회

본문 96~100쪽

1 ③	2 ④	3 ⑤	4 ②	5 ③
6 ④	7 ⑤	8 ⑤	9 ⑤	10 ④
11 ⑤	12 ③	13 ⑤	14 ③	15 ④
16 ②	17 ②	18 ⑤	19 ②	20 ④

1 민간 경제의 순환 이해

문제분석 A는 가계, B는 기업, (가) 시장은 생산물 시장, (나) 시장은 생산 요소 시장이다.

정답찾기 ③ 기업은 생산물 시장의 공급자이다.

오답피하기 ① A는 가계이다. 가계는 소비 활동의 주체이다.
② B는 기업이다. 기업은 이윤 극대화를 추구한다.
④ 택배 회사에서 구입한 운송 전용 차량은 생산 요소이므로 ㉠에 해당하지 않는다.
⑤ (나) 시장은 생산 요소 시장이다. 가정주부가 이용한 청소 대행 업체의 서비스는 생산물 시장에서 거래된다.

2 경제 체제의 특징 이해

문제분석 A는 시장 경제 체제, B는 계획 경제 체제이다. 그림의 (가)에는 시장 경제 체제의 특징, (다)에는 계획 경제 체제의 특징, (나)에는 시장 경제 체제와 계획 경제 체제의 공통적인 특징이 들어갈 수 있다.

정답찾기 ④ '개별 경제 주체의 경쟁을 통한 이익 추구를 보장한다.'는 시장 경제 체제의 특징이다. 따라서 (나)에는 해당 내용이 들어갈 수 없다.

오답피하기 ① 시장 경제 체제에서는 자원 배분의 형평성보다 효율성이 강조된다.
② '보이지 않는 손'의 기능을 중시하는 것은 시장 경제 체제의 특징이다.
③ 자원의 희소성으로 인한 경제 문제는 시장 경제 체제와 계획 경제 체제 모두에서 발생한다. 따라서 (가)에는 해당 내용이 들어갈 수 없다.
⑤ 계획 경제 체제에서는 사회주의와 결합하여 원칙적으로 생산 수단의 사적 소유를 인정하지 않는다.

3 경제 주체의 역할 이해

문제분석 A사는 자사 제품의 제조 과정에서 발생할 수 있는 인권 문제에 적극적으로 개입하여 자사 제품의 생산·공급업체에 안전한 작업 환경을 제공하고, 공정한 임금을 지급하는 등 근로자들의 권리를 보호하며 윤리적인 방식의 경영을 통해 기업의 사회적 책임을 다하고자 한다.

정답찾기 ⑤ A사의 사례는 기업이 윤리적인 방식으로 경영하여 기업의 사회적 책임을 져야 한다는 것과 관련이 깊다.

오답피하기 ①, ②, ③, ④ A사의 사례에 부각된 기업의 역할로 적절하지 않다.

4 합리적 선택의 이해

문제분석 제시된 자료를 바탕으로 연간 독서 총량이 50권일 경우와 100권일 경우 각각 갑의 A 요금제 가입과 B 요금제 가입 시 발생하는 편익과 기회비용을 나타내면 다음과 같다.

〈연간 독서 총량이 50권일 경우〉

(단위: 원)

구분		A 요금제	B 요금제
편익		10,000	25,000
	명시적 비용	8,000	25,000
	암묵적 비용	0	2,000
기회비용		8,000	27,000
순편익		2,000	−2,000

〈연간 독서 총량이 100권일 경우〉

(단위: 원)

구분		A 요금제	B 요금제
편익		20,000	50,000
	명시적 비용	8,000	25,000
	암묵적 비용	25,000	12,000
기회비용		33,000	37,000
순편익		−13,000	13,000

정답찾기 ㄱ. ㉠이 50권일 경우 A 요금제 가입의 순편익이 B 요금제 가입의 순편익보다 크다. 따라서 A 요금제를 선택하는 것이 합리적이다.
ㄷ. ㉠이 100권일 경우 A 요금제 선택의 암묵적 비용과 B 요금제 선택의 명시적 비용은 각각 25,000원으로 같다.

오답피하기 ㄴ. ㉠이 50권일 경우 A 요금제 선택의 편익은 10,000원, B 요금제 선택의 편익은 25,000원이다.
ㄹ. B 요금제 선택의 '편익/명시적 비용'은 ㉠이 50권일 경우 1이고, 100권일 경우 2이다.

5 시장 균형의 이해

문제분석 제시된 자료를 바탕으로 X재의 가격별 수요량과 공급량을 나타내면 다음과 같다.

가격(만 원)	1	2	3	4	5	6
수요량(개)	350	300	250	200	150	100
공급량(개)	50	100	150	200	250	300

X재 시장의 균형 가격은 4만 원이고, 균형 거래량은 200개이다.

정답찾기 ㄴ. 가격이 3만 원일 때 수요량은 250개, 공급량은 150개이다. 따라서 100개의 초과 수요가 발생한다.
ㄷ. 정부가 X재 소비자에게 개당 2만 원씩 세금을 부과하면 가격이 3만 원일 때 수요량과 공급량이 각각 150개로 일치하여 시장 균형이 발생한다. 이 경우 가격은 1만 원 하락한다.

오답피하기 ㄱ. 가격이 2만 원일 때 공급량은 100개이다.
ㄹ. 정부가 X재 생산자에게 개당 2만 원씩 세금을 부과하면 가격이 5만 원일 때 수요량과 공급량이 각각 150개로 일치하여 시장 균형이 발생한다. 이 경우 균형 거래량은 50개 감소한다.

6 외부 효과의 이해

문제분석 정책 시행 전 X재 시장에서는 X재가 사회적 최적 거래량보다 과다 거래되었고, X재의 시장 가격은 사회적 최적 수준에서의 가격보다 높다. 따라서 X재 시장의 외부 효과는 소비 측면에서의 부정적 외부 효과이다.

정답찾기 ④ 정책 시행 후 X재 수요가 감소하여 가격이 하락하였고 거래량이 감소하였다. 따라서 X재 시장의 생산자 잉여는 정책 시행 후가 정책 시행 전보다 작다.

오답피하기 ① 정책 시행 전 부정적 외부 효과가 발생하였다.
② 정책 시행 전 소비 측면에서의 외부 효과가 발생하였다.
③ 정책 시행 전 X재 소비의 사적 편익이 사회적 편익보다 크다.
⑤ 갑국 정부는 X재 소비자에게 개당 일정액의 세금을 부과하는 정책을 시행하였다.

7 명목 GDP와 실질 GDP의 이해

문제분석 제시된 자료를 바탕으로 기준 연도인 2021년의 명목 GDP와 실질 GDP를 각각 100억 달러라고 가정하였을 때 연도별 갑국의 명목 GDP와 실질 GDP를 나타내면 다음과 같다.

구분	2021년	2022년	2023년	2024년
명목 GDP(억 달러)	100	104	106.08	약 108.2
실질 GDP(억 달러)	100	102	104.04	약 108.2
GDP 디플레이터	100	101.96	101.96	100

정답찾기 ⑤ 2024년 명목 GDP와 실질 GDP가 같으므로 GDP 디플레이터는 100이다.

오답피하기 ① 전년 대비 2022년에 실질 GDP 변화율이 2%이므로 2022년의 경제 성장률은 양(+)의 값이다.
② 전년 대비 2022년에 명목 GDP 변화율은 4%이고, 실질 GDP 변화율은 2%이므로 2022년에 실질 GDP는 명목 GDP보다 작다.
③ 전년 대비 2023년에 명목 GDP 변화율과 실질 GDP 변화율이 같으므로 물가 수준은 2022년과 2023년이 같다.
④ 2022년에 명목 GDP는 실질 GDP보다 크며, 전년 대비 2023년에 명목 GDP 변화율과 실질 GDP 변화율이 같으므로 2023년에 명목 GDP는 실질 GDP보다 크다.

8 외환 시장의 이해

문제분석 t기에 미국 달러화 대비 갑국 통화 가치 변동률이 3%이므로 갑국 통화/미국 달러화 환율은 하락하였다. 갑국 외환 시장에서 갑국 통화/미국 달러화 환율은 하락하였고, 미국 달러화 균형 거래량은 불변이므로 갑국의 미국 달러화 수요는 감소하였고 미국 달러화 공급은 증가하였다. t+1기에 미국 달러화 대비 갑국 통화 가치 변동률이 -2%이므로 갑국 통화/미국 달러화 환율은 상승하였다. 갑국 외환 시장에서 갑국 통화/미국 달러화 환율은 상승하였고, 미국 달러화 균형 거래량은 증가하였으므로 (다)에는 갑국 외환 시장에서의 미국 달러화 수요 증가 요인이 들어가야 한다.

정답찾기 ⑤ t+1기에 갑국 외환 시장에서 갑국 통화/미국 달러화 환율은 상승하였고, 미국 달러화 균형 거래량은 증가하였다. 갑국의 대미 수출 감소는 갑국의 미국 달러화 공급 감소 요인이므로 (다)에는 갑국 외환 시장에서의 미국 달러화 수요 증가 요인이 들어가야 한다. 따라서 (다)에는 '갑국의 미국 상품 수입 증가'가 들어갈 수 있다.

오답피하기 ① t기에 갑국 통화/미국 달러화 환율은 전기보다 하락하였다.
② t기 대비 t+1기에 갑국 통화/미국 달러화 환율은 상승하였다. 따라서 미국 시장에서 갑국 제품의 가격 경쟁력은 상승하였다.
③ (가)에는 갑국 외환 시장에서의 미국 달러화 수요 감소 요인이 들어가야 한다. '갑국 국민의 미국 여행 증가'는 갑국 외환 시장에서의 미국 달러화 수요 증가 요인이다.
④ (나)에는 갑국 외환 시장에서의 미국 달러화 공급 증가 요인이 들어가야 한다. '미국 국민의 갑국 채권 구입 감소'는 갑국 외환 시장에서의 미국 달러화 공급 감소 요인이다.

9 고용 지표의 이해

문제분석 제시된 자료를 바탕으로 갑국의 t년 15세 이상 인구를 100만 명으로 가정했을 때 연도별 고용 지표를 나타내면 다음과 같다.

(단위: 만 명)

구분	t년	t+1년	t+2년
15세 이상 인구	100	100	150
경제 활동 인구	90	80	120
비경제 활동 인구	10	20	30
취업자 수	63	70	90
실업자 수	27	10	30

정답찾기 ㄷ. t+1년 대비 t+2년에 15세 이상 인구가 50% 증가하였고, t+2년의 고용률은 60%이다. 따라서 취업자 수는 t+2년이 가장 많다.
ㄹ. t+1년 대비 t+2년에 15세 이상 인구가 50% 증가하였고, t+1년과 t+2년의 경제 활동 참가율이 각각 80%로 같으므로 경제 활동 인구는 t+2년이 t+1년의 1.5배이다.

오답피하기 ㄱ. 고용률은 '(취업자 수/15세 이상 인구)×100'이므로 ㉠은 '63'이다. 실업률은 '(실업자 수/경제 활동 인구)×100'이므로 ㉡은 '12.5'이다.
ㄴ. 15세 이상 인구는 t년과 t+1년 모두 t+2년보다 적다. t년과 t+1년의 15세 이상 인구는 같고, 경제 활동 참가율은 t+1년이 t년보다 낮으므로 경제 활동 인구는 t+1년이 t년보다 적다. 실업률도 t+1년이 t년보다 낮으므로 실업자 수는 t+1년이 가장 적다.

10 국제 수지의 이해

문제분석 국제 거래는 갑국과 을국 양국 간에만 이루어지기 때문에 경상 수지 항목별로 갑국의 수취액(지급액)은 을국의 지급액(수취액)과 같다.

정답찾기 ④ 2023년에 을국의 경상 수지는 적자이다. 이는 을국의 국내 통화량 감소 요인이다.

오답피하기 ① 2024년에 을국의 서비스 수지가 20억 달러 흑자이므로 갑국의 서비스 수지는 20억 달러 적자이다. 따라서 ㉠은 '-20'이다. 2023년에 갑국의 본원 소득 수지가 20억 달러 흑자이므로 을국의 본원 소득 수지는 20억 달러 적자이다. 따라서 ㉡은 '-20'이다.
② (가)는 이전 소득 수지이다. 외국인의 주식 거래액은 금융 계정에

포함된다.
③ 2023년과 2024년 갑국의 상품 수출액은 알 수 없다.
⑤ 해외 지식 재산권 사용료가 포함된 항목은 서비스 수지이다. 2024년에 서비스 수지는 갑국이 20억 달러 적자, 을국이 20억 달러 흑자이다.

11 연관재의 이해

문제분석 X재의 공급이 감소하면 X재의 가격은 상승하고 거래량은 감소한다. X재의 가격이 상승하면 X재와 보완 관계에 있는 재화의 수요는 감소하고, X재와 대체 관계에 있는 재화의 수요는 증가한다. 따라서 X재와 Y재는 대체 관계, X재와 Z재는 보완 관계에 있다.

정답찾기 ㄷ. X재의 공급이 감소하여 가격이 상승하면 X재와 대체 관계에 있는 Y재의 수요가 증가하여 Y재의 가격은 상승하고 거래량은 증가한다. 따라서 Y재의 판매 수입은 증가한다.
ㄹ. X재의 공급이 감소하여 가격이 상승하면 X재와 보완 관계에 있는 Z재의 수요가 감소하여 Z재의 가격은 하락하고 거래량은 감소한다.

오답피하기 ㄱ. X재와 Y재는 대체 관계에 있다.
ㄴ. X재와 Z재는 보완 관계에 있다.

12 정부의 가격 정책 이해

문제분석 갑국 정부가 ㉠과 같이 X재 생산자에게 개당 'P_1-P_2'만큼 보조금을 지급하면 X재 시장에서 공급을 증가시켜 공급 곡선이 우측으로 이동한다. 이 경우 X재의 시장 가격은 P_2이다. 갑국 정부가 ㉡과 같이 실효성 있는 최고 가격제를 시행하면 정부가 균형 가격보다 낮은 수준에서 가격 상한선을 정하고, 이보다 높은 가격 수준에서 거래하지 못하도록 규제한다. 이 경우 X재의 시장 가격은 P_2이다.

정답찾기 ③ 시장 균형 가격보다 낮은 P_2에서 최고 가격이 설정되어 'Q_2-Q_1'의 초과 수요가 발생한다.

오답피하기 ① ㉠을 시행하는 경우 공급 곡선이 우측으로 이동하여 새로운 균형점이 형성되기 때문에 초과 공급이 발생하지 않는다.
② ㉠을 시행하는 경우 공급이 증가하여 균형 거래량은 증가한다.
④ 실효성 있는 최고 가격제를 시행하면 총잉여는 정책 시행 이전보다 감소한다.
⑤ ㉠을 시행하는 경우와 ㉡을 시행하는 경우 모두 P_2로 시장 가격 변동이 나타난다.

13 기업의 합리적 선택 분석

문제분석 제시된 자료를 바탕으로 X재 생산량에 따른 임금, 시설 이용료, 데이터 사용료, 총비용, 총수입, 이윤을 나타내면 다음과 같다.

(단위: 개, 만 원)

생산량	1	2	3	4	5	6	7
임금	2	4	6	8	10	12	14
시설 이용료	20	20	20	20	20	20	20
데이터 사용료	3	6	9	12	15	20	30
총비용	25	30	35	40	45	52	64
총수입	10	20	30	40	50	60	70
이윤	−15	−10	−5	0	5	8	6

정답찾기 ⑤ 생산량이 4개에서 5개로 증가할 때 추가되는 이윤은 5만 원이고, 생산량이 5개에서 6개로 증가할 때 추가되는 이윤은 3만 원이다.

오답피하기 ① 각 생산량 수준에서 '임금/총수입'은 0.2로 같다.
② 생산량이 증가할수록 데이터 사용료는 증가한다.
③ 각 생산량 수준에서 '총수입/생산량'은 10만 원/개로 같다.
④ '총비용/생산량'은 생산량이 2개일 때 15만 원/개이고, 생산량이 5개일 때 9만 원/개이다.

14 경제 안정화 정책의 이해

문제분석 경제 안정화 정책으로 갑은 법인세율 인하를 주장하였으므로, 이는 확대 재정 정책에 해당한다. 을은 중앙은행의 지급 준비율 인상을 주장하였으므로, 이는 긴축 통화 정책에 해당한다. 경기 침체 시에는 확대 재정 정책과 확대 통화 정책, 경기 과열 시에는 긴축 재정 정책과 긴축 통화 정책이 필요하다. 교사가 옳은 내용을 말한 학생은 두 명뿐이라고 하였으므로 병의 발표에 따라 필요한 경제 안정화 정책이 결정되고, (가)에 들어갈 경제 상황을 알 수 있다.

정답찾기 ㄴ. 옳은 내용을 말한 학생이 갑과 병이라면, (가)에는 확대 재정 정책, 확대 통화 정책을 사용해야 하는 경제 상황이 들어가야 한다. 따라서 (가)에는 '경기 침체와 그에 따른 실업률 상승'이 들어갈 수 있다.
ㄷ. (나)가 '중앙은행은 국공채를 매입해야 합니다.'라면, 이는 확대 통화 정책에 해당하고 경기 침체 시 필요한 경제 안정화 정책이다. 갑은 확대 재정 정책에 대해 발표하였으므로 갑은 ㉠에 포함된다.

오답피하기 ㄱ. (가)가 '경기 과열과 그에 따른 물가 상승'이라면, 긴축 재정 정책과 긴축 통화 정책이 필요하다. 따라서 정부의 법인세율 인하를 주장한 갑은 ㉠에 포함될 수 없다.
ㄹ. 을이 ㉠에 포함된다면, 현재의 경제 상황이 경기 과열임을 알 수 있다. 따라서 긴축 재정 정책에 해당하는 정부 지출 규모 축소는 (나)에 들어갈 수 있다.

15 교역 발생 원리의 이해

문제분석 갑국의 경우 교역 후 X재 1개 소비의 기회비용이 증가하였으므로 갑국은 X재 생산에 비교 우위가 있다. 교역 전 X재 1개 소비의 기회비용이 Y재 1/2개이었고, X재 40개와 Y재 30개를 소비하였으므로 X재 최대 생산 가능량은 100개이며, Y재 최대 생산 가능량은 50개이다.

정답찾기 ④ 갑국은 X재만을 100개 생산하여 을국에 40개를 수출하고 을국으로부터 Y재 40개를 수입하여 X재 60개와 Y재 40개를 소비하였다. 즉, X재 40개와 Y재 40개를 교환하였다. 따라서 양국 간 X재와 Y재의 교환 비율은 1 : 1이다.

오답피하기 ① 갑국은 X재 생산에 비교 우위가 있다.
② 교역 전 갑국의 X재 1개 소비의 기회비용은 Y재 1/2개이었고, X재 최대 생산 가능량은 100개, Y재 최대 생산 가능량은 50개이므로 갑국은 X재 30개와 Y재 35개를 동시에 생산할 수 있다.
③ 을국은 Y재 생산에 비교 우위가 있으므로 교역 후 을국의 Y재 1개 소비의 기회비용은 증가하였다.

⑤ 양국 간 X재와 Y재의 교환 비율이 1:2라면, 갑국은 교역을 통해 이익을 얻을 수 있다. 따라서 갑국은 교역을 하려고 할 것이다.

16 가격 변동의 이해

문제분석 A점은 균형 가격이 상승하였고 균형 거래량은 증가하였으므로 수요 증가로 인한 변동이다. B점은 균형 가격이 상승하였고 균형 거래량은 불변이므로 수요 증가, 공급 감소로 인한 변동이다. C점은 균형 가격이 하락하였고 균형 거래량은 감소하였으므로 수요 감소로 인한 변동이다.

정답찾기 ㄱ. X재에 대한 수요자의 미래 가격 상승 예측은 X재의 수요 증가 요인이다.

ㄷ. X재와 보완 관계에 있는 재화의 가격 상승은 X재의 수요 감소 요인이다.

오답피하기 ㄴ. X재의 생산 기술 혁신은 X재의 공급 증가 요인이다.

ㄹ. 균형점이 A점과 B점으로 이동할 경우 모두 X재의 판매 수입은 증가한다.

17 국제 무역의 이해

문제분석 갑국에서 X재 시장의 균형 가격은 4달러이고 균형 거래량은 800개이다. Y재 시장의 균형 가격은 6달러이고 균형 거래량은 500개이다. 갑국이 자유 무역에 참여할 경우 X재와 Y재의 국제 가격이 모두 5달러이므로 갑국은 X재의 수출국, Y재의 수입국이 된다.

정답찾기 ㄱ. 갑국의 소비자는 X재를 4달러에 구매할 수 있었으나 자유 무역 후 5달러로 시장 가격이 상승하였고 시장 거래량이 감소하였으므로 소비자 잉여는 감소한다.

ㄷ. X재의 국제 가격이 5달러일 때 갑국 국내 X재 시장에서 수요량은 600개이고 공급량은 1,000개이다. 따라서 갑국 국내 X재의 시장 거래량은 600개이다. Y재의 국제 가격이 5달러일 때 갑국 국내 Y재 시장에서 수요량은 600개이고 공급량은 400개이다. 그러나 Y재의 초과 수요만큼 수입이 가능해 시장 거래량은 600개이다.

오답피하기 ㄴ. 자유 무역에 참여한 이후 국내 Y재 시장에서 시장 가격이 하락하였고 국내 공급량은 감소하였으므로 Y재 생산자의 판매 수입은 감소한다.

ㄹ. 갑국은 국제 시장에서 X재의 수출국이자 Y재의 수입국이 된다.

18 소득과 지출의 이해

문제분석 제시된 자료를 바탕으로 갑의 월별 소득 및 지출을 나타내면 다음과 같다.

(단위: 만 원)

구분	1월	2월	3월
소득	500	350	400
경상 소득	350	330	370
비경상 소득	150	20	30
소비 지출	350	215	260
비소비 지출	100	100	100
처분 가능 소득	400	250	300
저축	50	35	40

정답찾기 ⑤ 비소비 지출은 1월~3월 각각 100만 원으로 같다.

오답피하기 ① 전체 소득 대비 경상 소득의 비중은 1월이 70%, 2월이 약 94.3%, 3월이 92.5%이다. 따라서 1월이 가장 작다.

② 처분 가능 소득은 '소득－비소비 지출'로 1월이 가장 많다.

③ 저축은 1월이 50만 원, 2월이 35만 원으로 2월이 1월보다 적다.

④ 퇴직금이 포함되는 소득은 비경상 소득이다. 비경상 소득은 3월이 1월보다 적다.

19 시장 실패의 이해

문제분석 소비의 대가를 지불하지 않은 사람을 소비에서 배제시킬 수 없는 것을 소비의 비배제성이라고 하고, 한 사람의 소비가 다른 사람의 소비 기회를 감소시키지 않는 것을 소비의 비경합성이라고 한다. 표는 소비의 배제성과 경합성 유무에 따른 재화의 구분을 나타낸다.

구분	경합성	비경합성
배제성	대부분의 사적 재화	유료로 누구나 사용 가능한 재화
비배제성	공유 자원	공공재

따라서 A는 공공재, B는 사적 재화, C는 공유 자원이다.

정답찾기 ㄱ. 공공재는 시장에서 사회적 최적 수준보다 과소 생산된다.

ㄷ. 공유 자원은 남용되어 고갈되는 문제가 발생할 수 있다.

오답피하기 ㄴ. 국방, 치안 등은 공공재에 해당하는 사례이다.

ㄹ. 무임승차자 문제는 비배제성으로 인해 발생하는 문제점이므로 사적 재화에서 무임승차자 문제가 발생한다고 보기 어렵다.

20 금융 상품의 이해

문제분석 시세 차익을 기대할 수 있고 배당 수익을 기대할 수 없는 A는 채권, 시세 차익과 배당 수익을 모두 기대할 수 있는 B는 주식, 시세 차익과 배당 수익을 모두 기대할 수 없는 C는 요구불 예금이다. 갑은 t년 초에 1억 원을 투자하여 t년 말에 20%의 수익을 얻었으므로 t+1년에 투자 금액은 1억 2,000만 원이다. 제시된 자료를 바탕으로 t년과 t+1년 갑의 금융 투자 포트폴리오를 나타내면 다음과 같다.

(단위: 만 원)

구분	t년	t+1년
채권	2,000	3,600
주식	5,000	6,000
요구불 예금	3,000	2,400

정답찾기 ㄴ. 예금자 보호 제도의 적용을 받는 금융 상품은 요구불 예금이다.

ㄹ. 이자 수익을 기대할 수 있는 금융 상품은 채권과 요구불 예금이다. 채권과 요구불 예금에 투자한 금액은 t년에 5,000만 원, t+1년에 6,000만 원이다.

오답피하기 ㄱ. 주식은 만기가 존재하지 않는 금융 상품이다.

ㄷ. t+1년에 투자한 비중이 가장 큰 금융 상품은 주식이다. 주식은 투자한 원금이 보장된다고 보기 어렵다.

실전 모의고사 2회 본문 101~105쪽

1 ③	2 ⑤	3 ②	4 ①	5 ④
6 ①	7 ②	8 ⑤	9 ③	10 ②
11 ③	12 ④	13 ②	14 ③	15 ②
16 ④	17 ①	18 ②	19 ②	20 ④

1 국민 경제의 순환 이해

문제분석 A는 조세 징수의 주체이므로 정부이다. (가) 시장이 생산물 시장인 경우 B는 가계, C는 기업이고, (가) 시장이 생산 요소 시장인 경우 B는 기업, C는 가계이다.

정답찾기 ③ (가) 시장이 생산 요소 시장이라면, ㉡은 가계가 생산 요소를 제공하고 그 대가로 받는 요소 소득이다.

오답피하기 ① 정부는 사회적 후생 극대화를 추구하는 주체이다.
② (가) 시장이 생산물 시장이라면, ㉠은 가계의 소비 지출이다.
④ (가) 시장이 생산물 시장이라면, B는 가계이다. 가계는 생산 요소 시장의 공급자이다.
⑤ (가) 시장이 생산 요소 시장이라면, C는 가계이다. 가계는 효용 극대화를 추구하는 주체이다.

2 경제 체제의 분류 이해

문제분석 자원의 희소성으로 인한 경제 문제는 시장 경제 체제와 계획 경제 체제 모두에서 발생한다. 따라서 갑의 두 번째 응답은 틀렸으므로 갑은 첫 번째와 세 번째 모두 옳은 응답을 하였다. 생산 수단의 사적 소유를 원칙적으로 부정하는 경제 체제는 계획 경제 체제이므로 A는 시장 경제 체제, B는 계획 경제 체제이다.

정답찾기 ⑤ 갑의 세 번째 응답은 옳으므로 (가)에는 시장 경제 체제와 구분되는 계획 경제 체제의 특징 이외의 내용이 들어가야 한다. '시장 가격에 의한 자원 배분을 중시한다.'는 계획 경제 체제와 구분되는 시장 경제 체제의 특징이므로 (가)에는 해당 내용이 들어갈 수 있다.

오답피하기 ① 정부의 명령과 계획에 따른 자원 배분을 중시하는 경제 체제는 계획 경제 체제이다.
② 경제적 유인 체계를 중시하는 경제 체제는 시장 경제 체제이다.
③ 계획 경제 체제에서는 경쟁의 원리를 강조한다고 보기 어렵다.
④ 을은 1점만 획득하였으므로 ㉠에는 틀린 응답이 들어가야 한다. 따라서 ㉠은 '예'이다.

3 기회비용과 합리적 선택의 이해

문제분석 제시된 자료를 바탕으로 A재~C재 중 한 재화만을 1개 구입 시 편익, 가격, 암묵적 비용, 기회비용을 나타내면 다음과 같다.

(단위: 만 원)

구분	A재	B재	C재
편익	6	10	8
가격(명시적 비용)	2	㉠	3
암묵적 비용	5	5	4 또는 '10−㉠' 중 큰 값
기회비용	7	㉠+5	7 또는 '13−㉠' 중 큰 값

정답찾기 ㄱ. 합리적 선택의 암묵적 비용은 다른 대안 선택의 암묵적 비용보다 작다. C재를 구입하는 것이 합리적 선택이므로 재화 1개 구입의 암묵적 비용은 A재와 B재가 같고, C재가 가장 작다. 명시적 비용은 B재가 가장 크므로 명시적 비용과 암묵적 비용의 합인 기회비용은 B재가 가장 크다.
ㄷ. ㉠에 '4'가 들어가는 경우 B재의 순편익이 양(+)의 값(=10만 원−9만 원)이 되어 B재를 구입하는 것이 합리적 선택이 된다. 이는 C재 선택이 합리적이라는 자료의 조건에 어긋나므로 ㉠에는 '4'가 들어갈 수 없다.

오답피하기 ㄴ. 재화 1개 구입의 암묵적 비용은 A재와 B재가 각각 5만 원으로 같다.
ㄹ. ㉠이 '8'인 경우 재화 1개 구입의 기회비용은 B재가 13만 원, A재가 7만 원이다.

4 기업의 경제 활동 이해

문제분석 제시된 자료를 바탕으로 갑 기업의 X재 생산량에 따른 총비용, 총수입, 이윤을 나타내면 다음과 같다.

생산량(개)	1	2	3	4
총비용(달러)	15	20	27	36
총수입(달러)	10	20	30	40
이윤(달러)	−5	0	3	4

정답찾기 ① '이윤/생산량'은 생산량이 3개일 때와 4개일 때가 각각 1달러/개로 같다.

오답피하기 ② '총수입/총비용'은 생산량이 2개일 때가 1이고, 생산량이 3개일 때는 10/9이다. 따라서 생산량이 증가할수록 '총수입/총비용'은 지속적으로 감소한다고 보기 어렵다.
③ 생산량이 2개에서 3개로 증가할 때 추가되는 수입은 10달러이고, 추가되는 비용은 7달러이다.
④ 생산량이 1개에서 2개로 증가할 때 추가되는 비용은 5달러이고, 생산량이 3개에서 4개로 증가할 때 추가되는 비용은 9달러이다.
⑤ 생산량이 2개에서 3개로 증가할 때 추가되는 이윤은 3달러이고, 생산량이 3개에서 4개로 증가할 때 추가되는 이윤은 1달러이다.

5 시장 균형의 변동 이해

문제분석 갑은 X재의 균형 거래량은 변함이 없고, 균형 가격만 상승할 것이라고 예측하고 있다. 수요와 공급 법칙이 적용되는 X재 시장에서 수요 증가와 공급 감소가 함께 나타나는 경우 이런 변화가 발생할 수 있다. 반면, 을은 X재의 균형 가격은 변함이 없고, 균형 거래량만 증가할 것이라고 예측하고 있다. 수요와 공급 법칙이 적용되는 X재 시장에서 수요와 공급이 모두 증가하는 경우 이런 변화가 발생할 수 있다.

정답찾기 ④ X재에 대한 선호도 상승은 X재의 수요 증가 요인이다. 갑과 을 모두 수요가 증가할 것이라고 예측하고 있으므로 해당 내용은 갑과 을 모두의 예측 근거로 활용될 수 있다.

오답피하기 ① 갑은 X재의 공급이 감소할 것으로 예측하고 있다.
② 을은 X재의 수요가 증가할 것으로 예측하고 있다.

③ X재의 원자재 가격 하락은 X재의 공급 증가 요인이다. 갑은 X재의 공급이 감소할 것이라고 예측하고 있으므로 해당 내용은 갑의 예측 근거로 활용될 수 없다.
⑤ 갑과 을 모두 X재의 판매 수입이 증가할 것으로 예측하고 있다.

6 시장 가격의 결정과 변동의 이해

문제분석 초과 수요가 발생하는 경우 가격 상승 압력이 발생하고, 초과 공급이 발생하는 경우 가격 하락 압력이 발생한다. Y재 시장의 경우 7달러 수준에서 가격 하락 압력이 존재하고, 6달러 수준에서 가격 상승 압력이 존재하므로 시장 변동 전 Y재 시장의 균형 가격은 6달러 초과 7달러 미만에서 결정된다. X재 시장의 경우 7달러 수준에서 가격 상승 압력이 존재하고, 시장 변동 전 X재와 Y재의 균형 가격이 2달러 차이가 난다고 하였으므로 시장 변동 전 X재 시장의 균형 가격은 8달러 초과 9달러 미만에서 결정된다.

정답찾기 ① 시장 변동 전 X재의 시장 균형 가격은 8달러보다 높고 9달러보다 낮으므로 ㉠과 ㉢은 모두 '×'이고, 시장 변동 전 Y재의 균형 가격은 6달러보다 높고 7달러보다 낮으므로 ㉡과 ㉣은 모두 '○'이다.

오답피하기 ② 시장 변동 전 X재의 균형 가격은 8달러보다 높다.
③ 시장 변동 전 Y재는 6달러 수준에서 초과 수요가 존재한다.
④ X재 시장에서는 공급 증가로 시장 균형 가격이 하락하였다. X재 공급자의 미래 가격 상승 예측은 공급 감소 요인이다.
⑤ Y재 시장에서는 수요 증가로 시장 균형 가격이 상승하였다. Y재와 보완 관계에 있는 재화의 가격 상승은 Y재의 수요 감소 요인이다.

7 연관재로 인한 시장의 변동 이해

문제분석 대체 관계(보완 관계)에 있는 재화의 가격 상승은 수요 증가(수요 감소) 요인이다. A재의 가격 상승으로 B재의 판매 수입이 증가하였으므로 B재는 A재와 대체 관계에 있는 재화이고, C재는 A재와 보완 관계에 있는 재화이다.

정답찾기 ② C재는 A재와 보완 관계에 있는 재화이다. A재의 가격 상승은 C재의 수요 감소 요인이다. 수요 감소는 균형 거래량 감소 요인이므로 (가)에는 '균형 거래량'이 들어갈 수 있다.

오답피하기 ① B재는 A재와 대체 관계에 있는 재화이다.
③ A재의 공급자 수 증가는 A재의 공급을 증가시켜 A재의 가격 하락 요인으로 작용한다.
④ A재의 가격 상승은 B재의 수요 증가 요인이다.
⑤ A재의 가격 상승은 C재의 수요를 감소시켜 C재의 균형 가격 하락 요인으로 작용한다.

8 가격 규제 정책의 이해

문제분석 t+1기에 정부는 실효성 있는 최고 가격제를 시행하였고, t+2기에 X재의 공급이 증가하여 시장 균형 가격이 6달러로 결정되면서 정부의 최고 가격제가 실효성을 상실하였다.

정답찾기 ⑤ t+2기에는 공급 증가로 X재 시장 균형 가격이 6달러로 결정되면서 최고 가격제가 실효성을 상실하므로 t+2기에 X재 시장 가격은 6달러, 시장 거래량은 14개이다. 따라서 X재 시장의 판매 수입은 t+2기에 84달러(=6달러×14개)이므로 t기의 100달러(=10달러×10개)보다 16달러 작다.

오답피하기 ① 최고 가격제는 소비자 보호를 목적으로 한다.
② ㉡은 공급 증가를 의미한다. X재 생산자에 대한 세금 부과는 공급 감소 요인이다.
③ 소비자 잉여는 t+1기에 64달러{=(8달러×8개×1/2)+(4달러×8개)}이고, t+2기에 98달러(=14달러×14개×1/2)이다.
④ 생산자 잉여는 t기에 50달러, t+1기에 32달러이다.

9 외부 효과의 이해

문제분석 X재 시장에서는 정부 개입 전보다 정부 개입 후에 사적 비용이 상승하였으므로 정부 개입 전 생산 측면에서의 외부 불경제가 발생하였다. Y재 시장에서는 정부 개입 전보다 정부 개입 후 사적 편익이 상승하였으므로 정부 개입 전 소비 측면에서의 외부 경제가 발생하였다. 정부의 개입으로 X재 시장에서는 공급이 감소(사적 비용 상승)하였고, Y재 시장에서는 수요가 증가(사적 편익 상승)하였다.

정답찾기 ③ 정부 개입 전 X재와 Y재의 균형 거래량은 각각 10개이다. 정부 개입으로 X재 공급이 감소하였고, Y재 수요가 증가하였으므로 정부 개입 이후 X재의 균형 거래량은 10개보다 적고, Y재의 균형 거래량은 10개보다 많다.

오답피하기 ① 정부 개입 전 X재 시장에서는 생산 측면에서의 외부 불경제가 발생하였으므로 사적 비용은 사회적 비용보다 작다.
② 정부 개입 전 Y재 시장에서는 소비 측면에서의 외부 경제가 발생하였으므로 사회적 최적 수준보다 적게 거래되었다.
④ 정부 개입으로 X재 시장의 공급이 감소하여 가격이 상승하였고 거래량은 감소하였으므로 소비자 잉여는 정부 개입 후가 정부 개입 전보다 작다.
⑤ 정부 개입으로 Y재 시장의 수요가 증가하여 가격이 상승하였고 거래량은 증가하였으므로 생산자 잉여는 정부 개입 후가 정부 개입 전보다 크다.

10 시장 실패의 이해

문제분석 시장 실패의 요인으로는 불완전 경쟁, 외부 효과, 공공재의 부족, 공유 자원의 남용, 정보의 비대칭성(역선택, 도덕적 해이)을 들 수 있다.

정답찾기 ② 시장 실패의 요인 중 하나인 정보의 비대칭성 유형으로서의 도덕적 해이는 상대적으로 거래에 필요한 정보가 많은 당사자가 자신의 이익만을 위해 행동하여 사회적으로 바람직하지 않은 결과가 나타나는 경향을 의미한다. 제시된 대형 은행이 자신의 무분별한 투자 등으로 금융 위기 상황이 발생해도 정부가 구제 금융을 제공할 것이라는 기대를 가지고 위험 관리를 소홀히 하여 사회적으로 바람직하지 않은 결과를 가져오는 사례는 도덕적 해이에 해당한다.

11 지출 국민 소득의 이해

문제분석 t년과 t+1년의 GDP 디플레이터가 같고 t년 대비 t+1년에 실질 GDP 증가율(경제 성장률)이 10%이므로, t년 대비 t+1년에 명목 GDP 증가율도 10%이다. t년 갑국의 명목 지출 국민 소득을 100억 달러라고 가정할 경우 t년과 t+1년의 명목 지출 국민 소득액을 항목별로 나타내면 다음과 같다.

(단위: 억 달러)

구분	t년	t+1년
소비 지출	55	49.5
투자 지출	25	33
정부 지출	15	16.5
순수출	5	11
명목 지출 국민 소득	100	110

정답찾기 ③ t년 대비 t+1년에 명목 국민 소득 증가율이 10%이고, t년과 t+1년에 명목 국민 소득에서 정부 지출이 차지하는 비중이 같으므로 갑국의 정부 지출은 t+1년이 t년보다 10% 많다.

오답피하기 ① 갑국의 명목 GDP는 t+1년이 t년보다 크다.

② 제시된 정보만으로는 t년과 t+1년의 수출액 규모를 알 수 없다.

④ 소비 지출에는 갑국 소비자의 국내 물품 구입액뿐만 아니라 갑국 소비자의 수입 물품 구입액도 포함된다.

⑤ 외국 기업이 갑국에 공장을 설립한 것은 갑국에서 외국 기업이 직접 투자한 것에 해당하므로 갑국의 투자 지출에 포함된다.

12 명목 GDP와 실질 GDP의 이해

문제분석 GDP 디플레이터는 '(명목 GDP/실질 GDP)×100'으로 계산한다. GDP 디플레이터로 측정한 물가 수준이 가장 높은 연도가 t+1년이므로 (가)는 실질 GDP, (나)는 명목 GDP이다. 제시된 자료를 바탕으로 연도별 GDP 디플레이터, 명목 GDP 증가율, 실질 GDP 증가율, 전년 대비 인구 증가율을 나타내면 다음과 같다.

구분	t년	t+1년	t+2년
GDP 디플레이터	100	120	약 118.18
명목 GDP 증가율(%)	–	20	약 8.33
실질 GDP 증가율(%)	–	0	10
전년 대비 인구 증가율(%)	5	5	10

정답찾기 ④ 1인당 실질 GDP는 '실질 GDP/총인구'로 계산한다. t+1년 대비 t+2년에 실질 GDP 증가율과 인구 증가율이 각각 10%로 같으므로 1인당 실질 GDP는 t+1년과 t+2년이 같다.

오답피하기 ① (가)는 실질 GDP, (나)는 명목 GDP이다.

② 전년 대비 t+1년에 물가는 상승하였고 실질 GDP는 변함이 없다. 총수요 증가와 총공급 감소가 함께 나타날 때 이와 같은 변화가 발생할 수 있다.

③ 전년 대비 t+2년에 명목 GDP 증가율은 실질 GDP 증가율보다 작다.

⑤ 1인당 명목 GDP는 '명목 GDP/총인구'로 계산한다. t+1년 대비 t+2년에 명목 GDP 증가율이 인구 증가율보다 작으므로 1인당 명목 GDP는 t+2년이 t+1년보다 작다.

13 인플레이션의 유형 이해

문제분석 A는 총수요 증가로 인해 발생한 인플레이션이므로 수요 견인 인플레이션이고, B는 비용 인상 인플레이션이다.

정답찾기 ② 비용 인상 인플레이션의 발생 요인으로 원자재 가격 상승 등 생산 비용의 상승을 들 수 있다.

오답피하기 ① 수요 견인 인플레이션은 주로 경기 과열기에 발생한다.

③ 인플레이션의 유형과 관계없이 인플레이션은 순수출을 감소시켜 경상 수지 악화 요인으로 작용한다.

④ 스태그플레이션을 야기할 수 있다는 점은 수요 견인 인플레이션과 구분되는 비용 인상 인플레이션의 특징에 해당한다.

⑤ 인플레이션의 유형과 관계없이 인플레이션이 발생하면 화폐의 실질 구매력은 하락한다.

14 고용 지표의 분석

문제분석 경제 활동 참가율은 '(경제 활동 인구/15세 이상 인구)×100', 실업률은 '(실업자 수/경제 활동 인구)×100'으로 계산한다. 15세 이상 인구를 1,000명으로 가정할 경우 제시된 자료를 바탕으로 갑국의 연도별 15세 이상 인구, 경제 활동 인구, 실업자 수, 취업자 수, 비경제 활동 인구를 나타내면 다음과 같다.

(단위: 명)

구분	t년	t+1년	t+2년
15세 이상 인구	1,000	1,000	1,000
경제 활동 인구	700	750	700
실업자 수	70	75	35
취업자 수	630	675	665
비경제 활동 인구	300	250	300

정답찾기 ③ 전년 대비 취업자 수 증가율은 t+1년이 양(+)의 값이고, t+2년이 음(−)의 값이므로 t+1년이 t+2년보다 크다.

오답피하기 ① 실업자 수는 t년이 t+1년보다 적다.

② 비경제 활동 인구는 t년이 t+1년보다 많다.

④ 고용률은 t+1년이 67.5%, t+2년이 66.5%이므로 t+2년이 t+1년보다 낮다.

⑤ t+1년 대비 t+2년에 취업자 수와 실업자 수는 모두 감소하였다.

15 경제 안정화 정책의 이해

문제분석 갑국 국민 경제의 대내외적 상황을 보면 기업 투자 위축, 가계 소비 지출 급감, 순수출 감소 등 총수요의 위축으로 경기가 침체된 상황임을 알 수 있다. 경기 침체기에 정부는 확대 재정 정책을, 중앙은행은 확대 통화 정책을 시행해 경기를 부양할 수 있다.

정답찾기 ② 지급 준비율 인하는 은행의 대출 자금을 증가시켜 통화량 증가 및 이자율 하락의 요인으로 작용한다. 이는 소비 및 투자 증가의 요인이 되어 총수요를 증가시키므로 경기를 부양하는 확대 통화 정책의 수단에 해당한다.

오답피하기 ① 기준 금리 인상은 긴축 통화 정책의 수단에 해당한다.

③ 외화 대비 갑국 통화 가치의 상승은 수출 감소 및 수입 증가 요인으로 작용하므로 갑국의 순수출 감소를 개선시키는 요인으로 보기 어렵다.

④ 확대 재정 정책과 확대 통화 정책의 시행은 모두 총수요 증가 요인이다.

⑤ 가계의 소비 지출 급감과 순수출 감소는 모두 총수요를 감소시켜 물가 하락 요인으로 작용한다.

16 무역의 분석

문제분석 갑국의 X재 최대 생산 가능량보다 무역 후 X재 소비량이 많다는 것은 갑국이 Y재를 수출하여 X재를 수입했다는 것을 의미한다. 따라서 갑국은 Y재 생산에 비교 우위가 있고, 을국은 X재 생산에 비교 우위가 있다.

정답찾기 ④ 을국은 갑국과의 교역에서 X재를 150개 수출하고 Y재를 50개 수입하였다. 을국은 갑국과의 교역을 통해 이익이 발생하였으므로 을국의 X재 1개 생산의 기회비용은 Y재 1/3개보다 작다.

오답피하기 ① 갑국의 X재 최대 생산 가능량보다 X재의 무역 후 소비량이 많으므로 X재를 수출하는 을국의 X재 최대 생산 가능량이 갑국보다 많다는 것을 알 수 있다. 갑국과 을국의 생산 요소는 동일한 양의 노동뿐이고, X재의 최대 생산 가능량은 갑국보다 을국이 많으므로 을국이 X재 생산에 절대 우위가 있다.

② 을국은 X재 생산에 비교 우위가 있다.

③ 비교 우위 재화 1개 소비의 기회비용은 무역 후가 무역 전보다 크다. 갑국은 Y재 생산에 비교 우위가 있으므로 갑국의 Y재 1개 소비의 기회비용은 무역 후가 무역 전보다 크다.

⑤ 갑국은 Y재 100개를 생산하여 을국에 50개 수출하고 X재를 150개 수입하였으므로, 양국 간 X재와 Y재의 교환 비율은 3:1이다.

17 자유 무역의 이해

문제분석 양국의 X재 국내 수요와 공급 곡선이 모두 직선이라는 점과 t기에 7달러 수준에서 갑국의 초과 공급량과 을국의 초과 수요량이 같다는 점을 통해 t기 양국의 가격별 국내 수요량과 공급량을 나타내면 다음과 같다.

가격(달러)	갑국		을국	
	수요량(개)	공급량(개)	수요량(개)	공급량(개)
8	200	400	500	500
7	250	350	550	450
6	300	300	600	400
5	350	250	650	350

정답찾기 ① 시장 개방 전 X재 국내 균형 가격은 갑국이 6달러, 을국이 8달러이므로 을국이 갑국보다 2달러 높다.

오답피하기 ② t+1기에 X재의 양국 간 거래 가격이 5달러인 경우 갑국은 100개의 초과 수요가 발생하므로 을국에서는 100개의 초과 공급이 발생해야 한다. 을국 X재 시장에서 공급이 변동하기 전 X재 가격이 5달러일 때 초과 수요가 발생하므로 (가)는 공급 증가 요인이다. X재의 공급자 수 감소는 공급 감소 요인이므로 (가)에는 해당 내용이 들어갈 수 없다.

③ t기에 양국 간 X재 거래 가격인 7달러 수준에서 갑국은 초과 공급이 발생하므로 X재를 수출한다. t+1기에 양국 간 X재 거래 가격인 5달러 수준에서 갑국은 초과 수요가 발생하므로 X재를 수입한다.

④ t기와 t+1기의 양국 간 X재 거래 가격, 수출국, 수입국, 수출량(수입량)을 나타내면 다음과 같다.

구분	t기	t+1기
양국 간 X재 거래 가격	7달러	5달러
수출국	갑국	을국
수입국	을국	갑국
수출량(수입량)	100개	100개

따라서 양국 간 교역량은 t기와 t+1기가 같다.

⑤ 갑국과 을국의 X재 생산량의 합은 t기에 800개(=갑국 350개+을국 450개), t+1기에 1,000개(=갑국 250개+을국 750개)이다.

18 환율 변동의 이해

문제분석 제시된 자료를 통해 달러화 대비 원화 가치, 달러화 대비 엔화 가치, 원화 대비 엔화 가치가 모두 하락하였음을 알 수 있다.

정답찾기 ㄱ. ㉠으로 인해 원/달러 환율이 상승하였으므로 ㉠은 달러화 대비 원화 가치 하락 요인으로 작용하였다.

ㄷ. 일본인의 미국 기업에 대한 투자 증가는 일본 외환 시장에서 달러화에 대한 수요를 증가시켜 엔/달러 환율 상승 요인으로 작용한다.

오답피하기 ㄴ. 미국 제품에 대한 우리나라의 수입 감소는 우리나라 외환 시장에서 달러화에 대한 수요를 감소시켜 원/달러 환율 하락 요인으로 작용한다.

ㄹ. 원화 대비 엔화 가치 하락은 미국 시장에서 우리나라 제품과 경쟁 관계에 있는 일본 제품의 가격 경쟁력 강화 요인으로 작용한다.

19 경상 수지의 이해

문제분석 경상 수지는 상품, 서비스 및 생산 요소 등의 거래(경상 거래)에 따른 외화의 수취와 지급의 차액을 나타내는 것으로 상품 수지, 서비스 수지, 본원 소득 수지, 이전 소득 수지 항목으로 구성된다.

정답찾기 ㄱ. t+1년 갑국의 상품 수지 수취액과 지급액을 각각 110억 달러로 가정할 경우 t년에 갑국의 상품 수지 수취액은 약 104.76억 달러, 지급액은 100억 달러이다. 따라서 t년에 갑국의 상품 수지는 흑자이다.

ㄷ. t년 대비 t+1년에 갑국의 서비스 수지는 수취액이 증가하였고 지급액이 감소하였음에도 적자이므로 t년에도 갑국의 서비스 수지는 적자이다. t년 대비 t+1년에 이전 소득 수지는 수취액이 감소하고 지급액이 증가한 결과 균형을 이루었으므로 t년에 갑국의 이전 소득 수지는 흑자이다.

오답피하기 ㄴ. t+1년에 본원 소득 수지가 흑자이고, t년 대비 t+1년에 본원 소득 수지의 수취액과 지급액의 증가율이 각각 5%로 같으므로 t년 대비 t+1년에 본원 소득 수지는 5% 증가하였다.

ㄹ. 해외 지식 재산권 사용료가 포함된 항목은 서비스 수지이다. t년에 갑국의 서비스 수지는 적자이다.

20 금융 상품의 특징 이해

문제분석 정기 예금, 주식, 채권 중 정부가 발행할 수 있는 금융 상품은 채권이다. 이자 수익을 기대할 수 있는 금융 상품은 정기 예금과 채권이다. 갑~병이 모두 옳게 발표하였으므로 갑의 발표에 근거하여 C가 채권임을 알 수 있고, 병의 발표에 근거하여 B가 주식, A가

정기 예금임을 알 수 있다.

정답찾기 ④ (가)에는 주식과 채권을 구분할 수 없는 질문이 들어가야 한다. 주식과 채권은 모두 시세 차익을 기대할 수 있으므로 (가)에는 해당 내용이 들어갈 수 있다.

오답피하기 ① 배당 수익을 기대할 수 있는 금융 상품은 주식이다.
② 이자 수익을 기대할 수 있는 금융 상품은 정기 예금과 채권이다.
③ 예금자 보호 제도가 적용되는 금융 상품은 정기 예금이다.
⑤ 주식과 채권은 모두 기업이 발행 주체가 될 수 있으므로 (가)에는 해당 내용이 들어갈 수 있다.

실전 모의고사 3회 본문 106~110쪽

1 ①	2 ④	3 ③	4 ⑤	5 ④
6 ①	7 ④	8 ②	9 ①	10 ⑤
11 ②	12 ⑤	13 ③	14 ⑤	15 ④
16 ⑤	17 ④	18 ⑤	19 ①	20 ⑤

1 국민 경제의 순환 이해

문제분석 B는 C에 공공 서비스를 제공하므로 정부이다. C는 (가) 시장에 생산 요소를 제공하므로 가계이고, (가) 시장은 생산 요소 시장이다. 따라서 A는 기업, (나) 시장은 생산물 시장이다.

정답찾기 ① A는 기업이므로 이윤 극대화를 추구한다.

오답피하기 ② A는 기업, C는 가계이다. 재정 활동의 주체는 정부인 B이다.
③ B는 정부이므로 재정 활동의 주체이고, C는 가계이므로 소비 활동의 주체이다.
④ ㉠은 재화와 서비스의 구입에 해당하므로 ㉠에 대한 대가는 소비 지출이다.
⑤ (가) 시장은 생산 요소 시장이므로 가계는 (가) 시장에서의 공급자이다.

2 시장 경제 체제와 계획 경제 체제의 이해

문제분석 갑의 답안에 대한 채점 결과가 2점이고, 사적 이익 추구 활동의 자유를 보장하는 것은 시장 경제 체제이므로 A는 시장 경제 체제, B는 계획 경제 체제이다.

정답찾기 ④ 계획 경제 체제와 달리 시장 경제 체제에서는 '보이지 않는 손'에 의한 자원 배분을 추구한다.

오답피하기 ① 계획 경제 체제에서는 정부의 계획과 명령에 의한 경제 문제 해결을 중시한다.
② 시장 경제 체제에서는 민간 경제 주체가 생산과 소비를 자유롭게 결정한다.
③ 시장 경제 체제에서는 자원 배분의 효율성을 중시한다.
⑤ 갑의 답안에 대한 채점 결과가 2점이므로 (가)에는 계획 경제 체제와 구분되는 시장 경제 체제의 특징이 들어갈 수 있다. 계획 경제 체제와 달리 시장 경제 체제에서는 민간 경제 주체 간의 경쟁을 강조하므로 (가)에는 해당 내용이 들어갈 수 있다.

3 국내 총생산의 이해

문제분석 갑국의 A 기업이 소비자에게 판매한 Y재 2만 달러어치는 최종 생산물에 해당하므로 갑국의 GDP에 포함된다. 갑국의 B 기업이 소비자에게 판매한 Z재 4만 달러어치는 최종 생산물에 해당하므로 갑국의 GDP에 포함된다. 따라서 2024년에 갑국의 GDP는 6만 달러이다.

정답찾기 ③ 갑국에서 A 기업, B 기업, C 기업이 창출한 부가 가치는 각각 2만 달러이므로 갑국에서 창출한 부가 가치의 합은 6만 달러이다.

오답피하기 ① Y재는 소비자에게도 판매되었으므로 중간재로만 사용된 것은 아니다.
② 갑국에서의 중간재는 X재 2만 달러어치와 Y재 2만 달러어치이므로 중간재 구입 비용은 4만 달러이다.
④ A 기업이 창출한 부가 가치와 B 기업이 창출한 부가 가치는 각각 2만 달러로 같다.
⑤ C 기업이 생산한 X재는 전량 A 기업이 Y재를 만드는 데 중간재로 사용되었으므로 C 기업은 최종 생산물이 아닌 중간재를 생산하였다.

4 고용 지표의 이해

문제분석 2023년에 15세 이상 인구는 400만 명이므로 2024년에 15세 이상 인구는 2023년보다 10% 증가한 440만 명이다. 2023년에 경제 활동 참가율은 85%이므로 비경제 활동 인구는 60만 명이고, 2024년에 비경제 활동 인구는 2023년보다 25% 증가하였으므로 75만 명이다. 2023년에 경제 활동 인구는 340만 명인데, '취업자 수 : 실업자 수'는 '15 : 2'이므로 취업자 수는 300만 명, 실업자 수는 40만 명이다. 전년 대비 2024년에 취업자 수는 10% 증가하였으므로 2024년의 취업자 수는 330만 명이고, 전년 대비 2024년에 실업자 수는 12.5% 감소하였으므로 2024년의 실업자 수는 35만 명이다. 이를 종합하면 다음과 같다.

(단위: 만 명)

구분	15세 이상 인구	경제 활동 인구		비경제 활동 인구
		취업자 수	실업자 수	
2023년	400	300	40	60
2024년	440	330	35	75

정답찾기 ⑤ 2023년 대비 2024년에 비경제 활동 인구 증가분은 15만 명이고, 취업자 수 증가분은 30만 명이다. 따라서 비경제 활동 인구 증가분은 취업자 수 증가분의 1/2이다.

오답피하기 ① 2023년 대비 2024년에 경제 활동 인구는 증가하였는데, 실업자 수는 감소하였으므로 실업률은 감소하였다.
② 2023년 대비 2024년에 15세 이상 인구와 취업자 수는 각각 10% 증가하였으므로 고용률은 변함이 없다.
③ 2023년 대비 2024년에 취업자 수는 증가하였고, 실업자 수는 감소하였으므로 실업자 수 대비 취업자 수는 증가하였다.
④ 2023년 대비 2024년에 비경제 활동 인구 증가율은 25%이고, 경

제 활동 인구 증가율은 약 7%이므로 비경제 활동 인구 대비 경제 활동 인구는 감소하였다.

5 GDP와 물가 상승률의 이해

문제분석 제시된 자료를 바탕으로 연도별 물가 상승률과 경제 성장률을 나타내면 다음과 같다.

구분	2021년	2022년	2023년	2024년
물가 상승률(%)	양(+)의 값	양(+)의 값	음(−)의 값	양(+)의 값
경제 성장률(%)	음(−)의 값	0	양(+)의 값	−

정답찾기 ④ 2020년 대비 2021년에 GDP 디플레이터가 커졌으므로 물가 상승률은 양(+)의 값이다. 따라서 (가)에는 '물가 상승'이 들어갈 수 있다. 2022년 대비 2023년에 실질 GDP는 증가하였고 명목 GDP는 변함이 없으므로 GDP 디플레이터는 작아졌다. 따라서 (나)에는 '물가 하락'이 들어갈 수 있다.

오답피하기 ① 2021년의 경제 성장률은 음(−)의 값이고, 2022년의 경제 성장률은 0이다.

② 2023년의 물가 상승률은 음(−)의 값이므로 GDP 디플레이터는 2022년이 2023년보다 크다.

③ 2023년에 경제 성장률은 양(+)의 값이지만 물가 상승률은 음(−)의 값이다.

⑤ 전년 대비 실질 GDP는 변함이 없는데 명목 GDP가 감소한다면, 전년 대비 GDP 디플레이터는 작아진다. 따라서 전년 대비 물가는 하락하므로 (다)에는 '실질 GDP 불변, 명목 GDP 감소'가 들어갈 수 없다.

6 정보의 비대칭성 이해

문제분석 갑은 최대로 지불하고자 하는 금액인 50달러 이하에서 중고 전기 자전거를 구입하고자 한다. 하지만 갑은 중고 전기 자전거의 품질을 알지 못하므로 외형이 같은 중고 전기 자전거 중 가격이 저렴한 것을 구입할 수밖에 없다. 따라서 갑은 중고 전기 자전거 A, B 중 공급자가 최소로 받고자 하는 금액이 50달러보다 낮은 B를 구입할 것이다.

정답찾기 ㄱ. 병이 중고 전기 자전거 B에 대해 받고자 하는 최소 금액은 갑이 지불하고자 하는 최대 금액인 50달러보다 작고, 을이 중고 전기 자전거 A에 대해 받고자 하는 최소 금액은 갑이 지불하고자 하는 최대 금액인 50달러보다 크므로 갑과의 거래가 이루어진 공급자는 병이다.

오답피하기 ㄴ. 을이 중고 전기 자전거 A에 대해 받고자 하는 최소 금액은 갑이 지불하고자 하는 최대 금액인 50달러보다 크다. 따라서 갑은 중고 전기 자전거 A를 구입하지 않을 것이다.

ㄷ. 병이 중고 전기 자전거 B에 대해 받고자 하는 최소 금액은 갑이 지불하고자 하는 최대 금액인 50달러보다 작은 40달러이므로 중고 전기 자전거의 거래 가격은 40달러 미만이라고 할 수 없다.

7 시장 균형의 이해

문제분석 제시된 자료를 바탕으로 가격별 시장 수요량과 시장 공급량, 시장 거래에 참여하는 수요자와 공급자를 나타내면 다음과 같다.

가격(달러)	시장 수요량(개)	구입하고자 하는 수요자	시장 공급량(개)	판매하고자 하는 공급자
70	5	갑, 을, 병, 정, 무	1 또는 2	A 또는 A, E
80	4	갑, 을, 병, 무	2 또는 3	A, B 또는 A, B, E
90	3	갑, 을, 무	3 또는 4	A, B, C 또는 A, B, C, E
100	2	갑, 을	4 또는 5	A, B, C, D 또는 A, B, C, D, E
110	1	갑	4 또는 5	A, B, C, D 또는 A, B, C, D, E

정답찾기 ④ X재의 균형 가격이 90달러라면, X재의 시장 수요량과 공급량은 각각 3개이다. X재의 공급량이 3개가 되기 위해서는 ㉠은 90달러보다 커야 한다.

오답피하기 ① 가격이 80달러일 때 X재의 수요량은 4개이고, 공급량은 2개 또는 3개이므로 초과 수요 상태이다. 따라서 X재 시장은 균형 상태가 아니다.

② 가격이 100달러일 때 X재의 수요량은 2개이고, 공급량은 4개 또는 5개이므로 X재의 '공급량 − 수요량'은 최대 3개이다.

③ X재의 수요량과 공급량이 같을 때 X재 시장은 균형 상태가 된다. ㉠이 110달러라면, X재의 균형 가격은 수요량과 공급량이 각각 3개씩인 90달러이다.

⑤ X재의 균형 가격이 80달러와 90달러 사이에서 결정된다면, X재의 공급량은 3개이므로 X재 판매자는 A, B, E이다.

8 기회비용과 합리적 선택의 분석

문제분석 갑이 구입할 Y재의 가격을 b달러라고 가정하면, X재 가격은 b달러보다 낮고, Z재 가격은 b달러이다. 이를 종합하여 각 재화 선택에 따른 편익과 기회비용을 나타내면 다음과 같다.

(단위: 달러)

구분		X재	Y재	Z재
편익		a	2a	3a
	명시적 비용	b미만	b	b
	암묵적 비용	3a−b	3a−b	2a−b
기회비용		2a	3a	2a

정답찾기 ㄱ. X재와 Y재 선택의 순편익은 각각 음(−)의 값이고, Z재 선택의 순편익은 양(+)의 값이므로 갑은 Z재를 구입할 것이다.

ㄷ. X재와 Y재 선택의 암묵적 비용은 각각 '3a − b'달러로 같다.

오답피하기 ㄴ. X재 선택의 순편익과 Y재 선택의 순편익은 각각 −a 달러로 같다.

ㄹ. Y재 선택의 명시적 비용과 Z재 선택의 명시적 비용은 각각 b달러로 같다.

9 수요와 공급의 변동 요인 및 영향 이해

문제분석 X재의 생산 비용이 감소하는 것은 X재의 공급 증가 요인이다. X재 수요자의 선호도가 상승하는 것은 X재의 수요 증가 요인이다. 교사의 평가에서 두 명의 학생만 옳은 내용이 적혀 있는 카드를 고른 사람이라고 하였으므로 X재 시장에서 A가 수요 증가라면 을, 병이 옳은 내용이 적혀 있는 카드를 고른 사람이고, A가 공급 증가라면 갑, 을이 옳은 내용이 적혀 있는 카드를 고른 사람이다.

정답찾기 ㄱ. X재 시장에서 X재 공급 곡선상에서만 균형점이 우상향으로 이동한다는 것은 X재 수요가 증가하였다는 것을 의미한다. 따라서 B는 수요 증가이고, A는 공급 증가이다. 이 경우 옳은 내용이 적혀 있는 카드를 고른 사람은 갑과 을이므로 ㉠은 '갑, 을'이다.
ㄴ. X재와 대체 관계에 있는 재화의 공급 감소는 X재의 수요 증가 요인이고, X재 시장에서 A는 수요 증가이다. 따라서 해당 내용이 (가)에 들어간다면, 병은 ㉠에 포함된다.

오답피하기 ㄷ. 갑이 ㉠에 포함된다면, A는 X재 시장에서의 공급 증가이다. X재와 보완 관계에 있는 재화의 공급 감소는 X재의 수요 감소 요인이다.
ㄹ. 병이 ㉠에 포함된다면, A는 X재 시장에서의 수요 증가이다. X재의 생산 기술 향상은 X재의 공급 증가 요인이므로 해당 내용은 (가)에 들어갈 수 없다.

10 국제 수지의 이해

문제분석 2022년의 경상 수지를 100만 달러라고 가정하면 상품 수지는 60만 달러, 서비스 수지는 20만 달러, 본원 소득 수지와 이전 소득 수지는 각각 10만 달러이다. 2023년의 경상 수지는 전년 대비 20% 증가하였고, 2024년은 전년 대비 20% 감소하였다. 이를 바탕으로 각 항목별 경상 수지를 나타내면 다음과 같다.

(단위: 만 달러)

항목		2022년	2023년	2024년
	상품 수지	60	72	72
	서비스 수지	20	30	15
	본원 소득 수지	10	12	6
	이전 소득 수지	10	6	3
경상 수지		100	120	96

정답찾기 ⑤ 해외 지식 재산권 사용료가 기록되는 항목은 서비스 수지이다. 서비스 수지는 2022년에 20만 달러, 2024년에 15만 달러이므로 2022년 대비 2024년에 25% 감소하였다.

오답피하기 ① 전년 대비 2023년에 서비스 수지는 10만 달러 증가하였으므로 ㉠은 '50'이다. 전년 대비 2024년에 본원 소득 수지는 6만 달러 감소하였으므로 ㉡은 '−50'이다.
② 경상 수지는 2022년에 100만 달러, 2024년에 96만 달러이다.
③ 해외 무상 원조금이 포함되는 항목은 이전 소득 수지이다. 2023년에 이전 소득 수지는 흑자이다.
④ 2023년과 2024년의 상품 수지는 각각 72만 달러로 동일하지만, 상품 수출액이 같다고 단정할 수는 없다.

11 보호 무역 정책의 이해

문제분석 갑국 X재 시장에서의 거래 가격은 국제 가격인 20달러이고, 거래량은 8만 개이다. 갑국 정부는 X재 수입량을 6만 개에서 2만 개로 4만 개 감소시키기 위해 수입 개당 일정액의 관세를 부과하거나 X재 국내 생산자에게 개당 일정액의 생산 보조금을 지급하는 정책 중 하나를 시행하고자 한다.

정답찾기 ② 수입량이 2만 개가 되도록 하기 위해 관세를 부과하는 정책을 시행한다면, X재 개당 관세를 20달러 부과해야 한다. 따라서 관세 부과로 인한 갑국 정부의 관세 수입은 40만 달러이다.

오답피하기 ① 정책 시행 전 갑국 X재 시장의 소비 지출은 160만 달러이다.
③ X재 개당 관세를 20달러 부과할 경우 갑국 내 X재 생산자의 생산량은 4만 개이므로 정책 시행 전보다 2만 개 증가한다.
④ 수입량이 2만 개가 되도록 하기 위해 X재 국내 생산자에게 개당 생산 보조금을 지급하는 정책을 시행한다면, 갑국 생산자에게 생산 보조금을 X재 개당 40달러 지급해야 한다.
⑤ X재 국내 생산자에게 개당 40달러의 생산 보조금을 지급하여도 갑국의 X재 소비자는 20달러에 8만 개를 소비하므로 X재 시장의 소비자 잉여는 정책 시행 전과 같다.

12 소득과 지출의 이해

문제분석 처분 가능 소득에서 저축을 뺀 값은 소비 지출이다. 5월의 소득은 비소비 지출의 10배이므로 처분 가능 소득은 소득의 0.9배이다. 따라서 5월의 소득은 500만 원이고, 6월, 7월의 소득도 각각 500만 원이다. 또한 비소비 지출은 소득에서 처분 가능 소득을 뺀 값이므로 비소비 지출은 5월 50만 원, 6월 75만 원, 7월 100만 원이다. 이를 종합하면 다음과 같다.

(단위: 만 원)

구분	5월	6월	7월
소득	500	500	500
처분 가능 소득	450	425	400
비소비 지출	50	75	100
소비 지출	100	75	100
저축	350	350	300

정답찾기 ⑤ '소비 지출 + 비소비 지출'은 6월이 150만 원, 7월이 200만 원이다.

오답피하기 ① 5월에 소비 지출은 100만 원이다.
② 비소비 지출은 6월이 5월보다 25만 원 많다.
③ 소득은 일정하고, 비소비 지출은 5월이 가장 적고 7월이 가장 많다. 따라서 소득 대비 비소비 지출은 지속적으로 증가한다.
④ 처분 가능 소득 대비 소비 지출은 6월이 가장 작고, 7월이 가장 크다.

13 외부 효과의 이해

문제분석 X재 시장에서는 사회적 최적 거래량보다 과소 거래되므로 외부 경제가 발생하였고, Y재 시장에서는 사회적 최적 거래량보다 과다 거래되므로 외부 불경제가 발생하였다. X재의 시장 가격은 사회적 최적 수준에서의 가격보다 높으므로 X재 시장에서는 생산 측면에서의 외부 경제가 발생하였다. 따라서 Y재 시장에서는 소비 측면에서의 외부 불경제가 발생하였다.

정답찾기 ③ Y재 시장에서는 소비 측면에서의 외부 불경제가 발생하였으므로 사적 편익이 사회적 편익보다 크다.

오답피하기 ① Y재 시장에서는 소비 측면에서의 외부 불경제가 발생하였으므로 시장 가격은 사회적 최적 수준에서의 가격보다 높다. 따라서 ㉠에는 '양(+)의 값'이 들어갈 수 있다.

② X재 시장에서는 생산 측면에서의 외부 경제가 발생하였으므로 사회적 최적 수준보다 과소 생산된다.

④ X재 시장에서는 생산 측면에서의 외부 경제가 발생하였고, Y재 시장에서는 소비 측면에서의 외부 불경제가 발생하였다.

⑤ Y재 시장에서는 소비 측면에서의 외부 불경제가 발생하였으므로 Y재 소비자에게 개당 일정액의 보조금을 지급하는 정책 시행은 Y재 시장에서의 외부 효과를 해소시키는 정책으로 적절하지 않다.

14 환율 변동의 이해

문제분석 을의 답안에 대한 채점 결과가 4점이므로 갑은 진술 (2), (4)에 대해서만 답안을 옳게 작성하였다. 또한 한국산 자동차의 미국 수출 감소는 달러화 공급 감소에 따른 원/달러 환율 상승 요인이다.

정답찾기 ⑤ 갑은 진술 (2), (4)에 대해서만 '아니요'라고 옳게 작성했으므로 (다)는 '아니요'이다. 따라서 (나)에는 원/달러 환율 상승 요인은 들어갈 수 없고, 원/달러 환율 하락 요인은 들어갈 수 있다. (바)에는 원/달러 환율 하락 요인은 들어갈 수 없고, 원/달러 환율 상승 요인은 들어갈 수 있다. 한국인의 미국 투자 증가는 달러화 수요 증가에 따른 원/달러 환율 상승 요인이다. 따라서 해당 내용은 (나)에는 들어갈 수 없고, (바)에는 들어갈 수 있다.

오답피하기 ① 원/달러 환율 상승은 원화 대비 달러화의 가치 상승을 의미하고, 원/달러 환율 하락은 원화 대비 달러화의 가치 하락을 의미한다.

② 진술 (1)에 대한 옳은 답안은 '아니요'이다. 한국산 자동차의 미국 수출 감소는 달러화 공급 감소에 따른 원/달러 환율 상승 요인이다. 따라서 (가)에는 '원/달러 환율 상승'이 들어갈 수 없다.

③ 을의 답안은 4점이고, 갑은 진술 (2), (4)에 대해서만 옳게 작성하였으므로 (다)는 '아니요'이다.

④ 한국인의 미국 여행 감소는 달러화 수요 감소에 따른 원/달러 환율 하락 요인이다. 진술 (3)에 대한 옳은 답안은 '아니요'이므로 (라)에 '한국인의 미국 여행 감소'가 들어간다면, (마)에는 '원/달러 환율 상승'이 들어갈 수 있다.

15 잉여와 가격 규제의 이해

문제분석 X재 가격이 5달러보다 낮은 경우 수요량이 공급량보다 많은 초과 수요가 나타나고, X재 가격이 5달러보다 높은 경우 수요량이 공급량보다 적은 초과 공급이 나타나며, X재 가격이 5달러일 경우 수요량과 공급량이 같아 균형 가격이 형성된다. 따라서 X재 시장에서 균형 가격은 5달러이고 균형 거래량은 1,000개이다. X재 가격이 4달러일 때의 공급량은 수요량의 2/3이므로 800개이고, X재 가격이 6달러일 때의 공급량은 수요량의 3/2이므로 1,200개이다. 이를 정리하면 다음과 같다.

가격(달러)	4	5	6
수요량(개)	1,200	1,000	800
공급량(개)	800	1,000	1,200

정답찾기 ④ X재 규제 가격이 6달러일 때의 시장 판매 수입은 4,800달러로 가격 규제 정책 시행 이전인 5,000달러보다 200달러 감소한다.

오답피하기 ① 현재 수요량과 공급량이 같은 5달러에서 X재 균형 가격과 균형 거래량이 결정된다. 따라서 균형 거래량은 1,000개이다.

② 균형 가격에서 소비자 잉여와 생산자 잉여는 같고, X재 규제 가격이 4달러일 때의 시장 거래량과 6달러일 때의 시장 거래량은 같으므로 X재 규제 가격이 4달러일 때의 총잉여와 6달러일 때의 총잉여는 같다.

③ X재 규제 가격이 4달러일 때와 6달러일 때의 시장 거래량은 각각 800개로 같다.

⑤ 갑국 정부가 X재 시장의 소비자를 보호하려는 목적으로 가격 규제 정책을 시행한다면, X재의 시장 균형 가격보다 낮은 가격에서 규제해야 한다. 따라서 X재의 규제 가격은 4달러이다.

16 단리와 복리의 이해

문제분석 정기 예금 상품 A는 1,000만 원의 원금에 대해 5%의 이자율로 원금에 대해서만 기간별로 이자를 계산하는 단리 방식이 적용되는 상품이다. 정기 예금 상품 B는 1,000만 원의 원금에 대해 5%의 이자율로 원금에 대해 발생한 이자를 다음 기간의 원금에 합쳐 이자를 계산하는 복리 방식이 적용되는 상품이다.

정답찾기 ⑤ A와 B의 연 이자율이 5%로 동일한 상황에서 복리 방식이 적용되는 B의 이자는 매년 증가하고, 단리 방식이 적용되는 A의 이자는 매년 일정하므로 A와 B에서 매년 발생하는 이자의 차이는 만기 시까지 계속 증가한다.

오답피하기 ① 복리 방식의 금리가 적용되는 상품은 B이다.

② 원금에 대해서만 기간별로 이자를 계산하는 방법이 적용되는 상품은 단리가 적용되는 A이다.

③ A, B의 연 이자율은 각각 5%로 같다.

④ A, B 모두 예치 기간이 증가할수록 이자 총액은 증가한다.

17 금융 상품의 특징 이해

문제분석 주식, 채권, 정기 예금 중 시세 차익을 기대할 수 있는 금융 상품은 주식과 채권이고, 이자 수익을 기대할 수 있는 금융 상품은 채권과 정기 예금이다. t기에 갑은 시세 차익을 기대할 수 있는 주식과 채권의 투자 비율이 그렇지 않은 금융 상품인 정기 예금의 투자 비율보다 4배 크다고 하였으므로 C는 정기 예금이다. 한편, 을은 이자 수익을 기대할 수 있는 채권과 정기 예금의 투자 비율이 그렇지 않은 금융 상품인 주식의 투자 비율보다 4배 크다고 하였으므로 A는 주식이다. 따라서 B는 채권이다.

정답찾기 ④ 배당 수익을 기대할 수 있는 금융 상품은 주식이다. t기 대비 t+1기에 갑, 을 모두 배당 수익을 기대할 수 있는 주식의 투자 비율이 증가하였다.

오답피하기 ① t기에 갑은 주식에 투자한 비율이 가장 높고 정기 예금에 투자한 비율이 가장 낮으며, 을은 정기 예금에 투자한 비율이 가장 높고 주식에 투자한 비율이 가장 낮다. 따라서 을과 달리 갑은 수익성보다 안전성을 우선시하는 투자 성향을 보인다고 볼 수 없다.
② 이자 수익을 기대할 수 있는 금융 상품은 정기 예금과 채권이다. t+1기에 정기 예금의 투자 비율은 을이 40%, 갑이 10%이고, 채권의 투자 비율은 을이 20%, 갑이 30%이므로 이자 수익을 기대할 수 있는 금융 상품의 투자 비율은 을이 60%, 갑이 40%이다.
③ 예금자 보호 제도의 적용을 받는 금융 상품은 정기 예금이다. t기 대비 t+1기에 갑은 예금자 보호 제도의 적용을 받는 정기 예금의 투자 비율이 20%에서 10%로 감소하였다.
⑤ 발행 시 발행자의 채무가 증가하는 금융 상품은 채권이다. 갑은 t기와 t+1기에 채권의 투자 비율이 각각 30%로 같다.

18 통화 정책의 이해

문제분석 갑국의 중앙은행은 경기 부양을 위해 국공채를 매입하는 정책을 통해 소비와 투자를 증진시키고자 하였다.

정답찾기 ㄷ. 국공채 매입을 통해 중앙은행이 시중에 자금을 방출하므로 갑국 중앙은행의 국공채 매입은 통화량 증가 요인이다.
ㄹ. 경기 부양을 위한 국공채 매입은 소비와 투자를 증가시키는 총수요 증가 요인이다. 총수요 증가는 실질 GDP 증가 요인이므로 갑국 중앙은행의 국공채 매입은 실질 GDP 증가 요인이다.

오답피하기 ㄱ. 갑국 중앙은행의 국공채 매입은 소비와 투자를 증가시키는 총수요 증가 요인이다. 총수요 증가는 물가 상승 요인이므로 갑국 중앙은행의 국공채 매입은 물가 상승 요인이다.
ㄴ. 국공채 매입은 소비와 투자를 증가시키는 것으로 총수요 증가 요인이다.

19 기업의 합리적 선택 분석

문제분석 제시된 자료를 바탕으로 갑 기업의 X재 생산량에 따른 총수입, 총비용, 평균 수입, 평균 비용, 이윤을 나타내면 다음과 같다.

(단위: 개, 만 달러)

생산량	1	2	3	4	5	6
총수입	20	40	60	80	100	120
총비용	19	34	45	60	85	114
평균 수입	20	20	20	20	20	20
평균 비용	19	17	15	15	17	19
이윤	1	6	15	20	15	6

정답찾기 ① 생산량이 4개일 때 이윤이 20만 달러로 가장 크다.

오답피하기 ② 생산량이 1개씩 증가할 때마다 추가로 발생하는 생산 비용이 지속적으로 증가하는 것은 아니다.
③ 생산량이 1개씩 증가할 때마다 추가로 발생하는 판매 수입은 20만 달러로 일정하다.
④ 생산량이 1개일 때의 평균 수입과 생산량이 4개일 때의 평균 수입은 각각 20만 달러로 같다.
⑤ 생산량이 3개일 때의 평균 비용은 15만 달러이고, 생산량이 5개일 때의 평균 비용은 17만 달러이다.

20 비교 우위의 이해

문제분석 t기에 Y재 최대 생산 가능량은 갑국이 30개, 을국이 25개이고, 양국은 직선인 생산 가능 곡선상에서만 생산하므로 t기와 t+1기에 갑국과 을국에서의 X재와 Y재의 최대 생산 가능량을 나타내면 다음과 같다.

(단위: 개)

구분	갑국	을국
X재	30	50
Y재	30	25

정답찾기 ⑤ t+1기에 갑국은 Y재 생산에 비교 우위가 있으므로 Y재 30개를 생산하였고, 을국은 X재 생산에 비교 우위가 있으므로 X재 50개를 생산하였다. 양국은 이익이 발생하는 비율에 따라 교환을 하였고, 그 결과 갑국은 Y재를 t기와 같은 20개 소비할 수 있었고, X재를 t기보다 5개 더 많은 15개 소비할 수 있었다. 따라서 갑국은 Y재 10개를 을국에 수출하였고, 을국은 갑국에 X재 15개를 수출하였으므로 t+1기에 갑국과 을국은 X재 3개당 Y재 2개의 비율로 교환하였다.

오답피하기 ① X재 최대 생산 가능량은 갑국이 30개, 을국이 50개이다.
② 을국은 X재 생산에 비교 우위가 있으므로 X재 1개 생산의 기회비용은 갑국이 을국보다 크다.
③ 을국의 X재 1개 생산의 기회비용은 Y재 1/2개이고, X재 최대 생산 가능량은 50개이므로 을국은 X재 20개와 Y재 15개를 동시에 생산할 수 있다.
④ 을국은 X재 생산에 비교 우위가 있으므로 t기 대비 t+1기에 을국의 Y재 1개 소비의 기회비용은 감소한다. 따라서 을국의 Y재 1개 소비의 기회비용은 t기가 t+1기보다 크다.

실전 모의고사 4회

본문 111~115쪽

1 ④	2 ①	3 ④	4 ④	5 ⑤
6 ④	7 ⑤	8 ④	9 ③	10 ③
11 ④	12 ①	13 ⑤	14 ③	15 ③
16 ④	17 ④	18 ③	19 ④	20 ④

1 경제 활동의 유형 이해

문제분석 생산 요소를 제공하고 대가를 받는 활동인 A는 분배이다. 효용 극대화를 목적으로 하는 활동인 B는 소비이다. 따라서 C는 생산이다.

정답찾기 ④ 갑이 취미 생활을 위해 자전거 대여 서비스를 이용한 것은 소비 활동에 해당한다. 을이 갑에게 자전거를 대여해 준 것은 생산 활동에 해당한다.

2 기본적인 경제 문제의 이해

문제분석 기본적인 경제 문제는 '무엇을 얼마나 생산할 것인가'를 결정하는 생산물의 결정 문제, '어떻게 생산할 것인가'를 결정하는 생산 방법의 문제, '누구를 위하여 생산할 것인가'를 결정하는 분배 방식의 결정 등 세 가지이다.

정답찾기 ㄱ. 주 메뉴인 된장찌개를 청국장찌개로 변경할 것인지를 고민하는 것은 생산물의 종류를 결정하는 경제 문제에 해당한다.

ㄴ. 한 명인 주방장 외에 보조 요리사를 추가로 채용하여 투입하는 것은 '어떻게 생산할 것인가'와 관련된 경제 문제로, 이는 생산 방법을 결정하는 경제 문제에 해당한다.

오답피하기 ㄷ. 주방장을 포함한 종업원들에게 나누어 줄 성과급 지급 방식을 차등 비율로 할 것인지를 고민하는 것은 '누구를 위하여 생산할 것인가'와 관련된 경제 문제에 해당한다.

ㄹ. ㉢과 같이 '누구를 위하여 생산할 것인가'를 결정하는 경제 문제는 경제 문제 해결 기준으로 형평성을 고려한다.

3 민간 경제의 순환 이해

문제분석 A는 생산물 시장, B는 생산 요소 시장이다. 재화와 서비스는 ㉠에 해당하고, 지대, 임금, 이자는 ㉡에 해당한다.

정답찾기 ④ 신입 사원의 채용은 노동 고용에 해당한다. 이는 생산 요소 시장에서 이루어진다.

오답피하기 ① 재화와 서비스는 ㉠에 해당한다. 재화와 서비스가 거래되는 시장은 생산물 시장이다.

② 지대, 임금, 이자는 ㉡에 해당한다.

③ 임금은 노동 시장에서 결정된다. 노동 시장은 생산 요소 시장에 해당한다.

⑤ 음식 배달업체는 생산물 시장에서 음식 배달 서비스를 제공한다.

4 합리적 선택의 이해

문제분석 제시된 자료를 바탕으로 X재와 Y재 각각 1개를 추가로 소비할 때 얻는 편익의 증가분을 구하면 다음과 같다.

(단위: 천 원)

구분	X재 1개를 추가로 소비할 때 얻는 편익의 증가분		Y재 1개를 추가로 소비할 때 얻는 편익의 증가분	
	2023년	2024년	2023년	2024년
1개째	100	120	120	140
2개째	60	80	70	90
3개째	30	50	40	60
4개째	20	40	30	50
5개째	15	35	25	45

정답찾기 ㄱ. 2023년에 합리적 선택은 X재 2개와 Y재 3개를 소비하는 것이고, 이때 얻는 편익은 39만 원이다.

ㄴ. 2024년에 합리적 선택은 X재 2개와 Y재 3개를 소비하는 것이고, 이때 얻는 편익은 49만 원이다.

ㄹ. 2023년과 2024년 모두 Y재 소비량을 늘릴수록 Y재 1개를 추가로 소비할 때 얻는 편익의 증가분은 감소한다.

오답피하기 ㄷ. 최초의 X재 1개를 소비할 때 얻는 편익의 증가분은 2023년이 10만 원, 2024년이 12만 원이다.

5 합리적 선택의 이해

문제분석 제시된 자료를 바탕으로 편익, 기회비용, 순편익을 나타내면 다음과 같다.

(단위: 달러)

구분		X재	Y재	Z재
편익		600	700	800
	명시적 비용	300	500	700
	암묵적 비용	200	300	300
기회비용		500	800	1,000
순편익		100	−100	−200

정답찾기 ㄴ. Z재를 선택할 경우의 기회비용은 1,000달러로 가장 크다.

ㄷ. X재를 선택할 경우의 순편익은 100달러로 양(+)의 값이다.

ㄹ. Y재 가격이 300달러로 하락하였을 경우 편익, 기회비용, 순편익을 구하면 다음과 같다.

(단위: 달러)

구분		X재	Y재	Z재
편익		600	700	800
	명시적 비용	300	300	700
	암묵적 비용	400	300	400
기회비용		700	600	1,100
순편익		−100	100	−300

Y재 가격이 300달러로 하락하면, Y재를 선택할 경우의 순편익은 100달러로 양(+)의 값이다.

오답피하기 ㄱ. Y재를 선택할 경우의 암묵적 비용은 300달러이다. X재를 선택할 경우의 암묵적 비용은 200달러로 가장 작다.

6 경제 체제의 이해

문제분석 표에서 '개별 경제 주체의 자유로운 경제 활동을 강조합니까?'에 '예'라고 답한 A는 시장 경제 체제이고, '아니요'라고 답한 B는 계획 경제 체제이다. 갑, 을 중 한 명만 옳게 발표하였고 갑의 발표가 옳으므로 (나)에는 틀린 발표 내용이 들어가야 한다.

정답찾기 ㄴ. 생산물의 종류와 수량을 결정하는 경제 문제를 정부가 결정하는 것은 시장 경제 체제가 아닌 계획 경제 체제이므로 (가)에는 해당 질문이 들어갈 수 있다.

ㄹ. 'B와 달리 A에서는 자원의 희소성에 따른 경제 문제가 발생합니다.'는 틀린 발표 내용이므로 (나)에 들어갈 수 있다.

오답피하기 ㄱ. 시장 가격 기구의 기능을 중시하는 경제 체제는 계획 경제 체제가 아닌 시장 경제 체제이므로 (가)에는 해당 질문이 들어갈 수 없다.

ㄷ. 'A와 달리 B에서는 생산 수단의 사적 소유가 원칙입니다.'는 틀린 발표 내용이므로 (나)에 들어갈 수 있다.

7 소비자 잉여의 이해

문제분석 제시된 자료를 바탕으로 X재 1개 추가 소비에 따른 갑~병의 최대 지불 용의 금액을 그림으로 재구성하면 다음과 같다.

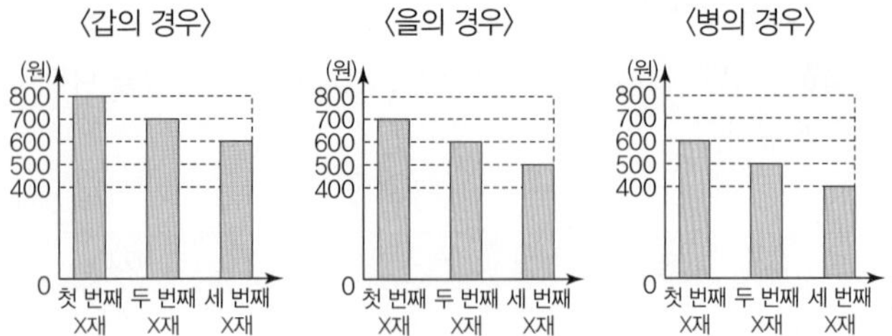

정답찾기 ⑤ 가격이 700원일 때의 소비자 잉여는 100원이고, 가격이 500원일 때의 소비자 잉여는 1,000원이다. 따라서 가격이 700원에서 500원으로 하락하면, 소비자 잉여는 10배가 된다.

오답피하기 ① 가격이 400원일 경우 소비자 잉여는 갑이 을보다 크다.
② 가격이 500원일 경우 병의 소비자 잉여는 100원이다.
③ 가격이 600원일 경우 X재는 총 6개가 거래된다.
④ 가격이 400원일 경우 소비자 잉여는 1,800원이고, 가격이 700원일 경우 소비자 잉여는 100원이다. 따라서 가격이 400원에서 700원으로 상승하면, 소비자 잉여는 1,700원 감소한다.

8 경제적 유인의 이해

문제분석 해당 행동을 더 하도록 유도하는 유인은 긍정적인 유인에 해당하고, 해당 행동을 덜 하도록 유도하는 유인은 부정적인 유인에 해당한다. 갑은 틀리게 발표하였으므로 (다)에는 틀린 발표 내용이 들어가야 한다.

정답찾기 ㄴ. '음주 운전에 대한 범칙금은 ㉠에 해당합니다.'는 틀린 발표 내용이므로 (다)에 들어갈 수 있다.
ㄹ. '㉠, ㉡은 모두 개별 경제 주체가 합리적 선택을 한다는 것을 전제로 합니다.'는 옳은 발표 내용이므로 (다)에 들어갈 수 없다.

오답피하기 ㄱ. (가)에는 '편익 증가' 또는 '비용 감소'가 들어갈 수 있고, (나)에는 '편익 감소' 또는 '비용 증가'가 들어갈 수 있다.
ㄷ. '㉡과 달리 ㉠은 부정적인 유인에 해당합니다.'는 틀린 발표 내용이므로 (다)에 들어갈 수 있다.

9 기업의 합리적 생산 이해

문제분석 제시된 자료를 바탕으로 총수입, 총비용, 이윤, 평균 비용, 평균 수입을 구하면 다음과 같다.

(단위: 개, 달러)

생산량	1	2	3	4	5
총수입	300	600	900	1,200	1,500
총비용	200	400	600	800	1,000
이윤	100	200	300	400	500
평균 비용	200	200	200	200	200
평균 수입	300	300	300	300	300

정답찾기 ③ 각 생산량의 '이윤/총수입'은 1/3로 동일하다.

오답피하기 ① 총수입은 생산량이 5개일 때 가장 크다.
② 총비용은 생산량이 1개일 때 가장 작다.
④ 생산량이 5개일 때 이윤은 500달러이고, 생산량이 2개일 때 이윤은 200달러이므로 생산량이 5개일 때 이윤은 생산량이 2개일 때 이윤의 2배보다 크다.
⑤ X재를 1개 추가로 생산할 때 얻는 수입의 증가분은 생산량을 1개에서 2개로 증가시킬 때와 4개에서 5개로 증가시킬 때 각각 300달러로 같다.

10 외부 효과의 이해

문제분석 X재 시장에서는 생산 측면에서의 부정적 외부 효과가, Y재 시장에서는 소비 측면에서의 부정적 외부 효과가 발생하였다.

정답찾기 ㄴ. X재 시장에서의 시장 거래량은 Q_1로, 이는 사회적 최적 수준보다 많다.
ㄷ. 정부가 소비자에게 개당 일정액의 세금을 부과하여 외부 효과를 해소하였을 때의 균형점은 B에 해당한다.

오답피하기 ㄱ. X재 시장과 Y재 시장에서는 모두 부정적 외부 효과가 발생하였다.
ㄹ. 공공장소에서 흡연자의 흡연이 주변 사람에게 의도하지 않게 피해를 주고도 대가를 지불하지 않는 경우는 소비 측면의 부정적 외부 효과에 해당하므로 Y재 시장에서 발생한 외부 효과 사례에 해당한다.

11 최저 임금제의 이해

문제분석 제시된 자료를 바탕으로 갑국 노동 시장을 그림으로 나타내면 다음과 같다.

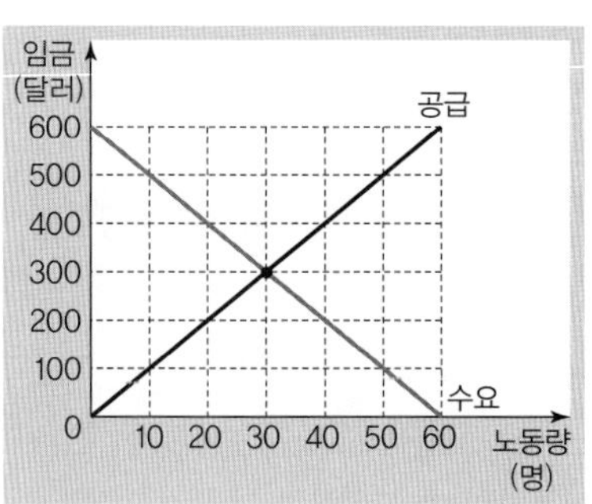

정답찾기 ④ 갑국 정부가 400달러에서 최저 임금제를 시행하면, 고용량은 30명에서 20명으로 10명 감소한다.

오답피하기 ① 노동 수요가 감소하여 균형 임금이 200달러가 되면, 고용량은 30명에서 20명으로 10명 감소한다.
② 노동 공급이 감소하여 균형 임금이 500달러가 되면, 고용량은 30명에서 10명으로 20명 감소한다.
③ 갑국 정부가 200달러에서 최저 임금제를 시행하면, 최저 임금제의 실효성이 없으므로 고용량은 시장 균형량인 30명이 된다.
⑤ 갑국 정부가 500달러에서 최저 임금제를 시행한 이후 노동 공급의 증가가 최저 임금제의 실효성을 상실시킨다고 보기 어렵다.

12 정부의 경제적 역할 이해

문제분석 정부는 빈부 격차 완화를 위해 개입하거나 경기 변동에서 발생하는 경제 문제를 해결하여 경제 안정화를 위해 노력한다.

정답찾기 ① 정부가 사회 보장 제도나 누진세 제도 등을 통해 시장의 분배 과정에 개입하는 것은 정부의 역할 중 소득 재분배에 해당하고, 정부가 물가와 고용 안정을 위해 노력하는 것은 정부의 역할 중 경제 안정화에 해당한다.

오답피하기 ②, ③, ④, ⑤ 정부의 역할 중 공정한 경쟁 유도는 독과점의 형성이나 과대·과장 광고 등 시장 질서를 왜곡하고 자원의 비효율적 배분을 가져오는 행위에 대해 법과 제도를 통해 공정한 경쟁을 유도하는 것 등을 의미한다.

13 명목 GDP와 실질 GDP의 이해

문제분석 제시된 자료를 바탕으로 갑국의 연도별 GDP 디플레이터, 전년 대비 명목 GDP 변화율, 경제 성장률을 구하면 다음과 같다.

구분	2021년	2022년	2023년	2024년
GDP 디플레이터	140	100	약 92.3	약 71.4
전년 대비 명목 GDP 변화율(%)	–	약 –14.3	0	약 –16.7
경제 성장률(%)	–	20	약 8.3	약 7.7

정답찾기 ⑤ 전년 대비 2024년에 실질 GDP는 증가하였고, 명목 GDP는 감소하였으므로 GDP 디플레이터는 감소하였다.

오답피하기 ① 전년 대비 2021년에 물가 수준은 상승하였으므로 A는 명목 GDP, B는 실질 GDP이다.

② 2021년 이후 물가 수준은 지속적으로 하락하였다.

③ 2022년에 경제 성장률은 증가하였으므로 전년 대비 2022년에 실질 GDP는 증가하였다.

④ 경제 성장률은 2023년이 약 8.3%, 2024년이 약 7.7%이다.

14 경제 안정화 정책의 이해

문제분석 갑은 경기 침체를 심각한 경제 문제로 보고 이에 대해 확대 통화 정책 시행을 강조하고 있으며, 을은 양적 완화에 따른 인플레이션을 심각한 경제 문제로 보고 이에 대해 긴축 재정 정책 시행을 강조하고 있다.

정답찾기 ③ 갑이 주장하는 확대 통화 정책은 총수요 증가 요인으로 실질 GDP를 증가시킨다. 반면, 을이 주장하는 긴축 재정 정책은 총수요를 감소시켜 실질 GDP를 감소시킨다.

오답피하기 ① 국공채 매각은 긴축 통화 정책에 해당한다.

② 소득세율 인하는 확대 재정 정책에 해당한다.

④ 확대 통화 정책은 통화량 증가 요인이다. 따라서 갑이 경기 침체보다 물가 상승을 우려하고 있다고 보기 어렵다.

⑤ 을은 정부의 적극적인 개입을 강조하고 있다.

15 경제 성장률과 전년 대비 물가 상승률의 이해

문제분석 갑국의 경우 전년 대비 2023년의 변화를 살펴보면 총수요가 증가하여 물가 수준은 상승하였고 실질 GDP는 증가하였다. 또한 전년 대비 2024년의 변화를 살펴보면 총공급이 증가하여 물가 수준은 하락하였고 실질 GDP는 증가하였다. 을국의 경우 전년 대비 2023년의 변화를 살펴보면 총공급이 증가하여 물가 수준은 하락하였고 실질 GDP는 증가하였다. 또한 전년 대비 2024년의 변화를 살펴보면 총공급이 감소하여 물가 수준은 상승하였고 실질 GDP는 감소하였다.

정답찾기 ㄴ. 생산 요소의 가격 상승은 총공급을 감소시켜 물가 수준 상승과 실질 GDP 감소 요인으로 작용하므로 을국의 전년 대비 2024년의 변화 요인이다.

ㄷ. 총공급의 증가는 물가 수준 하락과 실질 GDP 증가 요인으로 작용하므로 갑국의 전년 대비 2024년과 을국의 전년 대비 2023년의 변화 요인이다.

오답피하기 ㄱ. 소비 지출의 감소는 총수요를 감소시켜 물가 수준 하락과 실질 GDP 감소 요인으로 작용한다. 갑국의 경우 전년 대비 2023년에 총수요가 증가하여 물가 수준은 상승하였고 실질 GDP는 증가하였다.

ㄹ. 전년 대비 2024년에 갑국의 총공급 곡선은 오른쪽으로 이동하였고, 을국의 총공급 곡선은 왼쪽으로 이동하였다. 따라서 갑국과 을국의 총공급 곡선의 이동 방향은 서로 다르다.

16 고용 지표의 이해

문제분석 (가)에서 전년 대비 2024년의 고용 지표 중 경제 활동 참가율은 변함이 없고 고용률은 상승하였다. 이를 토대로 (나)에서 실업자 수와 비경제 활동 인구의 변화를 살펴보아야 한다.

정답찾기 ④ 전년 대비 2024년에 경제 활동 참가율은 변함이 없으므로 경제 활동 인구는 변함이 없다. 전년 대비 2024년에 고용률은 상승하였으므로 취업자 수는 증가하였다. 취업자 수는 증가하였는데 경제 활동 인구가 변함이 없다는 것은 실업자 수는 감소하였다는 것을 의미한다. 또한 15세 이상 인구는 변함이 없다고 하였으므로 경제 활동 인구가 변함이 없다면 비경제 활동 인구도 변함이 없다.

17 경상 수지의 이해

문제분석 제시된 자료를 바탕으로 2024년 갑국과 을국의 경상 수지를 항목별로 나타내면 다음과 같다.

(단위: 억 달러)

항목	갑국	을국
상품 수지	–40	40
서비스 수지	–30	30
본원 소득 수지	20	–20
이전 소득 수지	3	–3
경상 수지	–47	47

정답찾기 ④ 갑국 내 기업이 을국에 투자한 외화 증권에 대한 배당금을 포함하는 항목은 갑국의 본원 소득 수지이다. 따라서 2024년에 갑국의 본원 소득 수지는 20억 달러 흑자이다.

오답피하기 ① ㉠은 '–40', ㉡은 '30'이다. 따라서 ㉠과 ㉡의 합은 '–10'이다.

② 해외 지식 재산권 사용료를 포함하는 항목은 서비스 수지이다. 갑국의 서비스 수지는 30억 달러 적자이다.

③ 해외 무상 원조를 포함하는 항목은 이전 소득 수지이다. 을국의 이전 소득 수지는 3억 달러 적자이다.
⑤ 경상 수지는 갑국이 47억 달러 적자이고, 을국이 47억 달러 흑자이다.

18 금융 상품의 이해

문제분석 A는 정기 예금, B는 채권, C는 주식이다.
정답찾기 ③ 배당 수익을 기대할 수 있는 것은 주식이다.
오답피하기 ① 수익성은 주식이 정기 예금보다 높다.
② 안전성은 채권이 주식보다 높다.
④ 채권은 기업이 발행 주체가 될 수 있다.
⑤ 채권과 주식은 모두 시세 차익을 기대할 수 있다.

19 절대 우위와 비교 우위의 이해

문제분석 제시된 자료를 바탕으로 갑국과 을국의 X재 최대 생산 가능량, Y재 최대 생산 가능량을 나타내면 다음과 같다.

(단위: 개)

구분	갑국	을국
X재 최대 생산 가능량	20	30
Y재 최대 생산 가능량	40	90

비교 우위에 따르면 갑국은 X재에, 을국은 Y재에 특화한다. 양국 교역 시 X개 1개의 교환 비율이 Y재 2개와 3개 사이에서 결정되거나 Y재 1개의 교환 비율이 X재 1/3개와 1/2개 사이에서 결정되면 양국 모두 이익이 발생할 수 있다.
정답찾기 ④ 교역을 하기 위해 이익이 발생하는 범위를 토대로 X재 1개의 교환 비율이 Y재 1개라면, 갑국은 교역을 하지 않으려고 할 것이고 을국은 교역을 하려고 할 것이다.
오답피하기 ① 을국이 X재 생산과 Y재 생산 모두에 절대 우위가 있다.
② Y재 1개 생산의 기회비용은 갑국의 경우 X재 1/2개, 을국의 경우 X재 1/3개이므로 을국이 갑국보다 작다.
③ 갑국은 X재 10개와 Y재 20개를 동시에 생산할 수 있다.
⑤ 교역을 하기 위해 이익이 발생하는 범위를 토대로 Y재 1개의 교환 비율이 X재 2개라면, 을국은 교역을 하려고 할 것이고 갑국은 교역을 하지 않으려고 할 것이다.

20 환율 변동의 이해

문제분석 원화 표시 GDP 변화율이 달러화 표시 GDP 변화율보다 작으면 원/달러 환율은 하락하고, 원화 표시 GDP 변화율이 달러화 표시 GDP 변화율보다 크면 원/달러 환율은 상승한 것으로 볼 수 있다.
정답찾기 ㄴ. 전년 대비 2022년에 원화 표시 GDP 변화율이 달러화 표시 GDP 변화율보다 크므로 원/달러 환율은 상승한다. 따라서 전년 대비 2022년의 원/달러 환율 변동은 갑국의 미국으로부터의 수입 감소 요인이다.
ㄹ. 전년 대비 2024년에 원화 표시 GDP 변화율이 달러화 표시 GDP 변화율보다 작으므로 원/달러 환율은 하락한다. 따라서 전년 대비 2024년의 원/달러 환율 변동은 미국에 유학 중인 자녀를 둔 갑국 부모의 학비 부담 감소 요인이다.
오답피하기 ㄱ. 전년 대비 2021년에 원화 표시 GDP 변화율과 달러화 표시 GDP 변화율이 같으므로 원/달러 환율은 변함이 없다.
ㄷ. 전년 대비 2023년에 원화 표시 GDP 변화율이 달러화 표시 GDP 변화율과 같으므로 원/달러 환율은 변함이 없다. 따라서 전년 대비 2023년의 원/달러 환율 변동은 미국인의 갑국 여행 감소 요인으로 보기 어렵다.

실전 모의고사 5회

본문 116~120쪽

1 ③	2 ④	3 ③	4 ③	5 ④
6 ②	7 ⑤	8 ②	9 ③	10 ③
11 ②	12 ④	13 ①	14 ①	15 ④
16 ④	17 ④	18 ②	19 ④	20 ④

1 민간 경제의 순환 이해

문제분석 A는 기업, B는 가계이며, (가) 시장은 생산 요소 시장, (나) 시장은 생산물 시장이다.
정답찾기 ③ 가계는 생산 요소 시장의 공급자이다.
오답피하기 ① 기업은 생산 활동의 주체이다.
② 가계는 생산물 시장의 수요자이다.
④ 자본은 생산 요소 시장인 (가) 시장에서 거래된다.
⑤ ㉠은 가계의 소비 지출이고, ㉡은 기업의 생산 요소 구입 활동이다. 가계의 소비 지출이 증가하면 생산이 증가하여 기업의 생산 요소 구입량이 증가할 수 있으므로 ㉠이 증가하면 ㉡은 감소한다고 보기 어렵다.

2 경제 체제의 특징 이해

문제분석 갑의 답안 내용에서 '경제적 유인을 중시한다.'는 계획 경제 체제와 구분되는 시장 경제 체제의 특징이다. 을의 답안 내용에서 '자원의 희소성에 따른 경제 문제가 발생한다.'는 계획 경제 체제와 시장 경제 체제 모두에 해당하는 특징이며, '원칙적으로 생산 수단의 사적 소유를 허용하지 않는다.'는 시장 경제 체제와 구분되는 계획 경제 체제의 특징이다. 따라서 A는 계획 경제 체제, B는 시장 경제 체제이며, (가)에는 계획 경제 체제와 구분되는 시장 경제 체제의 특징에 해당하지 않는 내용이 들어가야 한다.
정답찾기 ④ 정부의 명령이나 계획에 따라 자원 배분이 이루어지는 경제 체제는 계획 경제 체제이다. 따라서 (가)에는 해당 내용이 들어갈 수 있다.
오답피하기 ① 시장 가격 기구의 기능을 중시하는 경제 체제는 시장 경제 체제이다.
② 시장 경제 체제가 자원 배분에 있어 효율성보다 형평성을 강조한다고 보기 어렵다.
③ 계획 경제 체제와 달리 시장 경제 체제는 경제 활동에서 개인의

이윤 추구 동기를 강조한다.

⑤ 민간 경제 주체 간의 자유로운 의사 결정과 경쟁을 중시하는 경제 체제는 시장 경제 체제이다. 따라서 (가)에는 해당 내용이 들어갈 수 없다.

3 기회비용과 합리적 선택의 분석

문제분석 합리적 선택은 순편익이 양(+)의 값인 선택을 의미한다. ㉠의 순편익은 '㉠의 편익-{㉠의 가격+(㉡의 편익-㉡의 가격)}'이므로, '(㉠의 편익-㉠의 가격)-(㉡의 편익-㉡의 가격)'이다. 한편, ㉡의 순편익은 '㉡의 편익-{㉡의 가격+(㉠의 편익-㉠의 가격)}'이므로, '(㉡의 편익-㉡의 가격)-(㉠의 편익-㉠의 가격)'이다. 제시된 자료를 바탕으로 갑과 을의 ㉠의 순편익, ㉡의 순편익을 나타내면 다음과 같다.

(단위: 만 원)

구분	갑	을
㉠의 순편익	-1	1
㉡의 순편익	1	-1

정답찾기 ㄴ. 을의 경우 ㉠의 명시적 비용은 ㉠의 가격이며, 암묵적 비용은 '㉡의 편익-㉡의 가격'이다. 암묵적 비용이 3만 원이므로 ㉠의 기회비용은 2만 원보다 크다.

ㄷ. 갑의 경우 ㉡의 순편익이 양(+)의 값이고, 을의 경우 ㉠의 순편익이 양(+)의 값이다. 따라서 을과 달리 갑은 ㉡을 선택한다.

오답피하기 ㄱ. ㉠과 ㉡의 가격을 알 수 없으므로 ㉡의 편익이 ㉠의 편익보다 1만 원 큰지는 알 수 없다.

ㄹ. 을의 ㉠의 순편익과 갑의 ㉡의 순편익은 각각 1만 원으로 같다.

4 경합성과 배제성에 따른 재화의 분류

문제분석 제시된 자료를 바탕으로 A재~D재를 분류하면 다음과 같다.

구분		배제성	
		있음	없음
경합성	있음	A재	B재
	없음	C재	D재

정답찾기 ③ D재는 경합성과 배제성이 없으므로 시장에 맡기면 사회적 최적 수준보다 과소 생산될 우려가 있다.

오답피하기 ① 공해상의 물고기는 B재의 사례에 해당한다.

② B재는 경합성이 있고 배제성이 없으므로 ㉠과 달리 ㉡에 대해 '아니요'라고 대답한다.

④ C재와 D재는 모두 경합성이 없으므로 남용으로 인한 고갈 문제가 발생하기 어렵다. 따라서 C재와 D재는 해당 질문으로 구분할 수 없다.

⑤ A재, C재와 달리 D재는 무임승차자 문제를 초래할 수 있다.

5 시장 균형의 변동 분석

문제분석 제시된 자료를 바탕으로 t기 대비 t+1기의 X재~Z재 시장 변동 결과를 나타내면 다음과 같다.

구분	X재	Y재	Z재
균형 가격	상승	하락	하락
균형 거래량	감소	감소	변함 없음

정답찾기 ④ Y재의 균형 가격은 하락하였고 균형 거래량은 감소하였으므로 판매 수입은 감소하였다. 한편, Z재의 균형 가격은 하락하였고 균형 거래량은 변함이 없으므로 판매 수입은 감소하였다. 따라서 Y재, Z재는 모두 판매 수입이 감소하였다.

오답피하기 ① X재의 균형 가격은 상승하였고 균형 거래량은 감소하였다. X재의 생산 기술 발전은 X재의 공급 증가 요인이다. X재의 공급이 증가하면 X재의 균형 가격은 하락하고 균형 거래량은 증가한다.

② Y재의 균형 가격은 하락하였고 균형 거래량은 감소하였다. Y재의 소비자 수 증가는 Y재의 수요 증가 요인이다. Y재의 수요가 증가하면 Y재의 균형 가격은 상승하고 균형 거래량은 증가한다.

③ Z재의 균형 가격은 하락하였고 균형 거래량은 변함이 없으므로 Z재의 수요는 감소하였고 공급은 증가하였다.

⑤ X재의 균형 가격은 상승하였고, Y재, Z재의 균형 가격은 하락하였다.

6 기업의 합리적 선택 분석

문제분석 갑 기업의 X재 생산량 증가에 따른 추가 비용, 추가 수입, 추가 이윤을 나타내면 다음과 같다.

(단위: 만 원)

생산량	0개 → 1개	1개 → 2개	2개 → 3개	3개 → 4개	4개 → 5개
추가 비용	90	80	70	90	120
추가 수입	100	100	100	100	100
추가 이윤	10	20	30	10	-20

이를 바탕으로 갑 기업의 X재 생산량에 따른 총비용, 평균 비용, 총수입, 이윤을 나타내면 다음과 같다.

(단위: 만 원)

생산량	1개	2개	3개	4개	5개
총비용	90	170	240	330	450
평균 비용	90	85	80	82.5	90
총수입	100	200	300	400	500
이윤	10	30	60	70	50

정답찾기 ㄱ. 생산량이 4개일 때 이윤은 70만 원으로 극대화된다.

ㄷ. '이윤/총수입'은 생산량이 3개일 때(0.2)가 4개일 때(0.175)보다 크다.

오답피하기 ㄴ. 생산량이 증가할수록 '총비용/총수입'은 0.9 → 0.85 → 0.8 → 0.825 → 0.9로 변화한다.

ㄹ. '총비용/생산량'은 생산량이 1개일 때가 2개일 때보다 크다.

7 외부 효과의 이해

문제분석 생산 측면에서의 외부 불경제가 발생할 경우 시장 균형 가격은 사회적 최적 수준에서의 가격보다 낮고, 소비 측면에서의 외부 경제가 발생할 경우 시장 균형 가격은 사회적 최적 수준에서의 가격보다 낮다. 따라서 X재 시장에서는 생산 측면에서의 외부 불경제, Y재 시장에서는 소비 측면에서의 외부 경제가 나타나고 있다.

정답찾기 ⑤ 생산 측면에서의 외부 불경제가 발생하면 균형 거래량이 사회적 최적 거래량보다 많고, 소비 측면에서의 외부 경제가 발생하면 균형 거래량이 사회적 최적 거래량보다 적다. 따라서 '균형 거래량/사회적 최적 거래량'은 X재 시장이 Y재 시장보다 크다.

오답피하기 ① X재 시장에서는 생산 측면에서의 외부 불경제가 발생하였다.

② X재 생산자에게 개당 5만 원의 세금을 부과하면, X재의 가격이 상승하고 거래량이 감소하므로 소비자 잉여는 감소한다.

③ Y재 시장에서는 소비의 사적 편익이 사회적 편익보다 작다.

④ Y재 시장의 사적 편익과 사회적 편익이 일치하려면 Y재 소비자에게 개당 5만 원보다 많은 보조금을 지급해야 한다.

8 잉여의 이해

문제분석 제시된 자료에서 X재의 가격이 P_2일 때 소비자는 을과 병, 생산자는 B와 C가 거래에 참여한다. 따라서 X재의 균형 가격은 P_2, 균형 거래량은 2개이다.

정답찾기 ② P_2에서 수요량과 공급량이 2개로 일치하므로 X재의 균형 가격은 P_2, 균형 거래량은 2개이다.

오답피하기 ① X재 시장의 소비자 잉여는 'P_3-P_2', 생산자 잉여는 'P_2-P_1'이므로 X재 시장의 총잉여는 'P_3-P_1'이다.

③ 갑과 달리 C는 거래에 참여한다.

④ 을의 최대 지불 용의 금액은 P_2로 A의 최소 요구 금액인 P_3보다 작다.

⑤ 을의 소비자 잉여와 B의 생산자 잉여는 각각 0으로 같다.

9 시장 변동에 따른 잉여의 이해

문제분석 제시된 자료를 바탕으로 갑국 X재 시장을 그림으로 나타내면 다음과 같다.

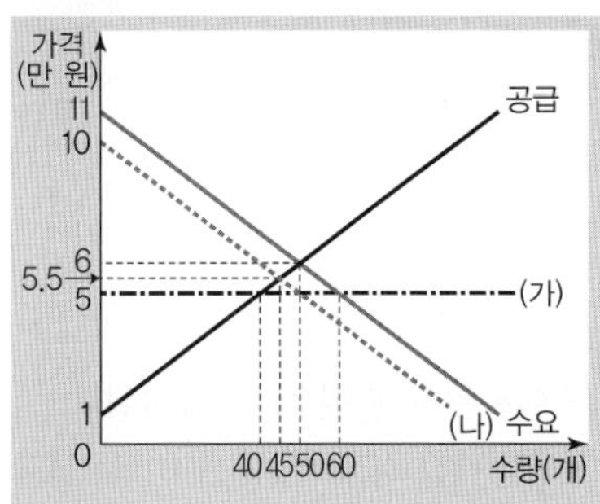

정답찾기 ③ 현재 소비자 잉여는 125만 원, (가)를 시행할 경우 소비자 잉여는 160만 원이므로 (가)를 시행할 경우 소비자 잉여는 현재보다 증가한다.

오답피하기 ① ㉠은 '감소'를 의미한다.

② 균형 가격은 6만 원이다.

④ 현재 갑국 X재 시장의 판매 수입은 300만 원이고, (나)를 시행할 경우의 판매 수입은 247만 5,000원이다. 따라서 (나)를 시행할 경우 판매 수입은 현재보다 52만 5,000원 감소한다.

⑤ (가)를 시행할 경우와 (나)를 시행할 경우 모두 현재보다 시장 가격이 하락하고 거래량이 감소하므로 생산자 잉여는 모두 현재보다 감소한다.

10 국내 총생산의 이해

문제분석 국내 총생산은 '최종 생산물의 시장 가치 합' 또는 '총생산물의 시장 가치 합－중간 생산물의 시장 가치 합' 또는 '각 생산 단계에서 창출된 부가 가치의 합'으로 계산할 수 있다. A국의 국내 총생산은 410만 원이다.

정답찾기 ③ 창출한 부가 가치는 갑이 100만 원, 병이 30만 원, 정이 180만 원이다. 따라서 정이 창출한 부가 가치는 갑과 병이 창출한 부가 가치의 합보다 크다.

오답피하기 ① 을이 창출한 부가 가치는 100만 원이다.

② 병은 10만 원어치의 밀가루를 최종 소비재로 소비하였다.

④ ㉠에서 수출한 100만 원어치의 밀가루, ㉡에서 유통업자가 소비한 10만 원어치의 밀가루, ㉢에서 소비자가 소비한 300만 원어치의 쿠키는 모두 A국의 국내 총생산에 포함된다.

⑤ 밀가루 100만 원어치는 B국이 수입한 것이므로, 이로 인해 B국의 국내 총생산이 증가하지는 않는다.

11 명목 GDP와 실질 GDP의 이해

문제분석 GDP 디플레이터는 '(명목 GDP/실질 GDP)×100'으로 구한다. 2021년의 물가 상승률이 양(+)의 값이므로 물가 수준은 2021년이 2020년보다 높다. 만약 A가 명목 GDP, B가 실질 GDP라면, 명목 GDP 감소율이 실질 GDP 감소율보다 커 2021년의 GDP 디플레이터는 100보다 작게 되므로 2021년의 물가 상승률은 음(－)의 값을 가진다. 따라서 A는 실질 GDP, B는 명목 GDP이다.

정답찾기 ㄱ. GDP 디플레이터는 '(명목 GDP/실질 GDP)×100'이므로, '(B/A)×100'이다.

ㄹ. 2024년의 실질 GDP 증가율이 양(+)의 값이므로 실질 GDP는 2024년이 2023년보다 크다.

오답피하기 ㄴ. 2021년에는 전년에 비해 실질 GDP가 감소하였다. 따라서 경기 과열을 진정시키기 위한 정책인 긴축 재정 정책 시행의 필요성이 높다고 보기 어렵다.

ㄷ. 2023년에는 명목 GDP 증가율과 실질 GDP 증가율이 같다. 따라서 GDP 디플레이터는 2022년과 2023년이 같다.

12 절대 우위와 비교 우위의 이해

문제분석 갑국에서의 X재 1개 생산비를 3달러라고 가정하면, 제시된 자료는 다음과 같이 나타낼 수 있다.

구분		X재	Y재
갑국	생산비(달러)	3	5
	1개 소비의 기회비용(개)	Y재 3/5	X재 5/3
을국	생산비(달러)	6	7
	1개 소비의 기회비용(개)	Y재 6/7	X재 7/6

정답찾기 ④ 교역 후 갑국의 X재 1개 소비의 기회비용이 Y재 4/5개라는 것은 양국 간 교역에서 X재 1개당 Y재 4/5개가 교환되었음을 의미한다. 따라서 양국 간 X재와 Y재의 교환 비율은 5 : 4이다.

오답피하기 ① 갑국은 X재 생산에, 을국은 Y재 생산에 비교 우위가 있다.
② 갑국은 X재 생산과 Y재 생산 모두에 절대 우위가 있다.
③ 교역 전 을국의 Y재 1개 소비의 기회비용은 X재 7/6개이므로 X재 1개보다 크다.
⑤ 교역 후 을국은 비교 우위 상품인 Y재를 수출하고, 갑국의 비교 우위 상품인 X재를 수입하므로 X재 1개 소비의 기회비용은 Y재 6/7개에서 Y재 4/5개로 감소한다. 따라서 (가)에는 해당 내용이 들어갈 수 있다.

13 고용 지표의 이해

문제분석 경제 활동 참가율은 15세 이상 인구에서 경제 활동 인구(=취업자 수+실업자 수)가 차지하는 비율이고, 고용률은 15세 이상 인구에서 취업자 수가 차지하는 비율이며, 실업률은 경제 활동 인구에서 실업자 수가 차지하는 비율이다.

정답찾기 ㄱ. 갑의 예측이 맞을 경우 비경제 활동 인구는 감소하고, 실업자 수는 증가하므로 '비경제 활동 인구/실업자 수'는 하락한다.
ㄴ. 을의 예측이 맞을 경우 실업자 수 증가율과 경제 활동 인구 증가율이 같으므로 실업률은 변함이 없고, 경제 활동 참가율은 상승한다.

오답피하기 ㄷ. 을의 예측이 맞을 경우 취업자 수는 6% 증가하므로 '취업자 수/경제 활동 인구'는 변함이 없다. 반면, 병의 예측이 맞을 경우 취업자 수 증가율은 경제 활동 인구 증가율보다 크므로 '취업자 수/경제 활동 인구'는 상승한다.
ㄹ. 15세 이상 인구의 변화가 없는 상황에서 병의 예측이 맞을 경우 취업자 수는 증가하므로 고용률은 상승한다. 그러나 갑의 예측이 맞을 경우 취업자 수의 증감을 단정할 수 없으므로 고용률의 변화 방향 또한 단정할 수 없다.

14 경제 안정화 정책의 이해

문제분석 경제를 안정화시키기 위해 정부는 조세 또는 정부 지출을 수단으로 재정 정책을 시행하고, 중앙은행은 통화량과 이자율을 수단으로 통화 정책을 시행한다.

정답찾기 ① 재정 정책의 실시로 갑국의 경제 성장률이 예상치를 웃돌았다는 내용으로 보아 갑국 정부가 확대 재정 정책을 실시하였다는 것을 알 수 있다. 확대 재정 정책의 사례로는 '소득세율 인하'를 들 수 있다.

오답피하기 ② 국공채 매입은 통화량 증가에 따른 총수요 증가 요인이므로 물가 안정을 이루기 위한 대응 수단으로 보기 어렵다.
③ 기준 금리 인상은 시중 이자율 상승을 유도하여 가계의 소비 지출 감소, 기업의 투자 지출 감소 등 총수요를 감소시키는 긴축 통화 정책에 해당한다.
④ 기준 금리 인상은 긴축 통화 정책에 해당한다. 긴축 통화 정책은 총수요를 감소시켜 물가 하락 요인으로 작용한다. 따라서 ㉣은 물가 상승을 의미한다고 볼 수 없다.
⑤ 갑국 정부의 재정 정책은 총수요를 증가시키는 확대 재정 정책으로서 갑국의 실질 GDP를 증가시키는 요인으로 작용한다. 을국 중앙은행의 기준 금리 인상은 총수요를 감소시키는 긴축 통화 정책으로서 을국의 실질 GDP를 감소시키는 요인으로 작용한다.

15 환율 변동의 영향 이해

문제분석 전년 대비 2022년에 갑국 통화/달러화 환율과 갑국 통화/을국 통화 환율은 모두 하락하였다. 전년 대비 2023년에 갑국 통화/달러화 환율은 하락하였고, 갑국 통화/을국 통화 환율은 상승하였다. 전년 대비 2024년에 갑국 통화/달러화 환율은 상승하였고, 갑국 통화/을국 통화 환율은 하락하였다.

정답찾기 ④ 전년 대비 2024년에 갑국 통화/을국 통화 환율은 하락하였고, 갑국 통화/달러화 환율은 상승하였다. 이와 같은 환율 변동은 갑국으로 여행을 가는 을국 국민의 비용 부담이 증가하고, 미국 국민의 비용 부담이 감소하는 요인이다.

오답피하기 ① 2021년 을국 통화 대비 갑국 통화 가치를 100A라고 가정할 경우 2022년 을국 통화 대비 갑국 통화 가치는 전년 대비 5% 상승하였으므로 105A(=100A×1.05)이고, 2023년 을국 통화 대비 갑국 통화 가치는 전년 대비 5% 하락하였으므로 99.75A(=105A×0.95)이다. 따라서 을국 통화 대비 갑국 통화 가치는 2021년이 2023년보다 크므로 갑국 통화 대비 을국 통화 가치는 2021년이 2023년보다 낮다.
② 전년 대비 2022년에 갑국 통화/달러화 환율과 갑국 통화/을국 통화 환율은 모두 하락하였다. 이는 갑국의 상품 수지 악화 요인이다.
③ 전년 대비 2023년에 갑국 통화 대비 을국 통화 가치가 상승하였고, 갑국 통화 대비 달러화 가치는 하락하였다. 이와 같은 환율 변동은 을국산 부품을 수입하는 갑국 기업의 비용 증가 요인이며, 미국 시장에서 갑국산 제품의 가격 경쟁력 하락 요인이다.
⑤ 2023년과 달리 2024년은 전년에 비해 갑국 통화 대비 달러화 가치가 상승하였다.

16 총수요와 총공급의 이해

문제분석 (가)에서 갑국 경상 수지가 4분기 연속 역대 최대 규모 흑자 기록을 경신하고 있는 것은 순수출이 증가하고 있음을 의미하며, 이는 갑국의 총수요 증가 요인이다. (나)에서 산유국의 원유 공급 확대로 인해 국제 석유 가격은 하락하며, 이는 갑국의 총공급 증가 요인이다.

정답찾기 ㄴ. (나)는 국제 석유 가격 하락으로 인한 총공급 증가 요인이다.
ㄹ. (가), (나)가 함께 나타나면 갑국의 총수요와 총공급 모두 증가하므로 실질 GDP는 증가한다. 따라서 갑국의 경제 성장률은 양(+)의 값을 가진다.

오답피하기 ㄱ. (가)는 총수요 증가 요인이다.
ㄷ. (가)와 달리 (나)는 물가 수준 하락 요인이다.

17 경상 수지 관련 자료의 분석

문제분석 경상 수지는 상품 수지, 서비스 수지, 본원 소득 수지, 이전 소득 수지로 구성되므로 (가)는 이전 소득 수지이다. 또한 갑국~병국 간에만 경상 거래를 하고 있으므로 세 국가의 경상 수지 항목별 합계는 영(0)이다. 이를 바탕으로 음영 처리된 부분에 해당하는 수치를 파악할 수 있다. 이를 정리하여 표로 나타내면 다음과 같다.

(단위: 억 달러)

구분	갑국	을국	병국
상품 수지	40	10	-50
서비스 수지	-40	10	30
본원 소득 수지	-20	10	10
이전 소득 수지	-10	-30	40
경상 수지	-30	0	30

정답찾기 ㄴ. 갑국의 상품 수지는 40억 달러 흑자이므로 갑국의 상품 거래에서는 외화의 지급액이 수취액보다 작다.
ㄹ. 경상 수지는 갑국이 30억 달러 적자이고, 병국이 30억 달러 흑자이다.

오답피하기 ㄱ. 자국 거주 국민이 외국 기업 주식을 보유한 대가로 받는 배당금은 본원 소득 수지에 포함된다.
ㄷ. 을국의 서비스 수지는 10억 달러 흑자이다. 서비스 수지에서 외화의 수취액이 지급액보다 크므로, 이는 달러화 대비 을국 통화 가치의 상승 요인으로 작용한다.

18 인플레이션의 유형별 특징 이해

문제분석 수요 견인 인플레이션과 비용 인상 인플레이션 모두 화폐 자산 소유자에게 불리하게 작용하므로 (1)라운드에서 을이 얻은 점수는 0점이다. 총공급 감소로 인해 발생하는 인플레이션은 비용 인상 인플레이션이며, (1)라운드에서 갑이 얻은 점수는 을과 같은 0점이다. 따라서 A는 비용 인상 인플레이션, B는 수요 견인 인플레이션이다.

정답찾기 ② 비용 인상 인플레이션은 수입 원자재 가격 상승에 따라 기업의 생산 비용이 증가하여 발생할 수 있다.

오답피하기 ① 비용 인상 인플레이션과 달리 수요 견인 인플레이션은 주로 경기 호황기에 발생한다. 따라서 (2)라운드에서 갑이 얻은 점수는 1점이고, 을이 얻은 점수는 0점이다. (1)라운드에서 갑과 을의 점수는 각각 0점이므로 ㉠은 '0점', ㉡은 '갑'이다.
③ 스태그플레이션을 초래할 수 있는 것은 비용 인상 인플레이션이다.
④ 수요 견인 인플레이션과 달리 비용 인상 인플레이션은 실질 GDP의 감소를 수반한다.
⑤ 일반적으로 실질 GDP가 감소하면 실업률은 상승하므로 실업률과 물가 수준 간 정(+)의 관계가 성립하는 것은 비용 인상 인플레이션인데, 을은 (2)라운드에서 0점을 얻었으므로 (가)에는 해당 진술이 들어갈 수 없다.

19 가계 소득 관련 자료의 분석

문제분석 갑의 소득 항목에서 급여는 근로 소득, 주식 배당금과 예금 및 채권 이자는 재산 소득, 자녀 돌잔치 축하금과 복권 당첨금은 비경상 소득에 해당한다. 제시된 자료를 바탕으로 갑의 연도별 경상 소득(근로 소득, 재산 소득)과 비경상 소득을 나타내면 다음과 같다.

(단위: 만 원)

구분		t년	t+5년
	근로 소득	3,000	6,000
	재산 소득	1,000	3,000
경상 소득		4,000	9,000
비경상 소득		1,000	1,000

정답찾기 ④ 경상 소득에서 근로 소득이 차지하는 비율은 t년이 75%, t+5년이 약 66.7%이므로 t+5년이 t년보다 낮다.

오답피하기 ① t년에 자녀 돌잔치 축하금은 주식 배당금과 같다.
② 급여는 t+5년이 t년의 2배이다.
③ 비경상 소득은 t년과 t+5년이 같다.
⑤ 전체 소득에서 재산 소득이 차지하는 비율은 t년이 20%, t+5년이 30%이므로 t년이 t+5년보다 낮다.

20 금융 상품의 특징 이해

문제분석 제시된 자료는 경우의 수에 따라 다음과 같이 나타낼 수 있다.

구분	A (채권)	B (주식)	A (주식)	B (채권)
㉠배당 수익을 기대할 수 있는가?	예	아니요	예	아니요
㉡이자 수익을 기대할 수 있는가?	예	예	예	예
(가)	아니요	예	아니요	예

갑과 을은 각각 두 개의 질문에 대해 옳게 응답하였는데, 을이 선택한 B가 주식이라면, ㉠, ㉡에 대한 을의 응답이 모두 옳지 않게 된다. 따라서 A는 주식, B는 채권이며, 갑은 ㉠과 (가), 을은 ㉠과 ㉡에 대해 옳게 응답하였다.

정답찾기 ④ 주식의 소유자는 주주로서의 지위를 가지고, 채권의 소유자는 채권자로서의 지위를 가진다.

오답피하기 ① 갑은 ㉠에 대해 옳게, ㉡에 대해 틀리게 응답하였다.
② 을은 ㉡에 대해 옳게 응답하였다.
③ 주식에 비해 채권은 안전성이 높고 수익성이 낮다.
⑤ 채권과 주식은 모두 시세 차익을 기대할 수 있다. (가)의 질문에 대해 갑은 옳게, 을은 틀리게 응답하였으므로 (가)에는 해당 질문이 들어갈 수 없다.